불교 茶詩의 집대성

한국의 불교
茶詩

임혜봉 편저

민족사

임혜봉 林慧峰

경북 안동 출신으로 안동교육대학을 졸업하고 교사생활을 하면서 글밭·말씀·안동수필동인회 동인으로서 문학수업을 하다가 입산 출가했다. 현재는 경기도 이천 설봉산 지족암에 한거하면서 한국불교근현대사와 차문화에 관한 연구를 하고 민족문제연구소 친일인명사전 편찬위원으로 활동하고 있음. 주요 저서로는 《친일불교론》, 《윤회의 실상》, 《사랑하며 영원을 살며》, 《불교사 100장면》, 《그 누가 큰 꿈을 깨었나》, 《천고에 자취를 감춘 학처럼》, 《일제하불교계항일운동》, 《茶聖 초의선사와 대둔사의 다맥》 등이 있다. (연락처: 016-319-7173)

한국의 불교茶詩

초판 1쇄 인쇄 2005년 4월 1일
초판 1쇄 발행 2005년 4월 8일

편저자 • 임 혜 봉
발행자 • 윤 재 승
발행처 • 민 족 사

등록 • 1980년 5월 9일(등록 제1-149호)
주소 • 서울 종로구 청진동 208-1 금강빌딩 202호
전화 • (02) 732-2403~4 / 팩스 • (02) 739-7565
E-mail ‖ minjoksa@chol.com
ⓒ 2005, 임혜봉

ISBN 89-7009-396-6 03220
값 25,000원

잘못된 책은 바꾸어 드립니다.
편저자와 협의하에 인지는 생략합니다.

한국의 불교 茶詩

한국 불교 문화사와 다사(茶史)의 확장을 위하여

　불가(佛家)에서 차(茶)는 '다반사(茶飯事)'란 말 그대로 일상적인 생활의 하나이다. 나는 경기도 설봉산(雪峰山)의 한 암자에서 10여 년 간 살면서 배고프면 밥 먹고 목마르면 차 마시며 살았다. 혼자서도 차를 마시고 손님이 와도 차를 달여 마셨다. 더구나 내가 사는 곳은 도자기를 만드는 요장(窯場)이 많은 곳이라 저절로 차와 다기(茶器)들이 숙연(宿緣)을 맺기 시작했다. 그리고 기왕에 차를 마실 바에야 차에 대해서도 알아야겠다는 생각이 들어 차 관련 책자들을 모으기 시작했다. 차 개론서는 물론이고 각종 차 자료를 모아 읽었는데 그 중 내 관심을 끈 것은 다시(茶詩)들이었다.
　그런데 여러 문헌과 차 전문 잡지를 보면서 느낀 것은 유명한 다시(茶詩)는 여기저기에 거듭 소개되고 있다는 것이었다. 하지만 소개된 다시(茶詩)들이 너무 제한되어 있었다. 무언가 부족하고 미흡하다는 느낌을 지울 수 없었다.
　나는《종정열전(宗正列傳)》을 집필하면서 근·현대 고승들의 법어집과 문집들을 모았는데 여기에 그 시기를 넓혀 삼국시대 이래 우리나라 고승들의 문집을 최대한 모으고자 노력했다. 고승 문집을 구하는 대로 읽어본 결과 역시 내 예상이 빗나가지 않았다. 기왕의 다서(茶書)나 차 잡지에 소개된 다시 외에도 불교 다시(茶詩)들이 적지 않음을 알 수 있었다. 그런데 한국에 내로라 하는 다인(茶人)들이 적지 않음에도 불구하고 다시들을 체계적이고 총체적으로 정리한 문헌을 접할 수는 없었다.

이에 필자는 내가 승려이니 불교계의 다시(茶詩)라도 제대로 집대성하여 차를 아끼고 사랑하는 사람들이 불교 다시를 손쉽게 접할 수 있도록 해야겠다고 생각하여 작업에 착수하였다. 먼저 고승들의 문집을 확인한 결과 318권에 달하는 한글대장경 중 한국 고승들의 문집을 번역한 책은 9권인데 그 속에 수록된 문집 수는 25권이었다. 또 불교총서에 《청허당집(淸虛堂集)》과 《조선불교시인선집》(매월당시선·청허당시선·사명당시선·초의당시선, 1993년, 동국역경원)이 있었다. 그런데 한국 고승들의 문집이 집중적으로 수록되어 있는 것은 동국대학교에서 출간한 《한국불교전서》였다. 한글대장경으로 발간한 고승들의 문집도 그 저본은 《한국불교전서》였다.

나는 이러한 문헌 자료를 바탕으로 한국 고승석덕들의 문집을 샅샅이 열람하여 다시(茶詩)들을 발췌하였다. 그리하여 신라시대의 스님 3명, 고려시대의 스님 10명, 조선시대의 스님 55명, 일제시대의 스님 9명, 광복 후의 스님 2명 등 모두 79명의 스님들 다시(茶詩) 479편 513수와 차 관련 산문 50여 편, 그리고 불교 다게(茶偈) 28편을 정리하였다.

내용은 번역시와 원시(原詩)를 나란히 놓고 각주와 해설, 지은이 소개 순으로 하였다. 그리고 한 스님의 다시(茶詩)는 몇 편이 되든지간에 전부를 수록하는 걸 원칙으로 하였다. 왜냐하면 기왕의 여러 다시(茶詩) 관련 문헌들이 대개 부분적으로만 소개하는 데 그쳤으므로 그러한 문제점을 보완하기 위해서는 한 스님의 다시(茶詩) 전부를 수록하는 것은 대단히 중요하다고 보았기 때문이다. 불교 다게(茶偈)를 제외하고는 스님들의 시대적 배열은 철저하게 생몰 연대순으로 하였다. 번역은 한글대장경으로 출간된 경우에는 그에 따랐고 국역되지 않은 것은 필자가 직접 번역했는데 그것은 상당히 어렵고 힘든 일이었다. 잘못된 부분과 오역도 적지 않으리라 여겨지는데 독자와 눈 밝은 이의 지적이 있으면 흔쾌히 수용해 고쳐 나갈 생각이다.

불교 다게(茶偈)는 처음에 1930년대 중반 안진호(安震湖, 1880~1965) 스님이 편찬한 한국 승려들의 대표적인 의식 교과서인《석문의범(釋門儀範)》을 바탕으로 하여 정리하였다. 그런데 제주도 약천사(藥泉寺)의 성해(性海) 스님이《한국불교의례자료총서》를 얘기하면서 책까지 기꺼이 빌려 주었다. 박세민 스님의 '의례자료' 정리와 성해 스님의 권유에 힘입어 기왕에 11편밖에 정리하지 못했던 불교 다게(茶偈)를 28편으로 확충할 수 있었고 또 그 분류도 체계적으로 다시 세울 수 있었다.

따라서 필자가 이번에 불교 다게(茶偈)를 제대로 정리할 수 있었던 것은 성해(性海) 스님을 만난 기연(機緣) 때문이었다. 뿐만 아니라 제주도에 차·서예·한국화·서각·도자기 등 한국의 전통문화를 널리 확산시키고자 각고의 노력을 쏟고 있는 약천사 주지 성공(性空) 스님은 나의 마무리 작업을 위해 선뜻 방사(房舍)를 내 주고 지원을 아끼지 않은 것도 커다란 힘이 되어 주었다.

나는 이번 작업을 통하여 두 가지 중요한 사실과 접하게 되었다. 첫째는 한국의 차맥(茶脈)이 초의·범해선사까지만 이어지고 단절되었다고 본 기존의 시각이 사실이 아니라는 점이다. 아울러 해남 대둔사의 차맥이 청허 휴정(淸虛休靜, 1520~1604) → 월저 도안(月渚道安, 1638~1715) → 설암 추붕(雪巖秋鵬, 1651~1706) → 환성 지안(喚惺志安, 1664~1729) → 상월 새봉(霜月璽岑, 1687~1767) → 함월 해원(涵月海源, 1691~1770) → 연담 유일(蓮潭有一, 1720~1799) → 아암 혜장(兒庵惠藏, 1772~1811) → 초의 의순(草衣意恂, 1786~1866) → 철선 혜즙(鐵船惠楫, 1791~1858) → 범해 각안(梵海覺岸, 1820~1896) → 보제 심여(普濟心如, 1828~1875) → 금명 보정(錦溟寶鼎, 1861~1930) → 응송 박영희(應松 朴暎熙, 1893~1990)로 면면히 이어져 왔다. 이들은 각기 문집에 다시를 남기거나 응송 스님 같은 경우는《동다정통고(東茶正統考)》(1985, 호영출판사)라는 차에 관한 저술을 하였다.

위의 대둔사 다승(茶僧) 가운데에는 대둔사가 배출한 13대종사가 7명

(월저·설암·환성·상월·함월·연담·초의)이고, 13대강사가 2명(아암·범해)이었다. 이들이 대둔사의 차맥을 계승하여 그 맥을 이었다는 것은 대둔사의 차맥만이 아니라 한국의 차맥이 단절되지 않았다는 것을 의미한다.

두번째는 일제시대에도 우리나라의 차맥이 엄연히 살아 있었다는 점이다. 일본인들은 우리나라를 무력으로 강점하고는 한국의 차맥이 단절되었다고 폄하했다. 그러나 일제 강점기에도 금명 보정(錦溟寶鼎)을 위시하여 해담 치익(海曇致益, 1862~1942)·용성 진종(龍城震鍾, 1864~1940)·회명 일승(晦明日昇, 1866~1951)·한영 정호(漢永鼎鎬, 1870~1948)·만공 월면(滿空月面, 1871~1946)·한암 중원(漢巖重遠, 1876~1951)·만해 한용운(萬海 韓龍雲, 1879~1944)·우당(藕堂, 생몰 연대 미상) 스님 등의 다시(茶詩)와 다화(茶話) 또는 다론(茶論)이 전해지고 있는 것을 볼 때 일제 치하의 식민지 시절에도 한국 전통차의 맥은 스님들에 의하여 이어졌다.

더구나 금명 보정 스님은 우리나라 불교 역사가 시작된 이래 설잠 김시습(茶詩 67편, 茶話 2편)보다 많은 72편 79수에 이르는 다시를 남겼다. 그의 문집 《다송시고(茶松詩稿)》(《한국불교전서》 제12책, pp.574~676, 1996, 동국대학교 출판부) 전 3권에는 1천1백여 편의 한시가 수록되어 있다. 금명 보정의 이 풍성한 다시는 삭막한 우리의 일제시대 차맥을 확증하는 실증적 자료이자 일제 강점기의 한국차를 더욱 빛내는 일이라 아니할 수 없다.

광복 후의 인물로는 경봉(鏡峰) 선사의 다시와 차 일기를 간추려 소개한 것도 적지 않은 보람인데 이는 스승의 유문(遺文)을 정리하여 상재한 효행 상좌 명정 스님의 노고가 있었기에 가능한 일이었다.

지금까지 간략하게 일별해 보았듯이 필자의 이번 작업으로 한국 불교 문화사의 외연을 풍성하게 하고 한국 다사(茶史)를 확장하는 데 조금이라도 기여할 수 있다면 다행이라 생각한다. 그리고 한국 고승석덕들의 다시를 대부분 집대성하였다는 뜻에서 감히 '한국의 불교 다시(茶詩)'라는 제목을 붙였다. 이로써 미흡하나마 불교계의 다시와 관련 산문을 총체적으로 결집하였으므로 다사(茶史) 연구에 작으나마 도움이 되리라 믿는다.

그런데 내가 볼 때 한국 차 연구에 꼭 해야할 기초 작업이 몇 가지가 있다고 생각되었다. 그 첫번째는 필자가 불교계의 모든 법어집·문집을 열람하여 다시와 관련 산문을 가려내 정리하였듯이 우리나라의 불교계 이외 인물의 주요 문집과 시집 등을 철저하게 검색하여 다시와 차 관련 산문을 집대성하는 작업이 꼭 실천되어야 한다. 그 다음에는 차와 관련된 우리나라의 그림 – 흔히 동양화 또는 한국화라고 하는 그림 – 을 연대별로 정리하여 '한국의 차 그림(茶畵)'이란 제목의 화집(畵集)을 펴내야 한다.

차는 그것을 담는 용기(用器)와도 밀접한 관련이 있다. 다기(茶器)는 금·은·유리·옹기·철제·도자기, 심지어 목재(木材)로도 만드는데 그 가운데 차와 도자기의 만남은 특별한 의미가 있다. 도자기로 만든 다기는 차맛도 좋지만 사용하는 사람의 심미안과 예술적 취향도 충족시킨다. 그래서 우리나라의 여러 박물관과 개인이 소장하고 있는 도자기 다기를 시대별로 그 도판을 정리하여 가칭 '한국의 도자기 다기'란 자료집을 펴내야 한다. 이는 다기에 대한 차인들의 교양을 높이는 것이기도 하지만 도공들에게 다기의 형태와 색깔, 문양의 시대별 변천과 특색을 비교·연구할 수 있게 함으로써 다기 제작에 커다란 기여를 함과 동시에 도공들 사이의 모작 시비를 줄이는 긍정적인 작용을 할 것이다.

그리고 이러한 기초 작업의 터전 위에 가칭 《한국차사전》이 반드시 편찬되어야 할 것으로 생각된다. 이 몇 가지 프로젝트는 한국차의 연구와 발전에 필수적인 과업이라고 생각되므로 이를 위해 그 많은 차 단체와 연구소를 표방하는 곳에서 심사숙고하여 뜻 있는 이들과 연계해 이러한 일이 꼭 성취되기를 간절히 바란다.

내가 이번에 《한국의 불교 茶詩》를 완성할 수 있게 된 것은 주위에서

성원해 준 이천 지족암의 평등심 보살과 경기도 광주의 표창진 거사, 그리고 제주도 광명사의 방진주 스님, 남제주군 남원읍 보현사의 노불자 두 분과 성수 스님, 그리고 자료 제공에 성의껏 지원해 준 민족사 윤창화 사장님, 또 이름을 밝히지 않고 지원해 준 내 주위의 몇몇 신심 돈독한 불자님들께도 깊은 감사를 드린다. 모쪼록 이 책이 우리의 불교문화사와 한국 다사(茶史) 발전에 작은 보탬이 되기를 거듭 기대해 본다.

제주도 한라산 기슭에서
우곡 혜봉(愚谷慧峰) 쓰다

차 례

한국 불교 문화사와 다사(茶史)의 확장을 위하여 · 5

제1장 불교 茶偈

제1절 예경 다게(禮敬 茶偈) ·· 17
  1. 상단 다게(上壇 茶偈) ·· 17
  2. 중단 다게(中壇 茶偈) ·· 18

제2절 재공 다게(齋供 茶偈) ·· 20
  1. 삼보통청 다게(三寶通請 茶偈) ·································· 20
  2. 약사청 다게(藥師請 茶偈) ······································· 21
  3. 지장청 다게(地藏請 茶偈) ······································· 22
  4. 십육나한찬청의문 다게(十六羅漢讚請儀文 茶偈) ············ 24
  5. 성황진재청좌의문 다게(城隍眞宰請坐儀文 茶偈) ············ 25
  6. 독성청 다게(獨聖請 茶偈) ······································· 26
  7. 칠성청 다게(七星請 茶偈) ······································· 26
  8. 영산재 다게(靈山齋 茶偈) ······································· 27
  9. 생전예수재 다게(生前預修齋 茶偈) ··························· 29

제3절 점안 다게(點眼 茶偈) ·· 30
  1. 불상점안 다게(佛像點眼 茶偈) ································· 30
  2. 시왕점안 다게(十王點眼 茶偈) ································· 31

제4절 시식(施食)과 영반(靈飯) 다게 ·· 32
  1. 시식(施食) ··· 32
    (1) 시식의(施食儀) 중 영혼식(迎魂式) 다게 ······················· 32
    (2) 다공양 병찬(茶供養 幷讚) ·· 32
    (3) 왕공시식(王供施食) 다공양문 ·· 33
    (4) 선교시식 다게(禪敎施食 茶偈) ···································· 33
  2. 영반(靈飯) ··· 34
    (1) 종사영반 다게(宗師靈飯 茶偈) ···································· 34
    (2) 상용영반 다게(常用靈飯 茶偈) ···································· 34
제5절 다비식 다게(茶毘式 茶偈) ··· 35
  1. 영가 다게(靈駕 茶偈) ·· 35

제2장 통일신라시대 茶詩

제1절 지장 교각의 茶詩: 1편 ··· 37
제2절 설총과 충담 스님 ··· 39
  1. 설총(薛聰)의 화왕(花王) 이야기 ······································ 39
  2. 충담 스님의 차 ··· 42

제3장 고려시대 茶詩

1. 대각 의천(大覺義天): 3편 ·· 45
2. 진각 혜심(眞覺慧諶): 11편 13수 ·· 48
3. 요일(寥一): 1편 ··· 57
4. 정명 천인(靜明天因): 2편 ·· 58

5. 진정 천책(眞靜天頙): 1편 ·· 60
6. 원감 충지(圓鑑冲止): 22편 25수 ··· 62
7. 백운 경한(白雲景閑): 1편 ·· 72
8. 태고 보우(太古普愚): 2편 ·· 73
9. 나옹 혜근(懶翁惠勤): 6편 ·· 77
10. 죽간 굉연(竹磵宏演): 1편 ·· 82

제4장 조선시대 茶詩

제1절 조선 전기의 茶詩 ·· 85
  1. 함허 기화(涵虛己和): 1편, 다화 2편 ··································· 85
  2. 설잠 김시습(雪岑 金時習): 67편 73수, 산문 2편 ···················· 89
  3. 벽송 지엄(碧松智嚴): 1편 ·· 143
  4. 혜일(慧日): 1편 ·· 146
  5. 허응 보우(虛應普雨): 23편 ··· 146

제2절 조선 중기의 茶詩 ··· 158
  1. 청허 휴정(淸虛休靜): 9편 ·· 158
  2. 정관 일선(靜觀一禪): 3편 ·· 163
  3. 운곡 충휘(雲谷冲徽): 9편 ·· 165
  4. 제월 경헌(霽月敬軒): 1편 ·· 171
  5. 부휴 선수(浮休善修): 4편 ·· 173
  6. 사명 유정(四溟惟政): 6편 8수 ··· 177
  7. 청매 인오(靑梅印悟): 3편 ·· 181
  8. 소요 태능(逍遙太能): 2편 3수 ··· 183
  9. 중관 해안(中觀海眼): 1편, 다산문 2편 ································ 185
  10. 편양 언기(鞭羊彦機): 1편 ·· 186
  11. 취미 수초(翠微守初): 2편 ·· 187
  12. 허백 명조(虛白明照): 2편 ·· 189

13. 백곡 처능(白谷處能): 5편 ·· 191
14. 한계 현일(寒溪玄一): 3편 ·· 193
15. 백암 성총(栢庵性聰): 6편 ·· 195
16. 월저 도안(月渚道安): 1편 ·· 198
17. 풍계 명찰(楓溪明察): 4편 ·· 200
18. 설암 추붕(雪巖秋鵬): 10편 ······································ 202
19. 무경 자수(無竟子秀): 3편 ·· 208
20. 환성 지안(喚惺志安): 1편 ·· 210
21. 허정 법종(虛靜法宗): 1편 ·· 211
22. 송계 나식(松桂懶湜): 3편 ·· 212
23. 상월 새봉(霜月璽䨗): 1편 ·· 214
24. 함월 해원(涵月海源): 4편 ·· 215
25. 용담 조관(龍潭慥冠): 1편 ·· 217
26. 야운 시성(野雲時聖): 1편 ·· 218
27. 오암 의민(鰲巖毅旻): 4편 ·· 219
28. 대원 무외(大圓無外): 2편 ·· 222
29. 묵암 최눌(默庵最訥): 3편 ······································· 224
30. 추파 홍유(秋波泓宥): 2편 ·· 226
31. 괄허 취여(括虛取如): 2편 ·· 228
32. 연담 유일(蓮潭有一): 5편 6수 ·································· 230

제3절 조선 후기의 茶詩 ·· 234

  1. 몽암 기영(蒙庵箕穎): 2편 ·· 234
  2. 경암 응윤(鏡巖應允): 4편 ·· 236
  3. 인악 의첨(仁嶽義沾): 1편 ·· 238
  4. 진허 팔관(振虛捌關): 1편 ·· 239
  5. 징월 정훈(澄月正訓): 4편 ·· 240
  6. 설담 자우(雪潭自優): 1편 ·· 242
  7. 아암 혜장(兒庵惠藏): 5편 8수 ·································· 244
  8. 초의 의순(艸衣意恂): 25편 29수, 차 산문 2편 ············ 252
  9. 철선 혜즙(鐵船惠楫): 3편 ·· 279

10. 역산 선영(櫟山善影): 3편 281
11. 범해 각안(梵海覺岸): 26편 29수, 다화 1편 283
12. 보제 심여(普濟心如): 2편 302
13. 용악 혜견(龍岳慧堅): 20편 305
14. 극암 사성(克庵師誠): 1편 315
15. 화담 법린(華曇法璘): 1편 316
16. 경허 성우(鏡虛惺牛): 2편 317
17. 동명 선지(東溟善知): 1편 319
18. 의룡(義龍): 2편 320

제5장 일제강점기의 茶詩

1. 금명 보정(錦溟寶鼎): 72편 79수 323
2. 해담 치익(海曇致益): 1편 362
3. 용성 진종(龍城震鍾): 다화 2편 363
4. 회명 일승(晦明日昇): 1편 367
5. 한영 정호(漢永鼎鎬): 13편 14수, 다론 1편 368
6. 만공 월면(滿空月面): 다화 2편 382
7. 한암 중원(漢巖重遠): 1편 384
8. 만해 한용운(萬海 韓龍雲): 4편 385
9. 우당(藕堂): 4편 389

제6장 현대의 茶詩

1. 경봉 정석(鏡峰靖錫): 29편, 차 日記 36편 395
2. 해안 봉수(海眼鳳秀): 1편 2수 421

제1장 불교 茶偈

제1절 예경 다게(禮敬 茶偈)

1. 상단 다게(上壇 茶偈)

제가 이제 청정수를 올리나니	我今淸淨水
감로차(甘露茶)로 변하여	變爲甘露茶
삼보(三寶)님 전에 봉헌되어지이다	奉獻三寶前
간절히 원하오니 받아들여 주소서(절)	願垂哀納受
간절히 원하오니 받아들여 주소서(절)	願垂哀納受
간절히 원하오니 대자대비하신 마음으로 받아들여 주소서(절).	願垂慈悲哀納受

【해설】 한국의 스님과 신심이 독실한 불자라면 누구나 알고 있는 다게 (茶偈)이다. 다게란 예불 또는 불공(佛供)을 할 때 읊는 불교시이다. 위의 상단 다게는 주로 대웅전(大雄殿)에서 새벽예불을 봉행할 때 예불문 맨 처음에 스님이 송한다. 다게는 주로 한문으로 읊고 '원수애납수(願垂哀納 受)'라는 구절에서는 오체투지로 절을 하는데 모두 세 번의 절을 하게 된다. 근래에는 한글의식문도 있다.

이 다게는 추담 정행(秋淡井幸) 스님이 1869년(고종 6) 의례문(儀禮文) 을 수집하여 1882년(고종 19) 해인사 도솔암(兜率庵)에서 간행한 목판본 《승가일용식시묵언작법(僧家日用食時默言作法)》(박세민,《한국불교의례자료총서》 제3집, p.530)에 수록된 〈소예참(小禮懺)〉의 다게에도 똑같은 내용으로 실려 있다. 필자가 《석문의범》과 《한국불교의례자료총서》 전4집을 모두 열람해 본 결과 이 다게는 대웅전에서 행하는 〈향수해례(香水海禮)〉, 〈소예참례(小禮懺禮)〉, 〈7처9회례(七處九會禮)〉, 〈강원상강례(講院上講禮)〉의 서두 다게로만 사용되고 있었다. 이는 한국불교의 상단 예경시 오랫동안 전해져 오는 고유의 전통의식이다.

그런데 이에 대해 단지 차에 관한 문제를 다룬 어떤 다인(茶人)이 "예배시에 물을 올려놓고 다음의 다게(상단 다게)를 받들고 그 해석도 틀리게 한다."거나 "아침의 예불시에 낭송한다고 하는데 이는 '대강'이 통하지 않는 현대에 맞지 않는다. 이제는 가차(假茶)인 물을 올릴 것이 아니라 차를 올리고 다게도 고쳐 불러야 할 것이다."[1]라는 주장을 하였는데, 이는 한국불교의 고유한 전통의식을 잘 모르는 데서 나온 말이다. 이 글을 쓴 분이 불자(佛子)인지 아닌지 모르겠으나 천여 년을 이어온 승가의 고유한 예경의식문에 대해 차인(茶人)의 입장에서 해석하는 것은 위험한 일로써 자칫 자신의 견문부족을 드러내는 소치가 된다.

【출전】 안진호, 《석문의범》 상권, p.1, 1931년 초판(1970년 7판), 법륜사.

2. 중단[2] 다게(中壇 茶偈)

맑고 깨끗한 이 차[茗茶]가 약이 되어	淸淨茗茶藥
병과 혼침을 능히 제거하소서	能除病昏沈
신중단(神衆壇)에 있는 호법신장들이 옹호하여 주소서	唯冀擁護衆
간절히 원하오니 받아들여 주소서(절)	願垂哀納受
간절히 원하오니 받아들여 주소서(절)	願垂哀納受

---
1) 정영선, 《다도철학》 〈제3장 불가의 다문화, 4. 헌수와 헌다〉, p.194, 1996, 너럭바위.
2) 중단(中壇): 대웅전 안에 있는 신중단(神衆壇)을 가리킨다.

간절히 원하오니 대자대비하신 마음으로 받아들여 주소서(절). 願垂慈悲哀納受

【해설】 이 다게는 상단예불 후 중단인 신중단예불을 올릴 때 서두에 송한다. 역시 한문으로 집전하는 스님만 읊지 예불에 동참하는 스님이나 신도는 따라하지 않는 것이 상례이다. '원수애납수'를 송할 때는 집전하는 스님과 예불에 동참한 대중이 함께 절을 한다. 상단의 예경 다게 때와 마찬가지로 세 번 절을 한다. 서기 1574년(宣祖 7, 萬曆 2년) 석왕사(釋王寺)에서 개판(開板)한 목판본(木板本)으로 된《권공제반문》(박세민,《한국불교의례자료총서》제1집, p.656, 1993)에 수록된 〈명부다게(冥府茶偈)〉는 1·2·4 구절은 같고 셋째 구절만 '봉헌명부전(奉獻冥府前)'으로 되어 있다. 이러한 용례(用例)는 많이 되풀이되고 있다.

【출전】 안진호,《석문의범》상권, p.58.

● 운수단 다게(雲水壇 茶偈)

맑고 깨끗한 이 차가 약이 되어	淸淨名茶藥
병과 혼침을 능히 제거하소서	能除病昏沈
천선(天仙)과 신들이여	唯祈天仙神
간절히 원하오니 받아들여 주소서	願垂哀納受

*1732년(영조 8) 천연자(天然子) 의원(義圓)이 쓰고 간행한 목판본《운수단의문(雲水壇儀文)》(박세민,《한국불교의례자료총서》제3집, p.191).

● 신중대례 다게(神衆大禮 茶偈)

맑고 깨끗한 이 차가 약이 되어	淸淨茗茶藥
병과 혼침을 능히 제거하소서	能除病昏沈
신중단에 있는 호법신장들이 옹호하여 주소서	唯冀擁護聖

간절히 원하오니 받아들여 주소서   願垂哀納受

*1827년(순조 27) 백파 긍선(白坡亘璇, 1767~1851)이 전라도 장성 백양산(白羊山) 운문암(雲門庵)에서 간행한 목판본《작법귀감(作法龜鑑)》(박세민,《한국불교의례자료총서》제3집, p.395).

※ 백파 스님의《작법귀감》에 수록된 〈사미십계(沙彌十戒)〉와 〈불상점안(佛像點眼)〉의 다게도 위의 〈신중대례 다게〉와 동일하다.

● 약례왕공문 다게(略禮王供文 茶偈)

맑고 깨끗한 이 차가 약이 되어	清淨茗茶藥
병과 혼침을 능히 제거하소서	能除病昏沈
명부전의 호법신장들이 옹호하여 주소서	唯冀冥王衆
간절히 원하오니 받아들여 주소서	願垂哀納受

*백파 긍선,《작법귀감》(박세민,《한국불교의례자료총서》제3집, p.440).

※〈약례왕공문〉은 천도식 의례의 일종인 '명왕'에 대한 의식문이다.

제2절 재공[3] 다게(齋供 茶偈)

1. 삼보통청 다게(三寶通請 茶偈)

시방세계에 계신 부처님[調御士][4]께 공양하오니   供養十方調御士

---

3) 재공(齋供): 불자들이 흔히 말하는 불공(佛供)을 승가(僧家)에서는 전통적으로 '재공'이라 불렀다. 불교 신도들의 생일이나 기원하는 일 등이 있을 때 사찰에서 스님들이 행하는 의식인데 근래에는 개업할 때 등의 경우에 신도의 집(가게·사무실·상가)에 가서 집전하는 예도 있다.
4) 조어사(調御士): 부처님의 다른 명칭. 부처님은 대자(大慈)·대비(大悲)·대지(大

청정하고 미묘한 진리[微妙法]를 널리 펴소서　　　　演揚淸淨微妙法
삼승(三乘)5)과 사과(四果)6)를 해탈한 스님이시여　　三乘四果解脫僧
원컨대 자비로 받아들여 주소서.　　　　　　　　　　願垂慈悲哀納受

【해설】삼보통청(三寶通請)은 제불통청(諸佛通請)이라고도 하는데 불교에서 일반적으로 신도들을 위해 불공을 올릴 때 사용하는 의식문을 지칭한다. '삼보통청 다게'는 이러한 불공시 독송하는 게송이다. 이 의식문을 '제불통청'이라 하는 것은 사찰의 전각(殿閣) 안에 어떤 부처님이 봉안되어 있든지 공통적으로 할 수 있는 의식문이기 때문에 '제불통청'이라 부른다. 안도경 스님이 편찬한 《상용제반집》(p.175, 1988, 적선사출판부)에 의하면 아미타불(阿彌陀佛)에게 올리는 의식인 〈미타청(彌陀請)〉의 다게도 '삼보통청 다게'와 동일하다. 관세음보살을 봉안한 전각에서 올리는 의식인 〈관음청(觀音請)〉 다게 역시 '삼보통청 다게'와 똑같다.

【출전】안진호, 《석문의범》 하권, p.4.

2. 약사청 다게(藥師請 茶偈)

이제 감로다를 받들어　　　　　　　　　　　　　　　今將甘露茶

智)로서 중생에 대하여 부드러운 말, 간결한 말, 또는 여러 가지 말을 써서 조복제어(調伏制御)하고 정도(正道)를 잃지 않게 하는 이라는 뜻.
5) 삼승(三乘): ① 성문·연각·보살에 대한 세 가지 교법(敎法). 승(乘)은 물건을 실어 옮기는 것을 목표로 하니, 부처님의 교법도 중생을 실어 열반의 언덕에 이르게 하는데 비유함. ㉠ 성문승; 사제(四諦)의 법문이니, 부처님이 말씀하는 소리를 듣고 이를 관하여 해탈을 얻음. ㉡ 연각승; 12인연의 법문이니, 스승에게 가지 않고 스스로 잎이 피고 꽃이 지는 따위의 이치를 관하여 깨닫는 것. ㉢ 보살승; 6바라밀의 법문이니, 보살은 이 법문에 의하여 스스로 해탈하고 남을 해탈케 하여 부처를 이룸. ② 3승법에 의하여 각기 수행을 마치고 얻은 성문과·연각과·보살과를 말함.
6) 사과(四果): 소승 증과(證果)의 4계위(階位). 과(果)는 무루지(無漏智)가 생기는 지위. 수다원과·사다함과·아나함과·아라한과.

약사여래께 올리나니   奉獻藥師前
경건하고 간절한 마음을 살피시어   鑑察虔懇心
간절히 원하오니 받아들여 주소서(절)   願垂哀納受
간절히 원하오니 받아들여 주소서(절)   願垂哀納受
간절히 원하오니 대자대비하신 마음으로 받아들여 주소서(절). 願垂慈悲哀納受

【해설】 이 다게는 약사여래(藥師如來)께 병을 낫게 해 달라거나 소원을 빌 때 올리는 불공시 봉행하는 의식문에 들어 있는 게송이다. 이 다게 역시 다양하게 활용되었다. 예를 들면 〈미륵청(彌勒請)〉의 다게에서는 둘째 구절만 '봉헌미륵전(奉獻彌勒前)'이라 하였고 1·3·4·5·6 구절은 똑같다.(안도경,《상용제반집》, p.161)

한말의 승려 추담 정행(秋淡井幸) 스님이 서사(書寫)하여 서기 1883년(고종 20)에 간행한 목판본《칠성청문(七星請文)》(박세민,《한국불교의례자료총서》제3집, p.603)의 〈칠성청〉에 수록된 다게는 둘째 구절이 '봉헌제불전(奉獻諸佛前)'으로 되어 있을 뿐 나머지 구절은 똑같다.

3. 지장청 다게(地藏請 茶偈)

시방(十方)7)에 계신 삼세(三世)8) 부처님께 공양하나니   供養十方三世佛
바다 속 용궁에 갈무리 된 묘(妙)한 온갖 법   龍宮海藏妙萬法

---

7) 시방(十方): 동·서·남·북·북동·북서·남동·남서·상(上)·하(下)의 10가지 방향.
8) 삼세(三世): 과거·현재·미래, 또는 전세(前世)·현세(現世)·내세(來世). 전제(前際)·중제(中際)·후제(後際). 세(世)는 격별(隔別)·천류(遷流)의 뜻이니, 현상계의 사물은 잠깐도 정지하지 않고 생기면 반드시 멸한다. 이 사물이 천류하는 위에 3세를 가(假)로 세운 것. 곧 불교에서는 인도철학의 방(方) 논사(論師)와 같이, 시간의 실체를 인정하지 않고, 법(法)이란 진리 위에 세운 것. ① 현재: 어떤 법이 생겨서 지금 작용하고 있는 동안. ② 과거: 법이 멸했거나 또 그 작용을 그친 것. ③ 미래: 법이 아직 나지 않고 작용을 하지 않는 것.

제1장 불교 茶偈 23

보살(菩薩)9) 연각(緣覺)10) 성문(聲聞)11)의 거룩한 성인들이여   菩薩緣覺聲聞聖
오늘 지극한 정성으로   今日至極之精誠
원(願)을 발(發)하는 재자(齋者)12)   發願齋者
모든 이들의   各各等保體

---

9) 보살(菩薩): ① 보리살타(菩提薩埵)의 준말. 성불하기 위하여 수행에 힘쓰는 이의 총칭. 넓은 의미로는 일반으로 대승교에 귀의한 이. 보살이란 큰 마음을 내어 불도에 들어오고, 4홍서원(四弘誓願)을 내어 6바라밀을 수행하며, 위로는 보리(菩提)를 구하고, 아래로는 일체 중생을 교화하여 3아승지 100겁의 긴 세월에 자리(自利)·이타(利他)의 행을 닦으며, 51위(位)의 수행 계단을 지나 드디어 불과(佛果)를 증득하는 이. 다만 지장보살과 같이 중생 제도를 위하여 영영 성불하지 않는 이도 있으니 이를 대비천제(大悲闡提)라 한다. 소승에서는 아라한과(阿羅漢果)를 최상의 증과(證果)로 삼고 부처님은 오직 석가모니불과 미래에 성불할 미륵뿐이라고 하므로 보살은 석가모니불이 성불하기 전의 호명보살과, 앞으로 성불할 미륵보살밖에는 없다고 하지만, 대승에서는 성불하는 것을 목적으로 하므로 석가모니불 한 분만이 아니고 한없는 부처님을 말하고, 또 재가(在家)·출가(出家)를 막론하고 대승법을 수행하는 이는 모두 보살이라 한다. ② 조정에서 덕이 높은 스님에게 주는 칭호. 중국에서 당나라 희종(僖宗)이 883년(중화 3)에 태산의 사문(沙門) 대행(大行)에게 상정진보살(常精進菩薩)이란 호를 주었다. ③ 우리나라에서는 우바이(優婆夷, 淸信女, 즉 불교의 여신도)를 존칭하는 말로 쓰이는데, 그 어원을 알 수 없으나 보살계를 받았다 하여 그렇게 부르는 듯하다. 마치 사미계를 받으면 사미, 비구계를 받은 이에게 비구라 하는 것과 마찬가지인 것으로 생각됨.
10) 연각(緣覺): 벽지가불(辟支迦佛) 또는 벽지불(辟支佛)이라고도 하는데, 부처님의 교화에 의하지 않고 홀로 깨달아 자유경(自由境)에 도달한 성자. 독각(獨覺)이라고도 한다. 연각(緣覺)·인연각(因緣覺)이라 하는 것은 12인연의 이치를 관찰하여 홀로 깨달았다는 뜻. 이에 부행(部行)독각·인각유(麟角喩)독각의 2종이 있다. 부행독각은 여러 사람이 한 곳에 수행하면서도 교(敎)에 의지하지 않고 스스로 깨닫는 이들. 인각유독각은 기린의 뿔이 하나인 것같이 한 사람이 홀로 있으면서 수증(修證)한 것에 비유함. 어쨌든 한 곳에서 홀로 깨달음을 성취한 이.
11) 성문(聲聞): 범어 Śrāvaka, 팔리어 Sāvaka. 가장 원시적 해석으로는 석존의 음성을 들은 불제자를 말함. 대승의 발달에 따라서 연각과 보살에 대할 때는 석존의 직접 제자에 국한한 것이 아니고 부처님의 교법에 의하여 3생(生) 60겁(劫) 동안 4제(諦)의 이치를 관하고, 스스로 아라한 되기를 이상(理想)으로 하는 저열한 불도 수행자를 말함. 그러므로 대승교에서는 성문을 소승의 다른 이름으로 보고, 성문으로 마치는 이와 대승으로 전향(轉向)하는 이를 구별하여 우법(愚法)·불우법(不愚法)의 2종으로 나눔.
12) 재자(齋者): 재공(齋供), 즉 불공을 올리는 불교 신도를 가리킴.

경건하고 간절한 마음을 살피시어　　　　　　　　　鑑察虔懇心
간절히 원하오니 받아들여 주소서(절)　　　　　　　願垂哀納受
간절히 원하오니 받아들여 주소서(절)　　　　　　　願垂哀納受
간절히 원하오니 대자대비하신 마음으로 받아들여 주소서(절).　願垂慈悲哀納受

【출전】 안도경 편, 《상용제반집》, p.193, 1988, 적선사출판부.

4. 십육나한찬청의문 다게(十六羅漢讚請儀文 茶偈)

(1) 헌다약게　　　　　　　　　　　　　　　　　獻茶藥偈

내 이제 영묘한 약과 이름난 차를　　　　　　　　今將妙藥及名茶
16나한님들께 봉헌하오니　　　　　　　　　　　奉獻十六羅漢衆
단나(檀那)13)의 경건하고 간절한 마음을 살피시어　鑑察檀那虔懇心
간절히 원하오니 대자대비하신 마음으로 받아들여 주소서.　願垂慈悲哀納受

【출전】 1664년(康熙 3) 청(淸)의 서하(西河)가 편집한 간년미상(刊年未詳)의 목판본인 《자기산보문》(박세민, 《한국불교의례자료총서》 제2집, p.304).

(2) 헌다게　　　　　　　　　　　　　　　　　　獻茶偈

제가 이제 한 잔의 차를 가지고　　　　　　　　　我今持此一椀茶
더할 수 없는 감로의 맛으로 만들어　　　　　　　變成無盡甘露味
16나한14)님들께 봉헌하나니　　　　　　　　　　奉獻十六羅漢衆

---

13) 단나(檀那): ① 범어 Dāna, 타나(陀那)·타낭(馱囊)으로 음역하기도 함. 번역하여 보시(布施). 남에게 물건을 무상으로 주는 일. ② 남에게 물건을 무상으로 주는 사람. 이 어휘는 단월(檀越)과 혼용된다. 보시하여 절을 유지하도록 힘쓰는 가족이란 뜻에서 단가(檀家)라고도 한다. 여기서는 ②의 뜻.

14) 나한(羅漢): 아라한(阿羅漢)의 준말. 아라한은 범어 Arhan의 번역어. ① 소승의 교법을 수행하는 성문(聲聞) 4과의 가장 윗자리. 응공(應供)·살적(殺賊)·불생(不

버리지 말고 대자대비한 마음으로 받아주소서.　　　不捨慈悲哀納受

【해설】〈십육나한찬청의문(十六羅漢讚請儀文)〉은　안진호의《석문의범(釋門儀範)》에 수록된〈나한청(羅漢請)〉과 같은 유(類)의 의식문이다. 중국 청나라 승려 서하(西河)가 편집한《자기산보문》에는 위의 다게 외에도〈수륙재(水陸齋)〉·〈성황청(城隍請)〉·〈산주천왕대제청(山主天王大帝請)〉·〈33조사청(三十三祖師請)〉·〈서천개종조사(西天開宗祖師)〉등에도 '헌다약게'와 '헌다게'가 있다. 이를 보더라도 정영선이《다도철학》제3장 불가의 다문화에서 "불가의 다게는 중국과 일본에는 없다"(정영선,《다도철학》, p.150, 1996, 너럭바위)는 서술은 오류임을 알 수 있다. 필자가 일본의 불교의식문을 검토해 보지 않았으므로 일본의 사정은 알 수 없지만 "중국불교에 다게가 없다"는 정영선의 주장은 타당성이 없음이 명백하다.

　안진호의《석문의범》〈나한청〉에서는 "다게 금장감로다 봉헌증명전(운운)"이라 서술되어 있다(《석문의범》하권, p.16). 이는 다게의 첫 두 구절만 제시하고, 3·4 구절은 생략되어 있으나 실제 의식 집전시에는 온전하게 다게를 송하도록 되어 있다.

【출전】서하,《자기산보문》(박세민, 앞의 책, 제2집, p.304).

　　5. 성황진재청좌의문 다게(城隍眞宰請坐儀文 茶偈)

　　(1) 헌다약게　　　　　　　　　　　　　　獻茶藥偈

　내 이제 영묘한 약과 이름난 차를　　　　　今將妙藥及茗茶
　성황진재님들께 봉헌하나니　　　　　　　　奉獻城隍眞宰衆

生)·이악(離惡)이라 의역한다. ② 여래십호의 하나. 성문 아라한과 구별하기 위하여 '아라하'라고 하나 원어의 뜻은 같다.

단나의 경건하고 간절한 마음을 살피시어   鑑察檀那虔懇心
원하오니 대자대비하신 마음으로 받아들여 주소서.   願垂慈悲哀納受

【출전】 서하,《자기산보문》(박세민, 앞의 책, 제2집, p.306).

※ 청나라 서하(西河)가 편집한《자기산보문》에는 그 외에도 〈오백전중(五百前中)〉·〈당산산주천왕대제청좌의문(當山山主天王大帝請坐儀文)〉·〈33조사청좌의문(三十三祖師請坐儀文)〉·〈고혼찬청(孤魂讚請)〉·〈제산단청좌의문(諸山壇請坐儀文)〉·〈찬청시왕의문(讚請十王儀文)〉·〈사천왕청좌의문(四天王請坐儀文)〉 등에도 '헌다약게'와 '헌다게'가 있는데 그 대상만 다를 뿐 내용은 동일하므로 더 이상의 수록은 그만 둔다.

6. 독성청 다게(獨聖請 茶偈)

이 맑고 깨끗한 향과 맛으로써   以此淸淨香雲味
천태대법회에 봉헌하오니   奉獻天台大法會
이 단나의 경건하고 간절한 마음을 살피시어   鑑此檀那虔懇心
간절히 원하오니 대자대비하신 마음으로 받아들여 주소서.   願垂慈悲哀納受

【출전】 백파 긍선(白坡亘璇, 1767~1851)이 1827년(순조 27) 전라도 장성 백양산 운문암(雲門庵)에서 간행한 목판본《작법귀감(作法龜鑑)》(박세민,《한국불교의례자료총서》제3집, p.399).

7. 칠성청 다게(七星請 茶偈)

이슬과 아지랑이 아련히 피어오르는 조계실에서   露靄來自曹溪室
산 물[活水]로 차를 달이매 그 맛이 신선하구나   活水烹茶一味新

| 이제 성군중(星君衆)에 봉헌하오니 | 今將奉獻星君衆 |
| 간절히 원하오니 대자대비하신 마음으로 받아들여 주소서. | 願垂慈悲哀納受 |

【해설】 불교의 별자리이자 불교 우주관이 반영된 칠성(七星)을 비롯한 하늘의 별에 올리는 재공의식에 사용하는 의식문이 칠성청(七星請)이다. 주로 새로 태어난 아기나 생일기도를 할 때 이 불공을 봉행한다. 위에서 소개한 〈칠성청 다게〉는 백파의 《작법귀감》에 나오는 다게인데 일반적으로는 '금장감로다 봉헌증명전(제불전) 감찰건간심 원수애납수'라는 다게가 많이 사용되고 있다.

【출전】 백파 긍선, 《작법귀감》(박세민, 《한국불교의례자료총서》 제3집, p.453).

8. 영산재 다게(靈山齋 茶偈)

(1)

이제 영묘한 약과 좋은 차[茗茶]를 올려	今將妙藥及茗茶
영산대법회에 봉헌하오니	奉獻靈山大法會
단나(신도)의 경건하고 간절한 마음을 굽어 살피시어	俯鑑檀那虔懇心
간절히 원하오니 대자대비하신 마음으로 받아들여 주소서.	願垂慈悲哀納受

【해설】 이 다게는 앞에 나온 〈십육나한찬청의문 다게〉와 대상만 다를 뿐 내용은 거의 유사한데 제목에서 밝혔듯이 영산재를 지낼 때 스님들이 법회 중간에 독송한다. 헌좌게(獻座偈)와 건회소(建會疏) 사이에 있는 다게이다.

【출전】 안진호, 《석문의범》 상권, p.111.

(2)

내 지금 지니고 있는 한 잔의 차로	我今持此一椀茶
영산대법회에 봉헌하오니	奉獻靈山大法會
보시한 사람[檀那]의 경건하게 믿는 마음을 굽어 살피시어	俯鑑檀那虔懇心
간절히 원하오니 대자대비하신 마음으로 받아들여 주소서.	願垂慈悲哀納受

【해설】이 다게도 역시 영산재에서 송하는 불교의식문의 하나이다. 향화게(香花偈) 바로 앞에 있는 다게이다.

【출전】안진호, 앞의 책, 상권, p.123.

(3) 절하며 감로다를 올리다   拜獻甘露茶

백 가지 풀의 꽃과 잎을 채취해 차와 약을 만들어	百草花葉採取成茶藥
양자강 심수(心水)로 차를 달여 옥병에 내니	烹出玉甌楊子江心水
장자(莊子)의 나비에 놀란 꿈과 어둠을 깨뜨려	破暗莊周蝴蝶驚夢廻
혼미를 제거하고 조주 선사의 자미(滋味)를 알도록 하리라.	滌去昏迷趙氏[15]知滋味

【해설】이 다게(茶偈) 역시 영산재 의식문 안에 나오는 것이다. 〈배헌선열미(拜獻禪悅味)〉앞에 있는 내용이다.

【출전】안진호, 앞의 책, 상권, p.127.

---

15) 조씨(趙氏): 중국 당대(唐代)의 조주종심(趙州從諗, 778~897) 스님을 지칭한 것임. 속성은 학(郝)씨. 산동성 조주(曹州) 학향(郝鄕) 출신. 어린 시절에 출가, 남전보원(南泉普願)에게 참학하여 개오한 다음 계를 받고 남전에게 귀의함. 여러 곳을 유력하다가 나이 80이 되어서야 조주성(趙州城) 동쪽 관음원(觀音院)에 머물면서 40년 동안 고담착실(枯淡着實)한 선풍을 드날림. 시호는 진제(眞際) 대사. 그의 어록 조주록(趙州錄)은 선가에서 널리 참구되고 있음.(《禪學辭典》, 1995, 佛地社)

9. 생전예수재[16] 다게(生前預修齋 茶偈)

(1)

내 지금 지니고 있는 한 잔의 차를 올리오니	我今持此一椀茶
무진한 감로맛으로 바뀌어지이다	便成無盡甘露味
명부전[17] 안의 모든 존숭대상자에게 봉헌하오니	奉獻一切冥府衆
오직 원하오니 자비로써 받아주소서.	惟願慈悲哀納受

【해설】 이 다게는 '생전예수재'를 봉행할 때 독송하는 의식문 안에 있다.

【출전】 안진호, 앞의 책, 상권, p.196.

(2)

내 이제 비밀주(秘密呪)를 풍송(諷誦)하오니	我今諷誦秘密呪
가없이 광대한 곳으로 퍼져나가	流出無邊廣大供
가없는 삼보님 앞에 널리 공양되어지이다	普供無盡三寶前
원컨대 자비로 받아들여 주소서.	願垂慈悲哀納受

【출전】 안진호, 앞의 책, 상권, pp.201~202.

---

16) 생전예수재(生前預修齋): 죽은 후에 행할 불공(佛供)을 생전에 미리 행하는 재. 《관정수원왕생십력정토경》에는 "4부 대중들이 이 몸이 무상한 줄 알고 부지런히 닦아 보리도(菩提道)를 행하려거든 죽기 전에 미리 삼칠일(三七日, 즉 21일)을 닦되, 등을 켜고 번을 달고 스님네를 청하여 경전을 읽고 복업을 지으면 한량없는 복을 얻으며 소원대로 과보를 얻는다"고 하였다. 지금도 신도들이 생전에 예수재를 행하는 일이 있다. 주로 윤달이 든 해에 많이 행한다.(운허, 《불교사전》)
17) 명부전(冥府殿): 명토(冥土)의 왕인 염마왕(閻魔王)과 그 권속을 모신 전각. 흔히 지장보살도 함께 봉안한다.

(3)

내 이제 백천 가지 정성스런 손으로	我今化出百千手
향과 꽃, 등(燈)과 차, 과일 등을 바치오니	各執香花燈茶果
명부전 예수재 대법회에 봉헌되어지이다	奉獻冥間大會前
원컨대 자비로 받아들여 주소서.	願垂慈悲哀納受

【출전】 안진호, 앞의 책, 상권, p.203.

제3절 점안[18] 다게(點眼 茶偈)

1. 불상점안 다게(佛像點眼 茶偈)

소 키우는 여인이 만들어 낸 제호(醍醐)[19]의 맛을	牧女造出醍醐味
성도(成道)할 당시에 바쳤듯이	成道當時先來獻
제가 이제 그와 같이 헌공하오니	我今獻供亦如是
간절히 원하오니 대자대비하신 마음으로 받아들여 주소서.	願垂慈悲哀納受

【해설】 백파 선사의 《작법귀감》에는 〈불상점안 다게〉로 서두에 소개한 〈중단 다게〉인 "청정명다약 능제병혼침 유기옹호성 원수애납수"라는 다게를 수록하고 있다. 필자가 보건대 《석문의범》에 기록되어 있는 〈불상점안 다게〉가 합당한 것으로 사료된다.

【출전】 안진호, 앞의 책, 하권, p.105.

---

18) 점안(點眼): 새로 조각하거나 그린 불상에 처음 공양하는 것. 불상에 영(靈)이 있게 하는 것. 원래는 개안(開眼)이라 하는데 우리나라에서는 점안이라 한다.
19) 제호(醍醐): 우유를 정제하여 만든 음식. 불성을 비유하여 제호라 한다.

2. 시왕[20]점안 다게(十王點眼 茶偈)

소 키우는 여인이 만들어 내 하늘 부엌에 공양하니	牧女造出天廚供
성도 당시에 처음 바쳤듯이	成道當初先來獻
제가 이제 그와 같이 헌공하오니	我此獻供亦如是
간절히 원하오니 대자대비하신 마음으로 받아들여 주소서.	願垂慈悲哀納受

[해설] 점안 다게는 이 외에도 나한점안・신중점안・천왕점안・조탑점안・가사점안 등이 있는데 그 내용은 앞에서 소개한 불상과 시왕의 점안 다게와 같거나 대동소이하다.

[출전] 백파 긍선, 《작법귀감》(박세민, 앞의 책, 제3집, p.424).

---

20) 시왕(十王): (1) 욕계의 6천(天)과 4선천(四禪天)의 임금. (2) 지옥에 있어서 죄의 경중(輕重)을 정하는 10위(位)의 왕. ① 진광왕 ② 초강왕 ③ 송제왕 ④ 오관왕 ⑤ 염라왕 ⑥ 변성왕 ⑦ 태산왕 ⑧ 평등왕 ⑨ 도시왕 ⑩ 오도전륜왕. 사람이 죽으면 그날부터 49일까지는 7일마다, 그 뒤에는 백일(百日)・소상(小祥)・대상(大祥) 때에 차례로 각 왕에게 생전에 지은 선악업의 심판을 받는다고 함. 원래 불교에는 이 시왕의 말이 없고, 도교(道敎)에서 주장하는 말인 듯하고, 사찰의 명부전에 있는 시왕은 불교가 중국을 거쳐 들어오면서 불교에 습합된 것으로 보인다.

제4절 시식(施食)[21])과 영반(靈飯)[22]) 다게

1. 시식(施食)

(1) 시식의(施食儀) 중 영혼식(迎魂式) 다게

제가 지금 지니고 있는 한 잔의 차를	我今持此一椀茶
영산의 대법왕께 봉헌하오니	奉獻靈山大法王
단나의 경건하고 간절한 마음으로 굽어 살피시어	俯鑑檀那虔懇心
간절히 원하오니 대자대비하신 마음으로 받아들여 주소서.	願垂慈悲哀納受

【출전】 1694년(숙종 20) 금구(金溝) 모악산(母嶽山) 금산사(金山寺)에서 간행한 편자미상의 목판본인《제반문(諸般文)》(박세민,《한국불교의례자료총서》제2집, p.481).

(2) 다공양 병찬(茶供養 幷讚)

푸른 옥병 속에 은물결 일어나고	碧玉甁中銀浪湧
황금 연자매 곁에서는 영화(靈花)가 날리며	黃金碾畔靈花飛
하늘에 콧구멍을 움켜잡고 차향 냄새를 맡기 시작하나니	撩天鼻孔始聞香
갖춘 눈과 혀로 맛보기를 마치네.	具眼舌頭方了味

---

21) 시식(施食): 죽은 친속을 위하여 천도(薦度)하는 재(齋)를 올린 끝이나, 4명일(四明日: 불교의 4대 명절) 때에 선망부모(先亡父母) 또는 일체 고혼(孤魂)에게 법식(法食)을 주면서 법문을 일러 주고, 경전을 읽으며 염불하는 등의 의식을 행하는 법식(法式). 이는 유교나 일반인들이 말하는 제사(祭祀)에 비례하는 의식이나 그 내용과 의례의 진행 시간은 유교식 제사에 비교할 수 없을 만큼 내용이 풍부하고 진행 시간도 길다.
22) 영반(靈飯): 출가한 스님을 위한 시식(施食) 의례를 영반이라 하여 속인(俗人)의 절차와는 구분하고 있다.

【출전】《제반문》, 1694, 금산사(박세민, 앞의 책, 제2집, p.485).

(3) 왕공시식(王供施食) 다공양문

선다(仙茶) 공양을 하나니 　　　　　　　　　　　　仙茶供養
버리지 마시고 대자대비한 마음으로 공양을 받으소서(절). 不捨慈悲受供養(一拜)

【출전】《제반문》(박세민, 앞의 책, 제2집, p.500).

(4) 선교시식 다게(禪敎施食 茶偈)

조주 선사가 친히 전한 이름난 차와 약을 　　　親傳趙州名茶藥
애오라지 산승(山僧)의 한가닥 정성으로 표하나니 　聊表山僧一片誠
혼미를 깨뜨리고 삼계가 꿈임을 깨달으시고 　　　覺破昏迷三界夢
몸을 바꾸어 바로 부처님 나라에 가시옵소서. 　　飜身直到法王城

【해설】 이 다게는 시식이란 명칭이 붙어 있긴 하나 제목의 '선교(禪敎)'란 어휘나 내용으로 볼 때 스님들의 시식의례인 '영반(靈飯)'에 속하는 것으로 생각된다. 시식의 종류는 존시식(尊施食)·관음시식(觀音施食)·구병시식(救病施食)·화엄시식(華嚴施食) 등이 있고, 영반의 종류는 종사영반(宗師靈飯)과 상용영반(常用靈飯)이 있다.
　시식의 다게는 '금장감로다 봉헌증명전 감찰건간심 원수애납수'라는 의식문이 공통적으로 사용되고 있다.

【출전】 원나라의 서양사문(瑞陽沙門) 몽산 덕이(蒙山德異) 스님이 수주(修註)한 것을 간행한 목판본인 《증수선교시식의문(增修禪敎施食儀文)》 (박세민, 앞의 책, 제1집, p.372).

2. 영반(靈飯)

(1) 종사영반 다게(宗師靈飯 茶偈)

밑 없는 발우에 선열미(禪悅味)를 받들고	無底鉢擎禪悅味
가운데가 뚫린 잔에 조주차를 담아	穿心椀貯趙州茶
은근히 선타객(禪陀客)에게 받들어 권하나니	慇懃奉勸禪陀客
천혼(薦魂)시 조주차를 취한 남전23) 선사는 달빛을 보며 즐긴다네.	薦取南泉玩月華

【출전】 안진호, 《석문의범》 하권, p.85.

(2) 상용영반 다게(常用靈飯 茶偈)

온갖 풀과 나무 가운데 맛이 훌륭하고 새로워	百草林中一味新
조주 선사는 항상 수천 명에게 권하였고	趙州常勸幾千人
강 중심의 물로 돌솥에 달였사오니	烹將石鼎江心水
원하나니 망령(亡靈)의 고통스런 윤회를 쉬소서	願使亡靈歇苦輪
원하나니 외로운 혼[孤魂]의 고통스런 윤회를 쉬소서	願使孤魂歇苦輪
원하나니 여러 영혼들은 고통스런 윤회를 쉬소서	願使諸靈歇苦輪
……	
조주 선사의 맑은 차를 올리나니	茶獻趙州之淸茶
목마른 정(情)의 업(業)을 한꺼번에 끊으소서.	頓息渴情

【출전】 안도경, 《상용제반집》, p.335.

---

23) 남전: 남전보원(南泉普願, 748~834). 당대(唐代)의 스님. 대혜종고(大慧宗杲)에게 출가하여 마조도일(馬祖道一)의 법을 이었음. 남전의 제자가 조주(趙州)이다.

제5절 다비식[24] 다게(茶毘式 茶偈)

1. 영가 다게(靈駕 茶偈)

조주 선사의 다약을 친히 절하며 올리어　　趙州茶藥親拜獻
애오라지 한가닥 충정의 마음 나타내었으니　聊表冲情一片誠
혼미한 삼계[25]의 꿈을 깨달으시어　　　　覺醉昏迷三界夢
몸을 바꾸어 바로 부처님 나라에 가시옵소서.　飜身直到法王城

【해설】불교식 화장법인 다비식 때 집전하는 스님이 읊는 것이 위의 다비식 다게이다. 그 내용은 조주 선사의 맑은 차를 마시고 삼계의 미몽(迷夢)을 깨달아 진리의 바다[法王城]로 나아갈 것을 당부하고 있다. 조주의 차란 선정의 힘으로 깨달음을 성취하는 것을 비유한 말이다. 여기서 소개한 영가 다게는 앞의 제4절 시식 다게 중 '선교시식 다게'와 유사하고 《석문의범》과 《상용제반집》의 다비식 다게도 내용이 비슷하다.
영호(映湖) 강백이 현토(懸吐)하고 다시 한글로 음을 달고 그 내용을 청호(晴湖) 선사가 언해(諺解)한 《다비작법(茶毘作法)》(1958, 정토문화사; 박세민, 앞의 책, 제4집, p.98)의 다게도 '趙州淸茶를 進靈座하야 聊表冲情一片心하노니 俯飮覺知三界夢하야 安心直到法王城이어다'라고 기록하였다. 이는 한문에 글자 그대로 토(吐)를 단 정도인데 내용은 다른 다비식

---

24) 다비식(茶毘式): 불교의 화장식. 범어 Jhāpita의 음역으로 사비(闍毘) 또는 사유(闍維)라 하고, 분소(焚燒)·연소(燃燒)라 의역하기도 한다. 시체를 화장하는 일을 뜻한다.
25) 삼계(三界): 생사 유전(流轉)이 쉴새없는 미계(迷界)를 셋으로 분류한 것. 즉 욕계(欲界)·색계(色界)·무색계(無色界). ① 욕계: 욕은 탐욕이니, 특히 식욕·음욕·수면욕(睡眠欲)이 치성한 세계. ② 색계: 욕계와 같은 탐욕은 없으나 미묘(微妙)한 형체가 있는 세계. ③ 무색계: 색계와 같은 미묘한 몸도 없고, 순 정신적 존재의 세계. 이 3계를 6도(道)·25유(有)·9지(地)로 나누기도 함.

다게와 완전히 동일하다.

【출전】 1721년(경종 1) 지환(智還) 스님이 편(編)하여 경기도 양주(楊州) 삼각산 중흥사(重興寺)에서 개간(開刊)한 목판본인《천지명양수륙재의범음산보집(天地冥陽水陸齋儀梵音刪補集)》(박세민, 앞의 책, 제3집, p.71).

제2장 통일신라시대 茶詩

제1절 지장 교각의 茶詩: 1편

● 산에서 내려가는 동자를 보내며　　　　　　　　　送童子下山

절이 쓸쓸하여 집생각 하더니　　　　　　　　　空門寂寞汝思家
절방을 떠나 구화산을 내려 가려는구나　　　　　禮別雲房下九華
난간에 기대어 죽마 타는 어릴 적 그리워하던 너　愛向竹欄騎竹馬
부처님 땅에서 금사(金沙)[1] 모으는데도 싫증이 났구나　懶於金地聚金沙
칠병 속의 시내에 달을 불러오는 것 그만두고　　漆瓶澗底休招月
차 달여 잔 속에서 꽃놀이[2] 하는 것도 그만두리　烹茗甌中罷弄花
진리를 사랑하여 자주 눈물을 흘리지 마라　　　　好玄不須頻不淚
노승은 안개와 노을을 벗하리라.　　　　　　　　老僧相伴有煙霞

【출전】 ㉠ 조영록, 〈대륙의 신라왕자 김교각〉《신라왕자 김교각-등신불의 신비》, 1996, 신라왕자 김교각전 추진위원회. ㉡ 천병식, 〈신라의 왕자 지장법사 교각〉《茶는 인간을 멋있고 향기롭게 해준다》, 1995, 도서출판 초의. ㉢ 정영선, 〈지장법사〉《한국茶文化》, 1990, 너럭바위.

---

1) 금사(金沙): 진리를 뜻함.
2) 꽃놀이: 말차의 차거품이 뜨고 없어지는 모양을 보고 즐기는 것을 말함.

【지장 교각의 생애】

　지장 교각(地藏喬覺, 696~796) 스님은 신라 후기의 스님으로 왕가에서 출생하여 출가 후 중국으로 건너가 구화산(九華山)에서 수도정진하여 그곳을 중국불교 4대 성지의 하나로 가꾸었다. 그의 출생과 청년기에 대한 확실한 기록은 없는데 사주전(謝澍田) 교수는 "그는 성덕왕(聖德王)의 장자 김수충(金守忠)으로서 효소왕 5년에 출생하여 청년기에 출가해 개원 8년경 24세의 나이로 바다를 건너 입당하였을 것"이라고 한다. 그런데 사주전 교수의 이 주장도 추론에 불과하며 김교각이라는 이름도 사실은 후세에 와서 그가 크게 깨달은 분이라는 존칭으로 붙여진 이름이며 당시에는 지장 스님으로만 불렸다. 하지만 그가 신라 출신의 위대한 구도자이자 실존 인물이었던 것은 분명하나 입당 이전의 생애가 확실히 밝혀져 있지 않다. 송나라《고승전》에 "신라국 출신으로 속성은 김씨요 신라의 왕자"라고 소개되어 있는 한국의 위대한 고승이다.

　입당한 지장 스님은 양자강을 따라 구화산에 들어갔다. 그는 고국에서부터 동반한 개 한 마리와 황립도, 금지차(金地茶)를 가지고 구화산의 동굴에 거처를 정하고 치열한 수행에 들어갔다. 그가 이때 심은 차를《청향현지》에는 '금지차'라고 하였으며 이는 지장 스님이 서역으로부터 가져온 것으로 '경공통자(梗空筒者)'가 그것이라고 하였다. 지장이 구화산에 심은 차에 관해 청나라《다사(茶史)》에는 '공경차(空梗茶)'라고 기록하고 있다.

　《전당문》에는 지장 스님의 시 두 편이 전해지고 있는데 앞에 소개한 다시가 그 중 한 편이다. 지장은 시선(詩仙) 이태백과 교유하였고 함께 차를 마시고 시를 지었다. 그는 흰흙을 섞어 삶아 먹으며 철저히 수행하였다. 산밑에 사는 사람들이 그의 고행에 경탄하여 대가람을 지어 주고, 건중(建中, 780~783) 초에 태수 장암(張岩)이 스님의 고결함을 우러러 크게 희사하고 화성사(化城寺)라는 사액을 주청하였다. 중국에서는 스님을 지장보살의 화신이라 불렀다. 신라에서 이 소식을 듣고 찾아오는 사람이 많았다. 그는 함 속에 들어가 가부좌하고 세수 99세로 입적했다.

함 속의 시신은 3년이 지나도 생시와 같아 육신보살로 모셔 탑을 세웠다. 중국의 4대 불교성지 가운데 구화산의 지장 스님이 유일하게 인간으로서 지장보살이 된 것은 실로 한국불교사에 희유한 일이 아닐 수 없다. 더구나 그 위대한 지장 스님이 구화산에 금지차를 심고 어린 사미승을 집으로 돌려보내며 그윽한 다시(茶詩)를 읊었다는 것을 보더라도 그가 평소 차를 즐기는 다인(茶人)이었음을 확인할 수 있다.

제2절 설총과 충담 스님

1. 설총(薛聰)의 화왕(花王) 이야기

설총의 자(字)는 총지(聰智)이며 할아버지는 담날내마(談捺奈麻), 부(父)는 원효(元曉)이다. 처음에 상문(桑門: 沙門)이 되어 불서(佛書)에 해박하였으나 얼마 후에 환속하여 스스로 소성거사(小性居士)라고 불렀다. (중략)

신문왕3)이 중하(仲夏: 5월)에 높고 맑은 집에 거처하며 설총을 돌아보고 이르기를 "오늘에야 어젯밤 비가 처음으로 개고 훈훈한 바람, 조금 서늘한데 비록 맛있는 음식과 애절한 음곡(音曲)이 있더라도 고상한 담론(談論)과 능란한 해학으로 답답한 마음을 푸는 것만 같지 못할 것이

---

3) 신문왕(神文王): 신라 제31대 왕. 재위 681~692. 이름은 일소(日炤). 문무왕의 맏아들. 683년 김흠운(金欽運)의 딸을 왕비로 삼고 안승(安勝)을 소판(蘇判)으로 삼아 김성(金姓)을 하사하였다. 문화의 융흥을 도모하여 설총·강수(强首) 등 대학자가 배출, 신라의 전성시대를 이루었다.

다. 그대는 반드시 신기로운 이야기가 있을 것이니 어찌 나를 위해서 말하지 않겠는가?" 하였다.

　설총이 아뢰기를 "신이 듣건대 옛적에 화왕(花王: 꽃 중의 왕이란 뜻으로 목단을 가리키는 말. 모란이라고도 함)이 처음 이 세상에 내려왔을 때 그것을 향기로운 동산에 심고 푸른 휘장으로 둘러쳐 주니 봄철이 이르매 아리따운 꽃이 피어 모든 꽃을 능가, 홀로 빼어났습니다. 이때에 먼 데서부터 가까운 데까지 아리땁고 요요(夭夭)한 꽃들이 분주하게 화왕을 찾아뵙고 다만 이르지를 못할까 두려워하는데 홀연히 한 가인(佳人)이 붉은 얼굴, 옥 같은 이에 곱게 화장을 하고 깨끗하게 옷을 입고 갸우뚱거리며 얌전히 앞으로 와서 이르기를 '첩은 눈같이 하얀 모래톱을 밟고 거울같이 맑은 바다를 마주 대하고 봄비에 목욕하여 때를 씻어내고 맑은 바람을 상쾌하게 맞으며 스스로 즐기는데 그 이름은 장미라 하옵니다. 왕의 아름다운 덕을 듣고 향기로운 휘장 속에서 천침(薦枕: 侍枕, 임금을 모시고 잠)을 바라오니 왕께서는 저를 받아들이겠습니까?' 했습니다. 또 어떤 장부가 베옷에 가죽띠를 두르고 머리는 흰데 지팡이를 짚고 뒤뚱거리는 걸음으로 허리를 구부리고 와서 이르기를 '저는 서울 밖의 큰 길가에 사는데 아래로는 푸르고 넓은 들이 임해 있고 위로는 높고 험한 산이 있는데 그 이름은 백두옹(白頭翁: 할미꽃)이라 하옵니다. 가만히 생각건대 좌우의 봉공(奉供)이 넉넉하여 고량진미(膏粱珍味)로써 배를 채우고 차(茶)와 술로써 정신을 맑히더라도 상자에는 모름지기 원기를 돋을 좋은 약과 독을 제거할 악석(惡石: 惡藥, 독약의 종류)이 있어야 하겠습니다. 그러므로 비록 사마(絲麻)가 있더라도 관괴(菅蒯: 왕굴과 기령풀)를 버리지 않는다 했고, 모든 군자가 모자람에 대비하지 않음이 없다고 했으니 왕께서는 이러한 뜻이 있는지 모르겠습니다.' 하고 말했습니다. 그러자 어떤 이가 말하기를 '두 사람이 왔는데 누구를 취하고 누구를 버리겠습니까?' 하니 화왕이 이르기를 '장부의 말도 또한 도리가 있으나 가인(佳人)은 얻기 어려우니 어찌하겠는가' 했습니다. 장부가 나아가 말하기를 '저는 왕께서 총명하여 사리를 아는 줄로 생각하였기 때문에 왔더니 지금에 이르러서는 그렇지 않습니다. 대저 임금된 자는 간사하고 아첨하는 자를 가까이 하고 정직한 사람을 멀리하지 않는 이가 적습니다. 그러므로 맹가(孟軻: 孟子)는 불우하게 일생을 마쳤고, 풍당(馮唐)[4]은 낭서(郞署: 官名)에서 물러나 백수(白首)가 되었습니다. 예로부터 이러하니 저인들 어찌하겠습니까' 하니, 화왕이 이르기를 '내가 잘못이다. 내가 잘못이다'고 하였다 합니다."

이에 왕이 추연(揪然: 수심에 잠겨 안색이 달라지는 모양)히 얼굴빛을 고치고 이르기를 "그대의 우언(寓言: 다른 사물에 빗대어 의견이나 교훈을 은연중에 나타내는 말)은 진실로 깊은 뜻이 있도다. 이것을 써서 왕자의 감계(鑑戒)로 삼기를 바라노라." 하고 드디어 설총을 높은 벼슬자리에 탁용(擢用)하였다.

【출전】《삼국사기》권제46,〈설총(열전 제6)〉;《다향선미(茶香禪味)》1, pp.7~10 재인용(1989, 보림사).

【설총에 대하여】

설총(薛聰)의 생몰 연대는 알 수 없다. 신라 후기의 문신이자 학자로서 자는 총지(聰智), 호는 빙월당(氷月堂). 아버지가 원효(元曉, 617~686) 스님이며, 어머니는 요석(瑤石) 공주이다. 처음에는 출가하여 스님이 되

---

[4] 풍당(馮唐): 한(漢)의 안릉(安陵) 사람으로 문제(文帝: 재위 B.C. 179~153) 때 중랑서장(中郎署長)이 되었다. 그때에 내노(匈奴)가 변방을 노략질하므로 상(上: 임금)이 "염파(廉頗)와 이목(李牧) 같은 양장(良將)이 없겠느냐" 물으니, 풍(馮)이 "한(漢)나라의 법은 대단히 엄하여 상은 가볍게 하고 벌은 무겁게 내리므로 장사(將士)들이 진력(盡力)하지 않는 이유가 여기에 있다" 하고 아울러 운중태수(雲中太守) 위상(魏尙)의 관작을 억울하게 삭탈한 것도 진언하니 문제(文帝)가 기쁘게 여기며 특별히 풍당을 지절사(持節使)로 임명, 위상을 용서해 주도록 했다. 무제(武帝) 때 현량(賢良)으로 천거되었으나 그때 나이가 90이 넘어서 다시 벼슬살이를 할 수가 없기 때문에 그 아들 수(遂)를 낭관(郎官)에 임명했다.(史記 102, 前漢書 50)

어 불경에 밝았으나 환속하여 한림(翰林) 벼슬을 지냈고, 주로 왕의 정치자문역을 했다. 경전과 사서에 두루 통달했으며 신라 10현(賢) 중의 한 사람이다. 중국 문자에 토를 다는 방법인 이두(吏讀)를 집대성하여 그로써 온갖 사물의 명칭을 알도록 하는 한편, 중국 문화의 섭취에 큰 도움을 주게 했다. 고려 현종이 홍유후(弘儒侯)라 추증하고 문묘(文廟)에 모셔 제사지내도록 했다.

설총의 '화왕 이야기'에는 '차(茶)로써 정신을 맑히고'라는 구절이 있고, 또 그는 아버지가 유명한 원효 스님이며, 그 자신도 초기에는 출가하여 승려생활을 했으므로 여기에 소개하였다.

2. 충담 스님의 차

당나라에서 《도덕경(道德經)》 등을 보내니 대왕(景德王)[5]이 예를 갖추어 그것을 받았다. 왕이 나라를 다스린 지 24년에 오악[6] 삼산[7](五嶽三山)의 신들이 간혹 나타나서 대궐 뜰에서 왕을 모시었다. 3월 3일에 왕은 귀정문(歸正門)의 누(樓) 위에 나가서 측근자에게 말했다. "누가 도중에서 위의(威儀) 있는 승려 한 사람을 데리고 올 수 있겠소?" 이때 마침 모습이 깨끗한 고승이 이리저리 거닐면서 지나갔다. 측근 신하가 바라보

---

5) 경덕왕(景德王): 신라 제35대 왕. 재위 742~765. 이름은 헌영(憲英), 효성왕(孝成王)의 친동생, 왕비는 이손순정(伊飡順貞)의 딸 김씨(金氏)와 사불한(舒弗邯) 의충(義忠)의 딸 만월부인(滿月夫人) 김씨. 효성왕이 자식이 없이 죽자 왕위를 계승했다. 관직을 중국식으로 개편하는 한편 당나라의 제반 문화 수입으로 신라문화의 황금시대를 이루었고 불교중흥에도 힘써 황룡사(皇龍寺)의 종을 주조하고 굴불사(掘佛寺) 불국사(佛國寺) 등의 절을 세웠다.
6) 오악(五嶽): 다섯 명산, 곧 동악(東岳)의 토함산(吐含山), 남악(南岳)의 지리산(智異山), 서악(西岳)의 계룡산(鷄龍山), 북악(北岳)의 태백산(太白山), 중악(中岳)의 부악(父岳)을 가리킨다.(李丙燾 譯注,《삼국유사》)
7) 삼산(三山): 奈歷(지금의 경주), 骨火(지금의 永川), 穴禮(지금의 淸道).

고 그를 데리고 와서 뵈었다. 왕은 말했다. "내가 말하는 위의(威儀) 있는 스님이 아니다." 왕은 그를 물리쳤다. 다시 승려 한 사람이 장삼을 입고 앵통(櫻筒)을 걸머지고(혹은 삼태기를 걸머졌다 함) 남쪽에서 왔다. 왕은 기뻐하면서 그를 보더니 누 위로 맞아들였다. 그 앵통 속을 보니 다구(茶具)만 담겨 있었다. 왕은 물었다. "그대는 누구요?" "제가 충담(忠談)8)입니다." "어디서 오시오?" "제가 매양 3월 3일과 9월 9일이면 차를 달여서 남산 삼화령(三花嶺)의 미륵세존(彌勒世尊)께 드립니다. 오늘도 드리고 오는 길입니다." "나에게도 또한 차 한 사발 주겠소?" 스님은 이에 차를 달여서 왕에게 드렸는데 차의 맛이 이상하고 그 사발 안에서 이상한 향기가 풍기었다. 왕은 말했다. "내 들으니 스님이 기파랑(耆婆郎: 화랑의 이름)을 찬미한 사뇌가(詞腦歌)9)가 그 뜻이 매우 높다 하니 과연 그러하오?" "그렇습니다." "그렇다면 나를 위하여 백성을 다스려 편안히 할 노래를 지어주오." 스님은 즉시 칙명(勅命)을 받들어 노래를 지어 바치었다. 왕은 그를 아름다이 여겨 왕사(王師)로 봉하니 스님은 두 번 절하고 굳이 사양하며 받지 않았다.(하략)

【출전】《삼국유사(三國遺事)》권제2, 경덕왕(景德王) 충담사(忠談師), 기이(紀異) 제2;《다향선미》1, pp.11~12 재인용.

---

8) 충담(忠談): 신라 경덕왕(742~765) 때의 스님. 향가(鄕歌)에 능했으며, 경덕왕의 부름을 받고 귀정문(歸正門) 누각에서 왕을 뵙고 3월 3일과 9월 9일에 미륵세존께 올리는 차를 왕에게 권했으며, 왕명을 받아 안민가(安民歌)를 지었다.
9) 사뇌가(詞腦歌): 향가의 이칭. 곧 신라의 가요를 지칭함.

제3장 고려시대 茶詩

1. 대각 의천(大覺義天): 3편

● 농서(隴西)1)의 학사(學士)가   隴西學士以憶
　임천사(臨川寺)를 생각하며 지은 시를 보이매   臨川寺詩見贈
　그 운을 따서 화답함   因□2)韻和酬

한 곳에 옛 절 있어 원람(鴛藍)이라 부르니   一區香社號鴛藍
문으로 가는 길 깨끗하고 푸른 봉우리 마주하고 있네   門徑淸虛對碧崗
빽빽한 숲에 잠긴 구름 전각을 둘러싸고   密樹貯3)雲籠象殿
얇은 장막 달과 함께 사자 자리 호위하다   薄帷和月護4)猊床
강의하고 솔 난간 돌면서 시 읊는 마음 괴롭지만   講廻松檻吟5)魂苦
차밭의 차 볶는 향기 폐를 씻어 서늘하다   焙了茶園渴肺凉
주장자 걸어둠은 불법을 배우려는 뜻이지만   掛錫已酬爲學志
고향 산의 옛 집을 꿈속에서 그려본다.   故山還夢舊栖堂

---

1) 농서(隴西): 감숙성(甘肅省)의 별칭으로 군 이름. 지금의 감숙성 농서현 서남쪽에 있다.
2) □疑「次」: 판독이 어려운 이 글자를 《한국불교전서》 제4책, p.560, 〈大覺國師文集卷第十八〉에서는 '次'자로 생각된다는 것이 원주의 견해다.(《한국불교전서》 第四冊, 〈고려시대편 1〉, 1982, 동국대학교 출판부)
3) □疑「貯」. 설명은 주 2)와 유사함. 전거는 주 2)와 같음.
4) □疑「護」. 전거는 주 2)와 같음.
5) □疑「吟」. 전거는 주 2)와 같음.

● 사례로 주는 차에 화답함　　　　　　　　　　和人謝茶

이슬 동산 봄 봉우리 아래 무슨 일을 할 것인가　　露苑春峰底事求
꽃차 달이고 달빛 삶아 세상 근심 씻어낸다　　　　煮花烹月洗塵愁
가벼운 몸부림 당하지 않고 삼통(三洞)6)에 노니　身輕不後遊三洞
뼛골 속 으쓱하니 가을에 들어온 듯　　　　　　　骨爽俄驚入九烋
신선 같은 인품 종과 범패 소리가 적합하고　　　　仙品更宜鍾梵上
맑은 향기는 시주(詩酒)하기에 좋아라　　　　　　淸香偏許酒詩流
영단(靈丹) 먹고 장생한 것을 어느 누가 보았던가　靈丹誰見長生驗
불문을 향해 그런 일은 묻지를 말라.　　　　　　　休向崐7)臺問事由

● 스님에게 차를 준 사람에게 화답함　　　　　　和人以茶贈僧

북쪽 동산에서 새로 볶은 차를　　　　　　　　　北苑移新焙
동쪽 숲에 사는 스님께 보낸다　　　　　　　　　東林贈送僧
한가로이 차 달일 날 미리 알고　　　　　　　　　預知閑煮日
찬 얼음 깨고 샘줄기를 찾는다.　　　　　　　　　泉脉冷敲氷

【출전】㉠《대각국사문집》(殘簡 23권)·《대각국사외집》(殘簡 13권);《한국불교전서》제4책, pp.528~596, 1982, 동국대학교 출판부. ㉡ 한글대장경 제139권,《대각국사문집 외》, 1994, 동국역경원.

【대각 의천의 생애】

　대각 의천(大覺義天, 1055~1101)은 고려 중기의 스님으로 중국에 구법하였고, 천태종의 개조였다. 호는 우세(祐世), 이름은 후(煦), 자는 의천.

---

6) 삼통(三洞): 도교의 장서를 세 부로 나눈 것으로 동(洞)은 통으로 읽는다. 곧 통진(洞眞: 大乘)·통현(洞玄: 中乘)·통신(洞神: 小乘)을 가리킨 말이다.
7) □疑「崐」. 설명은 주 2)와 유사함.

문종의 넷째 아들로 선종의 동생이며, 어머니는 인예왕후(仁睿王后)이다. 이름이 송나라 철종(哲宗)과 같으므로 이를 피하여 자로 통칭되었다. 그는 총명하여 '나면서부터 아는 이(生而知之)'로 추앙할 정도였으므로 10세 미만에 사서삼경과 불전을 통달했다고 한다.

11세 때, 아들이 넷이면 한 아들을 출가시켜야 한다는 국법에 따라 문종이 네 왕자의 의중을 묻자 어린 의천이 자청해 출가, 화엄종의 고승 난원(爛圓) 왕사의 제자가 되었다. 12세 때 스승 난원이 입적하자 스승을 대신해 화엄교학을 강설했으며 15세에 최고 법계인 승통(僧統)이 되었고 19세에 《속장경》 간행을 발원하였다.

1085년(선종 2) 제자 수개(壽介) 등 2인을 데리고 정주(貞州: 경기도 개풍군)에서 송나라 상선을 타고 중국 판교진(板橋鎭)에 도착하여 송나라 철종의 환대를 받았다. 송나라에서 큰스님들을 방문하고 이름 있는 산과 고적을 두루 다녔다. 의천은 송나라 큰스님들로부터 화엄·천태교학·율·정토·선 등을 배우고 왕과 인예왕후의 간절한 귀국 요청으로 14개월 만인 1086년(선종 3) 6월 장소(章疏) 3천여 권을 갖고 귀국했다.

개경 흥왕사(興王寺)의 주지로 있으면서 제자를 양성하고 요·송·일본 등에서 4천여 권의 장소를 수집하고 국내의 고서를 모았다. 흥왕사에 교장도감(敎藏都監)을 두고 이들 경서를 간행하고, 그 목록으로《신편제종교장총록(新編諸宗敎藏總錄)》3권을 편찬했다. 교장도감에서는 이 목록에 의해 모두 1,010부 4,740권의 장소를 간행했는데 이를 고려 속장경이라 한다. 1097년(숙종 2) 2월 태후의 발원으로 국청사(國淸寺)가 낙성되자 의천이 제1세 주지가 되어 천태교학을 강의하자 모여드는 학승들이 무려 1천 명을 넘었다. 여기서 비로소 고려 천태종이 한 종파로서 성립되어 고려 불교계에 큰 영향을 끼쳤다. 1101년(숙종 6) 나이 47세, 법랍 36년으로 입적했다. 시호를 대각국사(大覺國師)라 했다. 저술로는《신집원종문류(新集圓宗文類)》《석원사림(釋苑詞林)》《대각국사문집》등 10여 부 3백여 권이 된다. 의천의 시는 180여 편이 현존하는데 다시(茶詩)는 3

편이 있다.(참고문헌: 《고려사》《대각국사문집》《한국불교인명사전》)

2. 진각 혜심(眞覺慧諶): 11편 12수

● 백운암에 가서 청을 받다　　　　　　　　到白雲庵請示衆

과거의 예를 들어 말씀하셨다. 승안(承安) 을축년(1205)에, 나는 전물암(轉物庵)에서 여름안거를 지냈는데, 안거 끝에 이 암자에 와서 선사(先師)를 뵈옵고 게송을 지어 올렸습니다. 그 게송에,

아이를 부르는 소리의 메아리는 송라의 안개 속에 사라지고	呼兒響落松蘿霧
차를 달이는 향기는 돌길의 바람에 퍼지네	煮茗香傳石徑風
백운(白雲)은 산 아랫길에 들어서자마자	才入白雲山下路
암자 안의 노스님을 몸소 뵈었네.	己叅庵內老師翁

스님은 하하 하며 크게 웃으시고는 이내 부채를 주셨습니다. (하략)

● 담령상인(湛靈上人)이 육잠(六箴)[8]을 구하다　　湛靈上人求六箴

〈코〉　　　　　　　　　　　　　　　　　　　　鼻

향기로운 곳에서는 함부로 열지 말고	香處勿妄開
냄새 속에서는 억지로 막지 말라	臭中休强塞
향천(香天)의 부처도 되지 않겠거늘	不作香天佛

---

[8] 육잠(六箴): 여섯 가지 경계의 말. 불교에서는 눈·귀·코·혀·몸·뜻(眼耳鼻舌身意) 여섯 가지를 육근(六根)이라 하여 이를 바탕으로 하는 여섯 가지의 경계해야 할 말을 혜심이 담령 스님에게 일러준 것이 위의 시이다. 여기에 소개한 것은 그 중 '차'가 나오는 '코와 혀' 두 가지 부분이다.

하물며 송장 썩는 나라가 되겠는가.　　　　況爲屍注國

솥에는 녹명(綠茗)9)을 달이고　　　　　　　鐺中煎綠茗
향로에는 안식(安息)을 사른다　　　　　　　爐上燒安息
돌! 돌! 돌!　　　　　　　　　　　　　　　咄咄咄
어디 가서 선지식을 찾을까.　　　　　　　　其處求知識

〈혀〉　　　　　　　　　　　　　　　　　　舌

법희(法喜)의 다담(茶啖)10)도 탐하지 않거늘　不貪法喜啖
하물며 무명(無明)의 술을 즐기랴　　　　　　況嗜無明酒
그 야호선(野狐禪)을 지껄이지 말라　　　　　莫說野狐禪
종일 부질없이 입을 벌려　　　　　　　　　　終日虛開口

잠자코 사자굴에 들어갔다가　　　　　　　　默入獅子窟
말을 내거든 사자처럼 외쳐라　　　　　　　　語出獅子吼
말하거나 침묵하는 그 밖에　　　　　　　　　誰知語默外
다시 한 구절 있음을 누가 알리.　　　　　　　更有那一句

● 전물암(轉物庵)에서　　　　　　　　　　　寓居轉物庵

오봉산(五峯山)11) 앞에 있는 옛 바윗굴　　　　五峰山前古庵窟
그 안에 전물(轉物)이라는 암자가 있네　　　　中有一庵名轉物
나는 이 암자에서 살아가나니　　　　　　　　我棲此庵作活計
그저 하하 웃을 뿐 말하기 어려워라.　　　　　只可呵呵難吐出

---

9) 녹명(綠茗): 차의 일종.
10) 다담(茶啖): 불가에서 손님 앞에 내는 차와 과자 등을 말함.
11) 오봉산(五峰山): 전남 구례군(求禮郡)에 있는 산.

입술 이그러진 찻잔과 다리 부러진 솥으로　　　　　缺唇椀折脚鐺*
죽 끓이고 차 달이며 무료히 날을 보내면서　　　　煮粥煎茶聊遣日
게을러 쓸지도 않고 또 베지도 않으매　　　　　　　踈慵不掃復不芟
뜰의 풀은 구름 같아 무릎까지 빠지네　　　　　　　庭草如雲深沒膝
늦게 일어나매 이른 아침의 인시(寅時)를 모르고　　晩起不知平旦寅
일찍 자매 저녁 술시(戌時)를 기다리지 않나니.　　早眠不待黃昏戌

낯도 씻지 않고 머리도 깎지 않고　　　　　　　　　不洗面不剃頭
경도 보지 않고 계율도 안 가지며　　　　　　　　　不看經不持律
향도 사르지 않고 좌선도 아니하며　　　　　　　　不燒香不坐禪
조사나 부처님께 예배도 하지 않네.　　　　　　　　不禮祖不禮佛

사람이 와서 괴이하게 여겨 무슨 종인지 아는가 물으면　人來怪問解何宗
일이삼사오륙칠이라 대답하나니　　　　　　　　　一二三四五六七
침묵하고 비밀 지켜　　　　　　　　　　　　　　　莫莫莫密密密
집안 흉을 남에게 들춰 내지 말라　　　　　　　　　家醜不得外揚
마하반야바라밀.　　　　　　　　　　　　　　　　摩訶般若波羅蜜

(*편집자 주 - 이 구는 한국불교전서에 한 글자 결락되어 있으나 확인할 수 없음)

【해설】무의자 혜심의 이 시는 잘못 이해하면 오해의 소지가 다분하다. 그가 오봉산 전물암(轉物庵)에 살면서 주둥이 깨어진 발우와 다리 부러진 솥으로 다만 죽과 차를 끓이며 단순 소박하게 살고 있다. 여기까지는 수행자의 삶으로 나무랄 데가 없다. 그러나 문제의 발단은 그 다음 구절부터이다. 즉 그는 글에도 게으르고 청소도 하지 않으며 풀을 베지 않아 뜨락의 풀은 무릎이 빠질 지경이다. 뿐만 아니라 아침에는 늦게 일어나고 저녁에는 일찍 잠들며 머리도 삭발하지 않고 경전도 독경하지 않고 심지어 조석예불도 하지 않는다. 그러자 사람들이 괴이하게 여겨 무슨 종(宗)이냐고 묻는다. 그러면 그는 1·2·3·4·5·6·7이라고 말할 뿐이다.

하지만 이 괴이한 수행자의 사람에 관한 보고에도 대전환이 뒤따른다.

그는 선(禪)의 현묘하고 비밀스런 진리를 함부로 누설하지 말라고 이르는 것이다. 선가(禪家)에서는 선지(禪旨)를 '집안의 수치[家醜]'라는 표현을 쓰기도 하는데 혜심은 그러한 선의 진리를 함부로 떠벌리지 말 것을 타이른다. 이 시가 단지 기괴한 수행자의 일상을 읊지 않았다는 것을 이 끝 구절에서 극명하게 보여 주는 것이다. 오도(悟道)한 경허 선사가 그러했듯이 깨달은 자에게 있어 규범에 얽매인 수행자의 겉모습을 이미 초탈한 것이다. 일반인이 볼 때 승려의 본분을 벗어난 것 같은 일련의 행위(청소·풀베기·자고 일어남·삭발·독경·예불)에 대해서까지 오도한 자에게 있어서는 한갓 거치장스러운 외양에 불과한 것이다.

그러나 오늘날 누가 이런 초탈한 삶을 살아도 무애한 참다운 수행자가 있다는 말인가? 혜심과 경허가 환생한다면 가능한 일이겠지만 범속한 자가 함부로 흉내내어서는 안 될 것이다.

【출전】㉠《조계진각국사어록》(1권);《한국불교전서》제6책, pp.1~49, 1984, 동국대학교 출판부. ㉡ 김달진 역주,《진각국사어록》, 1993, 세계사.

● 정랑중과 헤어지면서 餞別鄭郎中

나무 위에서는 앵무새가 맑게 노래하고	樹上鶯歌淸
대(臺) 앞에서는 제비가 가볍게 춤을 춘다	臺前燕舞輕
차를 끓여 술을 사는 것에 대신해	煎茶當沽酒
애오라지 그대 가는 길을 전별하오.	聊以餞君行

● 대혼 스님이 차를 달라고 하기에 이로 인한 시 大昏上人因焉茶求詩

| 크게 혼혼한 곳에 잠 이룰까 두렵나니 | 大昏昏處恐成眠 |
| 향기로운 차 자주자주 끓여야지 | 須要香茶數數煎 |

오늘 차 마시는 시간은 원래 꿈 속에 있었나니 當日香嚴原睡夢
신통의 분부를 네가 전하라. 神通分付汝相傳

【해설】《한국의 다시(茶詩)》(1997, 민족사)에서 김상현 교수는 진각국사(眞覺國師) 혜심(慧諶)의 이 다시에 대해 설명한 바 있다. 이를 옮기면 대략 이러하다.

언제인가 대혼자(大昏子) 무이(無已) 스님이 혜심에게 차를 구했던 일이 있다. 이에 무의자 혜심이 한 수의 시로 대답한 것이 위에 소개한 〈대혼상인인개다구시(大昏上人因丐茶求詩)〉이다. 대혼자는 30년을 지리산에 숨어 장삼 한 벌로 생활하던, 마치 중국의 한산(寒山)이나 습득(拾得)에 비길 만한 스님이었다. 겨울이나 여름에는 언제나 허리띠를 졸라 매었고, 봄과 가을이면 산을 두루 유람하며 서너 말의 식사를 하던 그리고 한 곳에 앉아 참선을 할 때면 반드시 열흘을 넘기고, 떠날 때면 큰 소리로 노래를 했던 특이한 스님이었다. 혜심은 이 스님에게 차와 시를 보내면서 혼미한 정신을 일깨워 주는 성품을 "크게 혼혼하면 잠을 이루려니 향기로운 차를 자주 끓여 마시는 것이 좋다."고 무이 스님의 호 대혼(大昏)에 비겨 강조했다.

● 묘고대에 올라서 짓다 妙高臺上作

산마루 위 한가로운 구름은 걷히지 않는데 嶺雲閑不徹
시냇물은 왜 그리도 빨리 흐르나 澗水走何忙
소나무 아래서 솔방울 따서 松下摘松子
차를 달이니 그 맛 더욱 향기롭구나. 烹茶茶愈香

【해설】 산마루와 구름과 시냇물, 묘고대(妙高臺)의 이러한 풍광(風光) 아래에서 솔방울을 따서 불을 피우고 차를 달여 마시는 혜심의 정취가 아담하다.

● 차 샘   茶泉

소나무 뿌리는 늙은 부소나무로 뻗어 있고   松根去古蘇
돌의 단꿈 영천(靈泉)이 깨우누나   石眠迸靈泉
상쾌하고 편한 것은 쉽게 얻어지지 않나니   快便不易得
스스로 조주선(趙州禪)을 알듯도 하다.   親提趙老禪

● 인월대   隣月臺

층층이 솟은 절벽 몇 길인지 알 수 없네   巖蕞屹屹知幾尋
높고 높은 누대는 하늘까지 닿았어라   上有高臺接天際
북두로 은하수를 길어 달이는 한밤의 차   斗酌星河煮夜茶
다연(茶煙)은 싸늘하게 계수나무를 감싸네.   茶煙冷鎖月中桂

【해설】 북두칠성 국자로 은하수의 물을 길어 차를 달이는 다승(茶僧) 혜심의 시심(詩心)은 우주에까지 뻗혀 그 기상이 자못 크고도 넓다. 차를 달이는 연기가 달 속의 계수나무를 감싼다는 그 경지는 바로 혜심의 선심(禪心)을 표현한 것이 아니랴. 인월대에서 차를 달여 마시면서 나타낸 그의 웅장한 의취(意趣)와 고매한 뜻이 잘 나타나 있는 작품이다.

● 선사(先師)를 모신 방장실에서   陪先師丈室煮雪茶筵
   눈을 녹여 차를 끓이다

엊저녁 간간이 내리던 눈   昨晚雨纖纖
새벽엔 놀랍게도 한 자나 쌓였네   曉來驚尺雪
고루 뿌려 구덩이 메워졌고   均鋪坑塹平
무겁게 눌린 나뭇가지 꺾어졌네   重壓枝條折
숲의 새는 추위에 처마 밑으로 날아들고   林鳥寒入簷

바위틈의 지친 사슴 굴 속을 찾아든다　　　　　巖鹿困投穴
돌난간 요대(瑤臺)로 변했고　　　　　　　　　　石檻變瑤臺
흙계단은 옥계단을 이루었네　　　　　　　　　　土堦成玉砌
한파는 선실을 침범하고　　　　　　　　　　　　威侵禪室凉
눈빛은 창문을 뚫고 들어오네　　　　　　　　　　色傍經囪徹
산 사람은 큰 추위에 맡겨두고　　　　　　　　　　山人任大寒
차 끓이며 좋은 시절 음미한다오　　　　　　　　　茗餠酬佳節
시동 불러 깨끗한 눈 가져다가　　　　　　　　　　呼兒取雪華
소반 가득 옥가루 쌓아 놓고　　　　　　　　　　　滿盤堆玉屑
손으로 새기노라니　　　　　　　　　　　　　　　手迹卽彫鏤
우뚝한 산의 형세 방불하구나　　　　　　　　　　山形髣髴屼
구멍 뚫어 용천(龍泉)에 비기고　　　　　　　　　鑿穴擬龍泉
물을 떠서 작설을 끓인다　　　　　　　　　　　　挹澌煎雀舌
어찌 스스로 즐거움 도모해서랴　　　　　　　　　豈是自圖歡
남이 깨끗이 마시도록 함이지　　　　　　　　　　要令他飮潔
이것은 오직 방외(方外)의 맛이니　　　　　　　　此唯方外味
인간 세상에 누설하지 말라　　　　　　　　　　　莫向人間泄
아, 나는 본래 서생으로　　　　　　　　　　　　　嗟汝本書生
세속을 벗어나 스님들 사이에 끼였다오　　　　　　脫俗參僧列
조그만 방에서 맑은 바람 마시며　　　　　　　　　小室飮淸風
유가(儒家)의 지독한 더위 식혀간다오　　　　　　儒門祛酷熱
애오라지 팔 끊는 용기로　　　　　　　　　　　　聊將斷臂力
간절히 안심결(安心訣)을 묻는다네　　　　　　　切問安心訣
내 불문(不問)을 묻고자 하여　　　　　　　　　　我欲不問問
스승에게 무설(無說) 설하기를 청하네.　　　　　請師無說說

【해설】이 시에 대한 설명 역시 앞에서 언급한 바 있는 김상현 교수의 것이 자세하고 친절하게 쓰여져 있다. 이를 옮기는 것으로 해설을 대신

하고자 한다.

사방에 눈이 가득한 어느 겨울날 무의자 혜심 선사는 수선사(修禪社), 즉 오늘날의 송광사에서 눈을 녹여 차를 끓이고 있었다. 그의 스승 보조 지눌(普照知訥: 1158~1210)의 영정을 모신 방장실(方丈室)에서. 그때 쓴 다시가 위의 시이다.

한겨울 눈 속에 묻혀 버린 고적한 산사에 따뜻한 차 한 잔이 있는 풍경의 작품이다. 눈의 무게를 이기지 못하고 나뭇가지가 부러지고, 추위를 견디지 못한 새가 추녀 밑으로 찾아드는, 눈이 온 산을 덮고 인적이 끊어져 버린 산 속 절, 수선사의 선실(禪室)에 무의자가 앉아 있다. 추위가 밀려들고 눈빛으로 창문이 환한 조그만 선실이다. 그는 시자를 불러 화로에 불을 피우고, 소반 가득 눈을 담아 오게 해 그 눈 녹은 물로 차를 끓이고 있다.

무의자 혜심은 출가 전 유가(儒家)의 서생이었다. 그는 차의 맑은 향기로 출가 전 유생 시절의 지독한 더위를 식힌다고 하였다. 번뇌는 뜨겁다. 출세와 명예를 향해 치닫는 세속은 무섭다. 그 뜨거운 번뇌를 한 잔 차로 식히고 있는 것이다. 무의자는 젊은 시절 유학에 몰두, 24세 때 사마시(司馬試)에 합격, 대학(大學)에까지 들어갔다가 세속적인 욕망을 훌훌히 벗어 던지고 지눌의 제자가 되었다. "나는 본래 서생으로 세속을 벗어나 스님들 사이에 끼였다오"라는 구절은 이 사실을 말하고 있다.

중국의 혜가(慧可)가 달마를 찾아가 왼팔을 잘라 가르침을 구하는 의지를 보였듯이 "팔 끊는 용기로 간절히 안심결(安心訣)을 묻는다"는 구절은 무의자의 굳은 구도심(求道心)을 표현한 것이다.

무의자는 지리산 금대암(金臺庵) 연좌대(宴坐臺)에 앉아 좌선할 때 눈이 머리까지 쌓여도 고목인 양 움직이지 않을 정도로 수행에 몰두했던 고승이었다. 스승 지눌의 영정이 모셔져 있는 방에서 차 한 잔을 끓여 마시면서 이제 더 묻지 않아도 좋을 물음을 물어 설할 바 없는 궁극적인 설(說)을 설법해 주실 것을 마음 속 깊이 청하고 있는 것이다. "불문

(不問)을 묻고자 하여, 스승에게 무설(無說) 설하기를 청한다."는 구절은 오묘한 맛이 있다. 초의(草衣)가 '먹어버린 귀로 말 없는 법문을 얻어듣는다(沒根耳聽無言說)'고 했던 그 경지와도 상통하는 구절이다.

● 차를 선물받고 　　　　　　　　　　　　　　　惠茶兼呈觀答之

오래 앉아 피곤한 긴긴 밤 　　　　　　　　　　久坐成勞永夜中
차 끓이며 무궁한 은혜 느끼네 　　　　　　　　煮茶偏感惠無窮
한 잔 차로 어두운 마음 물리치니 　　　　　　一盃卷却昏雲盡
뼈에 사무치는 청한(清寒) 모든 시름 스러지네. 　徹骨清寒萬慮空

● 무위사의 차로 장로를 공경하다 　　　　　　茶無爲寺恭長老

욕심 없고 함이 없는 것으로 항상 스스로를 지켰나니 　無欲無爲常自守
세간의 가업은 살이 찌든 마르든 맡겨두고 　　　　　　世間家業任肥瘦
전후를 살펴보는 것을 알지 못하고 　　　　　　　　　不知顧後但瞻前
큰 허물이 다가오면 염려해 물리칠 뿐이네. 　　　　　却恐當來招大咎

【출전】 무의자 혜심(無衣子 慧諶),《무의자시집(無衣子詩集)》(2권);《한국불교전서》제6책, pp.50~67, 1984, 동국대학교 출판부.

【진각 혜심의 생애】
　진각 혜심(眞覺慧諶, 1178~1234)은 고려 중기의 스님으로 조계산 수선사(修禪社: 송광사)의 제2세 법주. 자는 영을(永乙), 호는 무의자(無衣子), 성은 최(崔). 나주 화순 사람이다. 일찍이 출가할 뜻을 가졌으나 이루지 못하여 유학에 힘써 사마시(司馬試)에 합격하고 태학관(太學館)에 들어갔다. 그의 출가를 허락하지 않았던 홀어머니가 죽자, 1202년(신종 5) 25세에 조계산 수선사의 보조 지눌을 찾아가 득도하고 제자가 되었다. 그 뒤

오산(鰲山)·지리산 금당암(金堂庵) 등에서 각고의 선수행을 하고 법을 이었다. 그때 지눌은 조계산 수선사의 법석을 그에게 전하려 했으나 그는 굳게 사양하고 지리산에 숨어 수년간 더욱 선을 닦으며 정진했다.

1210년(희종 6) 지눌이 입적하자 문도들이 왕에게 알려 칙교(勅敎)를 받들고 법석 잇기를 권하니 마지못해 수락하여 수선사의 제2세 법주가 되었다. 고종이 즉위하여 선사·대선사를 내리니 선석(選席)에 뽑히지 않고 승질(僧秩)에 오른 몇몇 예 가운데 하나이다. 왕명으로 단속사(斷俗寺) 주지를 겸임하기도 했으나, 주로 수선사에 머물며 그곳을 더욱 확장하고 교화활동에 전념했다. 수선사를 중심으로 지눌의 간화선법(看話禪法)을 계승하여 이를 더욱 진작시켰다.

1234년(고종 21) 6월 26일 세수 57세, 법랍 32년으로 입적했다. 왕이 진각국사(眞覺國師)라 시호하고, 이듬해 수선사 북쪽 광원암(廣遠庵)에 부도를 세워 탑명을 원소(圓炤)라 했다. 문하에는 청진국사(淸眞國師) 몽여(夢如)·진훈(眞訓)·각운(覺雲)·마곡(麻谷) 등이 특히 뛰어났으며, 몽여는 그의 뒤를 이어 수선사 제3세 법주가 되었다. 저술로는 《선문염송집》 30권, 《선문강요》 1권, 《어록》 2권, 《무의자시집》 2권 등이 있다. (《동국이상국집》《조선금석총람》《조선불교통사》《동문선》《한국불교전서》《한국불교인명사전》)

3. 요일(寥一): 1편

● 물러날 것을 청함　　　　　　　　　　　　　　乞退
　-스님의 출입이 금지된 지 20여 년이었다-　　(師召入禁二十餘年)

밤마다 새벽 꿈이 송관(松關)12)에 있었건만　　五更殘夢寄松關

---
12) 송관(松關): 송도. 즉 지금의 개성.

십 년 동안이나 궁궐 안에 묵어 왔네	十載低徊紫禁間
아침의 차(茶)는 난봉(鸞鳳)13)의 그림자를 띠었고	早茗細含鸞鳳影
기이한 향은 새로 자고반(鷓鴣班)14)을 가루로 했네	異香新屑鷓鴣班
여윈 학이 왜 하늘 높이 날아다녀서	自憐瘦鶴翔靑漢
외로운 원숭이[猨]를 푸른 산에서 원망케 했던고	久使寒猨怨碧山
남은 생애에는 옛 절로 가자	願把殘陽還舊隱
바윗가 흰 구름들이 심심하지 않도록.	不敎巖畔白雲閑

【출전】㉠《동문선》제13권(칠언율시) ㉡ 효동원 다선회 편역,《다향선미》1, pp.163~164, 1989, 보림사.

【요일(寥一) 스님】

고려 중기의 스님으로 생몰 연대 미상이다. 명종(재위 1170~1197)의 숙부로서 출가하여 흥왕사에 살았다. 승통을 지냈으며 시를 잘 지었다. 자세한 행적은 알 수 없다.(《고려사》《한국불교인명사전》)

4. 정명 천인(靜明天因): 2편

●옥주 서상인(誓上人)께 부쳐 　　　　　寄沃洲誓上人

(상략) 　　　　　　　　　　　　　　　(上略)
아침이 오고 저녁이 가는데 마음대로 따르나니	朝來暮去隨所適
한 가지 주장자(拄杖子)와 한 개의 방석일세	一條橡栗一蒲團
가을 깊어 돌 위의 낙엽을 쓸고	秋深石上掃落葉
차 달이고 밤을 구어 맑은 기쁨 도모한다.	煮茗燒栗圖淸歡
(하략) 　　　　　　　　　　　　　　　(下略)

---

13) 난봉(鸞鳳): 난새와 봉황.
14) 자고반(鷓鴣班): 자고새를 재료로 하는 향 이름.

● 운상인(雲上人)이 병중에 지은 운을 따서 　　次韻雲上人病中作

(상략)　　　　　　　　　　　　　　　　　　(上略)
언제나 옛 절에 내 돌아가며　　　　　　　幾時還舊隱
어디에서 어머님을 봉양하오리　　　　　　底處奉慈親
한가히 암자에 들어앉아서　　　　　　　　蘭若居無事
불법(佛法)을 크게 부르짖으리　　　　　　伽陀唱入神
시의 맑음은 일모(日暮)뿐 아니요　　　　　詩淸非日暮
화답할 이 적으니 양춘곡(陽春曲)인가　　　和寡是陽春
헤어진 누비옷은 울[縷]이 너덜너덜　　　　艾衲披殘縷
내어 온 차는 주둥이 깨어진 잔에　　　　　茶甌進缺唇
가엾어라, 그대가 몇 달 동안을　　　　　　憐君彌晦朔
병에 걸려 자리에 누워 있다니　　　　　　嬰病臥床茵
먼 거리에 뉘를 시켜 병 위문하리　　　　　遠地憑誰問
답답한 회포를 말로 못 쓰네.　　　　　　　誰懷不自陳
(하략)　　　　　　　　　　　　　　　　　　(下略)

【출전】 ㉠《동문선》제6권(칠언고시) ㉡ 효동원 다선회 편역,《다향선미》1, pp.151~152, pp.160~161, 1989, 보림사.

【정명 천인의 생애】
　정명 천인(靜明天因, 1205~1248)은 고려 중기의 스님으로 만덕산(萬德山) 백련사(白蓮社: 전남 강진군 도암면 만덕리 소재)의 제2세 법주. 성은 박(朴). 연산(燕山: 文義) 사람이다. 일찍이 진사가 되었으나 과거에 뽑히지는 못했다. 1224년(고종 11) 20세에 친구 허적(許迪)·신극정(申克定)과 함께 천태종 만덕산 원묘 요세(圓妙了世)에게 출가했다. 이어 송광산(松廣山)의 진각 혜심(眞覺慧諶)에게 가서 조계선(曹溪禪)의 요령을 얻은 다음 다시 만덕산에 돌아와 요세에게 배우고 보현도량이 결성되자 그곳에서 2년여를 머물며 수행했다. 다시 지리산·비슬산 등으로 옮겨 다니며 수행하다가 돌아와 요세에게 천태교관을 전해받고 지혜가 깊어졌다. 요세가 이미 연로하여 백련사 주인의 자리를 그에게 인계하고자 했으나, 이를 피하여 상락(上洛: 상주) 공덕산으로 가서 상국(上國) 최자(崔滋)가 세운 미면사(米麵社)에서 일생을 마치기로 작정하고 정진했다. 그러나 요세의 부름이 간절하므로 만덕산으로 가서 요세가 입적하자 부득이 백련사 제2세가 되었다.

1247년(고종 34) 몽골의 침략을 피해 상왕산(象王山) 법화사(法華社)에 들어갔다. 이듬해 문인 원환(圓晥)에게 법을 전하고 산의 남쪽 용혈암(龍穴庵)에 가 있다가 8월 9일 세수 44세, 법랍 24년으로 입적했다. 시호를 정명국사(靜明國師)라 했다. 저서로는 《정명국사시집》 3권이 있으나 전해지지 않고, 현재 상당수의 시문이 《동문선(東文選)》에 실려 있다. 이 책에 소개된 천인 스님의 다시(茶詩)도 《동문선》에 수록된 시문에서 발췌하였다(《다향선미》 1 참조). 또 미타찬(彌陀讚)·묘법연화경찬을 내용으로 하는 《만덕산 백련사 제2대 정명국사 후집》이 그가 입적한 후 1262년에 편집, 간행되어 남아 있다.(《동문선》《보한집》《한국불교인명사전》)

5. 진정 천책(眞靜天頙): 1편

● 금장 대선사께 드립니다   寄金藏大禪師15)

귀한 차는 몽령의 맛을 이었고   貴茗承蒙嶺16)

---

15) 금장 대선사(金藏大禪師): 이 스님은 거의 같은 시기의 고승인 원감국사(圓鑑國師) 충지(冲止: 1226~1292, 조계산 수선사의 제6세 국사)와도 교류가 있었다. 금장 대선사는 진정국사와 마찬가지로 충지에게도 햇차[新茶]를 보냈고 충지가 그에게 감사하는 칠언시가 남아 있다(〈謝金藏大禪師惠新茶〉《圓鑑錄》, p.105, 아세아문화사 영인). 금장 대선사의 행적에 대해서는 알 수 없다.

샘물은 혜산에서 길어 오신 것	名泉汲惠山[17]
졸음을 쏠어내고 정신을 맑게 하니	掃魔能却睡
손님을 대하여 다시 여유가 있네	對客更圖閑
감로는 땀구멍에서 솟아나고	甘露津毛孔
〔공산의 운제상인[18]이 차를 차렸다고 했기에〕[19]	〔公山雲濟上人設茶云云〕
시원한 바람이 겨드랑이를 식혀 주네	淸風鼓腋間
어찌 영약을 구해서 마셔야만	何須飮靈藥
불그레한 얼굴로 지낼 수 있다 하겠는가.	然後駐童顔
〔위에서 선사가 차를 주셨음에 감사했다〕[20]	〔右謝禪師惠茶〕

【출전】 ㉠ 〈만덕산 백련사 제4대 진정국사 호산록(萬德山白蓮社第四代眞靜國師湖山錄)〉;《한국불교전서》제6책, p.199, 1984, 동국대학교 출판부. ㉡ 허흥식, 〈역주호산록(譯註湖山錄)〉 권3; 허흥식,《진정국사와 호산록》, pp.143~145, 1995, 민족사.

【진정 천책의 생애】

　진정 천책(眞靜天頙, 1206~?)은 만덕산(萬德山) 백련사(白蓮社)의 제4세 법주이다. 호는 진정(眞靜), 자는 천인(天因)·몽차(蒙且), 별호는 내원당

---

16) 몽령(蒙嶺): 중국 사천성(四川省)에 있는 몽산(蒙山). 이곳에서 생산되는 차의 맛은 유명하다. 몽산은 몽정산, 차는 몽정차라고도 한다.
17) 혜산(惠山): 중국 강소성(江蘇省) 무석현(無錫縣)에 있는 산. 옛날 서역승(西域僧: 인도 승려) 혜조(慧照)가 머물렀으므로 산명이 생김. 이곳 산천수(山泉水)의 물맛이 좋기로 유명함.
18) 공산의 운제상인: 공산은 팔공산(八公山)이며 운제상인은 행적 미상. 이 간주(間註)의 공산이 팔공산이 맞다면 이 시는 진정국사가 사불산(四佛山)에 있던 1240년대에 지었을 가능성이 높다.
19) 이 부분은 송광사본에는 없다. 위의 시는 일지암본《호산록》에서 필자가 옮겼다.
20) 〔위에서 선사가 차를 주셨음에 감사했다(右謝禪師惠茶)〕: 이는 일지암본《호산록》에 있는 간주(間註)인데 지금까지는 이를 제목으로 소개하는 예가 많았는데 여기서는 일지암본에 따라 제목을 '금장 대선사께 드립니다'로 하고 종전에 제목처럼 소개된 이 구절은 일지암본대로 간주로 시 맨 끝에 두었다.

(內願堂), 성은 신(申). 고려 개국공신 신염달(申厭達)의 11대손으로 귀족 재상 집안의 자제이다. 20세에 과거 문과에 급제하여 문장을 일세에 떨치다가, 충선왕 때 백련사로 가서 연율(蓮律)에게 출가하고, 원묘 요세(圓妙了世)의 법을 이어받았다. 만년에 요세의 뒤를 이어 천태종 만덕산 백련사(전남 강진군 도암면 만덕리 소재)의 8대 국사 중 제4세 국사가 되고 용혈암(龍穴庵)에 옮겨 살았으므로 사람들이 '용혈대존숙(龍穴大尊宿)'이라 했다. 시호는 진정국사이며, 탑호는 고암이라 했다. 그의 법통을 이은 제자는 백련사 제5세 석교도승통(釋敎都僧統) 정조 이안(靜照而安)이고, 손제자는 부암 운묵(浮庵雲默)이다. 저술로는 《해동전홍록(海東傳弘錄)》·《선문보장록》·《호산록(湖山錄)》 등이 있다. 자가 천인이므로 정명 천인(靜明天因)과 동일인으로 혼동되기도 한다.(《동사열전》《만덕사지》《한국불교인명사전》)

6. 원감 충지(圓鑑冲止): 22편 25수

● 난송 선사 인공의 운을 따라 답함　　　　次韻答蘭松禪師印公

계산(鷄山)의 가장 깊숙한 곳에　　　　　　鷄山最深處
높다랗게 누워 번잡하고 화려함을 멀리했네　高臥遠紛華
거울 속에는 원래 가리움이 없는데　　　　　鏡裏元無翳
항아리 가운데에는 저절로 집이 있네.　　　　壺中自有家

뜰이 비었으매 솔방울 떨어지고　　　　　　庭空松子落
방이 고요하매 전연(篆烟)21)이 나부끼네　　室靜篆烟斜
무엇으로써 기갈(飢渴)을 다스리리　　　　　何以療飢渴

---
21) 전연(篆烟): 향로에서 피어오르는 연기.

향기로운 나물과 진한 차가 있나니.　　　　　　　香蔬與釅茶

● 전 동각 사인 우공도　　　　　　　　　前東閣舍人于公亦次
　위의 운을 따라 시를 지어 답함　　　　韻寄示用其韻答之
　-5수 중 세번째 수-

계족봉에 옮겨 산 지 3년이 지났는데　　　移棲鷄嶺度三年
하늘 끝을 바라보며 얼마나 슬퍼했나　　　目斷天涯幾悵然
다행히 차 달이는 연기와 선탑이 여기 있나니　幸有茶煙禪榻在
백발로 그 언제나 여기 와서 자려나.　　　鬢絲何日一來眠

● 규봉인공이　　　　　　　　　　　　　次圭峯印公贈月
　월헌 강 박사에게 준 시의 운을 따라　軒康博士詩韻
　-4수 중 첫번째 수-

대숲 사이의 찻잔은 스님을 불러 함께 들고　竹間茗椀呼僧共
소나무 밑의 바둑판은 대접이 풍부하네　　松下碁枰遣客饒
추운 때의 높은 절개 거기 절로 있나니　　自有歲寒高節在
복숭아와 오얏 더불어 꽃다운 가지 다투지 않네.　不將桃李鬪芳條

● 정축 삼월 십삼일 진각사에 놀면서　　丁丑三月十三日遊眞覺寺

벽돌화로와 돌솥들을 제각기 갖추들고　　甎爐石銚自提挈
발을 세워 걷고 걸어 푸른 층계에 올랐나니　側足行行上層翠
나물을 삶고 차를 달이면 즐거움이 넉넉하고　烹蔬煮茗有餘歡
물을 굽어보고 산을 바라보면 그 생각이 무한하네.　眺水看山無限思

● 다시 규봉인공이 　　　　　　　　　　　復次圭峯印公贈
　월헌 강 박사에게 준 시의 운을 따라 　月軒康博士詩韻
　- 3수 중 첫번째 수 -

찻잔 위에 차가 어리매 맑은 향기 퍼지고　　茶凝椀面淸香郁
소반 복판에 과자를 괴매 아름다운 맛이 풍족해　菓飣盤心美味饒
미친 읊음이 온 좌석을 놀라게 한다고 괴이타 생각 말라　莫怪狂唫驚四座
근년에 와서는 석순(石筍)이 그 가지를 뻗기 시작했다.　年來石筍解抽條

● 고양의 길에서 제호조(提壺鳥)의 소리를 듣고　高陽道上聞提壺鳥有作

도령(陶令)22)으로 다려(茶侶)를 삼은 지 이미 오래임에　已敎陶令爲茶侶
다시 고양에서 술꾼을 만나지 않았네　　　　無復高陽會酒徒
산새는 임금의 영(令)이 급한 줄 모르고　　　山鳥不知王令急
숲 건너서 술병을 들라고 울어대누나.　　　　隔林猶自勸提壺

● 새 붓을 시험해 보기 위해　　　　　　　　試新筆次信手
　되는 대로 한 게송을 써서 시자에게 줌　　書一偈贈侍者

날마다 차를 들고 와 내 갈증을 축이고　　　擎茶日遣滋吾渴
공양 때마다 밥을 주어 주림을 덜어 주네　　過飯時敎療我飢
만일 내게서 아무 지시도 없다고 말한다면　若謂山僧無指示
나는 알지, 그대가 저 노파의 자비심을 저버렸음을.　知君辜負老婆慈

● 병을 앓으면서 하는 말　　　　　　　　　病中言志
[1]

---
22) 도령(陶令): 도잠(陶潛)이 팽택령(彭澤令)을 지냈기 때문에 얻은 이름.

한 방이 고요해 일이 없나니 　　　　　一室靜無事
저 세상 어지러움 그대로 맡겨 두네 　　任他世亂離
나이 듦에 이내 게을러지고 　　　　　年衰便懶散
오래 앓으매 오락도 사양하네. 　　　　病久謝遊嬉

진한 차로 애오라지 갈증 달래고 　　　釃茗聊澆渴
향기로운 나물은 요기하기에 넉넉하나니 　香蔬足療飢
이 가운데 있는 그 맛이여 　　　　　箇中深有味
아무도 모르는 것, 그 또한 기쁘구나. 　　且喜沒人知

[2]
옛 절에 가을이 깊어 나뭇잎이 누른데 　　古寺秋深木葉黃
바람이 높은 하늘빛은 참으로 창량(蒼凉)하다 　風高天色正蒼凉
한가하여 얽매임이 없으매 늙은 나이 기쁘고 　閑無撿束甘年老
병들어 갇힌 것 같으매 해 긴 것을 깨닫겠네. 　病似拘囚覺日長

서리가 차매 세 겹 누더기옷을 급히 찾고 　霜冷急尋三事衲
방이 비었으매 오직 향로 하나를 마주했네 　室空唯對一爐香
사미는 나물 음식의 담박함을 알지 못하고 　沙彌不解蔬飡淡
산차(山茶)를 달여와서 내게 맛보라 권하네. 　來點山茶勸我嘗

● 어떤 선객이 답하다 　　　　　　　　有一禪者答云

인시(寅時)에는 한 국자의 미음을 마시고 　　寅漿飥一杓
오시(午時)에는 한 발우의 밥을 먹고 　　　午飯飽一盂
목마르면 세 잔의 차를 마시나니 　　　　渴來茶三椀
유무(有無)를 알고 모르고 상관이 없다 하네. 　不管會有無

● 금장 대선사가 준 새 차에 감사함   謝金藏大禪師惠新茶

자비의 베풂에 놀라워 하면서 불에 말려 보나니   慈貺初驚試焙新
따뜻한 돌에서 나는 새싹 품질 더욱 보배롭네   芽生爛石品尤珍
평생에 다만 해묵어 변한 차만 보았더니   平生只見膏油面
한 움큼의 봄인 증갱차를 얻은 것을 기뻐하네.   喜得曾坑一掬春

● 수재 홍상공에게 올리는 시   寄上睡齋洪相公詩

구름에 깃든 꿈이라 그 성인(城闉)23)에 이르지 못하고   栖雲夢不致城闉
차 마시는 좌석에는 하천한 손님 자리에도 끼일 길이 없지만   茗席無由到下賓
맑은 덕과 훌륭한 이름은 일찍이 익히 들었거니   清德令名聞早熟
반드시 서로 만나야 비로소 친하다 하리.   豈須相見始相親

● 산거   山居

[1]
배고프면 한 발우의 푸른 나물밥 먹고   飢飡一鉢青蔬飯
목마르면 세 잔의 자순차(紫筍茶)를 마시나니   渴飲三甌紫筍茶
지금의 이 생애에 즐거움이 넉넉하여   只今生涯有餘樂
고담(枯淡)하다 해서 호화로움 부러워하지 않네.   不將枯淡博豪華

[2]
비는 꽃술 떨어뜨려 파란 이끼에 쌓였고   雨飄華蘂堆蒼蘇
바람은 다연(茶煙)을 날려 담장이를 감싸네   風颺茶煙鑠碧蘿
손에는 지팡이요 어깨에는 누더기 옷   手有節枝肩有衲
산가(山家)의 살림살이 오히려 번거롭네.   山家活計尚嫌多

---

23) 성인(城闉): 성문(城門).

● 조계산 방장실 동쪽 담 밑에　　　　　　　　曹溪山方丈東牆之
　산다(山茶) 한 그루가 있는데　　　　　　　下有山茶一株戊子
　무자년 봄에 오랫동안 꽃이 피지 않다가　　春久無花至四月五
　4월 5월 사이에 비로소 만발했다　　　　　月之交方始盛開怪
　그것은 일찍이 없었던 일이라　　　　　　　未曾有作句以記之
　괴상히 여겨 시를 지어 기념한다.

한 여름 될 무렵에 온갖 꽃 다 졌는데　　　　夏炎將半百花盡
반가워라, 산차의 꽃이 비로소 한창 피었구나　喜見山茶方盛開
아마 이는 저 천공(天工)이 적막함을 가엾이 여겨　應是天工憐寂寞
잠시 봄빛 붙들어 산 모퉁이에 둔 것이리.　　小留春色着山隈

● 가을비 오는 원소탑원에서　　　　　　　　圓炤塔院秋日雨中作

조그만 암자에 쓸쓸한 가을비 내리나니　　　小院凄涼秋雨零
성긴 숲의 병든 잎이 빈 뜰에 떨어지네　　　疎林病葉墮空庭
처마를 의지하여 오직 한 산다(山茶)나무가 있어　倚檐唯有山茶樹
여름 가고 추위가 와도 한결같이 푸르네.　　暑去寒來一樣靑

● 한가한 가운데 우연히 쓰다　　　　　　　　閑中偶書

배고파 밥 먹으니 밥이 더욱 맛있고　　　　　飢來喫飯飯尤美
자다 일어나 차 마시매 차 맛이 새삼 좋네　　睡起啜茶茶更甘
궁벽하여 문 두드리는 사람 없는데　　　　　地僻從無人扣戶
암자 비어 부처님과 한 방에 있는 것 기쁘네.　庵空喜有佛同龕

● 병중에 혼자 앉아　　　　　　　　　　　　病中獨坐書懷

(전략)　　　　　　　　　　　　　　　　　　(前略)

가을이 오면 도토리와 밤을 줍고 秋至拾橡栗
봄이 오면 비름(藜)과 공자리(莧) 캐며 春來採藜莧
돌솥에는 일곱 바루의 차가 있는데 石銚茶七甌
질화로에는 한 가닥의 향이 있네. 瓦爐香一瓣
(후략) (後略)

● 우연히 설당(雪堂)의 운을 따라 偶用雪堂韻示印默二禪人
  인·묵의 두 선인에게 보임

[1]
조계산은 용상굴(龍象窟)만이 좋은 것이 아니고 曹溪不獨龍象窟
늦은 봄의 동산 숲이 가장 기이하나니 春晚園林最奇絶
몇 가지 산다(山茶) 꽃은 불꽃처럼 붉은데 數枝山茶紅似火
천 나무의 배꽃은 눈보다 희네. 千樹梨花白於雪

[3]
좋은 때의 아름다운 경치는 예부터 얻기 어려워 良辰美景古難得
나는 지금 행락하면서 늦은 것을 슬퍼하네 我今行樂嗟暮遲
그대에게 부탁하노니, 빨리 두세 사람 불러 오게나 憑君急呼二三子
시를 논하고 차를 마시면서 함께 즐겨 놀리라. 論詩煮茗供遊嬉

● 한시랑(韓侍郎)이 韓侍郎聞予嗣
  내가 조계의 법석을 이었다는 소식을 듣고 席曹溪以詩寄
  축하의 시를 보냈기에 운을 따서 답함 賀次韻答之

누가 궁자(窮子)에게 함부로 가계를 전하게 했는가 誰教窮子濫傳家
파음(巴音)을 잡아 영가(郢歌)를 이은 것 부끄럽구나 愧把巴音續郢歌
만약 산중에 무슨 사업 있는가 물으면 若問山中何事業

한 발우 나물과 한 사발의 차라 하리.　　　　　　　　一盂蔬了一甌茶

● 앞의 운으로 암자살이의 즐거움을 씀　　　　　用前韻書庵中樂

봄이 지나도록 문을 닫고 과굴(窠窟)24)을 지었나니　　經春杜門作窠窟
암자 뜰에는 쓸쓸하여 사람 자취 끊어졌네　　　　庭院蕭條人跡絶
발우에 담은 나물 속잎은 비로소 껍질 벗었는데　　飣鉢蔬芽初脫甲
항아리에 가득한 다유(茶乳)25)에는 가볍게 흰거품이 뜨네.　滿甌茶乳輕浮雪

● 산중의 즐거움　　　　　　　　　　　　　　山中樂
　- 처음 출가하여 백련암에 있을 때 지음 -

산중의 즐거움이여　　　　　　　　　　　　　　山中樂
몸과 마음에 맞으니 천전(天全)을 기르노라.　　　適自適兮養天全

숲은 깊고 골은 좁고 돌길은 오솔길인데　　　　林深洞密石逕細
소나무 밑에는 시내 흐르고 바위 틈에는 샘물이 솟네　松下溪兮岩下泉
봄 오고 가을 가도 사람의 자취는 끊어졌나니　　春來秋去人跡絶
붉은 티끌 한 점의 인연도 없네.　　　　　　　　紅塵一點無緣

한 발우의 밥과 한 쟁반의 나물　　　　　　　　飯一盂蔬一盤
배고프면 먹고 피곤하면 누워 자네　　　　　　飢則食兮困則眠
한 병의 물과 한 주발의 차　　　　　　　　　　水一甁茶一銚
목마르면 들고 와서 손수 끓이네.　　　　　　　渴則提來手自煎

---

24) 과굴(窠窟): 새 둥지같이 작은 암자.
25) 다유(茶乳): 고급 덩이차(乳團茶)나 잎차를 곱게 갈아 채로 쳐서 만든 가루차[末茶]를 끓인 물에 넣어 휘젓거나 혹은 차사발에 점다하여 거품을 일으켜 마시는 탁한 차를 말한다.

● 최이가 보낸 다향에 감사함　　　　　　　　謝崔怡送茶香韻

여윈 학은 고요히 소나무 꼭대기의 달에 섰는데　　瘦鶴靜翹松頂月
한가한 구름은 가벼이 산고개 머리의 구름을 쫓네　閒雲輕逐嶺頭風
이 가운데의 면목은 천리에 매일반이거니　　　　箇中面目同千里
무엇하러 새삼스레 한 통 편지를 희롱하리.　　　何更新飜語一通

【해설】 최이(崔怡)가 순천 지주사(順天知奏事)가 되어 편지와 함께 차·향·능엄경을 보냈다. 사자가 돌아가려고 편지 답을 청했다. 스님은 "나는 이미 속세를 벗어났는데 편지 왕복이 무슨 필요가 있겠는가?" 하였다. 그러나 그 사자가 굳이 청하기에 이 시를 써 준 것이다 [편자].

● 한가한 가운데 문득 쓰다　　　　　　　　閑中偶書

질그릇 발우에는 차거품이 희고　　　　　　甆甌茶乳白
비자나무 책상에는 하늘거리는 연기가 향기롭네　榧机篆烟香
비가 그친 산집은 고요한데　　　　　　　　雨歇山堂靜
툇마루에 나가면 저녁 기운 시원하다.　　　臨軒快晚涼

【출전】 ㉠〈해동조계 제6세 원감국사가송(海東曹溪第六世圓鑑國師歌頌)〉(1권);《한국불교전서》제6책, pp.370~410, 1984, 동국대학교 출판부. ㉡ 한글대장경 제168권,《원감국사집 외》, 1995, 동국역경원.

【원감 충지의 생애】
　원감 충지(圓鑑冲止, 1226~1292)는 고려 후기의 스님으로 조계산 수선사(修禪社: 송광사)의 제6세 국사. 호는 밀암(密庵), 원감국사는 시호이다. 이름은 원개(元凱), 성은 위(魏). 처음 법명이 법환(法桓)이었는데 나중에 충지로 고쳤다. 전남 장흥군(長興郡)에서 호부 원외랑(戶部 員外郞) 위소

(魏紹)의 아들로 태어났다. 어머니는 이부 원외랑(吏部 員外郞) 송자옥(宋子沃)의 딸이다. 9세에 공부를 시작하여 총명해 경서(經書)와 자사(子史)를 쉽게 외웠으며 17세에는 이미 사원시(司院試)를 마쳤고, 19세(1244년, 고종 31년)에 문과에 장원급제하여 벼슬이 한림(翰林)에 이르렀으며, 일본에 사신으로 가서는 뛰어난 시재(詩才)와 문장으로 국위를 떨쳤고 벼슬은 금직옥당(禁直玉當)에 이르렀다. 29세 때 선원사(禪源社)의 원오국사(圓悟國師)에게 나아가 득도하고 구족계를 받았다.

그 뒤 강사로 다니다가 김해 감로사(甘露社)에 머물면서 크게 명성을 떨쳤다. 1286년(충렬왕 12) 원오국사(圓悟國師) 충경 천영(沖鏡天英, 조계산 제5세)이 입적하자 수선사에 들어가 조계산 제6세가 되었다. 원나라 세조의 청으로 연경(燕京: 북경)에 가서 세조의 극진한 대우를 받고, 금란가사·벽수(碧繡)장삼·백불(白拂) 등을 선사받아 돌아왔다. 1292년(충렬왕 18) 1월 10일 세수 67세로 입적했다. 시호는 원감(圓鑑)국사, 탑호를 보명(寶明)이라 했다. 문하에 정안(靜眼)·진적(眞寂)·신탈(神脫) 등이 있다. 시문에 능하여《동문선》에 작품이 실려 있다. 저술로는《조계원감국사어록》《원감국사가송》《해동조계밀암화상잡저》1권이 현존하고 있다.(《조선금석총람》《조선불교통사》《원감국사집》《한국불교인명사전》)

원감국사의 다연(茶緣)

벽돌화로와 돌솥을 갖추어 나물을 삶고 차를 달이면 즐거움이 넉넉하다는 그의 시구로 보거나 '날마다 시자가 차를 내온다'고 한 것으로 보아 원감국사는 차를 즐겨 마시던 다승(茶僧)이었음이 분명하다. 그의 다시(茶詩)는 모두 22편에 이르는데 금장(金藏)대선사가 보내준 햇차에 감사하면서 쓴 〈금장 대선사가 준 새 차에 감사함(謝金藏大禪師惠新茶)〉이라는 제목의 시를 보면 그가 얼마나 차를 아끼고 좋아했는가를 알 수 있다. 원감의 선(禪)과 차는 일상생활 속에 합일되어 있다. '차 달이는 연기와 선탑[茶煙禪榻]'이라는 시구에서 보듯이 그에게 있어 차와 선은 별개의 일이 아니었다. 그는 차로 갈증을 달래고 나물로 요기하는 담백한 선승이자 다인이었다.

7. 백운 경한(白雲景閑): 1편

● 산에 살면서 　　　　　　　　　　　　　　居山
　- 25수 중 열두번째 수 -

향상(向上)의 수단을 말할 것 없네 　　　向上機關何足道
곤하면 편히 눕고 목마르면 차 마시네 　　困來閑臥渴卽茶
임제(臨濟)와 덕산(德山)은 특별히 미혹하여 　臨濟德山特地迷
헛되이 방편 쓰되 방망이와 호통 썼네. 　　枉用功夫施棒喝

*그는 을사년(1365년, 공민왕 14년) 해주 신광사[26]에 있을 적에 행한 상당법어 중에서 다음과 같이 차와 관련하여 법어를 하고 있다.

"제일의, 제일의여, 붉은 큰 화로의 한 점 눈과 같도다. 여기에 선다객(宣茶客)이 있었다면 무엇 때문에 유나[27] 스님이 망치를 두드렸겠는가. 과연 선다객이 있으면 곧 나오라."
　第一義第一義 如紅爐上一點殘雪 介中若有宣茶客 何必維那下一槌 還有宣茶客麼 出來出來

---

26) 해주 신광사(神光寺) : 백운 선사는 공민왕 14년(1365년) 6월 21일 해주 신광사의 주지로 부임하였고 위의 법어도 신광사 주지로 있으면서 행한 상당법어 가운데 한 구절이다.
27) 유나(維那): 선방의 결제(안거) 중에는 포살(계행과 율의)을 담당하고, 일반적으로는 재(齋)를 올릴 때 의식 절차를 지휘하는 소임을 맡은 스님을 지칭한다.

【출전】 ㉠〈백운화상어록(白雲和尙語錄)〉(2권);《한국불교전서》제6책, pp.637~668, 1984, 동국대학교 출판부. ㉡ 한글대장경 제168권,《백운화상집(白雲和尙集)》(책제목은《원감국사집 외》), p.463, 1995, 동국역경원.

【백운 경한의 생애】

　백운 경한(白雲景閑, 1299~1374) 스님은 중국 구법승으로 태고 보우(太古普愚, 1301~1382)보다 2세 연상으로 백운·태고·나옹(1320~1376)은 고려 말 빼어난 3대 선승이다. 스님의 호는 백운(白雲)이며 호남 고부 사람이다. 어려서 출가하여 원나라 호주(湖州)에 가서 임제 18대손인 석옥 청공(石屋淸珙)에게 심법을 전해받고, 지공(指空)에게도 법을 물었다. 1353년(공민왕 2) 대오한 백운화상에게 이듬해(1354)에 석옥의 제자 법안(法眼)이 임종 때의 명을 받들어 바다를 건너와 석옥의 사세게(辭世偈)를 전하였다. 공민왕 14년(1365년)에는 나옹의 천거로 고려 왕실과 인연이 깊은 해주 신광사의 주지가 되었고 태고와도 교분이 두터웠다. 1370년(공민왕 19)에는 공부선(功夫選)의 시관(試官)이 되었다. 백운과 태고는 석옥의 법을 이었는데 태고가 간화선을 중시하였고 백운은 무심무념(無心無念)을 궁극으로 삼는 묵조선의 선풍을 드날렸다. 1374년(공민왕 23) 여주 취암사(鷲岩寺)에서 세수 76세로 입적했다. 저술로는《불조직지심체요절(佛祖直指心體要節)》2권과《백운화상어록》2권이 있다.《불조직지심체요절》권하(卷下)는 가장 오래된 주자본(鑄字本)이라는 점에서 인쇄술 발달사에서 세계적으로 그 가치를 인정받는 유명한 책이다.

8. 태고 보우(太古普愚): 2편

● 연도(燕都)28) 영녕선사(永寧禪寺) 개당 설법 게송

남쪽 성 밑에 집을 빌려　　　　　　　　　借屋南城下
얼큰히 취해 누웠더니　　　　　　　　　陶然臥醉鄕
홀연, 천자의 부름을 받고서　　　　　　忽聞天子詔
축원을 마치고 빈 항아리 마주했네　　　祝罷對殘缸
에일 듯한 추위는 뼛속에 스며들고　　　凜凜寒生骨
날리는 눈발은 창을 두드리는데　　　　蕭蕭雪打窓
깊은 밤 질화롯불에 차를 달이니　　　　地爐深夜火
향기가 차관을 새어나오는구나.　　　　茶熟透缾香

● 태고암가　　　　　　　　　　　　　太古庵歌

내가 사는 이 암자 나도 몰라라　　　　　吾住此庵吾莫識
깊고 세밀하나 막힘이 없네　　　　　　深深密密無壅塞
하늘 땅을 모두 가두었으니 앞뒤가 없고　函盖乾坤沒向背
동서남북 어디에도 머물지 않네　　　　不住東西與南北
주루(珠樓)와 옥전(玉殿)도 비길 바 아니고　珠樓玉殿未爲對
소실(少室)의 풍규(風規) 본받지 않았어도　少室風規亦不式
8만4천의 번뇌문을 부수었거니　　　　爍破八萬四千門
저 쪽 구름 밖 청산이 푸르네　　　　　那邊雲外靑山碧
산 위의 흰 구름은 희고 또 흰데　　　　山上白雲白又白
산 속 흐르는 샘 흐르고 또 흐르네　　　山中流泉滴又滴
흰 구름의 형용을 누가 볼 줄 아는가　　誰人解看白雲容
개이고 비 오며 때로 번개치듯이　　　　晴雨有時如電擊
이 샘물 소리 누가 들을 줄 아는가　　　誰人解聽此泉聲
천굽이 돌고 만 번을 굴러서 쉬지 않고 흐르네　千回萬轉流不息
생각이 일기 전에 이미 그르쳤거니　　　念未生時早是訛

---

28) 연도(燕都): 중국 북경. 서기 1347년 무렵에는 연경(燕京)이라 칭하기도 했음. 당시 중국은 몽고족이 원(元)나라를 세워 통치하고 있을 때였다. 태고국사가 연경에 갔을 때 원나라의 천자는 순제(順帝)였다.

제3장 고려시대 茶詩 75

다시 입을 연다면 어지러우리	更擬開口成狼藉
봄비 가을 서리에 몇 해를 지났던고	經霜經雨幾春秋
부질없는 일이었음을 오늘에야 알겠네	有甚閑事知今日
맛이 있거나 없거나 음식은 음식이라	麁也飡細也飡*
누구나 마음대로 먹기에 맡겨두네	任儞人人取次喫
운문(雲門)의 호떡과 조주(趙州)의 차라 해도	雲門糊餠趙州茶
이 암자의 맛없는 음식만 하랴	何似庵中無味食
본래 이러한 옛 가풍(家風)을	本來如此舊家風
누가 감히 그대와 더불어 기특하다 말할건가	誰敢與君論奇特
하나의 털끝 위에 태고암이니	一毫端上太古庵
넓어도 넓지 않고 좁아도 좁지가 않네	寬非寬兮窄非窄
겹겹한 세계들이 그 안에 들어 있고	重重刹土箇中藏
넘치는 기틀의 길이 하늘을 찔러 트이었네	過量機路衝天直
삼세의 부처님도 전혀 알지 못하고	三世如來都不會
역대 조사도 얻지 못하네	歷代祖師出不得
어리석고 말 더듬는 주인공은	愚愚訥訥主人公
함부로 마구 행하여 법도가 없네	倒行逆施無軌則
청주의 헤어진 베 장삼 입고	着䣱青州破布衫
등라(藤蘿)의 그늘 속에 절벽을 의지해 있네	藤蘿影裏倚絶壁
눈앞에는 법도 없고 사람도 없어	眼前無法亦無人
아침저녁 부질없이 푸른 산을 마주하여	且暮空對青山色
우뚝 앉아 일없어 이 노래 부르나니	兀然無事謌此曲
서쪽에서 온 그 소리 더욱 분명하여라.	西來音韻愈端的
(하략)	(下略)

(*편집자 주 - 이 구는 한국불교전서에 한 글자 결락되어 있으나 확인할 수 없음)

【해설】 위의 다게(茶偈)는 태고화상이 1346년 연도(燕都)에 들어가 다음 해 가을 호주(湖州) 하무산(霞霧山) 석옥(石屋) 스님을 뵙고 법과 가사를 전해 받은 후 원나라 천자의 명으로 영녕선사(永寧禪寺)의 주지로서 개

당(開堂)할 때 설한 상당법어(上堂法語)의 말미에 읊은 게송이다. 《태고국사법어집》에는 상당법어 9편, 일반법어 22편, 가음명(歌吟銘) 6편, 게송 109편, 찬(讚) 13편, 서(序)와 발(跋) 2편, 그외 부록으로 서간과 행장(行狀)·비명 등이 9편 수록되어 있다. 이 중 다시(茶詩)로 위의 게송이 있고 그 외 〈태고암가(太古庵歌)〉 중 '운문(雲門)의 호떡과 조주차〔雲門糊餠趙州茶〕'란 구절이 있다. 위에 소개한 다시 내용으로 볼 때 태고화상은 평소 차를 즐겨 마셨던 것으로 생각된다. 〈태고암가〉의 '조주차'는 선가(禪家)의 통상적인 선화(禪話)이지만 원나라 천자의 명을 받아 연경(燕京)의 주요 사찰 주지가 되어 개당설법(開堂說法)을 하는 자리에서 법어의 마지막을 '깊은 밤 질화롯불에 차를 달이니 / 향기가 차관을 새어 나오는구나' 하는 시구로 마무리한 것으로 볼 때 그도 차인이었음이 분명하다.

【출전】 ㉠ 〈태고화상어록〉(2권); 《한국불교전서》 제6책, pp.669~701, 1984, 동국대학교 출판부. ㉡ 《태고보우국사법어》, 1997, 대륜불교문화연구원. ㉢ 한글대장경 제167권, 《태고화상어록》(표지에는 《나옹화상집 외》), pp.431~750, 1995, 동국역경원.

【태고 보우의 생애】
　　태고 보우(太古普愚, 1301~1382) 스님은 고려 후기의 중국 구법승으로 우리나라 임제종(臨濟宗: 조계종)의 시조이다. 일명 보허(普虛), 호는 태고(太古), 성은 홍(洪), 본관은 홍주(洪州: 충남 홍성). 아버지는 개부의동삼사상주국 문하시중판리병부사 홍연(洪延)이며, 어머니는 삼한국대부인의 작위를 가진 정(鄭)씨이다. 1313년(충선왕 5) 13세에 회암사(檜嚴寺) 광지(廣智)에게 득도하고, 가지산에서 수도했다. 1329년 화엄선(華嚴選)에 합격했으며, 1337년 전단원에 있으면서 무(無) 자를 참구하고 이듬해 크게 깨달았다. 1346년 원나라로 가서 연경(燕京) 대관사(大觀寺)에 머물다가 호주(湖州) 하무산(霞霧山) 천호암(天湖庵)에 가 임제 18대손 석옥 청공(石屋淸珙)을 만나고 〈태고암가〉를 바치니 인가하여 법을 전해 받았다. 이로써 우리나라 임제종의 시조가 되었다. 1348년 귀국하여 왕과 왕실 및 불교계에 종지를 크게 폈다. 1356년 왕사가 되어 광명사(廣明寺)에 머물면서 원융부(圓融府)를 세워 구산선문의 통일을 꾀했다. 1371년 국사가 되어 영원사(瑩原寺)에 있었다. 1382년(우왕 8) 소설산(小雪山: 지금의 용문산)에서 12월 24일 세수 82세 법랍 69년으로 입적했다. 시호는 원증(圓證), 탑호를 보월승공(寶月昇空)이라 했다. 문하에는 환암 혼수(幻庵混修) 등 많은 제자가 있다. 저술로는 《태고화상어록》 2권이 현존하며 시문집인 《태고유음》이 있었다.(《조선금석총람》《동사열전》《태고화상어록》《한국불교인명사전》)

9. 나옹 혜근(懶翁惠勤): 6편

●지공화상 돌아가신 날에　　　　　　　　入寂之辰

푸른 한 쌍 눈동자에 두 귀가 뚫렸고　　　　碧雙瞳穿兩耳*
수염은 모두 흰데 얼굴은 검다　　　　　　　髭須胡兮面皮黑
그저 이렇게 왔다가 이렇게 갔을 뿐　　　　但恁麽來恁麽去
기괴한 모습이나 신통은 나타내지 않았다　　不露奇相及神通
혼자서 고향길 떠나겠다 미리 기약하고서　　預期獨往家鄕路
말을 전해 윤제궁(輪帝宮)을 알게 하였다　　傳語令知輪帝宮
떠날 때가 되어 법을 보였으나 아는 이 없어　臨行垂示無人會
종지를 모른다고 문도들을 호되게 꾸짖었다　痛罵門徒不解宗
엄연히 돌아가시매 모습은 여전했으나　　　儼然遷化形如古
몸의 온기는 세상과 달랐다　　　　　　　　徧體溫和世不同
이 불효자는 가진 물건이 없거니　　　　　　不孝子無餘物*

여기 차 한 잔과 향 한 조각 드립니다.　　　　　　　獻茶一盌香一片

(*편집자 주 - 이 구는 한국불교전서에 한 글자 결락되어 있으나 확인할 수 없음)

●지공화상에 대한 나옹의 답　　　　　　　　　　　　答

받들어 스승의 차를 마시고　　　　　　　　　　奉喫師茶了
일어나 곧 예를 세 번 표하나니　　　　　　　　起來卽禮三
다만 이 참다운 소식은　　　　　　　　　　　　只這眞消息
예부터 지금에 이르기까지 변함 없네.　　　　　從古至于今

【해설】 나옹의 이 다시(茶詩)는 문인(門人) 각굉(覺宏)이 쓴 〈나옹화상행장〉에 수록되어 있다. 이 시는 나옹이 1347년 원나라에 가서 두번째로 지공(志空) 화상을 찾아뵙고 선지를 전해받을 때 지공이 법의(法衣)·불자(拂子)·범어로 쓴 편지를 주면서 부촉한 다음과 같은 게송에 대한 답이었다. 즉 지공은 "백양(百陽)에서 차 마시고 정안(正安: 지공이 주석하고 있는 방장실의 이름)의 열매는 / 해마다 어둡지 않는 한 가지로 통하는 약이네 / 동서를 바라보니 남북도 그러하거니 / 종지에 밝은 법왕에게 천검(千劍)을 준다(百陽喫茶正安[空方丈名]果 年年不昧一通藥 東西看見南北然 明宗法王給千劍: 〈나옹화상어록〉;《한국불교전서》제6책, p.705, 1984, 동국대)"는 시를 읊자 나옹은 위에서 소개한 오언절구로 답한 것이다.

●산차를 따며　　　　　　　　　　　　　　　　　摘茶

차나무를 흔들며 지나가는 사람 없고　　　　　茶樹無人撼得過
내려온 대중들 산차를 딴다　　　　　　　　　枉來同衆摘山茶
비록 터럭만한 풀도 움직이지 않으나　　　　　雖然不動纖毫草
본체와 작용은 당당하여 어긋남 없구나.　　　體用堂堂更不差

●보선자(普禪者)가 게송을 청하다　　　普禪者求頌

본래 그대로여 지어진 것 아니거니　　　　本自天然非造作
어찌 수고로이 밖에서 따로 이치 구할 것인가　何勞向外別求玄
다만 한 생각으로 마음에 아무 일 없으면　　但能一念心無事
목마르면 차 달이고 피곤하면 잠을 자리.　　渴則煎茶困則眠

●백납가　　　　　　　　　　　　　　百衲歌

백번 기운 이 누더기　　　　　　　　　　這百衲
　분소의여　　　　　　　　　　　　　　糞掃衣
온갖 헝겊 주워와 알맞게 기웠나니　　　　百帛拾來修補宜
베옷 입은 위의가 어디로 가나 족하건만　　被褐威儀隨處足
그 재미 아는 사람 옛날부터 드무네.　　　知之滋味古來稀

내게 가장 알맞으니　　　　　　　　　　最當然
　어찌 헤아려 생각하랴　　　　　　　　豈度量
4은(四恩)이 가벼울수록 복은 더욱 떳떳하다　四恩輕兮福彌常
마음대로 이 물건을 가지고는 다른 일이 없나니　謾持此物無餘事
온갖 보배로 장엄하고 고향을 보호한다.　　衆寶莊嚴護古鄕

겨울이나 여름이나 만판 입어도 편안하구나　冬夏長被任自便
　그때그때 입어도 스스로 편리하네　　　隨時受用也宜然
헌 누더기 그 안에 특별한 일 무엇인가　　衲衣殘下何奇特
배고프면 밥 먹고 목마르면 차 마시며 피곤하면 잠자네.　饑食渴茶困則眠
(중략)

한 잔의 차　　　　　　　　　　　　　一椀茶
　사람들에게 대접하고　　　　　　　　對接人

한 잔의 차가운 차를 다시 사람들에게 보일 때　　一椀冷茶再示人
아는 사람이야 오겠지만 만일 모르면　　會也者來如不會
새롭게 새롭게 한없이 보여주리.　　示之無限更新新
(하략)

● 영주가　　靈珠歌

신령한 이 구슬　　這靈珠
　이 노래 부르나니　　歌此歌
온갖 보배 장엄이 항하사 세계를 둘러싼다　　莊嚴衆寶徧河沙
원래 이 보배는 값할 수 없는 보배라　　從來此寶價無價
사바세계 값으로 매기면 더욱더욱 어긋나리.　　價值娑婆轉轉差
(중략)

목마름도 그것이니　　渴也他
조주 노스님 사람들에게 차 한 잔 대접했다　　趙老接人一椀茶
이 작용을 의심 않고 이 작용을 잘 알면　　此用不疑知此用
의심 않는 이 작용은 다른 것이 아니네.　　不疑此用卽非他
(중략)

아침에는 죽 먹고 재(齋)할 때는 밥 먹으며　　晨朝喫粥齋時飯
목마르면 아이 불러 차 한 잔 마시노라　　渴則呼兒茶一椀
문 밖에 해는 지고 산은 고요하나니　　門外日沈山寂寥
앞창에 달은 밝고 흰 구름 흩어지네.　　月明窓畔白雲散
(하략)

【해설】위의 〈백납가〉와 〈영주가〉는 나옹 선사가 쓴 것인데 이 노래에 불광산(佛光山) 대원암(大源庵) 비구 법장(法藏) 스님이 원래의 노래 구절마다 3언 내지 7언의 부연 설명을 덧붙였다. 법장 스님은 〈보제존자

삼종가(普濟尊者三種歌)〉라는 제목으로 나옹 선사의 '백납가・고루가(枯髏歌)・영주가'에 해설을 붙인 것이다. 여기서는 이 중 〈백납가〉와 〈영주가〉 중 차와 관련된 부분만 소개하였다. 나옹의 삼종게를 계승하여 장편으로 발전시킨 '보제존자 삼종가'는 백납가 200구, 고루가 144구, 영주가 300구이다. 나옹이 쓴 원래의 백납가는 40구, 고루가 52구, 완주가(翫珠歌: 영주가의 다른 이름) 60구인 것을 보면 법장의 '보제존자 삼종가'가 얼마나 확대 발전했는지 알 수 있다.

【출전】 ㉠ 〈나옹화상어록(懶翁和尙語錄)〉(1권) 〈나옹화상가송(懶翁和尙歌頌)〉(1권);《한국불교전서》제6책, pp.702~764, 1984, 동국대학교 출판부. ㉡ 선림고경총서 22,《나옹록(懶翁錄)》, 1991, 장경각.

【나옹 혜근의 생애】
　나옹 혜근(懶翁惠勤, 1320~1376) 스님은 고려 후기의 스님으로 중국 구법승이다. 호는 나옹, 초명은 원혜(元慧), 당호는 강월헌(江月軒), 성은 아(牙)씨이다. 아버지는 선관령(膳官令: 궁중의 음식을 관리하는 직책)을 지낸 아서구(牙瑞具)이며, 어머니는 정(鄭)씨인데 영해부(寧海府: 지금의 경북 영덕군) 사람이다. 20세(1340년) 때 친구의 죽음을 보고 생에 의문을 가져 공덕산(功德山) 묘적암(妙寂庵)의 요연(了然) 스님께 출가하였다. 이후 회암사로 가서(1344년) 밤낮으로 수행하던 중 크게 깨치고 1347년 원나라로 가서 연도(燕都)의 법원사(法源寺)에 머물고 있던 인도 스님 지공(指空)을 만났다. 지공은 가섭존자의 108대 법손이므로 '서천(西天) 108대 조사'라 하며 충렬왕 때 고려에도 왔던 일이 있었다. 그후 정자사(淨慈寺)로 가서 임제 18대손인 평산 처림(平山處林)의 법을 얻고 불자(拂子)를 전수받았다. 다시 지공을 찾아뵙고 그의 선지(禪旨)를 전해 받았다. 이때 법의(法衣)・불자(拂子)・범어(梵語)로 쓴 편지 한 통을 받았다. 이후 광제선사(廣濟禪寺)에서 개당설법을 하였고(1356년), 다시 지공을 뵌 후 귀국하였다(1358년). 10여 년만의 일이었다. 요양(遼陽)·평양·동래 등지로 다니며 설법하다가 1361년 공민왕의 청을 받고 내전에서 왕을 위해 법을 설하였다. 청평사에 있을 때(1367년) 지공이 보낸 가사와 편지를 받았고, 1370년 다시 지공의 사리를 받들어오자 회암사에 봉안하였다. 그해 개경의 광명사(廣明寺)에서 선교 양종의 납자를 시험하는 공부선(功夫禪)을 주관하였다. 이듬해 8월 왕사(王師)로 봉숭되어 금란가사와 법복 및 발우, 그리고 '……보제존자'라는 호를 하사받았다. 우왕이 즉위하여 다시 왕사로 추대하였으나 회암사를 낙성한 직후에 중앙 대간(臺諫)들의 압력으로 밀양 영원사(瑩源寺)로 옮겨가던 중 신륵사에서 입적하니(1376년 5월 15일) 세수는 57세이고 법랍은 38세였다.

시호는 선각(禪覺)이고, 문하에는 환암 혼수(幻庵混修)·무학 자초(無學自超) 등 1백여 인이 있었다. 저술로는 《나옹화상어록》 1권과 《나옹화상가송》 1권이 현존하고 있다. 시자 각뢰(覺雷)가 편집한 가송(歌頌)에는 완주가·백납가 등의 노래 세 수[三種偈]를 비롯하여 게송, 찬(讚), 발원문 등이 수록되어 있는데 여기에 다시(茶詩) 몇 편이 들어 있다. 그의 차에 관한 시를 읽어 보면 나옹 선사는 평소 차를 가까이하고 애용하였던 것으로 보인다.

10. 죽간 굉연(竹磵宏演): 1편

● 유선암에서   題劉仙巖

더위를 피하고 산도 볼 겸 석대(石臺)에 올라오니   避暑看山上石臺
신선의 궁전이 일시에 활짝 열렸네   紫霞宮殿一時開
솔 그늘이 자리를 둘러 푸른 기운 뫼에 어리었고   松陰圍座青凝嶂
떡갈잎이 산을 이어 파란빛 더미로 쌓였네   檞葉連山翠作堆

동자는 구름 속에 약 캐러 가고	童子雲中採藥去
고인(高人)은 대밭에서 거문고 안고 오누나	高人竹外抱琴來
이윽고 샘물 길어다 산중의 차를 달이니	汲泉旋煮山中茗
그까짓 포도주 잔 무엇에 쓰리.	不用蒲萄浸酒杯

【출전】 ㉠《동문선》제17권(칠언율시). ㉡ 효동원 다선회 편역,《다향선미》1, p.169, 1989, 보림사.

【죽간 굉연의 생애】

 죽간 굉연 스님의 호는 죽간(竹磵), 자는 무설(無說)로 생몰 연대는 확실하지 않다. 나옹 혜근(懶翁惠勤, 1320~1376)의 제자이다. 원나라에 들어가 구양현(歐陽玄)·위색(危索) 등과 교류했다. 그의 시 9수가《동문선》에 전한다. 저술로는《죽간집》이 있으나 현존하지는 않는다.(《용재총화》《한국불교인명사전》)

제4장 조선시대 茶詩

제1절 조선 전기의 茶詩

1. 함허 기화(涵虛己和): 1편, 茶話 2편

| ●산중에 사는 맛 | 山中味 |

산은 깊고 계곡은 빽빽하여 찾아오는 사람 없어 　　山深谷密無人到
해가 지도록 쓸쓸히 세상 인연 끊어졌네 　　　　　 盡日寥寥絶世緣
낮이면 한가히 산혈(山穴)에서 나오는 구름을 보고　 晝則閑看雲出岫
밤이 오면 시름없이 하늘의 달을 보네 　　　　　　 夜來空見月當天
화로에는 차 달이는 연기가 향기로운데 　　　　　　 爐間馥郁茶烟氣
누각 위에는 옥전(玉篆)의 연기가 부드럽네 　　　　堂上氳氳玉篆煙
인간 세상의 부끄러운 일은 꿈도 꾸지 않고 　　　　 不夢人間喧擾事
다만 선열(禪悅)을 즐기면서 앉아서 세월 보내리. 　但將禪悅坐經年

【해설】함허 기화(涵虛己和) 스님은 21세에 친구의 죽음을 보고 충격을 받아 출가하였다. 회암사(檜岩寺)에서 무학 자초(無學自超)를 만나 법요를 들은 뒤 만행을 하다가 다시 회암사에서 용맹정진하여 크게 깨쳤다. 오도 후 그의 삶은 유유자적했다. 그러한 일상의 여유로움이 시 〈산중에 사는 맛〉에 잘 표출되어 있다.

하루 종일 사람 하나 찾아오지 않는 산중에 살면서 낮에는 한가롭게 산마루에 떠도는 구름을 보고 밤이면 아무 근심 걱정 없이 달을 바라본다. 그런 한유한 생활 속에서 차를 달여 마시며 인간세상의 시끄러운 일은 꿈속에서도 만나지 않으며 살고 있다. 진정 오도한 선승의 유현한 산중의 일상이 아닐 수 없다. 오직 그가 즐기는 것은 선의 열락일 뿐 세월이 가는 것조차 탓하지 않는다.

진산화상을 위하여 헌향 헌다하며 올리는 말

 마음은 비고 통하는 것입니다. 대선사 진산 대사형(大師兄)은 듣지 않음으로써 들으시고, 말이 없는 제 말을 들으십시오. 산승은 어젯밤 늦게 이 산 밑에 들어서자마자 단(壇) 앞에 서기 전에 벌써 눈썹을 맞대고 분명히 보았으며, 향을 피우고 차를 드렸으며 일찌감치 '이 일'을 생각하였었습니다. 그러므로 지금 와서 새삼스레 향을 피우거나 차를 올릴 필요가 없고 이 일을 생각할 필요가 없습니다. 그러나 일에는 일정한 것이 없고 이치에는 치우침이 없는 것이니 다시 예를 드리거나 생각하는 것도 무방할 줄 압니다.
 (함허 선사가 향을 들고 말하길)
 "이 한 조각 향은 오분향(五分香)에서 나온 것이라 이 한 조각 향에 5분의 향이 다 들어 있습니다. 마땅히 이 조각 향을 사르되, 한번 살라 5분(五分)의 법신(法身)을 내어야 합니다." 하고 향을 꽂으셨다.
 또 찻잔을 들고 말하길, "이 한 잔의 차는 한 조각 마음에서 나온 것이라, 이 한 잔의 차에 한 조각 마음이 담겨 있나니, 마땅히 이 한 잔 차를 맛보고, 한 맛에 한량없는 즐거움을 내어야 합니다." 하고 곧 차를 올렸다.

爲珍山和尙獻香獻茶垂語

心地虛融 大禪師珍山大師兄 當以不聞聞 聽我無說說 山僧昨晚 才入山下路 不向壇下立 早與齊眉擊目 早與燒香設茶 早與商量介事了也 今日到來 更不用燒香設茶 更不用商量介事 然雖如是 事無一向 理無偏取亦不妨重新致禮 亦不妨更與商量 遂拈香云 一片香從五分香 五分香具一片香 當用一片香一薰 一薰薰發五分身 便揷奉茶云 一椀茶出一片心 一片心在一椀茶 當用一椀茶一嘗 一嘗應生無量樂 便獻.

【해설】 1427년 기화 스님이 쉰두 살 되던 해(丁未年) 가을에 대사형 진산(珍山) 화상이 입적했다는 소식을 듣고 달려간 그는 사형을 위해 천도제문을 짓고 손수 향과 차(茶)를 올렸다. 앞의 〈진산화상을 위하여 헌향헌다하며 올리는 말〉이라는 글이 바로 그것이다.

불교에서는 스님의 죽음을 원적(圓寂)이라 하고 그 영(靈)을 영가(靈駕)라 칭한다. 기화 스님은 사형, 신원적(新圓寂) 영가(靈駕)가 된 큰사형 진산 화상의 영단(靈壇) 앞에 향과 차를 올리며 말한다. 이 한 조각 향으로 법신(法身)을 내어야 하고, 한 잔의 차맛을 보고 한량없는 열반락(涅槃樂)을 즐겨야 한다고 간절히 기원하였다. 이렇듯 불가(佛家)에서는 사형과 도반 등의 죽음에도 그 입적을 조문하면서 향과 차를 올림으로써 보내는 자의 애틋한 정과 예를 표시한다.

● 탑의 석실에 절하다　　　　　　　　　　　拜石室塔

산이 첩첩하게 사방을 에워싸고　　　　　　山疊疊而四圍
바위는 산악을 장식하며　　　　　　　　　　石巖巖而裝岳
그 가운데 종각이 서 있는데　　　　　　　　中有鐘兮孑立
천 개의 봉우리 비치며 밝고 환하다　　　　映千峯而煥赫
석실의 좋은 이름 이렇게 칭하나니　　　　　稱石室之佳號

사방에서 오는 이들 찬탄하네　　　　　　　動四來之稱讚
강월(江月)의 종풍(宗風) 진작하여　　　　　振江月之宗風
천고에 전하며 더욱 빛나네　　　　　　　　傳千古而盆光
그러나 세풍이 척박하여　　　　　　　　　　然世風澆漓
찾아와 공양하는 이 드물다　　　　　　　　來餉者稀
도량은 황량하고　　　　　　　　　　　　　道場荒疎
슬픔을 감내하려니 적막하구나　　　　　　堪悲寂寞
산승은 옛날처럼　　　　　　　　　　　　　山僧昔年
간소하게 진설하고 의리를 존중해　　　　略陳供儀
지금 불단 앞에 향하여　　　　　　　　　　今向壇前
다시 정성을 표하여　　　　　　　　　　　　再表丹忱
오로지 대화상을 공경하나니　　　　　　　恭惟大和尙
가슴속에 간직하여 가풍 외의 것은 버리며　懷藏劫外家風
홀로 강월헌 앞을 거니나이다　　　　　　　獨步江月軒前
부소산 아래 집을 지어 그럭저럭　　　　　卜築扶蘇山下
세월을 보내고 있습니다　　　　　　　　　　倘伴消遣日月
내 죽은 후 누가 있어　　　　　　　　　　　不有身後遺蹤
강월의 적자임을 믿겠습니까?　　　　　　　誰信江月嫡子
산승은 옛날에　　　　　　　　　　　　　　山僧昔年
다행히 화장산 위에서 대화상을 만나　　　幸會華藏山上
평생을 눈 마주치매　　　　　　　　　　　　一期擊目
가풍을 남김없이 보고 받들어　　　　　　　見盡家風
이어 나가길 매양 바랐나이다　　　　　　　自爾每欲供承
그렇게 뜻한 바를 얻을 수 없으니　　　　　緣差志不得遂
이제 한 잔의 산다(山茶)를 사용하여　　　　今用一椀山茶
평생의 정과 즐거움을 펴신　　　　　　　　展盡平生情悰
무용 대화상이시여　　　　　　　　　　　　無用大和尙
엎드려 바라오니 흠향하소서.　　　　　　　伏惟尙饗

【출전】〈함허당득통화상어록(涵虛堂得通和尙語錄)〉(1권);《한국불교전서》
제7책, pp.226~252, 1986, 동국대학교 출판부.

【함허 기화의 생애】
　함허 기화(涵虛己和, 1376~1433)의 호는 득통(得通)·무준(無準), 당호
는 함허당(涵虛堂), 옛 이름은 수이(守伊), 성은 유(劉). 1376년(우왕 2) 11
월 17일 충주에서 태어났다. 일찍이 성균관에 들어가 유학을 공부했으
나 1396년(태조 5) 21세에 친구의 죽음을 본 뒤 관악산 의상암(義湘庵)에
서 출가했다. 이듬해 회암사(檜岩寺)에 가서 무학 자초(無學自超)를 만나
법요를 들은 뒤 여러 곳으로 다니다가 다시 회암사에 주석하면서 용맹
정진하여 크게 깨쳤다. 1406년(태종 6) 공덕산 대승사(大乘寺)로 가서 세
차례 반야강석을 베풀고, 개성 북쪽 천마산 관음굴·불희사(佛禧寺) 등
지에서 학인들을 가르쳤다. 1412년 평산 자모산 연봉사(烟峰寺)의 작은
방을 함허당이라 이름하고 3년간 수행했다. 왕의 청으로 대자어찰(大慈
御刹)에 4년간 머물기도 하고 1431년 희양산 봉암사에 들어가 절을 중수
하고, 여기서 1433년 4월 1일 세수 58세, 법랍 37년으로 입적했다. 저술
로는 《원각경소》·《금강경오가해설의》·《현정론》·《반야참문》·《함허
화상어록》·《영가집설의》·《유석질의론》 등이 있다. 이 중 《유석질의
론(儒釋質疑論)》은 배불론자들에 대한 불교 이해 증진과 포교에 대한 책
이라 할 수 있다.(《함허득통화상행장》《조선불교통사》《한국불교인명사전》)

2. 설잠 김시습(雪岑 金時習): 67편 73수, 산문 2편

● 고풍　　　　　　　　　　　　　　　　　　　　　　　　　　古風[1]

---
1) 고풍(古風): 당(唐)나라 이전에 있던 시(詩)의 형식. 율시(律詩)나 절구(絶句)같이
　　법칙이 엄격하지 아니한 자유시(自由詩)에 가깝다.

오래도록 앉아도 잠 못 이루어	坐久不能寐
한 치 남은 촛불 심지 베어 내었네	手剪一寸燭
서리 바람 내 귀에 들려 오더니	霜風聒我耳
싸락눈 침대가에 떨어졌네	微霰落床額
마음 속 깨끗하기 물 같아서	心地淨如水
슬명하게 장애되고 막힘이 없네	脩然無礙隔
바로 그것이 너와 나를 잊는 것	正是忘物我
잔에 가득 차나 따라 마심이 좋네.	茗椀宜自酌

【해설】이 시는 원래 19수로 된 작품인데 여기서 소개한 것은 16번째 시이다. 내용은 상고시대부터 인간의 삶을 통찰하면서 역사적 사실을 살펴보고 있다. 그리고 도(道)가 쇠퇴하고 정의로운 자가 고통받는 것을 한탄한다. 차 이야기가 등장하는 이 시에 이르러서는 어지러운 세속과 떨어져 사는 설잠 자신의 한유한 생활을 은근히 자족하고 있다. 장애되고 막힘이 없는 은둔자의 삶이 바로 나와 남의 분별에서 떠나는 것이며 그러므로 이런 정취를 즐기고자 잔에 차를 가득 따라 마시는 것이다. 수행자로서 설잠의 삶이 잘 드러나 있는 시이다.

● 함부로 떠든다   放言

(상략)	(上略)
사람됨의 성격 너무 방만(放漫)하여서	爲人性疎散
일에 게으른 것 너무 많으오	於事太多懶
산에 달이 뜨면 등촉이 있고	山月有燈燭
소나무에 바람 불면 관현(管絃)이 있다네	松風有管絃
한가하면 경전(經典) 두어 권 읽고	閑中經數卷
목마르면 일곱 잔의 차[2]를 마시네	渴來茶七椀

---

2) 일곱 잔의 차: 당(唐)나라 노동(盧同)의 다가(茶歌)에 "七椀不可喫"이라 하였으므로

마음은 이 낙으로 노는 게 마땅하니	心當遊此樂
어느 겨를에 길고 짧은 것 따지랴?	何暇較長短
(하략)	(下略)

【해설】 이 시는 5언 10여 수로 된 장시의 한 부분이다. 시제(詩題) 그대로 자신의 성격에 대해 솔직하게 술회하고 있다. 일에는 집착을 갖지 않고 달 뜨면 등촉 밝혀 경전을 읽으며 바람 불면 소나무 소리를 음악 삼아 차를 마신다. 승려 설잠은 이러한 일상을 낙으로 삼으며 산중 생활을 즐기고 있다.

●홀로 앉아 있다가 사람을 만나서　　　　　獨坐逢人啜茶賦詩
　차를 마시며 지은 시

두 귀에 아무런 들림 없어 홀로 앉았을 때에	兩耳聊聊獨坐時
반렴(半簾)에 비낀 해가 꽃가지에 비치네	半簾斜日映花枝
연래에 점점 구속 없음을 깨달아서	年來漸覺無拘束
뱃속 가득한 깊은 회포 그것이 곧 시가 된다.	滿肚幽懷卽是詩

●등잔 아래에서　　　　　　　　　　　　　　燈下

등 아래에서 차 끓이는 소리 나는데	燈下茶聲咽
똑똑히 앉았으니 나무 그루와 같다	惺惺坐似株
이 몸은 물거품과 같은데	此身如幻沫
이 그림자 끝내 멍청하여라	此影竟塗糊
밤 눈이 창을 두드려 냉랭한데	夜雪敲窓冷
산 구름은 땅에 덮여 없어진다	山雲羃地無
꽃 밝더니 남은 불꽃이 떨어지고	花明餘燼落

여기에 일곱 잔의 차라고 한 것이다.

구들[堗] 따뜻하여 담요[毯褥]를 걷는다.　　　　　堗暖卷毯褥
(하략)　　　　　　　　　　　　　　　　　　　　(下略)

●까닭 없이 짓다　　　　　　　　　　　　　　謾成

젊어서는 내 몸이 건강하더니　　　　　　　　　早歲身强健
만년에는 신병이 뱃속에 드네　　　　　　　　　殘年病入脾
지름길3)로 가는 것도 좋아함을 따름이요　　　徑行從所好
차 마시고 밥 먹는 것 편한 대로 함이라　　　　茶飯任便宜
낙엽 떨어지니 산 모양 수척해지고　　　　　　木落山容瘦
뜰이 비어 있어 달빛이 기이하다　　　　　　　庭空月色奇
아이 불러 약 먹을 것 가져오라 하고　　　　　呼兒供藥餌
피곤함이 오면 또 턱을 고인다.　　　　　　　　困來且支頤

●잠을 탐해서　　　　　　　　　　　　　　　耽睡

진종일 누워서 잠을 탐하노라　　　　　　　　　竟日臥耽睡
게을러서 문 밖에도 안 나갔네　　　　　　　　　懶慢不出戶
책은 상 위에 던져 버려　　　　　　　　　　　　圖書拋在床
권으로 질(帙)로 흩어져 있네　　　　　　　　　卷帙亂旁午
질화로엔 향 연기만 일어나고　　　　　　　　　瓦爐起香烟
돌솥에는 차거품[茶乳]이 부글거리는데　　　　石鼎鳴茶乳
알지도 못하였구나, 해당화 꽃이　　　　　　　不知海棠花
천산(千山)에 내린 비에 다 떨어진 줄을.　　　落盡千山雨

---

3) 지름길: "直情徑行"에서 따온 말로 이 말의 뜻은 곧은 마음을 가진 점잖은 사람은 지름길로 가지 않는다는 말이다. 그러나 이 시에서는 성현의 그 가르침도 따르지 않는다는 말이다.

●갠 것을 기뻐해서 喜晴

제비가 쌍쌍이 재재거려 낮이 갠 것을 알리는데　　　　雙燕呢喃報午晴
뜰의 꽃 난만하여 붉은 꽃잎 엮였구나　　　　　　　　庭花爛熳綴紅英
괴목 그늘 짙은 녹음 마음에 드는데　　　　　　　　　槐陰濃綠可人意
하늘 빛 맑고 그윽하여 새소리에 합하네　　　　　　　天色淸和諧鳥聲
뭉게뭉게 들구름은 솜을 만 것 같은데　　　　　　　　簇簇野雲如卷絮
일렁일렁 바위에 고인 물 정[箏]⁴⁾을 울리는 것 같네　　浪浪巖溜似鳴箏
해가 긴 정원에는 아무런 일 없어　　　　　　　　　　日長庭院渾無賴
샘물 새로 길어다가 남비에 차를 끓이노라.　　　　　　自酌新泉煮小鐺

●새벽의 마음 曉意

어젯밤 산중에 비가 오더니　　　　　　　　　　　　　昨夜山中雨
이제 돌 위의 샘소리 들리네　　　　　　　　　　　　　今聞石上泉
창이 밝아 날은 새벽 되려 하는데　　　　　　　　　　窓明天欲曙
새는 울지만 나그네는 아직도 자네　　　　　　　　　　鳥眡客猶眠
방은 작아도 허공이 훤하게 보임은　　　　　　　　　　室小虛生白
구름 걷혀 하늘에 달이 남일세　　　　　　　　　　　　雲收月在天
부엌 사람 기장밥 지어 놓고서　　　　　　　　　　　　廚人具炊黍
나더러 차 끓임이 늦다고 하네.　　　　　　　　　　　報我嬾茶煎

●해질 무렵 薄暮

바람을 겁낸 둥우리의 까치가 솔가지에서 우짖네　　　怕風棲鵲鬧松枝
천기는 층층이 그늘져 해 저물 때일세　　　　　　　　天氣層陰日暮時
눈이 밝은 창에 뿌리어 맑게 앉기를 오래 하다가　　　雪打明窓淸坐久

―――――――――――
4) 정(箏): 거문고와 비슷한 악기로 줄이 열셋이다.

산의 달이 성 모퉁이에 올라옴을 다시 보네.　　　　　更看山月上城隅

화로의 재 눈 같으나 불빛은 벌겋구나　　　　　　　爐灰如雪火猩紅
돌솥에 차 한 잔 끓이는 일이 남았네　　　　　　　石鼎烹殘茗一鍾
마시고 나서 상방(上方)에 높이 누운 곳에　　　　喫了上方高臥處
두어 마디 맑은 경쇠소리 솔바람에 화답한다.　　數聲淸磬和風松

●새벽빛　　　　　　　　　　　　　　　　　　　　曉色

뜰에 가득한 서리에 새벽빛이 쌀쌀한데　　　　　滿庭霜曉色凌凌
바위에 고인 물은 소리 없이 쌓여 얼음이 되네　巖溜無聲疊作氷
까마귀는 가지에 앉아 아침해를 맞이하고　　　　老鴉附枝迎旭日
언 구름 돌에 의지하여 성긴 등덩굴을 감싸준다　凍雲依石襯疎藤
한가한 중에 시와 바둑이 빌미가 되지만　　　　　閑中詩與棋爲祟
병중에는 차를 겸해 약 되니 그대로가 좋으리　　病裏茶兼藥可仍
종이 휘장에 담요 깐 침상에서 첫잠을 깨어나니　紙帳氈床初睡覺
덮어 놓은 화로의 불기운이 따뜻하게 피어오른다.　篝爐火氣暖騰騰

●준(峻) 대사에게 주다(20수)　　　　　　　　　　贈峻上人

준 대사[峻上人]는 선문(禪門)의 노인이다. 처음에 호남 땅에 숨어 살 만한 곳이 있어서 지팡이5)를 머물러 두기를 몇 해 하다가 도(道)의 힘이 성취된 뒤에 운수(雲水)를 두루 돌아다니며 홀연히 서울에 들어오니, 선비와 부녀자들이 바퀴살 모이듯 하여 풍성(風聲)을 바라만 보고서도 휩쓸려 교화한 것이 그 같은 이가 없었다. 이에 이름난 재상과 잘 믿는 거사(居士)들을 통하여 아사(雅士)를 따를 것을 굳이 청하였으나 마침 큰 소원이 이루어졌기

---

5) 지팡이[錫]: 석(錫)을 지팡이라 번역한 것은 스님의 지팡이는 주석 장식이 달렸기 때문이다. 흔히 석장(錫杖)이라 부른다. 지팡이를 머물러 둔다 함은 그 지팡이의 임자가 머물러 있다는 의미이다.

에 다시 호남에 놀러 갔는데 용모에 도골(道骨)이 있었다. 내가 임신년(壬申年) 여름에 지팡이를 조계사(曹溪寺)에 멈추었으므로 마침내 함께 윗 암자〔社臺〕에 있었는데, 과연 듣던 소문과 같았고 곧 도(道)를 사모하면서도 초탈(超脫)한 마음이 말하는 표면에 나타나서 매일 선에 들어가는 문을 캐어 물어도 낭랑하게 말하는 것이었다. 그 전날 찾아 구경한 경치에 따라 두어 수 휘둘러 써서 푸른 봉우리 맑은 시냇물에서 자고 먹는 일미(一味)가 되게 하려고 붓을 잡아 달리었다.(원문생략)

[4]
한 주먹 맑은 향에 한 권의 불경이요
한 바퀴 외로운 달 한 개울의 물소릴세
솥 속의 단 차〔甘茗〕가 황금도 천하게 여기고
솥 아래 띳집이 붉은 관복도 가벼이 보네
아득한 안개 노을〔煙霞〕 마음과 함께 깨끗하고
고와라 물 위의 달, 성품도 항상 명랑하네
한가로이 잠들어 종일 가도 오는 이는 없고
청풍만이 절로 와서 대난간을 흔드네.

其四
一炷清香一卷經
一輪孤月一溪聲
鼎中甘茗黃金賤
松下茅齋紫綬輕
漂渺煙霞心與潔
嬋娟水月性常明
閑眠盡日無人到
自有清風撼竹楹

[15]
반평생을 강해(江海)로 돌아 벗이 구름 같았네만
오늘 서로 만나니 도(道)의 맛이 참인 듯하여라
지팡이 날리며 혼자 가는데 못 속에 그림자 지고
평상 펼쳐 놓고 나뭇가에 한몸 자주 쉬네
사천 권의 불경·진언 가슴속에 남아 있고
백(百)하고 둘(二) 되는 산과 내 한 티끌로 변했네
기미(氣味)가 쓸쓸한 듯 함께 얘기할 벗 없는데
차 끓이는 냄비의 물 가늘게 소리낸다.

其十五
半生江海友如雲
今日相逢道味眞
飛錫獨行潭底影
敷床數息樹邊身
四千經偈留胸臆
百二山河轉一塵
氣味蕭然無與話
煮茶鐺水細粼粼

[17]
선(禪)의 관문(關門) 뚫으려고 갈등된 것 말하는데　　參透禪關話葛藤
벌려 있는 산봉우리 창인 양 층층이 푸르렀네　　列峯如戟碧層層
뿌리 찾아 꼭지 뽑는 것 그대 아는가, 모르는가?　尋根拔蔕君知否
잎새 따고 가지 찾는 건 나는 하지 못하네　　　摘葉尋枝我不能
약방아 소리 속에 푸른 대 두드리고　　　　　　藥杵聲中敲翠竹
차 냄비 그림자 속에 붉은 등 켜 놓았네　　　　茶鐺影裏點紅燈
자연히 선가의 취미 깨달아 알았거니　　　　　自然會得禪家趣
즐거이 옆사람 향해 큰 법[上乘]을 얘기하네.　　肯向傍人說上乘

【해설】 위의 시 3수는 김시습이 시제 밑에서 밝혔듯이 선승 준(峻) 대사에게 준 작품이다. 전체 20수 가운데 3수에 차 이야기가 나온다.

　맑은 향 연기 아래에서 불경을 읽는데 달은 외로이 떠 있고 개울의 물소리 들리는 풍경은 그윽한 산사의 정취가 아닐 수 없다. 그 가운데 차를 끓여 마시는 것은 한갓 황금 따위도 안중에 없는 것이다. 향과 불경과 달·개울물 소리가 자아내는 세간 밖에서 어찌 세속의 재물 따위를 차를 즐기는 것에 비유할 수 있으랴. 비록 띠 집이지만 붉은 관복 걸친 벼슬아치도 부러울 것이 없다. 아득한 안개 노을이 순수한 마음처럼 깨끗하고 물 위에 어리는 달빛이 고운데 하루 종일 오가는 사람 없는 산사의 적막 또한 산중의 현묘한 정취가 아니겠는가. 얘기할 벗 하나 없지만 홀로 차를 끓이는 다관 속에서는 물 끓이는 소리만 들려오고 있다.

　선(禪)의 관문을 타파하는데 어찌 갈등이 없겠는가? 그러나 차를 마시면서 자연히 선가(禪家)의 정취를 깨달아 알고 기꺼이 사람들과 큰법[上乘]을 얘기하게 된다. 적요한 산사의 풍광과 선승의 적적한 가운데 펼쳐지는 그윽한 정취가 차 이야기와 잘 조화된 시이다.

● 민(敏) 대사에게 주다　　　　　　　　　　　贈敏上人
　-3수 중 세번째 수-　　　　　　　　　　　　三首中其三

객이 있네, 객이 있네, 아름답기 꽃과 같은　　　有客有客美如英
나이야 서른이 안됐네만 문예는 아주 정숙하네　年未三十文藝精
펄펄하기 구름에 고니라 종왕(鍾王)6) 명필가를 계승하고　翩翩雲鵠繼鍾王
알알이 여룡의 구슬7) 같은 것 성당(盛唐)보다 뛰어나네　顆顆驪珠優盛唐
흰 구름 쌓인 그 속에 나를 이끌고 놀다가　　　白雲堆裏携我遊
우연히 나와 이별하고 신성한 땅으로 돌아가니　偶然別我還神州
신성한 땅 망망하기 삼천 리나 되는데　　　　　神州茫茫三千里
하루살이 어지러이 나그네 행장 들춰내어　　　遊絲紛紛惹行李
천만 가지 봄 근심을 내게 남겨 주었네　　　　遺我春愁千萬緖
장쾌하다! 머나먼 남포(南浦) 향해 가는데　　　快哉遙遙向南浦
남포의 봄 물결 그 푸르름 물들여질듯　　　　　南浦春波綠可染
한 조각 봄 생각의 괴로움마저 씻어낼 듯　　　可浣一段春懷苦
중년(中年)에 받는 괴로움 얼마인지 아는가!　　中年作惡知幾何
어쩜 잔나비 우는 곳에서 그대 이별함과 같아　那似別爾猿啼處
십 년 세월 동안 방랑하며 산수간에 놀다 보니　十年浪遊山水間
안개 노을 고질됐어도 차고 더운게 겁나서　　　烟霞痼疾怕寒暑
큰 뜻이야 사라졌으랴만 근력이 하 피곤하여　　壯志未消筋力疲
여윈 학이 공연히 높이 날려는 거와 똑같아　　恰似瘦鶴空軒擧
만 권의 도서(圖書) 가지고 이 산에서 늙으려 하니　萬卷圖書老此山
원커니 그대 돌아오라, 내 그대를 기다리리　　願子歸來吾遲汝
돌 시냇가에서 언젠가 차를 끓일 그 적에　　　他年煎茶石澗邊
옷소매로 우리 함께 청산의 연기를 떨쳐 보세나　衫袖共拂青山烟

---

6) 종왕(鍾王): 종(鍾)은 위(魏)의 종요(鍾繇)이고, 왕(王)은 왕희지(王羲之)로 모두 명필로 유명한 사람이다.
7) 여룡의 구슬[驪珠]: 여룡(驪龍)의 턱 아래에 달린 값진 구슬.《장자》열어구편(列禦寇篇)에 "千金之珠 必在九重之淵 而驪龍頷下"라 하였다.

● 승희 도인 시권에 쓰다　　　　　　　　　　題昇曦道人詩卷

지혜의 칼 비껴 잡고 구름 같은 머리 깎았으니　　斜拈慧刀剃雲鬟
서리맞은 대나무 선(禪)의 마음 세상에서 붙들길 없어　霜竹禪心世莫攀
절의(節義)는 사가(史家)의 옳은 붓으로 전할 것이요　節義可傳良史筆
청한(淸閑)함은 조사(祖師)의 관문 뚫어 낼 수 있으리　淸閑堪透祖師關
뇌 향로에 향 더하니 연기 처음 가늘고　　　　香添金鴨烟初細
푸른 경대에 거울 넣어 푸른 반점 그대로일세　鏡匳靑奩綠尙斑
공문(空門)8)에 비[箒] 들고 섰어도 한 가지 일도 없어　奉箒空門無一事
불가[緇塵]9)에서 담적(澹寂)하게 꽃 같은 얼굴 물들이네.　緇塵澹寂染花顔
(중략)　　　　　　　　　　　　　　　　　　(中略)

독락정(獨樂亭) 그 앞에는 술항아리 덮여 있고　獨樂亭前羃酒漿
금선상(金仙床)10) 그 아래선 차 향기 피어오르네　金仙床下換茶香
열전(列傳)에 이름 높은 것이야 그 말 틀린 말 아니요　名高列傳言非爽
선등(禪燈)에 도(道) 통하여 운치 벌써 드러났네　道透禪燈韻已彰
흐르는 물 뜬구름처럼 삼생(三生)이 다 지나가고　流水浮雲三世過
지는 꽃 우는 새같이 백 년 세월도 총망하네　落花啼鳥百年忙
조심하고 담박하니 참말로 누될 일 없어　操心澹泊眞無累
안존한 좋은 자취 죽어도 그대로이리.　貞靜佳蹤沒不亡

---

8) 공문(空門): 제법개공(諸法皆空)의 진리를 추구하는 불교의 법문(法門). 선종(禪宗)의 이칭(異稱).
9) 불가[緇塵]: '緇塵'을 글자로만 해석하면 '검은 먼지'이나 이렇게 번역하면 잘못된 뜻풀이다. 왜냐하면 '치(緇)'는 검은 물들인 옷을 입은 승려를 지칭하는 단어이다. 따라서 '치진'은 승려의 티끌, 혹은 승려 생활을 뜻하는 말이므로 필자는 '치진'을 '불가(佛家)'로 의역하였다. 《국역매월당집》 1의 '검은 먼지'란 번역은 오역(誤譯)이란 지적이 가능하다.
10) 금선상(金仙床): 금선(金仙)은 금빛 도금을 한 불상을 뜻한다. 따라서 금선상은 부처님이 계신 탁자를 표현한 말이다.

● 심은(尋隱) 대사를 보내어　　　　　　送尋隱上人歸
　옛 산으로 돌아가는데 그 시책에 쓰다(5수)　故山詩卷(五首)

　푸른 산 깊은 곳에 암자 한 채 얽었는데　　碧山深處結茅菴
　암자 밑엔 맑고 맑은 만 길 깊은 못이로세　菴下澄澄萬丈潭
　가는 곳 되는 대로 구름 따라 함께 가고　　行處孃從雲共居
　머물 때엔 한가로이 달 아래 절 방에 함께 있네　住時閑與月同龕
　차 달이는 작은 방엔 부엌인 양 연기 나고　　煎茶小室烟生廚
　먼 산에서 약 캐는데 들 바구니엔 구름만 가득하네　採藥遠峯雲滿籃
　둘 아니란 법문(法門)11)을 어떻게 인식하나?　不二法門怎麽認
　저 앞에도 셋씩이요, 저 뒤에도 셋씩일세.　前三三與後三三

【해설】 이 시는 시제에서 밝혔듯이 심은(尋隱) 스님을 보내면서 그의 시책(詩冊)에 쓴 다섯 수 가운데 두번째 작품이다. 존경하는 스님을 보내는 설잠의 따뜻한 마음이 잘 드러나 있다. 함께 차를 나누어 마시고 편력도 같이 한 두 사람의 정이 담담하게 묘사되어 있다.

● 취해서 사가(四佳)12)의 운을 따라 지어　　醉次四佳韻
　산 대사에게 주다　　　　　　　　　　　　贈山上人

　산중에 기록할 책력 없네만　　　　山中無紀曆
　풍물 보면 짐작해 알 수 있다네　　景物可能知
　날 따뜻해지면 들꽃이 피어나고　　日暖野花發
　바람 훈훈해지면 처마 그늘 더디 가네　風薰簷影遲
　동산에서 서리맞은 밤 거둔 뒤요　　園收霜栗後

---

11) 불이법문(不二法門): 법(法)은 두 가지가 아니므로 법에 들어가는 문(門)도 둘이 아니라는 말. 법은 범어 다르마(Dharma)의 번역어로써 궁극적인 진리를 뜻한다.
12) 사가(四佳): 조선 초기의 문신이며 학자인 서거정(徐居正)의 호. 사가정(四佳亭)을 말한다.

화로에는 눈으로 차 끓일 때라　　　　　　　　　爐煮雪茶時
아직은 그리 깊이 계산하지 마라　　　　　　　　且莫窮籌筭
백년쯤은 유추(類推)하여 이를 알리라.　　　　　　百年推類玆

● 낙산사에서 선 대사에게 주다(3수)　　　　　洛山寺贈禪上人

언뜻 보아 깨끗한 그 의표(儀表) 옛 친구 같은데　　一見淸標似舊知
면목(面目)을 사모한 지는 벌써 오래되었소　　　　羨墻面目已多時
절조(節操) 크고 높은 모양 소나무와 대나무요　　　節操落落松筠態
몸가짐 밝고 높아 난새 학의 의표로세　　　　　　容止昂昂鸞鶴儀
고요히 선탑(禪榻)에서 창해(滄海)의 달을 보는데　　禪榻靜看滄海月
다천(茶泉)에는 한가로이 푸른 못의 교룡(蛟龍) 흔드네　茶泉閑擾碧潭螭
대사 따라 도(道) 물으러 어느 땐가 가게 되면　　　從師問道他時去
검은 눈동자에 쌓인 백태 긁어내는 금칼 되시리.　　積瞖玄眸肯刮錍
(중략)　　　　　　　　　　　　　　　　　　　(中略)

흐리고 무지한 인간이라 만 가지 일 다 글렀는데　　貿貿人間萬事非
장자와 열자(列子) 따라 삼기(三機)13)를 배우고자　　欲從莊列學三機
뜬 인생 한 되는 건 바람 앞 등불인 양 변화하는 것　浮生有恨風燈變
부질없이 죽는 것이 새끼새 나는데 무슨 도움되리　　浪死何稗鷇鳥飛
천녀(天女)가 차(茶)를 받드니 향주(香廚)14)가 깨끗하고　天女供茶香廚淨
야생 잔나비 바리때 받드니 도(道) 기름지고 살찌네　山猿擎鉢道腴肥
그 무슨 인연 얻어 생(生) 없다는 말씀 늘 들으며　　何緣恒聽無生話
돌집 소나무 다락에서 그대와 함께 의지하리.　　　石室松龕共爾依

---

13) 삼기(三機): 의가(疑家)·의덕(疑德)·질사(質士)를 말한다.《일주서(逸周書)》5권 해(五權解)에 "政有三機五權 汝敬格之哉. 三機 一疑家 二疑德 三質士 疑家無授衆 疑德無擧士 質士無遠齊 呼敬之哉 天命無常 敬在三機"라 하였다.

14) 향주(香廚): 절의 부엌. 두보(杜甫)의 〈악록산도림이사시(岳麓山道林二寺詩)〉에 "瑒劫宮墻壯麗敵 香廚松道淸凉俱"라 하였다.

● 김시습이 산에 살다   習之山居

들풀이며 그윽한 꽃 제각기 봄이 되었는데   野草幽花各自春
십 년 동안 행각 끝에 눈[眼] 속에 먼지만 꼈네   十年行脚眼中塵
한 소리 우는 새에 한가로운 꿈 깨니   一聲啼鳥破閑夢
성큼성큼 가는 광음(光陰) 사람을 뇌쇄하네   鼎鼎光陰惱殺人
(중략)   (中略)

종이 휘장 창포 방석 흙구들이 따뜻한데   紙帳蒲團土堗溫
남쪽 창 붉은 해에 매화의 넋이 따뜻해라   南窓紅日暖梅魂
도인 손수 용차(龍茶)15) 내어 덩어리를 쪼개더니   道人手劈龍茶餠
눈 녹은 맑은 물에 달여 작은 단지에 붓네.   煮雪淸瀾注小樽

● 용천사   龍泉寺

범궁(梵宮)16)이 헐어서 시골집인 양 초라한데   梵宮牢落似村家
차(茶) 마시자 종소리에 저문 까마귀 흩어지네   茶罷鍾聲散暮鴉
소나무 전나무 그늘 속 스님은 정(定)에 들어갔고   松檜陰中僧入定
청미래 칡덩굴 얽힌 담 위에 이끼꽃이 활짝 피었네 薜蘿垣上蘚生花
나막신 위에 구름 나니 영운(靈運) 그 사람을 생각하고 雲飛屐上思靈運
바람이 갓[冠]챙을 들썩이니 맹가(孟嘉)17)가 기억나네   風動帽簷憶孟嘉
참고서 마음 가라앉히기 혜원(惠遠) 같으면   耐可息心如惠遠
붉은 기와 흰 벽에 안개와 노을 잡아 두리라.   朱甍粉壁鎖煙霞

---

15) 용다(龍茶): 상등 차의 이름. 소식(蘇軾)의 〈홍룡절시연시(興龍節侍宴詩)〉에 "銀瓶瀉油浮蠟酒紫盌鋪栗盤龍茶"라 하였다.
16) 범궁(梵宮): 부처님이 계시는 집. 즉 절.
17) 맹가(孟嘉): 진(晉)나라 강하(江夏) 사람. 자(字)는 만년(萬年). 9월 9일에 여럿이 용산(龍山)에 올라가 주연을 베풀었는데, 그의 모자가 바람에 날려 벗겨져도 모르고 주흥(酒興)이 도도하여서 그로 인하여 9월 9일의 고사(故事)로 전해온다.

● 비온 뒤에　　　　　　　　　　　　　　　　雨後

비 지나가니 빈 처마에는 늦게 서늘함 깃들어　　雨過虛簷納晚凉
쓸쓸한 바람과 이슬 의상에 덮쳐온다　　　　　凄凄風露襲衣裳
매미는 잎새 밑에 숨었지만 소리가 시끄럽고　　蟬藏葉底聲猶溢
무지개는 시내 복판에 꽂혔는데 그림자에 뿔 있다　虹揷溪心影有芒
시 쓰느라 수척한 것 전부터 병으로 얻은 것이요　詩瘦從來因病得
이별의 정 많음은 친구로 하여 바쁜 것이다　　離情多爲故人忙
생애를 점검(點檢)해도 구속될 것 없나니　　　生涯點檢無拘束
한 솥의 새 차와 한 줌의 향이라.　　　　　　一鼎新茶一炷香

● 풍우가 섞여 치더니 조금 있다가 갰다　　　　風雨交作 俄而開霽
　－2수 중 첫번째 수－　　　　　　　　　　　（二首其一）

비바람에 사립문 닫았는데　　　　　　　　　風雨掩柴門
사면 산엔 구름 안개 어둡다　　　　　　　　四山雲霧昏
손님 있어 답답한 것 지극함을 제치고　　　　客能排悶極
가난한 것 떠들고 시끄러움을 버릴 수 있네　　貧可袪喧煩
차 끓이는 아궁이엔 연기 처음 일고　　　　　茶竈煙初起
향로에는 불이 아직 따뜻하다　　　　　　　　香爐火尙溫
검은 구름에 햇살 많이 새어 나오고　　　　　黑雲多漏日
창틈으로 아침 햇빛 쏘아 돋는다.　　　　　　窓隙射朝暾
(하략)

● 눈이 갠 뒤 입으로 두어 수 불렀다　　　　　雪霽口占數聯

옥가루 가지에 붙었다가 떨어지니　　　　　　瓊屑粘枝落
종황(琮璜)18)이 돌에 부딪쳐 시끄럽구나　　　琮璜觸石喧
일천 산에 갠 빛 명랑하고　　　　　　　　　千山明霽色

한 길엔 연기 흔적 가려 있다	一逕冪煙痕
언 나무엔 주린 새매 울고 있고	凍樹鳴飢鸇
개인 벼랑에 늙은 원숭이 울부짖는다	晴崖叫老猿
차 있으면 아름다운 술 제격이라	有茶當美醞
말 없이 아침 햇볕에 앉아 있다오.	無語坐朝暾

● 밤 눈　　　　　　　　　　　　　　夜雪

어제 늦게 흐린 구름 컴컴하더니	昨暮陰雲黑
오늘밤에 상서로운 눈 퍼붓는다	今宵瑞雪瀌
솔 덮어 가벼운 것 수북하더니	覆松輕藹藹
대 때리면 가늘게 우수수한다	打竹細蕭蕭
촛불 심지 자르며 아담한 시 이루었고	剪燭成詩雅
기울어진 평상도 꿈에 들기는 넉넉하다	欹床入夢饒
깨어진 창엔 날아온 조약돌 부서지고	破窓飛礫碎
파벽[壞壁]엔 흩어진 진주 휘날린다	壞壁散珠飄
구름에 가린 달 흰 발과 비슷하고	翳月薰簾白
미풍(微風)은 휘장을 흔들어댄다	微風攪帳搖
병풍에 기대면 등잔 불꽃 짧고	靠屛燈焰短
통에 꽂으면 물에 잠겨서도 탄다	揷鑵水沈燒
한 그릇 녹여서 차에 섞으면	一椀融和茗
달이는 다관이 적요(寂寥)해진다.	煎來境寂寥

● 봄눈에 장난으로 쓰다　　　　　　春雪戲題
　-3수 중 세번째 수-

진흙덩이 터지고 붉은 삽주 싹 나오는데	泥團腫折紅求芽

---

18) 종황(琮璜): 정복(正服)에 차는 보옥(寶玉). 〈주교사악장(周郊祀樂章)〉에 "黼敝龍衣備 琮璜寶器完"이라 하였다.

눈 녹은 물 곱게 푸른 이끼꽃을 녹여내네 　　　雪汁嫩消靑苔花
짙은 구름 부질없이 푸른 하늘 빛 덮었고 　　　濃雲謾被碧天色
찬 기운 나의 황금차에 언뜻 다가든다. 　　　　冷氣逼我黃金茶

● 오대산 　　　　　　　　　　　　　　　五臺山
　－6수 중 다섯번째 수, 서대(西臺) －

서산의 높은 봉우리 외롭게도 끊겼는데 　　　西巘高峯甚孤絶
우통(于筒)의 못물은 기운이 맑고 차네 　　　于筒水潭氣淸冽
상인(上人)19)은 병 가지고 손수 차를 달이고 　上人携甁自煎茶
서방의 극락 세계 부처님께 예배하네. 　　　　禮拜西方極樂佛

● 대홈통 　　　　　　　　　　　　　　　竹筧

대 쪼개어 찬 샘물 끌어 놓았더니 　　　　　剖竹引寒泉
졸졸졸 밤새도록 울어대누나! 　　　　　　　琅琅終夜鳴
자꾸 오면 산골의 깊숙한 물도 마르리 　　　轉來深澗涸
나누어 내도 조그만 수조(水槽)가 찰랑인다 　分出小槽平
가는 소리 꿈속처럼 흐느끼고 　　　　　　　細聲和夢咽
맑은 운치 차 끓이는데 들어간다네 　　　　清韻入茶烹
찬 두레박 긴 줄 내려서 　　　　　　　　　不費垂寒綆
은상(銀床)에 앉아 백 척 끌어 무엇하리. 　　銀床百尺牽

● 외딴 시냇 속 반석에 쉬면서 　　　　　　憩絶澗中盤石

반석이 시내 바닥에 깔려 있는데 　　　　　盤石鋪澗底
냇물은 흘러도 울지는 않네 　　　　　　　礧水流不鳴

---

19) 상인(上人): 덕이 높은 스님.《마하반야경(摩訶般若經)》에 "一心行阿耨多羅三藐三菩提 心不散亂 是名上人"이라 하였다.

갈라져 흘러 젖지도 않는 곳엔　　　　　　　　　　　　分流不浸處
돌바닥이 숫돌처럼 평평하구나　　　　　　　　　　　　石面如砥平
여남은 사람이 앉을 수 있고　　　　　　　　　　　　　可以坐十人
차 끓이는 냄비도 넉넉히 놓을 수 있네　　　　　　　　亦可安茶鐺
난 기뻐라 지팡막대 던져 버리고　　　　　　　　　　　我喜投筇枝
앉았다 누웠다 내 멋대로 하네　　　　　　　　　　　　或坐又復臥
흐르는 물베개 삼고 옛사람 사모함은　　　　　　　　　枕流慕古人
진토에 더럽힌 것 씻을 수 있음이라　　　　　　　　　　可洗塵土涴
노는데 빠져서 돌아갈 걸 잊었더니　　　　　　　　　　耽遊忘却還
서산에 해 넘어감을 까맣게 몰랐네　　　　　　　　　　不覺日西過
일어나라 일어나라. 멍청한 해골아!　　　　　　　　　　起起懵憧骸
허허! 물 위에만 마냥 앉아 있으려나?　　　　　　　　　咄咄水上座

●소나무 정자　　　　　　　　　　　　　　　　　　　松亭

소나무 정자 적적하고 솔가지는 서렸는데　　　　　　　松亭寂寂松枝蟠
복건(幅巾)과 청려장(靑藜杖)으로 와서 서성거리네　　　幅巾藜杖來盤桓
뜰에 가득 그림자 떨어져 푸른 이끼 윤택하고　　　　　影落一庭碧苔潤
하늘 반만큼 소리 흔들어 맑은 바람이 차갑네　　　　　聲撼半天清風寒
머리 들어도 붉은 해 있는 걸 보질 못하고　　　　　　擧頭不見有赫日
귀 기울이면 미친 물결 흔들리는 소리 들리네　　　　　側耳時聽搖狂瀾
차 끓이는 연기 나는 곳으로 학 날아가고　　　　　　　茶煙颺處鶴飛去
약 절구 두드리는 때 구름이 머뭇거리네　　　　　　　藥杵敲時雲闌珊
사람 흩어진 석양에 새들만 우는데　　　　　　　　　　人散夕陽禽鳥鳴
바로 그 손님 가고 바둑 처음 남은 때일세.　　　　　　正是客去碁初殘

●밭 가운데의 오이에 대한 다섯 가지 노래　　　　　　園中瓜五詠

(전략)　　　　　　　　　　　　　　　　　　　　　　(前略)

참외는 잘 익으면 꼭지가 절로 떨어지니　　　　　甛瓜爛熟帶自落
벗겨서 먹어보면 달기가 꿀과 같다네　　　　　　剝而食之甘如蜜
푸른 껍질 처음에는 노래자(老萊子)20)의 옷 배웠고　綠皮初學老萊衣
서리 같은 살은 바로 상여(相如)21)의 갈증을 치료할 수 있네　霜肌可療相如渴
옥진액과 구슬 물이 뱃속에 차 있어　　　　　　　玉液瓊漿塡其腹
한 번만 씹어도 부평(浮萍) 열매22)보다 낫네　　　一嚼也勝浮萍實
늙은 사람 산중에서 번지(樊遲)23)의 밭 가는 걸 배워서　老夫山中學樊圃
가랑비 속에 손수 참외 오이 심었더니　　　　　　細雨手種瓜與㼎
잎새 밑에 주렁주렁 수도 없이 달렸네　　　　　　葉底離離不知數
손님 대해 단 얼음과 차에 눈[雪]을 섞고　　　　對客甛氷雜茗雪
맑고 깨끗한 이내 집에 오똑하게 앉았으니　　　　兀然坐我淸虛府
간과 오장 찌는 듯 답답함을 씻어줘 되려 기쁘네　却喜肝臟滌蒸鬱
애처러운 건 티끌 속에 골몰해 하는 사람들　　　可惜汨沒塵中人
만사를 서로 기대길 오이와 칡덩굴같이 하네.　　萬事相依瓜與葛

● 땅 화로　　　　　　　　　　　　　　　　　　地爐

산방은 맑고 쓸쓸한데 밤은 어이 긴가?　　　　山房淸悄夜何長

---

20) 노래자(老萊子): 춘추시대의 초(楚)나라 사람. 그는 나이 70이 되어서도 오색(五色) 옷을 입고 부모 앞에서 어린애같이 춤을 추어서 어버이를 기쁘게 하였다는 효자.
21) 상여(相如): 한(漢)의 문인(文人)인 사마상여(司馬相如). 자는 장경(長卿), 성도(成都) 사람. 자허(子虛)·상림(上林)·대인(大人) 등의 부(賦)는 한(漢)·위(魏)·육조(六朝) 문인(文人)의 모범이 된다. 그는 만년에 갈증병(渴症病: 지금의 당뇨병)으로 고생하였다.
22) 부평열매(浮萍實): 소설《열국지(列國志)》에 "초(楚)나라의 소왕(昭王)이 강에서 이상스러운 열매를 얻었는데 크기가 말과 같았다. 비상(非常)하게 달고 맛있었으나 무슨 열매인지 몰라서 후일에 공자(孔子)에게 물었더니 그것은 '부평(浮萍)의 열매'라고 하였다"라고 하였다.
23) 번지(樊遲):《논어》자로편(子路篇)에, "번지가 공자에게 오곡 키우는 법을 가르쳐 달라고 청하자, 공자는 나는 늙은 농사꾼만 못하다고 하였다. 번지가 다시 채소 가꾸는 법을 가르쳐 달라고 청하자, 공자는 또 나는 늙은 채소장이만 못하다"고 한 데에서 나온 말.

한가로이 등불 돋우며 흙마루에 누워 있네　　　　閑剔燈花臥土床
의지하는 건 땅 화로라 편벽되이 나를 돕고　　　　賴有地爐偏饒我
손님 올 땐 다시금 차도 설설 끓인다네.　　　　　　客來時復煮茶湯

● 반찬　　　　　　　　　　　　　　　　　　　　盤餐

흰 소금 붉은 쌀은 소반 위의 맛이요　　　　　　　白鹽赤米盤中味
붉은 여뀌 푸른 나물은 대접 속의 향기일세　　　　紅蓼靑蔬椀裏香
낮잠서 깨어나자 한 차례 음식을 주니　　　　　　午睡覺來供一頓
도도(陶陶)하여 일없이 세월 그냥 보내네.　　　　陶陶無事送年光

무를 푹 삶고 또 오이를 구워서　　　　　　　　　爛蒸蘿蔔又燔苽
형편 따라 먹는 산중 밥, 차도 끓이네　　　　　　山飯隨宜旋煮茶
배 부르지도 고프지도 않아 한가로이 누웠으니　　不飽不飢閑偃臥
이제사 알겠네, 뜬 뗏목 같은 신세인 줄을!　　　　方知身世似浮槎

우물엔 찬 샘물 맑고 동이엔 먹을 양식 있는데　　井洌寒泉盎有粮
어찌하여 제 스스로 허둥대려 하는가?　　　　　　胡爲乎自欲遑遑
푸른 산에서 종일토록 아무 재주 없어　　　　　　碧山終日無伎倆
반만큼은 시(詩) 속에, 반만큼은 평상에 반영되네.　半映詩脾半映牀

● 작설차　　　　　　　　　　　　　　　　　　　雀舌

남국의 봄바람 부드럽게 일려는데　　　　　　　　南國春風軟欲起
차 숲 잎새 밑에 뾰족한 부리 머금었네　　　　　　茶林葉底含尖觜
연한 싹을 가려내면 아주 신령스레 통하는 것　　　揀出嫩芽極通靈
그 맛과 품류는 옛 홍점(鴻漸)24)의 다경에 수록됐네.　味品曾收鴻漸經

---

24) 홍점(鴻漸): 당(唐)나라 육우(陸羽)의 자(字). 호는 상저옹(桑苧翁) 또 경릉자(竟陵
　　子)인데, 태자문학(太子文學)을 지냈다. 《당서(唐書)》 196권에 "성질이 차를 좋아

붉은 싹은 잎과 줄기 그 사이에서 뽑아낸 것	紫笋抽出旗槍間
봉병과 용단(龍團)25) 차 이름은 그냥 모양을 본뜬 걸세	鳳餠龍團徒範形
푸른 옥병 속에 넣어 타는 불로 달여낼 제	碧玉甌中活火烹
게 눈26) 같은 거품 생기며 솔바람 울리네	蟹眼初生松風鳴
산당(山堂) 고요한 밤에 손들 빙 둘러앉아	山堂夜靜客圍坐
운유(雲腴)27) 차 한 번 마시면 두 눈이 밝아지네	一啜雲腴雙眼明
당(黨)의 집서 조금 맛보니 저인 촌사람인가!	黨家淺斟彼粗人
어찌 알리, 설다(雪茶)가 그처럼 맑은 것을.	那識雪茶如許淸

【해설】 설잠 김시습이 신동이라는 것은 널리 알려진 사실이다. 실제 믿을만한 역사적 문헌을 통해서 보더라도 그는 우리의 역사책에 기록된 최고의 천재이자 기승(奇僧)이다. 무수한 일화와 그의 기행을 약간의 지식이 있는 한국인이라면 모르는 사람이 없다. 그런데 그의 위대한 점은 어린 날의 천재성에 끊임없이 절차탁마를 거듭하여 수많은 저작물을 남겼다는 사실이다. 그의 2천 편에 가까운 시와 당대 한문학의 모든 장르에 걸친 수많은 산문이며 뛰어난 불교 저술, 그리고 한국 소설의 비조로 일컬어진 《금오신화》 등, 실제 그의 문집을 접해보면 그의 다양한 면모

하여 《다경(茶經)》 3편을 지었으며, 차를 파는 사람들이 그를 제사하여 다신(茶神)으로 삼았다[性嗜茶 著有茶經三篇 言茶之原之法之具甚備 後世遂祀羽爲茶神]" 는 기록이 있다.

25) 봉병(鳳餠) · 용단(龍團): 옛날 중국의 상품(上品) 차의 이름. 품질이 좋은 차를 갈아서 반죽하여 일정한 크기와 모양의 틀에 박아서 굳힌 것인데, 봉(鳳)과 용(龍)의 무늬를 놓은 데서 나온 명칭이다. 둘을 통틀어 용봉차(龍鳳茶)라고 하는데, 송(宋)의 인종 때에 많이 만들었다. 《대관다론(大觀茶論)》에, "건계(建溪)에서 올린 봉병과 용단은 유명하기 천하에 으뜸인데, 짐작하건대 용이니 봉이니 하는 것은 다병(茶餠) 위에다 용과 봉의 무늬를 박았기 때문일 것이다[建溪之貢 鳳餠龍團 名冠天下 按龍鳳者 餠上印以 龍鳳文也]" 하였다.

26) 게 눈[蟹眼]: 차를 끓일 때 일어나는 작은 거품이 게 눈과 같다는 뜻이다. 소식(蘇軾)의 시에 "게 눈은 지나가고 고기 눈이 생기네[蟹眼已過魚眼生]"이라 한 것도 이런 현상을 말한 것이다.

27) 운유(雲腴): 차의 이칭(異稱). 운각(雲脚) · 운화(雲華)라고도 한다.

와 유려한 문체, 예리한 통찰력에 놀라움과 감탄을 금할 수 없다.

이러한 그의 재질은 차에 관해서도 유감 없이 발휘되고 있다. 설잠의 다시(茶詩)를 읽노라면 그가 얼마나 폭넓은 독서를 하였는지 실감할 수 있다. 도서의 유통과 구득이 어렵던 조선 초기에 그는 어떻게 그러한 다서(茶書)를 모두 읽을 수 있었을까? 그는 육우(陸羽)의《다경(茶經)》, 노동(盧同)의〈다가(茶歌)〉등을 비롯하여 많은 다서(茶書)들을 읽었던 것으로 유추된다. 이는 그의 다채로운 다어(茶語)의 구사에서 목격할 수 있다. 예를 들면 그의 다시에는 '명완(茗椀)·다칠완(茶七椀: 일곱 잔의 차)·다반(茶飯: 차 마시고 밥 먹는 것)·다전(茶煎: 차를 끓임)·감명(甘茗: 단 차)·다쟁(茶鐺: 차 끓이는 작은 솥 혹은 냄비)·다향(茶香)·설다(雪茶)·다천(茶泉)·공다(供茶)·다파(茶罷: 차를 마시고 끝냄)·신다(新茶)·다조(茶竈: 차 부뚜막)·다팽(茶烹)·다연(茶煙)·자다(煮茶) 등의 다어(茶語)들이 등장한다.

예부터 훌륭한 시인이란 그 어휘 구사력에 있음은 주지의 사실이다. 이런 견지에서 보더라도 설잠의 다시들은 그 풍부한 다어휘면에서도 다른 시인들을 앞지른다. 한국 역사 이래 수많은 시인과 묵객이 있었지만 설잠처럼 다양한 다어(茶語)를 사용한 시인도 흔하지 않다. 더구나 '작설(雀舌)'이란 제목으로 한시를 쓴 사람은 김시습이 유일하다. 이 시는 찻잎의 싹트는 모습을 묘사하는 것으로 시작하여 육우의《다경》과 봉병(鳳餠)·용단(龍團)을 거론하고 차를 끓이는 정경까지 리얼하게 표현하고 있다. 또한 이 시에 들어 있는 '게 눈(蟹眼)'과 같은 시어나 '운유(雲腴)' 등의 차에 관한 이칭(異稱)은 독창적이지는 않으나 읽는 이들에게 차와 관련된 색다른 지식 전수와 감흥을 주는 점을 부인할 수 없다. 솔직히 고백하면 차[茶]의 이칭이 '운유·운각(雲脚)·운화(雲華)'라는 것을 설잠의 이 시를 통해서 처음 알았다. 그 동안 얼마간의 다서(茶書)들을 읽긴 했지만 그 어디에도 차의 이칭에 대해 거론한 것을 본 적이 없었던 것이다. 이 시의 마지막 구절에서 말하는 설잠이 마신 '설다(雪茶)'

가 어떤 것인지 모르지만 그가 초의(艸衣) 이전, 아니 조선조 이래 한국 최대의 다시를 남긴 시인이었다는 것은 그의 많은 차 관련 시들이 웅변하고 있다. 어쨌든 설잠 김시습은 한국차 개사(開史) 이래 독보적인 다시를 남긴 시인임이 확실하다.

●차를 끓이며　　　　　　　　　　　　　　　煮茶

솔바람 솔솔 불어 차 끓이는 연기 몰아　　　松風輕拂煮茶烟
하늘하늘 가로 풍겨 시냇가에 떨어지네　　　裊裊斜橫落澗邊
동창에 달 떠올라도 잠 아직 못 이루고　　　月上東窓猶未睡
병 들고 돌아가서 찬 샘에 물 긷네.　　　　挈瓶歸去汲寒泉

날 적부터 티끌 세상 싫은 걸 스스로 괴이하게 여겨　自怪生來厭俗塵
입문(入門)하여 봉(鳳)자 씀28) 게 벌써 청춘 다 지나갔네　入門題鳳已經春
차 끓이는 누런 잎새 그대는 아는가?　　　　煮茶黃葉君知否
시 쓰다29) 숨어 삶이 누설될까 두렵네.　　　却恐題詩洩隱淪

―――――――――――――――――

28) 봉(鳳)자를 씀[題鳳]: 사람을 만나러 갔다가 못 만나는 일. 이 시에서는 작자가 세상 사람과 인연을 끊고 은거함을 말한다. 중국 진(晉)나라의 죽림칠현(竹林七賢)의 한 사람인 혜강(嵆康)이 여안(呂安)이라는 사람과 사이가 좋아 서로 생각이 날 때마다 천리라도 달려갔다. 어느 날 여안이 찾아왔는데 마침 혜강이 없었다. 이에 여안은 집안에 들어가지도 않고 문 위에 '鳳'이란 글자를 써 놓고 돌아가 버렸는데 그것은 혜강을 조롱한 것이었다. 왜냐하면, '鳳'은 '凡·鳥'로 분해(파자)할 수 있으니, 혜강이 뛰어난 인물인 줄 알았는데 알고 보니 평범한 인간에 불과하였다는 뜻이다. (원문 생략) 그러므로 이 말은 사람을 조롱할 때도 쓰이고, 사람을 찾아가 못 만났다는 뜻으로도 쓰인다.
29) 누런 잎새에 시를 씀[黃葉題詩]: 시화(詩話)에 나오는 홍엽제시(紅葉題詩)의 '紅'을 '黃'으로 바꾸어 놓은 것. 그 시화의 내용은, "노악(盧偓)이라는 사인이 서울에 과거 보러 왔다가 우연히 궁중에서 흘러나오는 개울물에서 빨간 잎에 시가 쓰인 것을 발견했는데, 그 시는, '물은 저다지도 바빠 흐르건만, 나는 궁중에서 하루 종일 일이 없네. 빨간 나뭇잎에 간절한 뜻을 붙이노니, 부디 잘 가서 인간에 이르소서.'라고 한 것이었다. 그 뒤 선종(宣宗)이 그 시를 쓴 궁녀를 내어 보내자 노악이 그녀를 얻어 함께 살았다." (원문 생략) 이와 비슷한 이야기는 《태평광기(太平廣

● 낙엽 이십운　　　　　　　　　　　　　落葉二十韻

천이나 되는 바위, 바람 속력 급하니　　　　千巖風力緊
낙엽이 산골에 가득 쌓였네　　　　　　　　落葉滿山蹊
가느다랗게 이끼의 점까지 지녔는데　　　　細細藏苔點
훌훌 날아 말굽을 뒤쫓아 가네　　　　　　　飄飄逐馬蹄
비온 뒤엔 소리가 한결 빠르나　　　　　　　雨餘聲更速
오랜 서리에 빛 그대로 검어졌지　　　　　　霜老色仍黳
나무 끝엔 새둥지 공중에 달렸고　　　　　　木末巢空掛
수풀 끝엔 까마귀들 밤에 우짖네　　　　　　林梢烏夜啼
발[簾]에 부딪혀 나비 꿈 깨어 버리고　　　打簾醒蝶夢
섬돌에 떨어져 난초 밭을 덮어 주네　　　　　墜砌沒蘭畦
싸우는 참새들 가지에 어지러운데　　　　　鬪雀枝邊亂
놀란 기러기 달 아래서 길 잃고 헤매네　　　驚鴻月下迷
차 끓이는 냄비야 내 몸소 불때네만　　　　　茶鐺親自燒
시구를 엮는 건 게을러진 지 오래였네　　　　詩句懶曾題
진흙 붉어 깊은 산림이 한결 두드러지고　　　淤赤明林壑
가득 쌓여 작은 사다리를 묻어버렸네　　　　盈堆塡小梯
한가한 뜰에 모였다간 다시 또 흩어지고　　　閑庭聚復散
얕은 벽돌엔 쓸어도 도로 또 수북하네　　　　淺甓掃還齊
바스락 바스락 그 소리 발소린가 의심하고　　簌簌疑跫響
부산스런 그 소리새가 깃들었나 두렵네　　　騷騷怕鳥棲
곧바로 마르니 석양의 풍경 그슬렸고　　　　旋枯焦晚景
빨리 썩으니 연못 진흙을 더럽히네　　　　　速朽涴塘泥
나무 저쪽에도 뾰족한 봉우리 드러나고　　　隔樹尖峯露
늘어진 가지엔 연한 과실이 나직하네　　　　垂條脆果低

記》에도 나오는데 '홍엽양매(紅葉良媒)'라는 말도 많이 쓰인다. 이 시에서는 궁녀가 자기 심정을 남에게 알리는 것과는 반대로 알려지기를 꺼렸기 때문에 낙엽을 태워버린 것이다.

뜰이 텅 비어 달빛을 듬뿍 받아들이고　　　　　　　庭虛多受月
마루가 넓어 시냇물 굽어보기 넉넉하네　　　　　　軒豁剩臨溪
부질없이 짖어대는 산개를 꾸짖고　　　　　　　　　浪吠訶山犬
미치도록 떠들어대는 들닭을 호통치네　　　　　　　狂曉喝野雞
성긴 대나무 그림자를 가벼이 따랐고　　　　　　　　輕隨疎影竹
속되게 함부로 우는 벌레에 화답하네　　　　　　　　雜和亂鳴蛜
문에 들려다 벌레 실에 걸려버리고　　　　　　　　　入戶虫絲掛
처마에 날다가는 거미줄에 얽혀버리네　　　　　　　飛簷蛛網締
은하수는 밝게도 반짝반짝 빛나는데　　　　　　　　星河昭耿耿
구름 떠나가는 건 맑은 것이 쓸쓸도 하네　　　　　　雲物淡凄凄
초저녁에 다듬이 소리 처음으로 울려오고　　　　　　薄暮砧初動
맑게 갠 하늘엔 기러기가 벌써 우네　　　　　　　　晴空鴈已嘶
옷이 차니 먼 수자리 살 근심하고　　　　　　　　　衣寒愁遠戌
바람 차니 안방에선 수자리 낭군을 원망하네　　　　刁冷怨深閨
넘어가는 붉은 해가 눈부시게 비치는데　　　　　　　絢紅殘照映
조각조각 섬돌 서쪽으로 날아들 가네.　　　　　　　片片翼階西

● 남산의 칠휴(七休)를 방문하여　　　　　　　　　南山訪七休

칠휴거사(七休居士) 당신이 마음을 쉬고 쉰 것은　　七休居士休休者
마음을 쉬고 쉰 것이 또한 쉬고 쉰 것이다　　　　　得休休處便休休
운산(雲山)과 화월(花月)로 항상 짝을 삼으며　　　雲山花月長爲伴
시주(詩酒)와 향다(香茶)로 제 근심을 사는구려　　詩酒香茶自買憂
촛불 돋아 야음(夜飮)하니 맑은 밤이 길어지고　　　剪燭夜飮淸夜永
소침하여 밤 짧으니 밤을 이어 노는구려!　　　　　銷沈宵短繼宵遊
칠휴의 오유(遨遊: 재미있게 노는 것)한 곳 알려고 한다면　欲知七休遨遊處
바람이 지당(池塘)에 찬 오월 가을을 찾아보게.　　風滿池塘五月秋

● 침강정에 가는 친구를 보내며 送友人之枕江亭
  -2수 중 두번째 수-

아! 그대 이 이별을 어떻다 생각하오?   嗟君此別意何如
요진(搖塵)30)에 차 달이며 고거(故居)를 물어 보오   搖塵煎茶問故居
솥돌[鼎石]31)의 저 두루미 추야월(秋夜月)에 돌아오고 鼎石鶴歸秋夜月
파산(巴山)의 원숭이는 모강려(暮江廬)32)에 울부짖소   巴山猿叫暮江廬
오후(五侯)33)의 지관(池館)은 개구리가 울던 곳   五侯池館鞋鳴處
십리나 낀 안개 속 보리 성한 터에서   十里煙豈麥秀墟
소매 들어 한 마디로 멀리 감을 위로하니   揚袂一辭勞遠去
고산(故山)의 원학(猿鶴)들도 그대 이별 슬퍼하오.   故山猿鶴正憐渠

● 병이 심해서 길을 떠나 산으로 돌아가지 못하다   病劇不能赴程還山

동도(東都)34)로 향하려면 갈 길은 수천 리인데   將向東都路數千
고향의 솔과 대는 아직도 의연(依然)하다   故山松竹尙依然
유마(維摩)35)에게는 병 있어도36) 원래 병이 아니지만 維摩有疾元非疾
소진(蘇晉)37)의 선(禪) 피함이 어찌 선을 사랑함인가? 蘇晉逃禪豈愛禪

---

30) 요진(搖塵): 쇠하는 모양, 또는 흐트러지는 모양.
31) 정석(鼎石): 솥 만드는 돌.
32) 모강려(暮江廬): 중국 섬서성(陝西省) 서향(西鄕)현에 있다.
33) 오후(五侯): 공(公)·후(侯)·백(伯)·자(子)·남(男)의 5계급의 봉작. 또는 지방의 주목(州牧)의 관장.
34) 동도(東都): 경주(慶州).
35) 유마(維摩): 범어로는 Vimalakirti, 부처님의 속제자(俗弟子). 유마힐(維摩詰)·비마라힐(毘摩羅詰) 등으로 음역. 정명(淨名)·무구칭(無垢稱)이라 의역. 인도 비야리국 장자로서 속가에 있으면서 보살행업을 닦은 이. 그 수행이 뛰어나 불제자들도 미칠 수 없었다고 한다.
36) 유마에게는 병 있어도[維摩有疾]: 《유마경》에 나오는 이야기. 유마 거사의 병중에 문수보살이 여러 성문(聲聞)과 보살들을 데리고 문병하러 가서 대화를 나누는데 문수도 유마의 법거량에 미치지 못했다. 이 시에서는 유마의 병과 그 법거량에 관해 거론하고 있다.

차는 창자를 씻을 만하여 부어서 마셨고 　　茶可澆腸斟酌飮
병은 행실 살펴봄에 띠를 띠어도 허물되네 　病能省行薦取愆
우주란 하나의 장정(長亭)38)에 불과하니 　乾坤一箇長亭耳
무슨 동서 있다고 내가 돌아가리오? 　　那有東西我欲旋

　●산에 있으면서 집구(集句)39)하다 　　　山居集句

[28] 　　　　　　　　　　　　　　　　其二十八
산은 안개빛 들어 햇빛 띠고 누런데 　　山染嵐光帶日黃:羅豫章
사립문은 공엄히 대 사이의 방 가리었네 　柴門空掩竹間房:蒙齋
세상에선 안락을 청복(淸福)이라 하지마는 　世間安樂爲淸福:尙峯
즐겁게 차 달이며 침상에 앉아 보네. 　　聯爲煎茶一據牀:放翁

[66] 　　　　　　　　　　　　　　　　其六十六
살구꽃은 절문 앞에 사뿐사뿐 떨어지니 　杏花零落寺門前:張籍
서쪽 암자 격해 삶이 또 몇 해나 되었는가? 　隔闊西菴又幾年:鼇川
한 잔 차를 다 마시자 각기 제 길 돌아가니 　啜罷杯茶各歸去:蒙齋
절은 천경(千頃)40) 석양 내에 높이 임해 있구나. 　寺臨千頃夕陽川:崔塗

[77] 　　　　　　　　　　　　　　　　其七十七
은하수는 담담하게 천지(天池)로 흐르는데 　銀河炎淡瀉天池:蒙齋
대를 살라 차 달이며 밤늦어서 눕는구나 　燒竹煎茶夜臥遲:姚合
달은 점점 높아지고 서리는 또 내리는데 　月又漸高霜又下:正孫

---

37) 소진(蘇晉): 당나라 사람. 향자(珦子)・진사(進士) 및 대례과(大禮科)에 모두 급제,
　　현종(玄宗)이 감국(監國)할 때 제명(制命)이 많이 그에게서 나왔다.
38) 장정(長亭): 10리마다 두었던 역참(驛站).《백공육첩(白孔六帖)》에 "十里一長亭 五
　　里一短亭"이라 하였다.
39) 집구(集句): 옛 사람이 지은 글귀를 모아 한 구의 새 시(詩)를 만듦. 또는 그리하여
　　만든 시.
40) 천경(千頃): 일천 이랑. 한없이 넓은 것을 표현한 것이다.

옛 제단의 소나무는 반쯤이나 가지 없네.　　　　　古壇松樹半無枝:盧綸

[98]　　　　　　　　　　　　　　　　　　　其九十八
돌솥에 차 달이니 귤껍질도 향기로운데　　　　石鼎煎茶橘殼香:千巖
사람 보면 힘없이 선상(禪床)에서 내려오네　　 見人無力下禪床:趙州
종래부터 큰 도는 구속이 없는 거라　　　　　　從來大道無拘束:大慧
매화에게 분부하여 주장을 삼으리라.　　　　　 分付梅花作主張:藏一

【해설】집구(集句)는 앞에서 설명했듯이 다른 사람이 지은 시구를 모아 만든 시이다. 사실 엄밀한 의미에서 보면 집구는 창작시가 아니다. 세계 문학사에서 한시의 집구는 아주 색다르고 특이한 시 형식이라 할 수 있다. 산문 또는 드라마나 영화 등의 영역에서 다른 작품을 패러디한 것도 있는데 어떤 면에서는 그와 유사한 성격을 지닌 시형식이 집구이다. 하지만 이러한 집구 역시 제작자(시인이라기보다는 조립공의 이미지가 강하므로)의 능력과 안목이 깊이 투영되어 있다. 남의 시구를 끌어 모아 새 시를 만들려면 우선 수많은 작품을 섭렵해야 가능한 노릇이다. 그리고 시구를 선정하고 재구성하는 안목 내지 능력 역시 높은 수준이 요구된다. 비록 다른 사람의 시구를 빌려와 집구시를 생산한다고 해도 아무나 훌륭한 집구시를 만들 수 있는 것은 아니다. 설잠의 〈산에 있으면서 집구하다〉라는 제목의 시는 무려 칠언절구 100수로 이루어진 길다란 연작시 형태로 이루어져 있다. 긴 시인만큼 인용한 시인들 역시 다양하다. 세속의 시인이나 선비들의 시구는 물론이고 불교계의 뛰어난 대종장(大宗匠)과 선승들의 선시(禪詩)와 게송(偈頌)들이 인용되어 있다. 그 100수의 집구시에 28・66・77・98수 등 4수의 다시(茶詩)가 포함되어 있다.

28번의 시는 고즈넉한 산사의 서경(敍景)과 그곳에 '즐겁게 차 달이는' 설잠 자신의 안락한 청복(淸福)이 잘 묘사되어 있다. 66번의 시는 살구꽃 흩날리는 산사에 스님들이 가까이 살면서 더러 모여 차를 마시고는 제각기 흩어져 가는 광경을 표현하고 있다. 절과 스님, 그리고 스님들의 차생활이 스케치하듯 잘 나타나 있다. 77번의 시는 은하수 흐르는 밤 대나무 불에 차를 달여 마시는 야경의 정취를 읊었다. 98번의 시는 돌솥에 차 달이며 선상(禪床)과 도(道)의 본질을 슬쩍 흘리고 있다. 설잠은 도를 직접 말하지 않고 매화(梅花)라는 꽃으로 은유하고 있다.

● 산중에서 달을 본다.   山中看月
  - 노교를 생각하며 -   念奴嬌

작은 창에 고요히 기대어 청산을 바라보니	小窓靜倚看靑山
멀리 푸르른 아미(娥眉)⁴¹⁾는 새로운 그림일세	遠碧娥眉新畵
연기 맑고 구름 거두니 빛이 방울져 떨어지려 하는데	煙淡雲收光欲滴
다시 달이 거꾸로 걸려 있음 보겠네	更看氷輪倒掛
전향(篆香)⁴²⁾은 향기가 나기 시작하고	篆香初薰
차 연기는 일어나려고 하니	茶煙欲起
경치가 많이 소쇄(蕭灑)⁴³⁾하여	景致多蕭灑
유인(幽人)이 많이 사랑하리라	幽人多愛
좋은 산과 아름다운 경치는 마음을 유쾌하게 하고	好山佳景心快
인간 세상의 풍파도 잠깐이라	人世風波須臾
미루어 옮아감은 꿈과 같아서	推遷如夢
사람으로 하여금 흔히 고단하게 하네	使人多勞憊
천 가지를 착오한 뒤에야	錯了千般
그것을 깨달아 얻는 것이네	那箇悟些子
풍류가 한가로운 담화에도	風流閑話

---

41) 아미(娥眉): 가늘고 길게 굽이진 누에 나방의 촉각처럼 아름다운 눈썹. 즉 미인의 눈썹.
42) 전향(篆香): 전자(篆字)와 같이 가늘게 일어나는 향의 연기. 일설에는 전자의 모양으로 만든 향이라고도 한다.
43) 소쇄(蕭灑): 말쑥하고 깨끗한 모양.

티끌은 백 척이나 높은 것이니　　　　　　　　　　百尺塵埃
이 같은 청량 세계는 얻기 어려운데　　　　　　　難逢如此淸凉界
모름지기 이 속에서 몇 가지 기량44)이 꺾이고　須知這裏幾般伎倆摧敗
부서짐을 알아야 할 것이네.

● 등 밑에서　　　　　　　　　　　　　　　　　　　　　燈下
　－ 천선자(天仙子) －

산 집에 사람 없어 봄 밤도 길고 긴데　　　　　　山室無人春夜永
난고(蘭膏)45) 모두 사라지자 꽃그림자 토하네　　銷盡蘭膏花吐影
은빛 병풍 종이 휘장 스스로 바람 없어　　　　　銀屛紙帳自無風
마음이 성성하니 사람 처음 고요하네　　　　　　心地惺人初靜*
홍염(紅艶)46)을 잘라내니 도리어 경경(耿耿)47)한데　紅艶剪來還耿耿
잠 깨어도 누각(漏刻) 소리 전혀 알지 못하였네　睡覺漏聲全未省
저 달이 서산에 가 별빛이 차가운데　　　　　　　月在西峰星斗冷
옷 여미고 사경종(四更鍾)을 쳐서 울려대네　　　整衣撞却四更鍾
줄 짧은 두레박으로 찬 우물물 길어 놓고　　　　沈短綆汲寒井*
화롯불에 시험삼아 용봉병(龍鳳餠)을 달여 보네.　爐火試煎龍鳳餠
(＊편집자 주 - 이 구는 한국불교전서에 한 글자 결락되어 있으나 확인할 수 없음)

● 도시(陶詩)에 화답하여　　　　　　　　　　　　　　和陶
　－ 도연명의 음주시에 화답하여 20수를 짓다 －　和淵明飮酒詩二十首

［16］　　　　　　　　　　　　　　　　　　　　　　　其十六
긴긴 날엔 시사(詩史)를 편찬하고　　　　　　　　永日撰詩史

---

44) 기량(伎倆): 수완·지혜를 헤아림.《서언고사(書言故事)》습유류(拾遺類)에 "人智計曰 伎倆"이라 하였다.
45) 난고(蘭膏): 냄새가 향기로운 기름. 향유.
46) 홍염(紅艶): 화색이 붉게 돌고 탐스러움.
47) 경경(耿耿): 염려되는 일이 있어 마음에 잊혀지지 아니함. 또는 불빛이 깜박깜박하는 모양.

등불 밑에선 다경(茶經)을 수련한다 　　　　　　燈下修茶經
옛 것 좋아 취미를 점점 알지만 　　　　　　　　好古漸知趣
박학해도 성공한 것 하나 없다네 　　　　　　　博學無所成
자리를 산사람에게 나누어 주고 　　　　　　　分座與山人
취해 누움 전경(田更)과 같이 하였네 　　　　　頹醉同田更
서리맞은 토란 후원에서 거둬들이자 　　　　霜芋收後園
가을 국화 앞뜰에 가득하였네 　　　　　　　　秋菊盈前庭
사람들은 분잡하게 지껄이는데 　　　　　　　人以紛雜喧
나만은 견백(堅白)[48] 때문에 울고 있다네 　　我以堅白鳴
오직 한 분 국선생(麴先生)[49]이 여기 있어서 　唯有麴先生
천고에 내 뜻을 알아주누나. 　　　　　　　　　千古知我情

【해설】이 시는 작자가 서두에 밝혔듯이 산사에서 무료하여 소일 삼아 옛 시집을 뒤지다가 도연명의 시에 화답하는 형식으로 지은 작품이다. 첫행의 시사(詩史)를 편찬한다는 것은 오늘날의 개념으로 시문학사(詩文學史)를 엮는다는 것이 아니고 고금의 시집을 열람한다는 정도의 의미일 것이다. 밤에 등불 밑에서 '다경(茶經)을 닦는다'는 것은 다경의 법도에 따라 차를 달여 마시는 일을 시적으로 나타낸 표현으로 생각된다. 설잠은 자칭 박학(博學)함을 은근히 자랑하고 있는데 그의 기행과 뛰어난 안목으로 인하여 세속의 범속한 사람들과는 잘 어울릴 수 없었을 것이다. 그의 박학강기함과 창천을 찌르는 기상이며 훌륭한 문장은 당대인들에겐 시기와 경외의 원인을 제공했음이 명약관화하다. 그가 견백(堅白)을

---

48) 견백(堅白): 전국시대(戰國時代) 조(趙)나라 공손룡(公孫龍)이 내어 건 일종의 궤변(詭辯)임. 눈으로 돌을 볼 때에는 빛이 흰 것은 아나 굳은 것은 모르고, 손으로 돌을 만질 때에는 그 굳은 것은 아나 흰 것은 모른다. 따라서 견백석(堅白石)의 존재는 동시에 성립할 수 없다는 개념의 논리로서 시(是)를 비(非)라 비(非)를 시(是)라, 동(同)을 이(異)라 이(異)를 동(同)이라고 우겨대는 변론이다. 견백동이변(堅白同異之辨)을 말한다.
49) 국선생(麴先生): 술의 별명이다.

들먹인 것도 이러한 당대의 시기·질투·모함·소외 따위를 지칭한 것으로 유추된다.

● 원시(怨詩) 초조(楚調)에 화답하여   和怨詩楚調

차고 더움 스스로 바뀌어 가니   寒暑自相代
해와 달의 빠르기가 탄환 같구나   日月跳丸然
늑장부리는 사이 벌써 늙었으니   遷延已云老
여생이 또 몇 해나 남아 있는가   餘生復幾年
더욱 성현 바라는 마음가짐은   更希賢聖心
지극한 이치 편당 없음에서라   至里無黨偏
나에겐 몇 간의 집이 있으며   我有數間屋
또한 3묘(三畝)의 밭도 있다네   亦有三畝田
편안하게 여기는 건 무사함에 있어   所安在無事
시장에서 떠드는 것 따지지 않네   不計喧市塵
예사로 차와 밥을 먹고 나서는   尋常喫茶飯
배부르면 상에 기대 잠이 드누나   飽來憑床眠
움직이면 만물의 변화를 보고   動觀萬化變
고요하면 사시의 변천을 보네   靜看四序遷
깊은 숲 집 북쪽에서 짐승들이 울어대고   幽禽啼舍北
좋은 산은 창 앞에 늘어서 있네   好山排窓前
아득하게 강물은 모래를 적시고   渺渺江浸沙
뚜렷하게 나무는 연기를 머금어   歷歷樹含煙
물상 보고 이치를 거의 따지니   觀物庶窮理
앞선 현인 따를 만하다 하겠네.   可以追前賢

● 뇌검천에서   雷劍泉

맑은 샘이 흐르기를 담담도 하니   淸泉流湛湛

뇌검천(雷劍泉)이 구름 뿌리를 쪼개고 솟네   雷劍擘雲根
맹꽁이 떼가 섞임을 허용치 않고   不許黽鼃混
계수나무 옥토끼는 오래 머무네   長留桂兎痕
밤에 듣는 소리는 패옥(佩玉) 같은데   夜聞聲似珮
새벽에 물 길으면 빛이 옥 같네   晨汲色如琨
시험삼아 용단병(龍團餠)50)을 끓여 보노니   試煮龍團餠
맛을 보고 번뇌 풀 만하네.   嘗來可解煩

● 동선역에서   洞仙驛

동부(洞府)는 신선의 경계 같은데   洞府如仙境
사는 곳은 무릉과 비슷하구나   人居似武陵
예의 다르니 준조(樽俎)도 서로 다른데   禮殊樽俎異
산 겹겹하니 자줏빛 노을이 피어오르네   山疊紫霞蒸
보리밭엔 산들바람이 가늘게 불고   麥壟風吹細
차 심은 둔덕엔 따뜻한 기운 오르네   茶原暖氣騰
가다가 머리 돌려 바라다보니   行行回首望
절령의 푸르름이 섬짓하여라.   岊嶺碧稜稜

【해설】이 시는 설잠 김시습이 관서(關西) 지방을 여행하고 쓴 〈유관서록(遊關西錄)〉이라는 시편 속에 있는 작품이다. 그는 20대 초반 과거를 포기하고 어지러운 정쟁(政爭)의 혼란을 피해 승려가 되었다. 수양대군

---

50) 용단병(龍團餠): 상등의 차(茶) 또는 차의 떡 같은 덩어리. 《천관(天觀)》 차론(茶論)에 말하기를, "본조(本朝)가 일어남에 해마다 건계(建溪)가 공물을 닦았는데, 용단봉병(龍團鳳餠)으로 하였다[本朝之興 歲修建溪之貢]."이라 하고 《석림연어(石林燕語)》에서도 "건주(建州)에서 해마다 대용봉단차(大龍鳳團茶)를 바쳤다. 인종(仁宗) 때에 채군(蔡君) 명(溟)이 차의 정한 것을 가려 소용단(小龍團) 1천 근(斤)을 만들어 바쳤다[建州歲貢大龍鳳團茶 仁宗時 蔡君溟擇茶之精者 爲小龍團千斤以獻]."라고 하였다.

이 단종을 몰아내고 왕권을 찬탈하던 무렵 설잠은 마침내 오탁악세를 버리고 불문(佛門)에 귀의하여 행운유수(行雲流水)하는 만행에 나선 것이다. 그의 첫 기행지는 송도 평양 묘향산 등지인 관서지방이었다. 위의 시는 송도 천마산(天摩山) 성거산(聖居山) 등을 경유하여 절령(岊嶺) 동선역(洞仙驛)에 닿았을 때 쓴 것이다. 그는 그곳의 경치가 신선이 사는 경계 같고 사람 사는 곳은 무릉도원 비슷하다고 격찬하였다. 보리밭에 산들바람 부는 봄날 그는 차나무 심은 언덕에서 따뜻한 기운을 느끼기도 하였다. 그런데 오늘날의 상식으로는 중부 이북 지역은 기후 관계로 차나무가 자라지 않는 걸로 알고 있는데 설잠이 살았던 시대에는 북한의 절령 부근에도 차나무가 자라고 있었을까? 그 진위는 알 수 없는 일이지만 그가 '다원(茶原)'이라 하였으니 차와 관련있는 지명(地名)일지도 모를 일이다.

●장경문 밖에 나가 차를 달이면서　　　　　　出長慶門外煮茗

　아침에 장경문을 나아갔다가　　　　　　　　朝出長慶門
　늦게야 영명사(永明寺)로 돌아왔구나　　　　晚歸永明寺
　천천히 봄날 강가를 걸어서 가니　　　　　　緩步春江湄
　붉은 비단 같은 땅을 밟아 헤쳤네　　　　　　踏損紅錦地
　부질없이 시 읊느라 살피지 못해　　　　　　不省漫吟哦
　원근도 제대로 기억 못하네　　　　　　　　　遠近亦不記
　흥이 깊자 돌아옴을 즉시 아니　　　　　　　　興闌卽知還
　유람도 역시나 차례가 없네　　　　　　　　　遊觀亦無次
　대동강의 강물은 깊고 깊은데　　　　　　　　大洞江水深
　오리떼는 서로 화답해 울고 있구나　　　　　鳧鴨相和鳴
　날 저물자 바람이 모래에 이니　　　　　　　　日暮風起沙
　물결이 기자성을 때리는구나　　　　　　　　浪打箕子城
　내 행차가 바로 늦은 봄철이라서　　　　　　我行正春暮

꽃은 지고 짙은 숲을 이루었구나 　　　　　　　花褪穠陰成
내일 아침 명산으로 향하여 갔다가 　　　　　　明朝向名山
다시 또 경승지를 향해 가리라 　　　　　　　　更向風月窩
진실로 아름다움 내 땅이 아니니 　　　　　　　信美非吾土
계수나무 꽃잎으로 차나 달이네. 　　　　　　　且煎金粟芽

【해설】 설잠은 관서기행시 평양에 도착해서는 영명사에 머물렀다. 그는 그곳에 숙박하면서 을밀대와 모란봉은 물론, 대동강과 평양 시내의 명소들을 완상하였다. 위의 시도 평양 구경 중에 지은 기행시의 하나이다. 수심 깊은 대동강을 바라보며 오리떼와 강변에 부는 바람, 성을 때리는 물결에 나그네의 정취를 실어 오언시(五言詩)를 읊는 젊은 승려 설잠의 모습이 잘 투영된 작품이다.

● 근(根) 스님과 이야기하다 　　　　　　　　　與根師話

열 자 되는 선방(禪房)은 고요만 한데 　　　　　十笏禪房靜
근(根) 스님의 도안(道眼)은 밝기도 하네 　　　根師道眼明
향이 사그라지니 동에 새긴 전자(篆字)가 차고 　香銷銅篆冷
차 끓이니 옥사발이 울어대네 　　　　　　　　茶沸玉甌鳴
부드러운 말 잠시나마 앉아서 하니 　　　　　　軟語移時坐
주인[靑山]⁵¹⁾은 보기 드문 정이 있구나 　　　　靑山不世情
이 산 속에 내가 숨어서 　　　　　　　　　　　此峰吾欲隱
평생토록 그대와 자주 얘기하고자 하오. 　　　重與話平生

---

51) 청산(靑山): 불교에서는 그 절에서 사는 스님을 청산, 객승을 백운(白雲)이라 칭한다. 지객(知客: 손님 접대를 맡은 스님)의 방이나 선실에 청산이라 쓰인 곳은 그 절에 사는 스님이 앉고, 백운이란 글씨가 쓰인 곳에는 객승이 앉는다. 따라서 이 시에서 말하는 청산은 근(根)이란 법명을 가진 그 절의 주인 스님을 지칭한다.

● 산중의 초목을 읊다(7수)　　　　　　　　　咏山中草木(七首)

지초(地椒)⁵²)는 봉우리 위태한 데서 자라도　　地椒生峰危
향날(香辣)함이 몽정차(蒙頂茶)⁵³)보다 낫네　　香辣勝蒙頂
달이 잠긴 푸른 시냇물을 떠다가　　　　　　挹之碧澗月
이것을 푸른 돌솥에 끓이리　　　　　　　　煎此青石鼎
상냥한 말하는 이는 방외(方外)의 사람　　　　軟語方外人
타는 불은 밝기가 경경하구나　　　　　　　活火明炯炯
육우(陸羽)⁵⁴)의 《다경(茶經)》에다 싣지 않았다면　不收陸羽經
관가의 차축에도 들지 못했네　　　　　　　不入官家茗
상방(上方)의 창을 향해 곧게 앉아서　　　　端坐上方窓
나의 봄잠 깨어남을 격려하누나.　　　　　激我春睡醒

【해설】 이 시는 제목에서 밝혔듯이 전부 7수로 되어 있는데 여기에 소개한 다시(茶詩)는 그 중 세번째 수에 해당한다. 시의 내용에서 짐작할 수 있듯이 이 시는 엄밀한 의미에서 다시(茶詩)로 보기에는 무리가 따른다. 왜냐하면 산중의 초목 중 '지초(地椒)'를 달여 먹으면서 그 향과 품질

---

52) 지초(地椒): 풀이름. 《본초(本草)》의 지초조(地椒條)에 "집해(集解)에서 시진(時珍)이 말하기를, '지초는 북지(北地)에서 나는데, 만초(蔓椒)의 작은 것이다. 땅에 붙어 잎이 나는데, 형태는 작고 맛은 약간 시다. 지방 사람이 이것을 넣어 가지고 양고기를 끓이는데 맛이 향기롭고 아름답다'고 하였다"고 했다.
53) 몽정차(蒙頂茶): 차의 이름. 사천성(四川省) 명산조(名山條)에 "몽산(蒙山)에서 나므로 이 이름을 붙였다." 하고, 《통속편(通俗編)》 몽산정상차조(蒙山頂上茶條)에 말하기를, "《태평환우기(太平寰宇記)》에, '몽산과 엄도산(嚴道山)은 접하여 우로(雨露)를 서로 받는 까닭에 이름하였다. 이마가 완전히 전양(全陽)의 기운을 받게 되어 그 차를 천하에서 일컫는다' 하였다"고 하였다.
54) 육우(陸羽): 당나라 경릉(竟陵) 사람. 자는 홍점(鴻漸), 호는 상저옹(桑苧翁) 또는 경릉자(竟陵子)·동원선생(東園先生). 출생지를 밝히지 못하나 물가에서 죽었다고 한다. 상원(上元) 초기에 초계(苕溪)에 은거하다가 조명(詔命)에 의하여 태자문학(太子文學)에 제수되고, 태상시 태축(太常寺太祝)으로 옮겼으나 출사하지 않고 책을 쓰기만 하였다. 천성이 차를 즐겨 《다경(茶經)》 3편을 짓고 정원(貞元) 말년에 죽었다.

을 몽정차와 육우의 《다경》에 빗대어 표현한 시이기 때문이다. 그러나 내용 속에 차 이름과 육우의 《다경》을 거론했으므로 차인들의 시선을 끌기에 충분하다.

● 보현사에 우거하면서 회포를 써서 남에게 주다 寓普賢寺書懷贈人

내가 보현사에 오면서부터	自我來普賢
마음도 한가하니 지경도 편안해	心閑境亦便
돌솥에다 새 차를 끓여내고	石鼎沸新茗
쇠 향로엔 푸른 연기 피어오르네	金爐生碧煙
나 같은 방외(方外)의 사람으로서	以我方外人
속세 떠난 선사를 따라 놀면서	從遊方外禪
도 물으니 도는 더욱 굳어져 버리고	問道道愈梗
관심(觀心)하려면 마음을 다시 닦아야겠네	觀心心更硏
분명히 작은 티끌은 자취가 없는데	了無纖塵迹
외로운 구름만이 돌고 도누나	只有孤雲旋
사람살이 백년이란 세월 동안에	人生百年內
이 같은 즐거움이 어떠하겠나?	此樂何如焉

【해설】 시 〈뇌검천에서〉를 비롯한 7편의 다시(茶詩)는 '매월당시집 제9권'〈유관서록(遊關西錄)〉에 수록되어 있는 작품이다. 설잠은 이 시집의 말미에 '질탕하게 관서에서 논 기록 뒤에 쓴다(宕遊關西錄後志)'는 제목의 후기에서 여행 전말을 밝히면서 차에 관해서 이렇게 서술하였다.
"오두막집으로 돌아와 자재하게 잠자코 앉아 차를 달이고 나물을 먹으니, 사려를 떨치고 속정을 잊어버림에 족하였다."[55]
이로써 보건대 설잠은 과거를 포기하고 승려가 되어 산천을 주유하면

---

55)《국역매월당집》 2, p.128, 1982, 세종대왕기념사업회.

서 명리와 생업으로부터 벗어나 자유자재하게 살게 된 것을 기꺼워하고 있음을 알 수 있다. 그는 관서지방을 기행하면서 곳곳에서 차와 음식을 대접받으면서 차에 관해 남다른 관심을 표명하였다. 더구나 20대 초반의 그가 중국의 다신(茶神)으로 존경받는 육우(陸羽)의 《다경》은 물론이고 차에 관련된 많은 문헌도 섭렵했음을 그의 다시를 통해 짐작할 수 있다. 따라서 김시습은 그의 훌륭한 다시들을 통해서 일찍부터 다인(茶人)으로서의 면목이 드러남을 목격할 수 있다.

● 뜻이 한가로워   閑意

따뜻한 햇빛이 창호지에 비추니   煖日烘窓紙
검은 상의 얼은 비눗물을 녹이는구나   烏床釋硯冰
차 달여서 좋은 손님을 맞이하고   煎茶邀好客
게송 읊어 선승을 영접하누나   說偈迓禪僧
선정에서 깨어 내리는 새 눈을 보고   出定看新雪
경행(經行)이라 작은 등(藤)을 메고 앉았네   經行擔小藤
스스로 세상 그물에서 도피한 뒤로는   自從逃世網
세상살이 더욱 더 등등(騰騰)하구나.   生事轉騰騰

● 장안사에서   長安寺

소나무와 전나무 그늘 속의 옛 도량에   松檜陰中古道場
내가 와서 박탁(剝啄)[56]하게 선방을 두드리네   我來剝啄叩禪房
노승은 선정(禪定)에 들고 흰 구름만 잠겼는데   老僧入定白雲鎖
야학(野鶴)이 옮겨서 깃드니 맑은 운치 길구나   野鶴移棲清韻長
새벽에 해 떠오를 때 금빛 전각 빛나고   曉日升時金殿耀

---

56) 박탁(剝啄): 소곤소곤하는 음성의 형용이다. 또는 방문자의 발자국 소리나 문을 두드리는 소리를 말한다.

차 김이 날리는 곳에 서린 용이 날개치네   茶烟颺處蟄龍翔
청한한 경계를 두루 유람하면서부터   自從遊歷淸閑境
영욕(榮辱)을 마침내 둘 다 잊어버렸네.   榮辱到頭渾兩忘

● 진불암에서   眞佛菴

돌 가지고 참 부처라 이름했지만   以石名眞佛
암자 안에 늙은 선승이 살고 있다네   菴中住老禪
길은 일천 봉 아래로 돌아서 가니   路回千嶂下
사람들이 오운(五雲)57)가에 가까이 있네   人傍五雲邊
수석이 좋아 마음에는 누(累)가 없는데   水石心無累
연하(煙霞)의 경치는 절로 곱구나   煙霞景自姸
어린 행자가 산차를 달여 주는데   行童煮山茗
달을 담아 찬 샘물을 길어 오누나.   貯月汲寒泉

● 객중에서 중추의 달을 바라보며   客中望中秋月

중추에 무엇으로 맑은 수심 위로하나   中秋何以慰淸愁
맛 좋은 새 차가 옥 사발에 가득하네   一味新茶滿玉甌
단계(丹桂)는 춥고 더운 변함 몇 번이나 겪었나?   丹桂幾經寒暑變
빙륜(氷輪)58)은 응당 예와 이제 가을에 굴리리라   氷輪應輾古今秋
우저(牛渚)에서 밤에 전의 일을 추억하여 말하고   夜談牛渚追前事
남루(南樓)에서 흥이 나니 옛 유람을 생각하네   乘興南樓憶舊遊
내년엔 어디에서 또 볼지 모르지만   來歲不知何處看
모든 유채(流彩)를 남주(南州)에다 두루 펴게.   十分流彩遍南州

---

57) 오운(五雲): 하나의 구름이 오색을 갖춘 것. 선녀(仙女)가 노는 곳을 말한다.
58) 빙륜(氷輪): 달을 비유한 말임. 빙경(氷鏡)이라고도 함. 소식(蘇軾)의 〈숙구선산시(宿九仙山詩)〉에 "夜半老僧呼客起 雲峰缺處湧氷輪"이라 하였다.

【해설】 김시습이 금강산과 오대산의 명승지를 기행하면서 쓴 시편들이 〈유관동록(遊關東錄)〉(매월당시집 제10권)이다. 여기에는 〈뜻이 한가로워〉를 비롯해 4편의 다시가 포함되어 있다. 그는 관서로부터 관동으로 들어가 금강산의 절경을 완상하면서 그 뛰어난 명승경관을 시로 읊었다. 그중 〈장안사에서〉와 〈진불암에서〉라는 작품에서는 산사의 그윽한 풍정과 차김(茶煙), 그리고 어린 행자가 달여 주는 산차[山茗]를 마시면서 그 정한을 노래하고 있다. 아마 그는 관동 여행 중 오대산 어디선가 추석을 맞이하였던 모양이다. 속가를 떠나 승려가 되어 산천을 떠돌다 맞이한 중추절에 그의 심회는 인간적인 정감이 그리웠던 것으로 짐작된다. 그러한 그의 심정이 〈객중에서 중추의 달을 바라보며〉라는 시에 잘 드러나 있다. 그런데 그러한 그의 '맑은 수심[淸愁]'을 위로한 것이 '옥사발에 가득한 맛 좋은 햇차[一味新茶滿玉甌]'였다. 차는 특히 '맛 좋은 햇차'는 강호(江湖)를 떠도는 행각승의 더없는 반려자의 역할을 했다. 바람이 스쳐 지나고 구름이 흘러가듯 산하를 행운유수(行雲流水)하는 승려들의 만행길에 따뜻한 위안이 되는 것은 오직 '차'뿐이었던 것이다.

● 가성사의 나한당에서 스님과 함께 대화하며   佳城寺羅漢堂與僧話
  진원(珍原)

성긴 발에 바람 고요하고 달이 나한당에 가득한데	風靜踈簾月滿堂
차 달이며 오손도손 대나무 평상에 앉았으니	煎茶軟語坐筠床
정원의 남은 눈에 인적이 머물렀는데	半庭殘雪留人跡
한 그루 찬 매화에 밤서리가 내렸구나	一樹寒梅着夜霜
기심(機心)을 버림은 모두가 망녕이라	欲抛機心皆是妄
속세 생각을 보내고자 또한 잘도 미쳐보네	擬遣塵慮亦能狂
세상의 몽상(夢想)들을 어찌 다 없앨 건가?	世間夢想何窮盡
두어라 새로이 시 지으면서 한바탕 웃으리라.	且作新詩笑一場

●내소사에서　　　　　　　　　　　　　　來蘇寺

산모퉁이 의지하여 범궁(梵宮)59)이 서 있는데　　梵宮倚山隈
석양에 누각이 열려 있다오　　　　　　　　　　夕陽樓閣開
스님은 샘 줄기를 찾아가는데　　　　　　　　　僧尋泉脈去
학은 차에서 피어오르는 김을 회피하누나　　　　鶴避茗烟廻
절이 오래되어 솔은 천길이나 자랐고　　　　　　寺古松千尺
산은 깊고 달은 한 무더기라　　　　　　　　　　山深月一堆
말 물어볼 만한 이 없어서　　　　　　　　　　　無人堪問話
뜰 가에서 나 홀로 서성거리네.　　　　　　　　　庭畔獨徘徊

●천원역의 누각에서　　　　　　　　　　　　川原驛樓

언덕 편편하고 먼 나무가 그럴듯한데　　　　　　平原宜遠樹
희미하게 인가에 접해 있구나　　　　　　　　　曖曖接人家
땅 기름져 밭에서는 차조를 거두고　　　　　　　地饒田收秔
산이 낮아 차(茶)를 공물한다오　　　　　　　　山低貢有茶
갈재에는 구름이 암담한데　　　　　　　　　　　蘆峯雲黯淡
능악(楞岳) 묏부리가 뾰족하구나　　　　　　　　楞岳岫槎牙
강호의 경치를 수습하고서　　　　　　　　　　　收拾江湖景
올라가니 해가 반쯤 기울었더라.　　　　　　　　登臨日半斜

●원 감사가 의원을 보내어 문병하다　　　　　元監司遣醫問病
　　효연(孝然)

태의(太醫)60)가 문병하러 와서　　　　　　　　太醫問病到

---

59) 범궁(梵宮): 사찰의 법당.
60) 태의(太醫): 벼슬 이름. 즉 궁중의 의사를 말한다. 여기서는 원 감사가 김시습에게
　　보낸 의사를 가리킨다.

감사가 보내어 왔다고 말하네	云自監司來
대밭 속의 한 칸 되는 작은 집에서	竹裏一間屋
꽃 앞에서 석 잔의 차를 마시네	花前三茗杯
욕언(辱言)61)을 도리어 사례하구요	辱言還自謝
보낸 편지에 눈이 거듭 돌아가누나	投札眼重回
은혜를 무엇으로 보답할 것인가?	恩波何以報
뼈를 부수어 티끌같이 되게 하리라.	粉骨似塵埃

● 견암사에서　　　　　　　　　　　　見巖寺

고목 서 있는 천 년 된 이 땅에	古木千年地
선궁(禪宮)을 어느 때에 세웠다더냐?	禪宮何代開
죽방(竹房)엔 스님이 석장 걸어 놓았고	竹房僧掛錫
솔 일산에 학이 태를 머물렀다네	松蓋鶴留胎
손님 위로하려 새로 차를 달이는데	慰客新煎茗
향 더하려 스스로 재를 헤치네	添香自撥灰
떠도는 인생을 어찌 다 말할 수 있으랴?	浮生安足道
그것이 티끌세상 벗어난 것일세.	个是出塵埃

【해설】 김시습은 관동을 유람하고 호남지역을 기행하였다. 이때 쓴 시들이 〈유호남록(遊湖南錄)〉이다. 호남엔 천석(泉石)의 경치는 금강산과 오대산에 미치지 못하였으나 늙은 매화·성긴 대·겨울 치자·아름다운 난초·귤유(橘柚)·비자·동백은 또한 하나의 장관이었다. 그는 주민의 충실함과 물산이 풍부함은 관동의 몇 배가 되나 또한 그것이 바로 백제가 강함을 믿고 교만하게 굴다가 망한 이유라고 따끔하게 지적하였다. 〈유호남록〉 말미에 후기를 쓴 것이 27세 때인 서기 1463년(세조 9년) 가을이었다. 이 〈유호남록〉에는 진원(珍原)에서 쓴 '가성사(佳城寺)의 나

---

61) 욕언(辱言): 상대방의 말을 높여서 하는 말이다.

한당에서 스님과 함께 대화하며'라는 제목의 시를 비롯하여 5편의 다시가 들어 있다.

나한당(羅漢堂)의 대나무 평상에 앉아 그곳에 주석하고 있는 스님과 오손도손 얘기를 나누며 차를 마시는 정경은 주승과 객승의 한가롭고 여유로운 정취를 느끼게 한다. 내소사(來蘇寺)에 들렀을 때 '학은 차에서 피어오르는 김을 피하여' 날고 있는데 말 물어 볼 만한 사람 하나 없어 뜰가에서 서성거리는 설잠의 모습이 〈내소사에서〉라는 시에 리얼하게 묘사되어 있다. 여행 중 병든 객창에 원 감사(元監司)가 의원을 보내어 준 것을 감사하면서 쓴 시에서는 '대밭 속의 한 칸 되는 작은 집'에서 석잔의 차를 마신 일이 스케치북처럼 정갈하게 소묘되어 있다.

●차나무를 기르며	養茶
해마다 차나무에 새 가지가 자라네	年年茶樹長新枝
그늘에 키우노라 울을 엮어 보호하네	蔭養編籬謹護持
육우(陸羽)의 다경(茶經) 속엔 빛과 맛을 논했는데	陸羽經中論色味
관가에서 도거리 할 적엔 창기(槍旗)62)만을 취한다네	官家榷處取槍旗
봄바람이 아직 불지 않아도 싹이 먼저 터나오고	春風未展芽先抽
곡우 때가 돌아오면 잎이 반쯤 피어나네	穀雨初回葉半披
작은 동산 한난(閑暖)한 곳을 좋아해 뻗어나가면	好向小園閑暖地
비 때문에 옥 같은 꽃 드리워도 무방하리라.	不妨因雨着瓊㽔

●눈을 보며	看雪
여섯 모가 진 꽃이 공중으로부터 내리는데	六出花從空裏來

---

62) 창기(槍旗): 차의 눈[芽]이 아직 열리지 않은 것을 창(槍) 또는 창기(槍旗)라 하고, 조금 열린 것을 기(旗)라 한다. 구양수(歐陽修)의 시에 "함께 봄 싹을 시험하자 약속했는데 창기가 어느 때나 푸르겠는가? 〔共約試春芽 槍旗幾時綠〕"라 하였다.

창을 열고 누워서 보니 낮게 맴도누나	開窓閑臥看低回
천상의 향기 없는 꽃을 전해 줄줄 알아	解傳天上無香蘂
인간에 심지 않은 매화를 피워주네	能點人間不種梅
동곽(東郭)63)은 가난을 안고 길을 따라 돌아가고	東郭抱貧循路去
자유(子猷)64)는 흥겨워서 배를 타고 돌아오네	子猷乘興漾舟回
늙어가며 일이 없어 화롯가에 둘러앉아	老夫無事圍爐畔
도공(陶工)의 차 한 잔을 달여 마시네.	拈却陶公茗一杯

● 일동승 준 장로와 이야기하며 　　　　　與日東僧俊長老話

고향을 멀리 떠나니 뜻이 쓸쓸도 하여	遠離鄕曲意蕭條
옛 부처 산꽃 속에서 고적함을 보내누나	古佛山花遣寂寥
쇠다관에 차를 달여 손님의 마실거리로 제공하고	鐵鑵煮茶供客飮
질화로에 불을 더해 향 태움을 마련하네	瓦爐添火辦香燒
봄 깊으니 해월(海月)이 쑥대문에 비추이고	春深海月侵蓬戶
비 멎으니 산 사슴이 약초 싹을 밟아대네	雨歇山麖踐藥苗
선의 경지와 나그네의 정 모두 아담하니	禪境旅情俱雅淡
오손도손 밤새도록 말하여도 무방하리라.	不妨軟語徹淸宵

【해설】 위 3편의 시는 매월당시집 제12권인 〈유금오록(遊金鰲錄)〉에 수록되어 있는 다시다. 설잠은 관서·관동·호남지역의 기행을 마친 뒤 금오산(金鰲山: 지금의 경주 남산) 자락에 자리를 잡고 살았다. 처음엔 기림사에 머물다가 금오산에 작은 암자를 짓고 살면서 차나무를 비롯해

---

63) 동곽(東郭): 한(漢)나라 때 제(齊) 사람이다. 산에 들어가 은거하였는데 재상 조참(曹參)이 끌어다 상빈(上賓)으로 삼았다. 매우 가난하여 그 신발이 떨어져 맨발로 땅을 밟고 다녔다는 고사가 있다.
64) 자유(子猷): 진(晉)나라 왕휘지(王徽之)의 자(字)이며 왕희지(王羲之)의 아들이다. 성품이 대를 좋아하여 이사 가는 즉시 사람을 시켜 대를 캐다 심게 하고 말하기를, "不可一日無此君"이라 하였다.

화초와 채소를 기르며 한가하게 세월을 보냈다. 그는 금오에 있으면서 멀리 여행하는 것을 즐겨하지 않았으며 잇따라 병을 앓느라 신음하기도 했다. 그러나 그는 동해 바닷가나 가까운 인근 지역을 다니며 매화를 찾고 대나무를 심방하여 시를 읊고 취함으로써 스스로 즐겼다. 그는 몸소 차나무를 키웠는데 그러한 일상사가 〈차나무를 기르며〉란 시에 사실적으로 서사되어 있다. 차나무를 보호하고자 울을 엮었으며, 차싹이 피는 모양을 매우 시적으로 그리고 있다. 즉 '봄바람이 불지 않아도 싹이 먼저 나오고 곡우 때면 잎이 반쯤 피어난다'고 읊고 있다. 그는 차나무가 '작은 동산 한난(閑暖)한 곳을 좋아한다'고 그 성품까지 구체적으로 열거하고 있다. 김시습이 얼마나 '차를 아끼고 사랑했는가'는 이 시 한편으로도 충분히 알 수 있을 것 같다.

● 스님과 밤에 앉아서   與僧夜坐

밝고 둥근 반달이 서쪽 상에 비치는데   半輪明月照西床
작은 다관〔小鑵〕에 차 달이며 향불을 피워놓네   小鑵煎茶熱炷香
함께 마음 잡으려 하는지라 운치도 동일하니   共是操心同一致
검고 흰 것 가지고 생각으로 헤아리는 착오를 하지 말라.   莫將玄白錯商量

● 종릉산에 사는데 화답하는 시   和鍾陵山居詩
   - 24수 중 다섯번째·열여덟번째 수 -

〔5〕
사미(四美)[65]는 해마다 도처에 겸하는데   四美年年到處兼
시내 빛과 산 빛이 쑥대밭에 비추네   溪光山色映蓬簾
약초밭에 사슴이 장난친다고 성낼 것 있나   藥園鹿戲何曾慍

---

65) 사미(四美): 양신(良辰)·미경(美景)·상심(賞心)·낙사(樂事)를 말한다.

차 부뚜막에 버섯 남도 싫어하지 않는다	茶竈菌生亦不嫌
만사를 자세히 보면 가난도 바로 즐거움이요	萬事省來貧是樂
한 몸이 한가하니 늙어감도 싫어할 것 아니니	一身閑了老非厭
웃으며 티끌세상의 유유(悠悠)함을 보나니	笑看塵世悠悠者
너무 굵지 않으면 곧 너무 가늘더라	無太麤踈便太纖

[18]
작설(雀舌)66)의 향그러운 싹 손수 달이니	雀舌香芽手漫煎
그 사이에 재미가 매우 도연하여라	此間滋味頗陶然
누구라 사해 위해 바빠할 사람이랴?	誰爲四海悽悽者
나는야 평생에 무질서한 사람이라	我已平生蕩蕩焉
도학(道學)은 마음 위를 따라야만 얻으리니	道學只從心上得
하늘 기틀 즐겨 말속 향하여 전하랴?	天機肯向語中傳
안표(顔瓢)67)와 점슬(點瑟)68)을 아는 이 없지만	顔瓢點瑟無人會
스스로 풍류 있어 눈앞에 가득하네.	自有風流滿眼前

【해설】위의 시는 전체 24수 중 2수이다. 세속을 벗어난 사람의 낙을 이야기하는 첫번째 시는 비록 약초밭에 사슴이 놀고, 좋아하는 차 부뚜막에 버섯이 나도 개의치 않겠다는 심정을 술회하고 있다. 가난함도 낙으로 알고, 늙는 것도 두려워하지 않는 김시습의 청빈낙도한 삶의 모습이

---

66) 작설(雀舌): 글자의 의미는 참새 혓바닥이나 이는 처음 나오는 차잎을 형용한 말로서 '차(茶)'를 가리킨다.
67) 안표(顔瓢): 안자(顔子)가 가난을 즐기는 것을 말한다.《논어(論語)》옹야(雍也)편에서 공자가 말하기를 "어질도다, 안회(顔回)여! 한 도시락의 밥과 한 표주박의 물로 누항(陋巷)에 있음을 남들은 견디지 못하는데, 회는 그 즐거움을 고치지 아니하니 어질도다 회여!" 한 데서 유래했다.
68) 점슬(點瑟): 증점(曾點)의 거문고를 말한다.《논어》선진(先進)편에 "'점아! 너는 어떠냐?' 하니 거문고를 타다가 쨍하며 놓고 일어나 말했다."고 하였다. 그가 한 말은 천지의 화육과 그 공을 한 가지로 한 곳에 귀착하였으므로 공자가 칭찬했다 한다.

잘 드러나 있다. 그런데 그가 보기에 '웃으면서 티끌세상에 거닐은 자들은 너무 거칠거나 아니면 너무 가늘게 산 자'들이었다. 승려 설잠은 손수 작설차를 달여 마시며 즐거움에 빠져 있는데 구태여 천기(天機)를 누설할 필요가 무엇인가 하고 반문한다. 안표와 점슬의 고사를 아는 이 없지만 눈앞에 가득한 풍류를 즐기며 사는 데 자족하고 있는 것이다. 위의 시는 매월당시집 제13권인 〈관동일록(關東日錄)〉에 실려 있는 작품이다.

● 동지   冬至
- 운수가 박(剝)[69]에서 복(復)[70]이 됨을 얻었으므로
  시를 지어 이를 기록하다 -

동짓날 강릉의 나그네 되어	至日江陵客
장안의 옛 친구를 생각하누나	長安憶故人
양(陽)이 하나[71] 이제 바로 돌아왔는데	一陽今正復
천리에 다시금 누가 있어 친하리!	千里更誰親
팥을 차 솥에다 끓여내면서	小豆煎茶鼎
외로운 등 아래 늙은 몸 됐네	孤燈伴老身
뜬 이름 받은 지 오십 년 만에	浮名五十載
복(復)을 만났으니 펴볼 수 있을런가!	遇復可能伸

【해설】매월당시집 제14권인 〈명주일록(溟州日錄)〉에 나오는 이 시를 읽으면서 천재 아웃사이더인 그가 《주역》으로 자신의 운세를 점쳤다는 것이 신기롭게 생각된다. 《주역》의 괘 덕분인지 몰라도 영락한 김시습

---

69) 박(剝):《주역(周易)》의 괘(卦) 이름으로 불길한 괘이다.
70) 복(復): 회복한다는 뜻의 《주역》의 괘 이름이다.
71) 일양(一陽): 10월(十月)의 십(十)이라는 숫자는 음수(陰數)이고, 겨울은 음(陰)의 계절이다. 특히 10월은 음이 극성(極盛)한 달인데 11월의 일(一)은 양수(陽數)이므로 "음력 동짓달[十一月]에는 양 하나[一陽]가 생기기 시작한다"라는 말을 했다. 《주역》에는 "自五月姤卦一陰始生 至此七爻 而一陽復"이라 하였다.

은 양양부사 유자한(柳自漢)의 호의로 비교적 안락한 생활을 보장받기도
했다. 물론 그곳에 머무는 수년간에 불과했지만.

● 선행72)과 투전놀음을 하고서 장난으로 쓰다　　與善行鬪摴蒱戲題

시골의 투전은 다만 백(白)이 넷이요　　　　　　鄕摴只四白
마적(馬跡)은 동그라미가 다섯 뿐이네　　　　　馬跡五圈耳
재수가 없으면 노(盧)가 독(犢)으로 변하고　　　命屯盧變犢
운이 통하면 꽃[花]이 이미 막아내네　　　　　　運通花防已
날마다 그대와 다툼하는데　　　　　　　　　　　日與爾而爭
이겨도 기쁘고 져도 기쁘네　　　　　　　　　　　勝欣敗可喜
예전에 상당(上黨)73)에 몸붙여 있을 때　　　　　昔日寓上黨
곤란한 것으로 긴 날을 소일했고　　　　　　　　以困消永日
또 성 동쪽 산에 있을 적에는　　　　　　　　　　又在城東山
쌍륙(雙六)으로 너와 서로 소리쳤었지　　　　　　雙六與爾喝
이제 와선 마음에 드는 일이 없으니　　　　　　　今來不得意
이게 아니면 무엇으로 살아갈거나　　　　　　　　非此何以活
새 시를 큰 소리로 읊고 난 뒤에　　　　　　　　新詩朗吟餘
큰 소리로 찢어지도록 부르짖노라　　　　　　　　大叫呼的裂
네가 만일 이기지 못하거들랑　　　　　　　　　　爾若不勝也
일어나 가서 작설(雀舌)74)차나 달여내라.　　　　起去煎雀舌

● 장난으로 다섯 절구를 짓다　　　　　　戲爲五絶

맛있는 술 좋은 고기야 얻을 수 없네만　　　　　旨酒禁臠不可得

---

72) 선행: 김시습의 승려 제자.
73) 상당(上黨): 청주(淸州)의 옛 이름.
74) 작설(雀舌): 차(茶)의 이름.《산림경제(山林經濟)》에 "東國無好茶 唯有雀舌一品"이
　　라 하였는데, 지금도 지리산 남록(南麓)에서 생산된다.

절인 나물에 거친 밥으로 나날이 배부르네　　　　淹菜糲飯日日飽
배부른 뒤엔 벌떡 누워 다시 잠에 들어가고　　　　飽後偃臥又入睡
자고 깨면 차를 마셔 나 좋은대로 따르네.　　　　　睡覺啜茗從吾好

【해설】이 시는 제목에서 보듯이 원래 다섯 절구로 되어 있는데 여기서 소개한 것은 그 네번째 노래이다. 설잠은 맛있는 술과 고기는 비록 없으나 절인 나물과 거친 밥을 배부르게 먹을 수 있음을 기뻐하고 있다. 식후엔 잠에 빠지고 깨어나선 차를 마시고는 자기가 좋을대로 행하면서 지내고 있다. 선승들의 다시집(茶詩集)을 엮으러 바다 건너 궁벽한 해안가에 머물고 있는 내 신세와 어쩜 그렇게도 흡사할까. 단지 다른 것은 '거친 밥'이 아니고 쌀밥과 라면 등으로 주식이 좀 풍요로워졌다는 것을 제외하면 모든 상황이 2000년 8월 하순의 내 일상과 대단히 비슷하다. 이는 어쨌든 김시습의 이 다시는 방외(方外)의 인물인 그의 소박한 삶을 잘 나타내 주고 있다.

●사람이 호초(胡椒)와 다구(茶具)를　　　　　　　謝人送胡椒茶具
　보내 준 것을 사례하다

발자국 소리에 빈골이 기뻤는데　　　　　　　　登音空谷喜
게다가 내게 또 주는 마음에랴!　　　　　　　　況復贈余心
이 물건 오랑캐 지경에 난 것이라　　　　　　　此物生胡域
만일 팔고 사자면 가치가 몇 금(金)일까　　　　如沽直幾金
비스듬히 봉한 것 정 얕지 않고　　　　　　　　斜封情不淺
멀리 보낸 게 뜻이 어이 깊은가?　　　　　　　遠送意何深
사모로 머리 덮고 이걸 달여 내어　　　　　　　紗帽籠頭煮
산당에서 시험삼아 손수 따르네.　　　　　　　山堂試自斟

음식이 싱거워 나물이 반찬되고　　　　　　　　餐淡蔬爲鮓

집이 가난하니 차가 그대로 술일세　　　　　　家貧茗是醴
한가함 달게 여겨도 맛은 좋고　　　　　　　　雖甘閑味好
쓴 것은 흠이지만 정은 듬뿍 담겼네　　　　　　頗苦欠情多
소반에 비친 게 붉은 낱알 쌓이고　　　　　　　映案堆紅粒
숟가락에 붙는 건 흰 소금 점일세　　　　　　　粘匙點白醝
벼슬하면 박해도 봉급이 있네만　　　　　　　　爲官有薄俸
마음에 역사함을 어찌할거나?　　　　　　　　　其奈役心何

【해설】 위에서 살펴본 다시는 매월당시집 제14권인 〈명주일록(溟州日錄)〉에 수록되어 있는 작품이다. 양양 부근의 산사에 있을 때 읊은 그의 다시들은 한결같이 소박한 아웃사이더로 살아가는 은둔자의 삶이 정물화처럼 소묘되어 있다. 끝 부분의 시는 호초와 다구(茶具)를 얻고 기뻐하는 그의 심정이 사실적인 기법으로 잘 드러나 있다. 불가(佛家)에선 술을 곡차[穀茶]라 하는데 설잠의 이 시를 읽어보면 그 이유를 알 것 같다. 가난한 집에선 차가 그대로 술이고, 진짜 술은 곡식으로 빚은 차[茶]인 것이다. 설잠이 살았을 때는 더욱 그러했으리라 여겨진다. 그런데 설잠의 어떤 시에 의하면 술을 태화탕(太和湯)이라 표현하기도 하였다.

●천자여구　　　　　　　　　　　　　　　　　千字儷句

(상략)　　　　　　　　　　　　　　　　　　　(上略)
종일 헛되이 보내고 다시 밤을 보내며　　　　　虛消白日還消夜
푸른 봄을 보내고 다시 또 가을을 보내도다　　　迭送靑春反送秋
집 북쪽에 차(茶)를 심으며 낮을 보내고　　　　堂北種茶消白日
남녘 산에서 약을 캐며 봄을 보내도다　　　　　山南採藥過靑春
(하략)　　　　　　　　　　　　　　　　　　　(下略)

【해설】 '천자여구'란 천 개의 시구로 이루어진 작품을 뜻한다. 이 가운

데 차와 관련된 부분만 옮긴 것이 위에 소개한 시구이다. 이 구절에서 볼 수 있듯이 차나무를 심으며 소일하는 김시습은 정녕 진정한 다인의 면모가 아닐 수 없다. 이 작품은 《매월당외집》 제2권에 수록되어 있다.

● 사시(四時)를 읊은 시 네 수 중 넷째 폭에 쓰인 시

한 가지 매화 그림자 창으로 뻗었는데	一枝梅影向窓橫
바람센 서쪽 행랑 달빛 더욱 밝구나	風緊西廊月色明
화롯불 꺼졌는지 부저로 헤쳐 보고	爐火未銷金筋撥
아이 불러 차 달여 오라 이르네.	旋呼丫髻換茶鐺

【해설】 김시습은 한문소설 《금오신화》를 썼다. 이로써 그는 한국 소설문학의 비조로 일컬어진다. 물론 《금오신화》가 중국 《전등신화》의 모작이라는 비판을 받긴 했지만 그의 소설이 우리나라 국문학에 끼친 영향은 지대하다.

위의 시는 《금오신화》 중 〈이생규장전(李生窺牆傳)〉이라는 소설 속에 나오는 시이다. 김시습은 소설 속에서 이 시를 지은 사람을 알 수 없다고 서술했으나 실제 이 시의 작자는 김시습 자신임이 확실하다. 〈이생규장전〉의 필자가 그 자신이니 소설 속의 시를 지은 이도 그 자신일 수밖에 없다. 이 시는 〈이생규장전〉의 여주인공 최 처녀의 방에 걸려 있는 네 수 가운데 넷째 폭에 쓰인 시 중 첫째 수이다. 사철의 경치를 읊은 네 폭의 시는 한 폭에 칠언절구 4수로 구성되어 있다. 이들 시를 읽은 이생은 최 처녀와 더불어 즐거움을 누리면서 여러 날 유숙하였다. 소설 〈이생규장전〉의 한 대목이다. 김시습이 소설 속의 시에까지 차를 거론한 것을 보면 그는 진정 차를 아끼는 다인(茶人)이었음이 틀림없다.

남쪽 염주부 이야기(南炎浮洲志)

　성화(成化)[75] 초기에 경주에 박생(朴生)이라는 사람이 살고 있었다. 그는 유학에 뜻을 두어 일찍 태학관(太學館)에서 보강(補强)하였으나, 한 번도 과거에 합격해 보지 못하여 항상 불쾌한 감정을 품고 있었다. 그는 뜻과 기상이 매우 고상하여 세력에 굴복하지 않았으므로 남들은 다 그를 오만한 청년이라 하였다. 그러나 그는 남과 교제할 때에는 태도가 성실하고 순박하였으므로 마을 사람들이 다 그를 칭찬해마지 않았다.
　박생은 일찍부터 불교·무격(巫覡)·귀신 등의 모든 설에 대하여 의심을 품고 있었으나 어떠한 결단을 내리지 못하였는데, 뒤에 《중용(中庸)》과 《주역(周易)》을 읽고서 자기의 학설을 믿게 되었다. (중략)
　어느 날 박생은 자기의 거실에서 밤에 등불을 돋우고 《주역》을 읽다가 베개를 괴고 옷을 입은 채 잠들었는데, 홀연히 한 나라에 이르니 곧 바다 속의 한 섬이었다. 그 땅에는 전혀 초목이라고는 나지 않았고, 모래와 자갈도 없었다. 발에 밟히는 것은 모두 구리가 아니면 쇠뿐이었다. 낮이면 센 불길이 하늘까지 뻗쳐 땅덩이가 녹아내리는 듯하고, 밤이 들면 쌀쌀한 바람이 서쪽에서 불어와서 사람의 뼈끝을 에이는 듯하여서 몸에 부딪치는 타파(咤婆)[76]를 견딜 수 없었다. (중략)
　박생이 땅에 엎드려 감히 쳐다보지 못하니 임금은 말하였다. "피차 사는 지역이 달라 서로 통제할 권리도 없을 뿐 아니라, 이치에 통달하신 선비님을 어찌 위력으로 몸을 굽히게 할 수 있으리오." 하고는 곧 박생의 소매를 잡고 대궐에 올라 특별히 한 좌석을 마련해 주었는데, 그것은 백옥 난간에 놓인 금으로 된 자리였다.
　좌정한 임금은 시자(侍者)를 불러 다과를 올렸다. 박생이 곁눈질하여

---

75) 성화(成化): 중국 명(明)나라 헌종(憲宗)의 연호. 성화 원년은 조선 세조 11년(1465)에 해당한다.
76) 타파(咤婆): 불교에서 이르는 말. 곧 장애(障礙).

보니, 차[茶]는 구리를 녹인 액체이고, 과실은 쇠로 만든 경단(瓊團)이었다. 박생이 놀랍고 두려웠으나 감히 피할 수가 없었으므로, 그들이 하는 짓만 보고 있었다. 시자가 다과를 앞에 올려놓으니, 향기나는 차와 맛좋은 과실로 해서 향기가 온 궁궐에 풍겼다. (하략)

용궁 잔치에 초대받다(龍宮赴宴錄)

　송도(松都)에 천마산(天磨山)[77]이 있는데, 그 산은 공중에 높이 솟아 험준하므로 천마(天磨)라 한다. 그 산 속에는 용추(龍湫)[78]가 있는데, 이름을 박연(朴淵)이라 한다. 그 못의 둘레는 좁으나 깊이는 몇 길이나 되는지 알 수 없으며, 물이 넘쳐서 폭포를 이루고 있는데, 폭포의 깊이는 백여 길이나 될 것 같다. 경치가 맑고 아름다워 구경오는 스님이나 손들은 반드시 이곳을 관람하였다. 옛날부터 여기에는 용신(龍神)들이 살고 있다는 이상한 전설이 전기에 실려 전해오므로, 국가에서도 세시(歲時)를 당하면 큰 소를 잡아서 용신에게 제사를 지내게 하였다. (중략)
　용왕은 말하였다.
　"앉으십시오."
　세 사람은 일시에 자리에 앉았으나, 한생은 국척(跼蹐)[79]하여 올라가서 자리의 가에 꿇어 앉았다. 용왕은 말하였다.
　"편히 앉으십시오."
　좌정하고 찻잔을 돌린 뒤에 용왕이 한생에게 말하였다.
　"과인(寡人)의 슬하에는 오직 딸이 하나 있을 뿐입니다. 이미 결혼할 시기가 되어서 장차 적합한 남자와 예를 치르려 하나, 가옥이 누추하여서 사위를 맞이할 집도, 화촉을 밝힐 만한 방도 없습니다. 그래서 이제

---

77) 천마산(天磨山): 개성의 송악산(松岳山) 북쪽에 있는 산.
78) 용추(龍湫): 용소(龍沼). 폭포가 떨어지는 바로 밑에 있는 깊은 웅덩이.
79) 국척(跼蹐): 엎드려 발소리 없이 걷는 것.

따로 누각을 하나 지을까 하여 집의 이름을 가회각(佳會閣)80)이라 하기로 하였습니다. 공장(工匠)도 이미 모았고, 목재 석재도 다 준비하였습니다만, 다만 없는 것이 상량문(上樑文)입니다. 풍문에 들으니, 선생은 이름이 삼한(三韓)에 떨치며 재주가 백가(百家)에 으뜸간다 하므로 특별히 부하들을 먼 곳까지 보내어 모셔오게 한 것입니다. 과인을 위하여 상량문 한 편을 지어 주시면 고맙겠습니다." (중략)

글 쓰기를 마치고 용왕에게 바치니, 용왕은 웃으면서 이 시를 보고 난 뒤에 사람을 시켜 한생에게 주었다. 한생은 이 시를 받아 꿇어앉아 읽고 세 번이나 거듭 상완(賞翫)하고 난 뒤, 그 자리에서 장편시 이십 운(韻)을 지어 성대한 일을 진술(陳述)하였다. 그 가사는 이러하였다.

높이 솟은 천마산 공중에 나는 폭포
곧바로 내려 숲을 뚫고 빨리 흘러 큰 시내 되었어라
물 속엔 월궁(月宮)이 잠겨 있고 못 밑엔 용궁이 깊었어라
신기한 변화 자취 남고 하늘 올라 공을 세워
가는 안개 자욱이 끼고 상서로운 바람 부네
하늘에서 명령 받아 청구(靑丘)81)의 높은 작위
구름 타고 자신전(紫宸殿)에 조회하고 비내려 청총마(靑驄馬) 달리네
금궐(金闕) 위에 잔치 열고 왕계(王階) 앞에 풍류 지어
찻주발[茗椀]엔 운기(雲氣) 뜨고 연잎엔 이슬 젖네. (하략)

【출전】《국역매월당집》 1~5권, 1977, 세종대왕기념사업회.

【설잠 김시습의 생애】

설잠 김시습(雪岑 金時習, 1435~1493)은 조선 전기의 승려이자 학자이

---

80) 가회각(佳會閣): 누각 이름. 가회(佳會)는 가연(佳緣)의 회합이란 뜻이니, 가회각은 꽃다운 인연을 맺는 모임을 가지는 집안이란 뜻이다.
81) 청구(靑丘): 우리나라의 다른 이름.

며 생육신(生六臣)의 한 사람으로 그 이름이 널리 알려진 유명한 인물이다. 이율곡(李栗谷)이 선조의 명으로 쓴 전기에서 '심유적불(心儒跡佛)', 즉 '마음은 유학자이면서 그 행적만 불교인이었다'는 평가로 율곡 이후의 많은 사람들이 김시습을 유교인으로 치부하였다.

그러나 김시습은 21세경인 1455년 세조가 어린 조카인 단종으로부터 왕위를 찬탈하자 거짓 미친 체하면서 세조를 비판하고는 읽던 유교 경전 등을 불사르고 설악산에 들어가 스님이 되었다. 그리고 47세에 환속한 2년간을 제외하면 그는 59세로 일생을 마감할 때까지 36년 동안 승려로 살았다. 그리고 그의 저술 중 《화엄일승법계도주》《십현담요해》《법화경별찬》《조동오위요해》 등의 주요한 불교 저작물을 보더라도 그는 조선조의 뛰어난 승려였음을 알 수 있다. 따라서 그는 율곡 등의 유학자들이 말하는 겉모습만 승려가 아니라 진정한 의미에서 조선 전기를 대표할만한 승려였다는 점을 깊이 인식할 필요가 있다.

설잠(雪岑)은 그의 승명(僧名)이고 세속명은 김시습(金時習)이다. 자는 열경(悅卿), 호는 동봉(東峰)・청한자(淸寒子)・벽산청은(碧山淸隱)・취세옹(贅世翁)・매월당(梅月堂) 등인데 이 중 매월당이란 호가 널리 알려져 있다. 본관은 강릉, 고려의 시중(侍中) 김태현(金台鉉)의 후손이며 김일성(金日省)의 아들이다. 3세에 이미 시에 능했고, 5세에는 《중용》《대학》에 통하여 신동으로 이름을 날렸다. 5세에서 13세까지는 김반(金泮)의 문하에서 《논어》《맹자》《시경》《서경》《춘추》를, 윤상(尹祥)에게서 《예서》와 제자백가를 배웠다.

1455년(세조 1) 삼각산 중흥사(重興寺)에서 공부하다가 수양대군이 왕위를 찬탈했다는 소식을 듣고 통곡하고는 책을 불사르고 거짓 미친 체하면서 수양을 비판하고는 출가하여 법명을 설잠이라 하였다. 양주 수락사(水落寺)와 경주 금오산 용장사(茸長寺) 등에 머물렀다. 그는 출가 후 관서・관동・호남・영남지방 등을 두루 편력하고 《매월당사유록(梅月堂四遊錄)》에 많은 시를 남겼다.

1460년 효령대군의 권고로 세조의 불경언해(佛經諺解) 사업을 도와 내불당(內佛堂)에서 교정일을 맡았다. 1465년 경주 남산에 금오산실(金鰲山室)을 짓고 독서와 저술에 전념하여 많은 시와 《금오신화(金鰲神話)》를 지었다. 2년 후 효령대군의 청으로 원각사(圓覺寺) 낙성식에 참석했다. 1481년 47세에 취처하여 환속했다가 아내가 죽자 다시 산으로 들어가 두타행을 했다.

1493년(성종 24) 홍산현(鴻山縣: 지금의 부여군) 무량사(無量寺)에서 세수 59세로 입적했다. 1782년(정조 6) 이조판서를 추증하고 시호를 청간(淸簡)이라고 내렸으며, 영월의 육신사(六臣祠)에 제향했다. 저술로는 위에서 열거한 불교 저작과 시집 외에도 《매월당집》이 있다.

《화엄일승법계도주》 1권은 현존본이 1502년(연산군 8) 2월의 용주사 개간본과 1562년(명종 17) 7월 간각의 판본이 있는데 의상(義湘)의 〈일승법계도〉를 주석한 것이다. 《조동오위요해》에는 〈도륭오위군신도서요해(道隆五位君臣圖序要解)〉〈자순오위도서(子淳五位圖序)〉〈조동종지(曹洞宗旨)〉 등이 수록되어 있다. 《십현담요해》는 1475년(성종 6) 간본이 남아 있는데 중국 동안상찰(同安常察) 선사의 〈십현담〉을 주해한 것이다.

3. 벽송 지엄(碧松智嚴): 1편

●일선 선화자(一禪 禪和子)에게 주다	贈一禪禪和子
이미 하나이다	既是一也
진망(眞妄)을 떠나고 명상(名相)이 끊어지면	離眞妄絶名相
부지런히(乾乾) 깨끗이(淨淨) 하고 말끔히 하라	乾乾淨淨
모든 콧물이 전부 떨어져 나간다	洒洒落落
'이뭣고'로 선(禪)을 지어 나가면	喚什麼作禪
삼라만상(森羅萬像)이	若言萬像森羅

모두 여래의 실상(實相)이다	悉是如來實相
보고 듣고 느끼고 모두가	見聞覺知
반야(般若)의 신령스런 빛 아님이 없으니	無非般若靈光
천마종족(天魔種族)과	猶是天魔種族
외도(外道)의 삿된 무리도 같은 것이다	外道邪宗
무엇이 일미선(一味禪)인가?	怎生是一味禪
불자(拂子)를 들고 우수수 흔든 뒤	拈拂子撼一撼
시자를 불러 차 달여 오라 이르고,	喚侍者點茶來
한참 침묵 후 읊기를,	良久云
푸른 대나무는 바람과도 화합하고	翠竹和風直
붉은 꽃은 이슬과 향기를 머금고 있네.	紅花帶露香

【해설】 이 다화(茶話)는 단순한 차 이야기가 아니라 태고 보우(太古普愚)의 제5세로 정심(正心)의 법을 이은 벽송 지엄(碧松智嚴) 선사가 일선(一禪)이라는 선 수행자에게 준 선법문(禪法門)이다. 지엄은 법을 듣는 자의 법명(法名)이 일선(一禪)이므로 '하나[一]'라는데 법문의 초점을 맞추어 설하고 있다. 즉 서두의 '이미 하나이다(旣是一也)'와 '일미선(一味禪)' 등이 그 실례이다. 지엄은 참됨과 망념[眞妄], 이름과 외양[名相]이 끊어지면 모든 쓸 데 없는 것은 떨어져 나간다고 명쾌하게 설파하고 있다. 그리하여 선 수행을 지극히 하면 삼라만상이 모두 여래의 실상이고 반야의 신령스런 빛 아님이 없다고 강조한다. 그리고 나아가 천마종족과 외도의 삿된 종파까지도 이 일미선으로 바꾸라고 주문한다. 짤막하지만 선지(禪旨)의 본질을 일러준 지엄 선사는 시자를 불러 차를 달여 오라고 이르고는 오언시구 하나를 읊는다.

선게(禪偈) 역시 법문 내용과 잘 부합되고 있다. 비록 대나무가 꽂꽂하기는 하나 살아 있을 때(翠竹은 산 대나무를 가리킴)는 바람과도 잘 화합하고 붉은 꽃은 이슬과 향기를 머금은 채 주위에 그 자태를 드러내고 있다. 이 선게는 푸른 대나무와 붉은 꽃이 대비되면서 이상적인 조화를 이루고 있다.

【출전】〈벽송당야로송(碧松堂埜82)老松)〉;《한국불교전서》제7책, p.384, 1986, 동국대학교 출판부.

【벽송 지엄의 생애】

벽송 지엄(碧松智嚴, 1464~1534)의 호는 야로(埜老). 당호는 벽송당(碧松堂). 전북 부안 출신이다. 아버지는 송복생(宋福生), 어머니는 왕(王)씨이다. 1464년(세조 10) 3월 15일 태어났다. 1491년(성종 22) 28세에 도원수 허종(許琮)의 군문에 들어가 근무하다가 여진족이 남침할 당시 공을 세우고, '심지(心地)를 닦지 못하고 싸움터만 쫓아다니는 것은 헛된 이름뿐이다'고 뉘우치고는 계룡산 와초암(臥草庵 또는 上草庵)에 가서 조계(祖溪 또는 祖澄)에게 출가했다. 연희(衍熙)에게 《능엄경》을, 벽계 정심(碧溪正心)에게 《전등록》을 배웠다. 1508년(중종 3) 금강산 묘길상암에서 《대혜어록》을 보고 의심을 풀고, 또 《고봉어록》을 보고 크게 깨달았다. 그는 1520년 경남 함양의 지리산에 들어가 초암을 짓고(뒤에 碧松寺) 수도하여 총림의 종사가 되기도 했다. 1534년 11월 1일 제자들을 수국암(壽國庵)에 모아 놓고 《법화경》을 강설하다가 이날 나이 71세, 법랍 43년으로 입적했다. 법계는 태고 보우의 제5세로서 정심의 법을 이었고, 제6세인 부용 영관(芙蓉靈觀)에게 법을 물려주었다. 저술로는 《벽송집》과 《가송잡서(歌頌雜書)》가 있다. 행장(行狀)은 청허 휴정(淸虛休靜)이 지었다. (《해동불조원류》《동사열전》《한국불교인명사전》)

---

82) 야(埜): 野의 古字.

4. 혜일(慧日): 1편

● 병천암   迸川庵

(상략)   (上略)
편안히 흐르는 것이 수리(數里) 되는데   安流得數里
맑고 깨끗하여 푸른 하늘을 비치네   燈淨涵靑天
도 닦는 사람 종해(宗海)란 이가 있어   道人有宗海
냇가에 암자를 세웠네   卓庵向川邊
이미 산수의 즐거움을 따르고   旣從山水樂
또 향화(香火)의 인연을 부치었다   且寄香火緣
서늘한 가을 아름다운 달밤에   凉秋佳月夕
바위를 쓸고 차 마시는 자리를 열었다.   掃石開茗筵
(하략)   (下略)

【해설】 지은이 혜일(慧日) 스님은 어떤 분인지 생몰 연대도 알 수 없다. 이 시는 《신증동국여지승람》 제주도의 불교사찰 병천암(迸川庵) 항목에 나온다. 《신증동국여지승람》에 시가 수록된 것으로 볼 때 1526년 이전의 승려였던 것으로 추정됨.

【출전】 ㉠《신증동국여지승람(新增東國輿地勝覽)》38권(濟州·佛宇·迸川庵). ㉡ 앞의 책,《다향선미》1, p.245.

5. 허응 보우(虛應普雨): 23편

● 수미암에 올라   上須彌庵
   - 숭장로에게 드림 -   贈嵩長老

작은 암자 높고 높아 광한루83)와 이웃했는데	小庵高竝廣寒隣
선정에 든 백발 스님 홀로 앉아 졸고 있네	白髮禪僧獨坐眠
허둥이는 안개, 오가는 구름에 갑을 방향 헷갈리고	醉霧酣雲迷甲乙
피는 꽃 떨어지는 잎으로 봄 가을을 알아보네	開花脫葉紀時年
한쌍의 학, 차 달이는 연기 밖에 늙었고	一雙鶴老茶煙外
만 겹 봉우리 약 빻는 절구가에 둘러 있네	萬疊峯回藥杵邊
듣노니 이 가운데 신선 경계 있다 하니	聞說此中仙境在
우리 스님이 바로 영랑선이 아닌가.	吾師無乃永郎仙

● 10월 13일 눈을 보고 지음　　　　　十月十三日見雪有作

초겨울 추위가 한겨울 추위보다 더하여	初冬寒勝仲冬寒
팔자로 열린 선방 문을 스스로 손수 닫네	八字禪扉手自關
누더기옷 해져 서리 이슬에 쉽게 놀라지만	衲破易驚霜露重
기(氣) 온전하면 시절 저무는 것도 깨닫기 어렵도다	氣全難覺歲時闌
바람이 겁나 장막 드리우고 앉을 자리 뒤쪽에 마련하여	怯風垂帳開單後
추위 두려워 화로 껴안고 붓 끝을 놓으니	怕冷圍爐閣筆端
시자가 차 끓여와 마시라고 부르기에	侍者煮茶來喚飲
일어서 보니 날리는 눈발 앞산에 가득하네.	起看飛雪滿前山

● 은(訔) 법사의 운에 따서　　　　　次訔法師韻

북쪽 나무 동쪽 구름 무슨 일로	北樹東雲緣甚事
십년간 반 이상을 길이 근심으로 세월 보냈나	十年強半遣長憂
천보산 앞에서 만났을 때 갑자기 놀랐고	忽驚天寶山前見
문득 운흥사 안에서 노닐던 일 생각나도다	却憶雲興寺裏遊
얼마나 많이 차 끓여서 함께 마실 생각했으며	茗熟幾多懷共酌

---

83) 광한루(廣寒樓): 달 속에 있는 누각.

시 지을 때마다 어찌 다만 같이 읊고자 하였겠나　　詩成何但想同謳
난계(蘭桂)84)의 사귐 깊고 두터운 인연이 아니라면　　不因蘭桂交深厚
만나자 마자 곧바로 머리 끄덕이며 마음 허락하는　　肯得相逢驀點頭
사이일 수 있었겠는가

● 김진사의 시운을 따서 그를 송별함　　　　　　次金上舍韻送別

흥에 겨워 지팡이 잡고 옥인(玉人)을 찾았으나　　乘興扶節訪玉人
정으로 친한 것은 반드시 옛 뇌의와 진중85)의 사이 같다 할 수는 없네　　情親未必舊雷陳
비온 뒤 산빛은 푸르고 울창한데　　　　　　　　雨餘黛色空青鬱
차 마신 뒤 시 읊는 소리 더욱 참신하구나　　　茶罷詩聲轉斬新
비록 산 즐기기를 원하여 세상의 얽매임 떠났다고 하지만　　縱願樂山辭世繫
잊기 어려운 고향 땅 구름 덮인 땅을 나서네　　難忘懷土出雲濱
언제라도 다시 등산하는 신발 신거들랑　　　　他年更着登山屐
모름지기 마음대로 소요하는 사람을 찾아가게나.　　須訪逍遙自在身

● 숭(嵩) 스님의 시운을 따서　　　　　　　　次嵩師韻

실 같은 산비 푸른 산빛 적시는데　　　　　　　山雨絲絲濕翠嵐
선(禪)의 맛 물어보지 못하니 그리움 감당하기 어렵네　　未詢禪味戀難堪
언제쯤 선정에서 벗어나 지팡이 잡고 떠나서　　何當出定携節去
차 끓여 서로 잔 기울이며 달빛 아래서 이야기할까.　　煮茗相傾月下談

● 명(明) · 웅(雄) 두 벗에게　　　　　　　　寄明雄二友

아득히 생각나는 태백산의 여러 선방의 벗들　　緬惟太白諸禪友

---
84) 난계(蘭桂): 계수나무로 만든 노와 목란으로 만든 상앗대[桂櫂蘭獎]에서 나온 말로 절친한 벗의 관계를 말한다.
85) 뇌진(雷陳): 뇌의(雷義)와 진중(陳重). 후한(後漢) 사람으로 친교가 지극히 두터워 교칠(膠漆)보다 더하다고 하였다.

요사이 얼마나 많이 도에 참심(參尋)했는가	近歲參尋道幾多
흐르는 물과 같은 세월은 늙음이 찾아오는 재앙이며	流水光陰侵老祟
뜬구름 같은 명예는 선정을 방해하는 마물이라네	浮雲名譽損禪魔
다로(茶爐)에 차 끓이면 함께 마시고 싶고	茶爐茗熟懷同飮
글씨 쓰는 휘장에 시 쓰며 함께 읊조리고 싶네	書幌詩成憶共哦
그대들과 나의 정 얕지 아니하니	君旣與吾情不淺
가을바람 불거들랑 소매 이어 함께 찾아옴이 어떤가.	秋風連袂訪如何

● 선정을 끝내고 가슴에 둔 생각을 써서　　禪餘述懷奉鄭
　중국 사신으로 가는　　　　　　　　　　使華棗溪閣下
　정조계(鄭棗溪) 대감에게 바침

국계암(掬溪庵) 깊고 외져 옷매무새 갖추는 일 게을리 하고	掬溪深僻懶衣裳
가로세로 어지럽게 책들은 자리에 펼쳐 있네	黃卷縱橫亂展床
조금도 숨긴 근심 없어서 하루 종일 낮잠 자고	無少隱憂終日睡
아름다운 흥취 많아 한 정자 시원하네	有多佳興一亭凉
산나물로 밥을 지어 창자 채워 배부르고	山蔬作飯盈腸飽
이곳 풀로 차 끓이니 입 가득히 향기롭다	地草煎茶滿口香
조계(棗溪) 선생 몇 장의 시 손에 잡고 사랑하며	愛把棗溪詩數紙
낭랑하게 읊어보니 복희씨에 비교해도 부끄럽지 아니하네.	浪吟無愧比羲皇

● 한 선비가 절에 와서　　　　　　　　　有一儒士到
　몹시 힘써 불교를 배척하며　　　　　　寺排佛甚勤
　스님 무시하기를 흙같이 여기니　　　　慢僧如土凡
　모든 일을 맡고 온갖 공양을 담당하는 무리들이　諸執勞供億
　모두 마음이 해이해져서　　　　　　　之輩心皆解
　그를 공경히 받들지 아니하기에　　　　弛不欲敬奉
　게송을 지어 이들에게 보여줌　　　　　以偈示之

지극한 도는 본래부터 오직 하나이거늘	至道由來唯一矣
사람이 오랑캐와 중국을 분별하고 서방 동방의 한계를 정하였다네	人分夷夏限西東
임금 위해 부처를 배척함은 진정한 선비의 할 일이며	爲君排釋眞儒事
부처님 받들고 선비를 존경함은 바로 불가의 가풍이로다	戴佛尊儒是釋風
하물며 주인으로서 저 손님을 공경할 수 있다면	況以主能恭彼客
어떤 손님이 함부로 우리 몸을 훼손하겠나	有何賓謾毁吾躬
원컨대 신선의 부엌에서 음식을 마련하는 불자님들은	願諸丹竈修齋輩
알뜰히 끓인 차 마련하여 이 범궁(梵宮) 빛내 주시오.	勤辦茶湯耀梵宮

● 예전에 살던 곳을 생각하며   懷舊隱

봉은사에서 대중 앞에 나서니 내 무능함이 부끄럽다	奉恩臨衆愧無能
옛 절 가시 사립문 늘 꿈길에 들어오네	古寺荊扉入夢恒
찻물 긷던 우물에는 이끼 깊어 공연히 달만 잠기고	茶井苔深空鎖月
돌문에 봄빛 따스하면 부질없이 등덩굴 늘어지겠지	石門春暖謾垂藤
선종에 몸담은 자취 분수 넘어 허리에 붉은 띠 둘렀으나	禪宗跡忝紅腰客
마음으로 금강산에서 백발의 스님 되기 기약하네	楓岳心期白髮僧
지팡이 어깨에 가로 메는 날 그 어느 날일까	櫛標橫擔何日是
돌아가고픈 생각 참지 못함이 요즘 더욱 더하다.	不禁歸思近彌增

● 다시 앞의 시운을 따서 이 거사에게 보냄   復用前韻寄李居士

구름 사이 맑은 흥취 다른 사람에게는 말하기 어려워	雲間淸興語人難
혹 설명한다면 그대 아마도 뼛속까지 으스스 추워지리라	倘說君應骨欲寒
저자도(楮子島)에서 낮잠 잔 뒤 작은 배 떠받치고	楮島睡餘撑小艇
연지(蓮池)에서 재 끝나면 늙은 얼굴 비추어 본다	蓮池齋罷照衰顔
소나무 드리운 마루에서 삼지론(三支論)[86]의 가르침 베풀고	松軒敎演三支論

---

86) 삼지론(三支論): 불교논리학[因明學]에서 논리 전개의 세 가지 명제. 즉 주장
[宗]・이유[因]・실례[喩]의 세 가지를 말한다.

달 밝은 정자에서 달이는 차 다섯 가지 맛이 시구나　　月榭茶烹五味酸
우두커니 생각해보니 만종(萬鍾)87)의 높은 벼슬아치의 즐거움도　緬想萬鍾卿相樂
세상 밖을 소요하는 이곳의 한가로움보다 낫다고는　　逍遙未必此中閑
할 수 없으리.

● 흥에 겨워　　　　　　　　　　　　　　　　　　　遣興

우주를 소요하는 흥취 누가 나를 당하리요　　宇宙逍遙孰我當
무심히 마음대로 생각 따라 서성거리네　　尋常隨意任彷徉
돌 침상에 앉고 누우니 옷가지 싸늘하고　　石床坐臥衣裳冷
꽃피는 언덕에서 돌아오니 지팡이 짚신 향기롭네　　花塢歸來杖屨香
이곳에서 스스로 한가한 세월임을 알고 있는데　　局上自知閑日月
인간세계 어찌 알랴, 흥망에 마음 어지러움을　　人間那識擾興亡
보통 식사 끝난 뒤에는 다시 맑고 고상함 있으니　　淸高更有常齋後
한 줄기 차 끓이는 연기 석양을 물들이네.　　一抹茶煙染夕陽

● 교종판사(敎宗判事)가 찾아왔기에　　　　　　　示敎宗判事來訪

그대 구름 첩첩이 쌓인 높은 산중에 찾아온 일 기쁘구나　喜君雲蓋訪嶔岑
달빛 아래 차 끓여 손수 부어 주노니　　月下烹茶手自斟
깨어나 잠 없어질 때까지 나흘 밤을 이야기하고　　蘇到廢眠談四夜
정 다해 숨김없이 삼심(三心)88)을 토로했네　　情窮無隱露三心
종문 근심해 흰 머리카락 수시로 벗겨지고　　憂宗白髮隨時禿
나라 사랑하는 참된 정성 날로 깊어지네　　戀國丹誠逐日深

---

87) 만종(萬鍾): 후하고 많은 녹봉.
88) 삼심(三心):《관무량수경》에 따르면 지성심(至成心)·심심회향(深心廻向)·발원
　　심(發願心)을 말하고,《무량수경》에서는 지심(至心)·신락(信樂)·욕생(欲生)을
　　말하고,《기신론》에서는 직심(直心)·탐심(探心)·대비심(大悲心)의 세 마음을
　　말한다. 또한 근본심(根本心)·의본심(依本心)·기사심(起事心)을 말하며,《종경
　　록》에서는 제8식·제7식·제6식에 배대하기도 한다.

알리노니 대사여, 이 뜻 아는가   爲報大師知此意
마군 외도들 그대 앞에 침입하는 일 없게 하게나!   莫敎魔外似前侵

● 달밤에 소쩍새 울음 듣고   月夜聞子規

작은 창문 높은 누각 선상(禪床)은 싸늘한데   小窓高閣冷禪床
물길어 차 끓이니 달빛 솥에 가득하다   汲水煎茶月滿鐺
모르겠노라, 소쩍새 무엇을 즐기는지   不識子規何所樂
나와 함께 같은 밤에 남쪽 언덕에서 부르짖고 있으니.   與吾同夜叫南崗

● 밤에 동자의 솥 씻는 소리를 듣고   夜聞童子洗鐺聲有省
   옛날을 회고하며

맑은 향 사르며 높은 법당에 앉았으니   淸香一炷坐高堂
홀연히 많은 생(生) 깨지고 한바탕 꿈이로구나   忽破多生夢一場
사람 소리 고요한 옛 부엌 달 밝은 밤에   人靜古廚明月夜
개울물 길어온 동자 차 끓이는 솥 씻고 있구나.   汲泉童子洗茶鐺

● 취선에게   寄醉仙

청평산이 선동에 있어   淸平在仙洞
땅마다 모두가 꽃밭   地地皆花田
본시 관청의 부역 세금 없으니   本無官賦稅
어찌 아전 보내 끌고 가는 일 있겠나   那有差胥牽
개울 바닥에 백지(白芷)[89] 심고   澗底種白芷
돌아와 소나무 아래서 잔다   歸來松下眠
이 즐거움 세간에는 없으니   此樂世不有

---

89) 백지(白芷): 뿌리는 약초로 쓰고 어린 잎은 식용하는 미나리과에 속하는 월연초(越年草).

인간 세계 사람들 이 즐거움 아는 이 적다네	人間人少憐
그대 홀로 진실한 은사(隱士) 사모해	君獨慕眞隱
벼슬 버리고 표연히 이곳에 왔네	舍笏來飄然
그윽한 흥취 달 밝은 밤에 이야기하고	月夕話幽趣
신선의 부엌에는 차(茶) 연기 일어난다	丹竈生茶煙
기이한 만남 어찌 우연이겠는가	奇遇豈偶爾
숙세의 서원으로 기꺼이 서로 둥글게 합쳐진 인연	宿誓喜相圓
내 생각으로는 아마도 고요한 절조 굳건하여	意擬堅靜節
푸른 산 언저리에서 함께 늙으리라 생각했는데	共老靑山邊
갑자기 부모 뵈오려고 산을 나감에	俄而覲省出
눈시울 무르도록 기다리다가 새해가 되었다는 말에 놀랐네	眨眼驚新年
원숭이 슬피우는 밤 꿈은 다하고	夢極猿哀夜
학이 원망하는 하늘에 생각 번거롭다오	思煩鶴怨天
일찌감치 나를 괴롭게 할 줄 알았다면	早知使我苦
진번(陳蕃)의 탑(榻)90) 무엇 때문에 내리고 매달겠는가	陳榻何下懸
이미 지난 일 후회해도 무익하니	已過悔無益
다가올 앞날 기다림을 아시오	將來知待焉
후에 비록 다시 골짜기에 들어온다 하더라도	後雖更入壑
누가 당장 자리 펴려 하겠소	誰當肯展筵
총림에 부끄러운 것은 오히려 참을 수 있지만	林慚猶可忍
개울에 부끄러운 정 버리기 어려우리	澗愧情難捐
산신령 자주 문 두드리며	山靈頻扣戶
이문편(移文篇) 지어 달라 청하기에	請作移文篇
지금 먹물 몇 말 갈아 놓고	今磨墨數斗
우러러 보고 굽어보며 빙빙 돌면서 읊조리고 있다오	俯仰吟蹁躚

---

90) 진번(陳蕃)의 탑(榻): 후한(後漢)의 낙안태수(樂安太守)였던 진번(陳蕃)이 당대의 고결한 선비였던 주구(周璆)와 서지(徐穉)를 우대하여 특별히 탑(榻: 의자 자리) 하나를 정해 그들이 오면 내리고, 가면 걸어 두었다는 고사로 빈객(賓客)을 공경하는 것을 비유한 것이다.

원하건대 그대 이 마음 안다면　　　　　　　　　　願君知此意
화급히 운천(雲泉)으로 돌아오시오.　　　　　　　　火急還雲泉

● 화엄의 묘한 작용을 칭송함　　　　　　　　　華嚴不思議妙用頌

진정한 묘한 작용 알고 싶다면　　　　　　　　　　欲知眞妙用
일상생활에서 천연(天然)을 섬겨라　　　　　　　　日用事天然
물길어 차 끓여 마시고　　　　　　　　　　　　　　汲水烹茶飮
자리에 올라 다리 뻗고 잠잔다　　　　　　　　　　登床展脚眠
솔개는 날아 푸른 하늘을 가로지르고　　　　　　　鳶飛橫碧漢
물고기는 뛰어올랐다가 깊은 못 속으로 들어간다　魚躍入深淵
만물은 그지없이 활발하여 잠시도 중단되는 일 없으니　潑潑無間斷
푸른 구름 먼 산마루에 일어나도다.　　　　　　　　青雲起遠巓

어느 날 제자들이 나에게 고하여 말하기를 "저희들이 스님을 모시고 수발을 받든 지 오래 되었지만 아직 한 번도 스님으로부터 최고의 도(道)가 있는 경지에 관한 말씀을 듣지 못하였으니 어찌 이것이 저희들이 박복해서이겠습니까. 이는 반드시 스님께서 숨겨 놓고 드러내지 아니하시며, 저희들을 소원히 여기시고 친하게 여기지 아니하기 때문일 것입니다. 원하옵건대 한 말씀 개시(開示)를 내려주셔서 저희들이 들어갈 수 있는 곳을 얻게 하여 주십시오."라고 하였다. 이에 나는 웃으면서 한 수의 게송을 읊어 이들에게 주었다.

● 제자들에게 교시함　　　　　　　　　　　　　示小師輩

제자들아, 너희들은 내가 무엇을 숨기고 있다고 생각하느냐　小子以吾爲隱歟
신령한 빛 비추는 한가닥 길 남김없이 드러내고 있느니라　靈光一道露無餘
목마르면 옛날 솥 찾아서 향기 좋은 차를 끓이고　湯尋古鼎烹香茗

배고프면 그윽한 숲에 가서 연한 채소 잘라온다　　　飢向幽林斲軟蔬
개울 반석의 먼지 쓸면 빗자루에 구름 부딪치고　　　澗石掃塵雲觸箒
바위틈에 핀 꽃 흙 북돋우면 나비 따라 호미질한다　岩花培土蝶隨鋤
만약 여기서 맑은 눈 뜰 수 있다면　　　　　　　　若能於此開淸眼
비로소 알게 되리라 내가 너희들과 소원하지 아니함을.　始識吾無與汝疏

●봄산에서　　　　　　　　　　　　　　　　　　春山卽事

봄 돌아오니 일이 많아져　　　　　　　　　　　　春到還多事
사람들은 스스로 한가하지 못하네　　　　　　　　人應不自閑
양식 구하러 스님은 저자로 내려가고　　　　　　　求齋僧下市
친구 찾아 손님은 산으로 오네　　　　　　　　　　尋友客來山
차나무는 봄바람에 싹을 틔우고　　　　　　　　　茗得風柔嫩
새들은 따뜻한 햇살에 울어대네　　　　　　　　　禽因日煖喧
오직 내가 병들고 게을러　　　　　　　　　　　　唯吾緣病懶
선관(禪關)에서 움직일 계획 없네.　　　　　　　　無計動禪關

●청평의 감흥　　　　　　　　　　　　　　　　　清平雜咏
　-17수 중 열다섯번째 수-

하늘이 능히 나를 삼나무 덩굴에 들어오게 하여　　天能敎我入杉蘿
개울과 반석의 영화로 세상과 멀게 하였네　　　　泉石榮華與世賖
깊고 푸른 서간의 물에 와 앉고　　　　　　　　　深碧坐臨西澗水
엷은 붉은 빛 뒷산의 꽃 걸으면서 보네　　　　　　淺紅行見後山花
차 달이는 불 준비하려고 솔방울 모으며　　　　　茶爐備火收松子
단(丹) 굽는 화덕 반찬하려고 고사리 싹 따오네　　丹竈添差采蕨芽
다시 충분히 그림 그리는 곳 있으니　　　　　　　更有十分堪畵處
남쪽 봉우리에 펴고 걷히는 자줏빛 노을을 보게나.　南峯舒卷紫烟霞

●느낌을 읊다
　-2수 중 두번째 수-

雜詠

참선 마치니 그윽한 흥취 생겨　　　　　　　禪罷生幽興
지팡이 잡는 즐거운 여유 있나니　　　　　　扶筇樂有餘
덩굴 끌어당기며 골짜기 들어가　　　　　　捫蘿入洞邃
휘파람 불며 빈 암자 오르네　　　　　　　　舒嘯上菴虛
금빛 화덕에는 차 연기 싸늘하고　　　　　　金竈茶烟冷
선단(仙壇)에는 계수나무 그림자 성기다　　 仙壇桂影踈
난새의 생황소리 듣기를 기다리는데　　　　鸞笙方待聽
학을 탄 신선 이미 나를 재촉하네.　　　　　鶴駕已催余

●산다(山茶)의 꽃을 보면서

見山茶花

재 끝나 구름 속의 선동(仙洞)을 찾아가니　　　齋餘仙洞訪雲中
학은 늙고 사람은 돌아가 암자가 저절로 비었네　鶴老人歸菴自空
오직 만송이 산다(山茶)의 꽃이 있어서　　　　 唯有山茶花萬朶
바위에 의지해 옛날처럼 봄바람에 웃는다.　　　倚岩依舊笑春風

●세심정 위에서 견성암(見性庵)을 바라보며
　시를 지어서 수종사(水鍾寺)의
　준(俊) 스님에게 보여 줌

洗心亭上望見
性蘭若遂賦詩
以示俊水鍾

소나무 잣나무 빽빽히 푸르고 또 푸른 절벽에　　　丹崖松栢鬱青青
세 칸 작은 암자 용마루 지붕 절반이 드러났네　　 蘭若三間半露甍
조화로 한 산의 빼어난 기운 모아　　　　　　　　造化一山鍾秀氣
산신령이 여러 땅에 정령한 정기 나누었나　　　　岳靈諸地割精英
가슴 텅 비우고 끓이는 차(茶) 연기 꼬부랑 글씨 이루고　蕩胸煮茗烟成篆
눈 부릅뜨고 바라보니 숲길 뚫고 찾아온　　　　　決眥穿林客到楹

손님 기둥 앞에 이르렀네
임금께서 은혜 드리우신 것 혹 다 갚을 수 있다면   恩眷倘能垂報盡
당장 돌아가 그것에 누워 남은 생애 같이하리.   會當歸臥共餘生

● 우두사   牛頭寺

우두사 들 가운데 언덕이 있어	牛頭寺在野中坡
시끄러운 수레 먼지가 곧 붉은 노을이라네	擾擾車塵卽紫霞
산문은 뽕나무와 삼 일만 고랑 밭을 베고 서 있고	門枕桑麻田萬頃
창문에선 일천 집에 울리는 개소리 닭소리 들리네	窓聞鷄犬響千家
양구의 흐르는 강물로 차 끓이고	茶烹楊口江流水
인제의 뗏목 위 조각나무로 밥 짓는다	飯熟獜蹄桴上楂
오경의 고기잡이 불빛에 스님 꿈 깨어나면	漁火五更僧罷夢
바랑 걸머메고 저 멀리 식량 구걸하러 마을로 향하네.	擔囊乞粟向村賒

【출전】㉠〈허응당집(虛應堂集)〉(2권);《한국불교전서》제7책, pp.529~575, 1986, 동국대학교 출판부. ㉡ 한글대장경 제139권,《허응당집》, 1994, 동국역경원.

【허응 보우의 생애】

  허응 보우(虛應普雨, 1507~1565)는 쓰러져 가는 조선 중기의 불교를 중흥시키는데 결정적인 역할을 한 주역이었다. 불교를 다시 일으켜 세우고 끝내 제주도에서 순교한 보우는 문집《허응당집(虛應堂集)》에 시와 게송을 합해 모두 474편의 작품을 남겼는데 그 가운데는 주옥 같은 다시(茶詩) 23편이 포함되어 있어 다인(茶人)으로서의 면모도 남다르다.

  스님의 호는 허응당·나암(懶庵)이다. 조실부모하고 7, 8세경 지평현(砥平縣: 지금의 양평군) 용문사로 출가하여 행자 생활을 하였고 15세 때 금강산 마하연(摩訶衍)에서 승려가 되었다. 금강산에서 수도한 후 하산하여 행각하다가 1538년 가을 《동국여지승람》에 기록되지 않은 사찰을 철거하는 법난이 일어나자 1539년 봄 다시 금강산에 들어가 수행하였다. 1543년 3월 금강산에서 하산하여 석왕사 인근 은선암(隱仙庵), 함흥 반룡산 초당, 국계암(掬溪庵), 호남지역, 천보산 회암사 등지에서 머물다가 1548년 12월 강원감사 정만종(鄭萬鍾)의 천거로 명종의 어머니인 문정왕후의 신임을 얻어 봉은사 주지가 되었다. 1550년(명종 5) 문정왕후의 도움으로 선교양종(禪敎兩宗)을 부활시켜 봉은사를 선종, 봉선사를 교종의 우두머리 사찰로 정했다. 1551년 선종판사(禪宗判事)가 되어 3백여 사찰을 국가 공인 정찰(淨刹)로 하고, 도첩제에 따라 2년 동안에 4천여 명의 승려들을 뽑는 한편, 승과(僧科)를 설치하게 했다. 벼슬아치들의 배불 상소와 모함에 시달리다가 1555년(명종 10) 선종판사와 봉은사 주지를 사임하고 청평사로 물러나 7년간 머물렀다.

뒤에 다시 봉은사 주지가 되고 도대 선사(都大禪師)와 선종판사직에 올랐다. 1565년(명종 20) 문정왕후가 죽자 잇따른 배불(排佛) 상소와 유림들의 기세에 밀려서 승직을 박탈당하고 제주도로 귀양갔다가 제주 목사인 변협(邊協)에 의해서 주살되었다. 저술로는 《허응당집》과 《나암잡저》 《몽중문답》 《권염요록(勸念要錄)》 등이 있다.(참고문헌: 박영기, 《순교자 보우 선사》, 2000, 한길사; 《허응당집》 《나암잡저》 《한국불교인명사전》)

제2절 조선 중기의 茶詩

1. 청허 휴정(淸虛休靜): 9편

● 우연히 읊다   偶吟

산비는 솔밭을 울리는데   松榻鳴山雨

옆 사람은 지는 매화를 아쉬워하네 傍人詠落梅
한 바탕의 봄꿈 끝나니 一場春夢罷
시자가 차를 달여 오누나. 侍者點茶來

● 도운선자 道雲禪子

스님이 한평생 하는 일이란 衲子一生業
차를 달여 조주(趙州)에게 올리는 것 烹茶獻趙州
마음은 재가 되고 머리 이미 희었나니 心灰髮已雪
어찌 다시 남주(南洲)[91]를 생각하리오. 安得念南洲

● 천옥선자 天玉禪子

낮이면 한 잔의 차요 晝來一椀茶
밤 들면 한바탕의 잠일세 夜來一場睡
청산과 백운(白雲)[92]이 靑山與白雲
함께 무생(無生)을 이야기하네. 共說無生事

● 윤방백(尹方伯)의 운을 이어 次尹方伯韻

상국(相國)의 지은 시 한 번 읊으니 一吟相國詩
비린(鄙吝)[93]한 마음 얼음 녹듯 하여라 鄙吝如氷釋
하물며 높은 풍채 마주하여 何況對高標
소나무 아래 바위에 앉아 차를 달임에랴. 煮茶松下石

---

91) 남주(南洲): 염부제(閻浮提)를 말함. 수미산(須彌山)의 남쪽에 있으므로 이같이 부름. 또한 인도를 상징하는 말로도 쓰임. 따라서 여기서는 부처님이 태어난 인도를 가리킴.
92) 청산(靑山)은 주인, 백운(白雲)은 객승(客僧).
93) 비린(鄙吝): 마음이 고상하지 못하고 더러움.

● 산중사   山中辭

산인(山人)이 남으로 가니 백운산과 두류산이요   山人之南兮白雲頭流
산인이 북으로 가니 묘향산과 풍악산이네   山人之北兮妙香楓嶽
한 사미는 차를 달여 오고   一沙彌進茶
한 사미는 누더기를 빨아 주네.   一沙彌洗衲
(이하 생략)   (下略)

● 두류산 내은적암   頭流山 內隱寂庵

스님 대여섯 명이   有僧五六輩
내 암자 앞에 절을 지었네   築室吾庵前
새벽 종 치면 함께 일어나고   晨鍾卽同起
저녁 북 울리면 같이 자네.   暮鼓卽同眠

한 시냇물 속의 달을 함께 길어   共汲一澗月
차 달여 그 푸른 연기 나누네   煮茶分靑烟
날마다 무슨 일 의논하는가   日日論何事
염불과 참선일세.   念佛及參禪

● 향봉(香峰)에 놀다   遊香峯

걷고 걷고, 또 걸어서   步步又步步
층층(層層)한 벼랑 몇 겹이던고   層崖幾重重
동학(洞壑)에 흰 구름 일어나니   白雲生洞壑
문득 향로봉을 잃었네   忽失香爐峰
시냇물 긷고 가을 잎 태워   汲澗燃秋葉
차 달여 한 번 마시고   烹茶一納胸
밤 되어 바위 밑에 자니   夜來嵒下睡

혼(魂)은 날으는 용을 탔네	魂也御飛龍
내일 아침 천하를 굽어보면	明朝俯天下
모든 나라가 벌처럼 줄지어 있으리.	萬國列如蜂

● 백운자(白雲子)에게　　　　　　　　　　　　白雲子
　- 떠나면서 찾아온 그가 감사하여 짓다 -

푸른 솔씨와 흰 돌로	青松子白石
눈썹이 긴 늙은이가 차를 달이네	煮茶兮厖眉
스님이 하룻밤 자고 이별을 고하니	僧一宿兮告別
맨 다리가 얼음 같구나	赤脚兮如氷
넓은 하늘 끝없는데 구름은 유유하고	長天寥廓兮雲悠悠
먼 산은 끝이 없어 층층이 푸르네.	遠山無限兮碧層層

● 행주선자에게 보이다　　　　　　　　　　　示行珠禪子
　- 3수 중 세번째 수 -

흰 구름은 옛 벗	白雲爲故舊
밝은 달은 나의 삶	明月是生涯
첩첩 산 속에서	萬壑千峰裏
사람을 만나면 차를 드리지.	逢人卽勸茶

박좌상(朴左相) **순**(淳)에게 드림
　- 한 봉지의 차와 쌍죽지(雙竹枝)를 주심에 감사함 -

귀한 글월을 겸하여 운유(雲腴)[94]와 옥지(玉枝)[95]를 엎드려 받으니, 이

---
94) 운유(雲腴): 차(茶)의 다른 이름.
95) 옥지(玉枝): 귀중한 지팡이.

두 물건은 각각 능히 갈증을 그치게 하고 병든 몸을 의지하게 하는 것이라 감사함을 다 말할 수 없습니다. 또 학슬(鶴膝)과 용각(龍角)96)은 청려(靑藜)와 적등(赤藤)97)의 유가 아닙니다. 그 서리 같은 지조는 늠름하여 영상(令相)의 기풍을 생각케 하고, 그 무쇠와 같은 절개는 갱갱(鏗鏗: 나는 소리가 확실한 모양)하여 영상의 풍채를 생각케 합니다

(하략)

【출전】 ㉠ 〈청허당집〉(전7권);《한국불교전서》제7책, pp.658~736, 1986, 동국대학교 출판부. ㉡ 불교총서 6 《청허당집》, 1993, 동국역경원.

【청허 휴정의 생애】

청허 휴정(淸虛休靜, 1520~1604)은 조선 중기의 스님으로 자는 현응(玄應)이요 속명은 여신(汝信)이다. 묘향산에 오래 살아 서산(西山)이라 부르기도 하며 별호는 백화도인(白華道人)·풍악산인(楓岳山人)·두류산인(頭流山人)·묘향산인(妙香山人)·조계퇴은(曹溪退隱)·병로(病老) 등이다. 속성은 최(崔)씨, 본관은 완산이다. 아버지는 최세창(崔世昌)이고, 어머니는 한남 김(金)씨로 평남 안주(安州)에서 태어났다. 9세에 어머니를 여의고 10세에 아버지를 여의었다. 안주 목사 이사증(李思曾)의 양자로 입적한 후 양아버지를 따라 상경하여 성균관에서 공부했다. 진사과에 낙방하고 지리산에 들어가 숭인(崇仁)에게 공부했고, 부용 영관을 전법사로 모셨다. 숭인에게서 불교의 심오한 뜻을 터득하고 《전등록》과 《화엄경》 《법화경》 등을 배웠다. 경선 일선에게 구족계를 받고 영관의 법을 이었다. 도솔산·두류산·금강산 등지를 편력하다가 33세에 문정대비(文定

---

96) 학슬(鶴膝)과 용각(龍角): 대로 만든 지팡이를 가리키는 말. 학슬은 학의 다리 모양으로 미끈한 대나무 지팡이, 용각은 대나무의 뿌리가 위로 간 대나무 지팡이.
97) 청려(靑藜)와 적등(赤藤): 지팡이 이름. 청려는 청려나무 지팡이, 적등은 등나무에 기름을 먹여 빨갛게 된 지팡이.

大妃)와 허응 보우(虛應普雨)에 의하여 부활된 승과(僧科)에 급제했다. 대선(大禪) 중덕(中德)을 거쳐서 양종판사(兩宗判事)를 겸했으며, 보우의 후임으로 봉은사의 주지가 되었다.

 휴정은 1557년 겨울 선교양종판사직에서 물러나 여러 명산을 편력하며 문도들의 지도에 전념했다. 1589년 정여립(鄭汝立)의 역모에 연루되었으나 혐의가 없어 석방되었다. 임진왜란(1592년)이 일어나자 팔도십육종도총섭(八道十六宗都摠攝)이 되어 격문을 돌려 승병 5천여 명을 규합하여 그 총수가 되었다. 1593년 명나라 군대와 함께 서울 탈환에 공을 세웠으며 환도 후 노환을 이유로 제자인 유정(惟政)과 처영(處英)에게 총섭의 일을 부탁하고 묘향산으로 돌아갔다. 선조는 휴정에게 존호를 내렸다. 1604년 1월 23일 세수 85세, 법랍 70년으로 묘향산 원적암(圓寂庵)에서 입적했다. 제자는 1천여 명이 있는데 이름을 날린 제자가 70여 명이 넘었다. 저술로는 《선가귀감》《선교석(禪敎釋)》《선교결》《운수단》《설선의(說禪儀)》《청허당집》《벽송행략(碧松行略)》《심법요》《회심곡》《서산대사비결》 등이 있다.

 2. 정관 일선(靜觀一禪): 3편

● 대둔사에서   題大芚寺

솔바람 소리는 사람의 귀를 맑혀 주고   松韻淸人耳
산골 물소리는 꿈을 이끌어간다   溪聲惹夢魂
불공이 끝난 뒤의 한 잔 차에   齋餘茶一椀
아침저녁의 풍월이 더불어 있네   風月共朝昏

【해설】 이 시는 해남 대둔사에서 정관(靜觀) 스님이 읊은 시이다. 산사

에서 듣는 솔바람 소리는 유난히 운치가 있다. 그 소리에 사람의 귀를 맑게 하고 산골에서 흐르는 물소리에 인간은 꿈속에서도 인연의 실타래를 따라다닌다. 불공 후 스님들이 마시는 한 잔의 차야말로 절간에 사는 스님들의 청복(淸福)이 아니랴. 아울러 한 잔의 차에는 산사의 조석 풍취가 듬뿍 담겨 있는 것이다. 자연과 더불어 살면서 이러한 정서도 누리지 못한다면 세속의 인간사(人間事)를 버리고 방외인(方外人)이 된 승려들의 삶이 너무 삭막할 것이다.

● 옛절에서   古寺

정월 봄 하늘에 객이 쓸쓸한 옛절에 찾아들어   客尋蕭寺正春天
바위 앞에서 차 달이는데 저녁 연기 일어나네   煮茗岩前起夕烟
숲에서 떨어진 고탑은 사람이 관리하지 않는데   古塔隔林人不管
흰 구름 가에 갈까마귀들만 날아들고 있네.   暮鴉飛入白雲邊

● 도솔산으로 돌아가다   歸兜率山

경진년 정월 새벽빛 속에   庚辰元月曙光微
고운사(孤雲寺)에서 걸어 도솔산으로 향하였다   步自孤雲向兜率
물을 건너고 구름을 지났는데 그 얼마나   渡水經丘幾萬重
많이 중첩되었던가
걷고 걸어 홀연히 산허리에 이르러 쉬었다   行行忽至山腰歇
저문 날 산 넘어 약사암에 이르니   踰嶺暮到藥師庵
노승이 맞아 방으로 안내하네   老衲出門迎入室
한명(漢茗)을 손수 달여 은근히 전하나니   漢茗自煎餽我勤
조주(趙州)의 끼친 풍도 아직도 남았구나.   趙州餘風今無歇
(하략)   (下略)

【출전】〈정관집(靜觀集)〉;《한국불교전서》제8책, pp.25~33, 1987, 동국대학교 출판부.

【정관 일선의 생애】
  정관 일선(靜觀一禪, 1533~1608) 스님의 성은 곽(郭), 연산 사람이다. 15세에 출가한 뒤 백하 선운(白霞禪雲)에게 법화사상을 배웠고, 나중에 청허 휴정의 법을 받았다. 사명 유정·편양 언기·소요 태능과 함께 휴정의 4대 제자 중 한 사람이다. 그는 임진왜란 중 승려들이 의승군으로 참전하는 것을 보고 승려의 본분이 아니라 하여 승단의 장래를 깊이 걱정했으며, 유정에게 글을 보내 '전쟁이 끝났으니 빨리 관복을 벗고 승가의 본분을 다하라'고 권했다. 1608년 나이 76세, 법랍 61년으로 덕유산에서 입적했다.《정관집(靜觀集)》1권이 현존하고 있다.

3. 운곡 충휘(雲谷冲徽): 9편

● 늦은 봄 안심사(安心寺)에서 노닐다   春晚遊安心寺

밤비가 아침이 되어서야 그쳤는데   夜雨朝來歇
푸른 안개가 습하여 꽃이 떨어진다   青霞濕落花
산승과 야객(野客)이 절에 머물러   山僧留野客
손수 햇차를 달이네.   手自煮新茶

● 송운 김판서의 운을 받들어 따라   敬次松雲金判書韻

바위 구멍의 영천(靈泉)에서 가는 물줄기 길게 흐르고   巖竇靈泉細脉長
건너 물들이 흘러들어 작은 못을 이루고 있네   跳波流入小池塘
산동(山童)이 잠에서 깨어나 차 절구를 찧는데   山童睡起敲茶臼

한 줄기 가벼운 연기가 석양을 맴도네.　　　　　　　一抹輕烟逗夕陽

【해설】운곡 충휘(雲谷沖徽) 스님의 다시(茶詩)가 세상에 소개되는 것은 이 책이 처음일 것이다. 그의 다시는 모두 9편이나 되는데 위의 〈송운 김판서의 운을 받들어 따라〉라는 작품은 그 가운데 한 편이다. 이 시는 정관 일선(靜觀一禪, 1533~1608)의 법제자로서 시에 능한 그의 면모를 유감없이 보여 주고 있다. 바위 구멍의 샘에서는 가는 물줄기가 길게 흐르고, 산아이[山童]는 낮잠에서 깨어나 차절구[茶臼]를 찧고 있다. 아마 충휘 스님 일행에게 말차(末茶)를 대접하기 위해서일 것이다. 영천(靈泉)의 물이 있고 말차가 준비되고 있으니 그들은 석양에 피어오르는 연기를 바라보면서 차를 마셨으리라.

● 신안(信安) 스님에게 주다　　　　　　　　　　　　　贈信安師

세상에는 번뇌가 많으나　　　　　　　　　　　　　世界多煩惱
편안히 홀로 화성(化城)에 산다　　　　　　　　　　宜居獨化城
산은 그 끝에 단애를 이루고　　　　　　　　　　　山從沙際斷
물은 돌무더기에 닿아 울부짖으며　　　　　　　　水到石稜鳴
먹을 것을 던지니 고기들이 다투어 벙긋거리는데　抛食魚爭咂
망기(忘機)하니 새들도 놀라지 않는다　　　　　　忘機鳥不驚
아이 불러 햇차를 달이게 하고　　　　　　　　　　呼兒煮新茗
수많은 봉우리의 푸르름을 음미한다.　　　　　　　吟對亂峯青

● 혜천(惠天) 스님에게 주다　　　　　　　　　　　　　贈惠天師

세월이 흘러 머리는 모두 희어지고　　　　　　　　歲去頭全白
봄이 오니 낮이 길구나　　　　　　　　　　　　　春來晝正長
시서(詩書)는 흐르는 물에 부치고　　　　　　　　　詩書付流水

늙은이의 병은 남은 햇볕을 그리워한다	老病戀殘陽
아지랑이는 화덕의 푸른 연기와 섞이고	靄雜爐烟碧
샘은 차의 맛 향과 화합한다	泉和茗味香
하나의 작은 강 위의 절에서	一宵江上寺
잠자지 않고 맑은 얘기하세.	淸話廢眠床

【해설】 충휘 스님이 신안(信安) 혜천(惠天) 스님에게 준 위의 두 시도 주위의 경치를 묘사한 서경(敍景)과 함께 차가 등장한다. 아이 불러 햇차를 달이게 하고 봉우리의 푸르름을 음미하거나, 아니면 샘물을 길어 차를 달이며 맑은 얘기[淸話]를 나누기도 한다. 둘 다 정취가 그윽한 다시다.

● 폐사   廢寺

홀로 청려장(지팡이) 짚고	獨把靑藜杖
옛절 앞에 찾아왔다	來尋古寺前
황폐한 연못에는 갈증난 원숭이가 엿보고	廢池窺渴猿
키큰 나무에는 매미가 차갑게 우네	喬木噪寒蟬
차화덕에는 구름이 자물쇠인 양 서려 있고	茶竈雲爲鎖
선원 계단에는 풀이 담을 이루고 있네	禪階草作氈
시를 지으려니 온갖 느낌이 일어나니	題詩生百感
고개 돌려 석양의 하늘을 바라본다.	回首夕陽天

【해설】 스님이 살지 않는 폐사의 황량한 정경이 정물화처럼 묘사되어 있다. 황폐한 폐사에 차화덕조차 온전할 리 없다. 이 시를 읽으면 혼자 쓸쓸히 폐사를 둘러보는 충휘 스님의 착잡한 심정을 짐작할 수 있을 것 같다.

● 서산대사가 설매장로에게 준 운을 받들어 따라 敬次西山大師贈雪梅長老韻

서호에 한번 가서 임군을 다시 만나니	西湖一去林君復
교교하게 차가운 자세는 사람을 알아보지 못하네	皎皎氷姿人未識
바람 불어 약절구의 맑은 향들 쫓아버리고	風來香逐藥杵淸
달 뜨자 그림자는 물에 잠기고 차 솥은 비어 있네	月出影蘸茶鐺白
옷깃에는 티끌세상의 기(氣)가 묻어 있지 않으니	纖柯不帶塵埃氣
이근(異根)은 기꺼이 서리와 눈구덩이에 밀어버려라	異根喜托霜雪壑
붉은 증오와 미친 바람은 지호(地號)로 한껏 힘쓰면	赤憎狂飇捲地號
수많은 갈래가 되어 회오리 바람인양 수렁 속으로 떨어지리라	萬片飄向泥中落

【해설】 음산하고 섬칫한 시이다. 충휘가 서호(西湖)에 사는 임군(林君)이라는 사람을 두번째 만났다가 대단히 냉대를 당한 것으로 추정된다. '교교하게 차가운 자세로 사람을 알아보지 못하네'라는 둘째 구절을 보면 짐작된다. 더구나 임이라는 자는 손님이 왔는데도 차 대접도 할 생각을 하지 않았다. 이 역시 '차 솥이 비어 있다'는 시구로 미루어 알 수 있다. 어쨌든 충휘는 옷깃에 세상 사람의 냄새가 묻어 있지 않은 그러한 '이근(異根: 이상한 종자)'은 서리와 눈 구덩이에, 또한 그 증오와 광기는 수렁 속에 떨어뜨려야 한다고 부르짖고 있다. 아마 충휘와 임군 사이에는 시의 어간에는 밝혀져 있지 않는 심한 갈등이 있었던 것으로 생각된다. 그렇지 않으면 시에 이토록 격렬한 표현을 했을 리가 없을 것이다. 아마 차와 관련된 시에서 이와 같이 질풍노도와 같은 감정을 나타낸 작품을 찾아보기는 쉽지 않을 것이다. 더구나 승려의 茶詩로는 더욱 그러하다.

● 구천동 백련사에서
  동악 이명부의 운을 받들어 따라

九千洞白蓮社敬
次東岳李明府韻

산세가 주위를 둘러싸 작은 동네가 유현한데   山勢周遭小洞幽

흰 원숭이가 우는 곳에 높은 누각이 있네	白猿啼處有高樓
구름이 돌길에 서렸는데 이끼가 전부 덮여 빛나고	雲遮石逕苔全潤
나무는 계곡의 다리를 끼고 서 있는데 잎은 모두 흘러내렸네	樹挾溪橋葉盡流
백련사 깊은 밤에 동자는 차를 달이고	童子煮茶深院夜
진승은 가을 옛 단에서 게(偈)를 설하네	眞僧說偈古壇秋
시를 읊으며 숲 밖으로 걸어 나가니	吟詩步出疎林外
찬 땅에서 바람 일어 버들가지가 머리를 스친다.	風起寒沙柳拂頭

● 쌍계사　　　　　　　　　　　　　　　　雙溪寺

아름다운 범궁(梵宮: 사찰)은 큰 강을 의지해 서 있고	琳宮倚在大江隈
걸어나가 아름다운 계단에서 금빛 이끼를 두드리네	步出瑤階剝錦苔
객이 이르렀음을 듣고 차화덕을 소제하니	茶竈掃雲聞客至
소나무 문에는 법을 강연하는 걸 보려고 스님들이 오네	松門演法見僧來
푸름이 돌아와 버들눈이 연기와 처음 만나고	靑歸柳眼烟初合
향이 풍기니 매실은 따뜻해지기를 재촉하네	香入梅腮暖始催
오늘은 다행히 화계(花界)에서 자나니	今日幸投花界宿
굳이 알 수 있으랴 인간 세상에 봉래산이 있음을.	固知人世有蓬萊

【해설】 이번에 산승이 여러 고승석덕들의 문집을 열람하면서 '쌍계사(雙溪寺)'라는 제목의 시편들을 여러 번 대하고는 행여 '차 이야기'가 나오려는가 기대하면서 읽었으나 번번이 허탕이었다. 그런데 이제 충휘 스님의 〈쌍계사〉라는 제목의 이 시에서 그 원을 성취하였다. 사실 오늘날 茶人들은 쌍계사와 화개(花開: 충휘 스님의 시에는 '花界'로 나옴) 하면 차의 고향으로 알고 있을 정도인데 어떻게 스님들의 쌍계사 제시(題詩)에는 차 이야기가 드문 것일까? 그는 그렇고 충휘 스님은 역시 시에 능한 시인 다승(茶僧)답게 쌍계사의 차화덕[茶竈]에서 차를 마시고 불법(佛法)을 설하며 남녘의 봄을 실감하였다. 버들강아지 처음 눈이 틔고 매실

이 따뜻해지기를 재촉하는 초봄, 그는 화계에서 자게 된 것을 다행으로 여겼고 또 그곳을 금강산 못지 않은 경승지로 생각하였다. '굳이 알 수 있으랴. 인간 세상에 봉래산 있음을'이란 끝 구절이 그러한 사실을 웅변하고 있다.

● 천진대에서 대제학 계곡 장상공께 부쳐　天眞臺寄上大提學谿谷張相公

산 높은 곳에 절은 반쯤 구름에 잠겨 있는데	山高精舍半藏雲
긴 날 빗장을 여니 세상은 분분하구나	長晝開扃遠世紛
이끼 긴 길을 가늘게 통하고 삼나무 그림자 옮겨가는데	苔逕細穿杉影轉
옥계(玉溪)는 깊이 돌 사이로 흐른다	玉溪深向石稜分
작은 화덕에서 향 풍기고 차 절구를 찧으니	香飄小竈敲茶臼
연기 날려 빈 단을 보훈(寶薰)하며 사르네	烟颺空壇熱寶薰
둥지의 제비는 알지 못하리라. 청정한 세계가 있음을	巢燕不知淸淨界
이름이 수렁에 빠져 더러워졌을 때는 묘한 불법(佛法)의 글뿐이니라	啣泥時汚妙蓮文

【해설】불교의 사찰은 구름 떠도는 산간에 있어 고요한데 인간 세상은 예나 지금이나 분분(紛紛)하기 마련이다. 이끼 덮인 산길은 오솔길로 이어지고 계곡의 물은 돌 사이로 흘러내린다. 그런 산사의 풍광 속에서 작은 차 화덕에서는 차 향기가 풍기고 차 절구에서는 말차(末茶)를 만들고 있다. 그러니 진한 차 향기가 절 안의 단(壇)에 훈습되듯이 배어들지 않을 리 없다. 그리고 충휘 스님은 대제학 장상공(張相公)에게 말한다. 인간 세상에 살면서 이름이 수렁에 빠져 더러워졌을 때는 부처님의 경전으로 그 더러움을 씻으라고. 하지만 서울 도심의 우리나라 대표적인 종단 사찰에서는 1954년 정화운동 이래 최근까지 툭하면 돌멩이와 각목이 난무하는 분란이 일어나니 승복을 걸친 게 부끄러울 지경이다. 부처님의 법을 잊고 싸움질이나 하는 승려들에게 충휘 스님의 이 茶詩를 읽어보

라고 권하고 싶다. 하긴 그들이야 고타마 싯달타가 다시 환생하여 한국에 와서 말려도 듣지 않을 족속들이지만.

【출전】〈운곡집(雲谷集)〉;《한국불교전서》제8책, pp.264~276, 1987, 동국대학교 출판부.

【운곡 충휘의 생애】
　운곡 충휘(雲谷冲徽, ?~1613) 스님의 호는 운곡(雲谷)이며 정관 일선(靜觀一禪, 1533~1608)의 법제자로 시에 매우 능했다. 당대의 문장가인 이안눌(李安訥)·이수광(李睟光)·장유(張維) 등과 교유하며 많은 시를 지었다. 해인사·백련사 등지에 오래 머물렀다. 하나 자세한 행적은 알 수 없다. 저술로는 1663년 적멸암에서 발간한《운곡집》1권이 현존한다.(《운곡집》《한국불교전서》《한국불교인명사전》)

4. 제월 경헌(霽月敬軒): 1편

● 승도(僧徒)에게 보이다　　　　　　　　　　示徒

천지는 자못 넓고도 크나니	天地頗浩浩
구부리고 우러러도 하늘가는 무한한데	俯仰伊無垠
여러 사람들이 그곳에 살면서	諸人在於斯
가고 머무름이 자유롭다고 말한다	去住自由云
인연 따라 각기 남북에서 태어나	生緣各南北
마음대로 노닐다 불문(佛門=空門)에 들어왔다	優游入空門
가슴이 넓어 바다와 산악을 삼키고	胸寬吞海岳
눈은 크고 작음과 건곤(乾坤)을 본다	眼大小乾坤
등등하여 집착하는 곳이 없고	騰騰無處着

누가 마음을 알면 스스로 기뻐한다　　　　　　　誰知心自欣
옷 한 가지 바리때 하나로　　　　　　　　　　　一衣兼一鉢
이르는 곳마다 그 분수를 지키고　　　　　　　　隨處安其分
표연하기는 매이는 게 없는 구름 같으며　　　　飄如雲不繫
밝기는 흔적 없는 큰 달과 같다　　　　　　　　皓大月無痕
봉래도에서 약을 캐고　　　　　　　　　　　　採藥蓬萊島
방장실에서는 차를 달인다　　　　　　　　　　烹茗方丈雲
푸른 원숭이와 친구처럼 같이 자고　　　　　　青猿同宿友
흰 학과 그 무리를 이룬다　　　　　　　　　　白鶴成其群
흐르는 벽간수(碧澗水)에 귀를 씻어　　　　　　洗耳碧澗流
티끌 세상의 분란을 듣지 않는다　　　　　　　不聞塵世紛
소나무 창으로 달빛을 대하고　　　　　　　　松窓對月明
술을 마시면 작은 몽혼(夢魂)에 떨어진다　　　酒落少夢魂
납의(衲衣)를 구름 낀 나뭇가지에 걸고　　　　掛衲雲樹架
석장을 머물되 산 아래 마을에 하지 않는다　　駐錫不下村
하루에 언제나 한끼만 먹으며　　　　　　　　日中常一食
밤이면 부처님의 글을 송(誦)한다　　　　　　夜來誦金文
몸과 마음을 연마하여　　　　　　　　　　　鍊磨身與心
신(神)이 만든 공훈 같은 것을 가득 얻는다.　贏得神工勳
(하략)　　　　　　　　　　　　　　　　　　（下略）

【해설】 이는 제월 경헌 스님이 젊은 승려들에게 보여준 시인데 형식은 고풍(古風)이다. 그 내용은 하늘과 땅 사이에 인연 따라 태어난 사람이 불가(佛家)에 들어왔는데 그렇게 입문한 스님들이 행하고 가져야 할 안목과 지켜야 할 규범 또는 평소의 태도 등에 관해 설파하고 있다. 그 중 차 달여 마시는 일도 열거되어 있다. 스님들이 읽어보면 좋은 경책이 되리라 여겨진다. 기왕에 알고 있는 것이긴 하지만.

【출전】〈제월당대사집(霽月堂大師集)〉;《한국불교전서》제8책, pp.114~127, 1987, 동국대학교 출판부.

【제월 경헌의 생애】

제월 경헌(霽月敬軒, 1542~1632) 스님은 임진왜란 때 승병장의 한 분인데 호는 허한거사(虛閑居士), 당호는 제월당(霽月堂), 성은 조(曺). 전남 장흥 사람이다. 1542년 1월 14일 태어났다. 15세에 지제산(支提山) 천관사(天冠寺)의 옥주(玉珠)에게 출가했다. 《사기(史記)》에 통달했고 경전을 배워 삼장에 통했다. 1570년 서산휴정에게 선지를 듣고 크게 깨달았다. 임진왜란 때 승병장으로 활약하여 왕이 좌영장(左營將)을 제수했으나 곧 군문을 떠났으며, 다시 선교양종판사에 명했으나 불도에 전념하기 위해 산으로 돌아갔다. 1632년 보개산에서 세수 91세, 법랍 76년으로 입적했다. 저서로는 《제월당집》 2권이 현존한다.

5. 부휴 선수(浮休善修): 4편

● 고수재(高秀才) 운을 따라   次高秀才

시를 생각하며 봄의 어지러움 겪고	詩思經春亂
정든 고수재와 헤어져 황혼속으로 들어가나니	離情入暮饒
내일 아침 차 한 잔 하자며	明朝茶一椀
호계(虎溪) 다리에서 서로 헤어졌네.	相送虎溪橋

● 암선백(巖禪伯)에게 주다   贈巖禪伯

사립문 닫고 잠자코 앉아 마음을 비웠는데	默坐虛懷獨掩門
푸른 산 구름 속에 한 소리 봄새가 운다	一聲春鳥碧山雲

저녁 노을 아래서 한가로움을 한껏 맛보지만　　　　烟霞剩得閑中趣
다만 혼자 즐거워할 뿐 그대에게 줄 수 없네.　　　　只自熙怡不贈君

깊은 산에 홀로 앉아 일마다 가쁜한데　　　　　　　獨坐深山萬事輕
하루 종일 사립문 닫고 무생(無生)을 배웠노라　　　掩關終日學無生
생애를 낱낱이 살펴봐야 별다른 것 없나니　　　　　生涯點檢無餘物
햇차 한 잔에 한 권의 경전일세.　　　　　　　　　一椀新茶一卷經
(하략)　　　　　　　　　　　　　　　　　　　　　(下略)

【해설】 산사의 사립문을 닫고 앉아 마음을 비웠는데 그 경지가 자못 심오하다. 왜냐하면 그 한가로움을 한껏 스스로 맛보지만 암선백(巖禪伯)에게는 나누어 줄 수 없기 때문이다. 왜 그러한가. 부휴당이 말하는 한가로움이란 깨달은 자의 선열(禪悅)인 탓이다. 산사의 승려라면 일상적인 한유함이란 누구나 누릴 수 있다. 그러나 선미(禪味)에서 오는 그런 즐거움이야 도반이라고 해서 어찌 나누어 줄 수 있는 성질의 것인가. 그것은 스스로 수행해서 가질 수밖에 없는 것일 뿐. 부휴는 적막 속에서 무생을 배웠으니 생애를 점검해 봐야 한과 슬픔, 혹은 미련 따위가 남아 있을 리 없다. 다만 그는 햇차 한 잔의 맛을 음미하고 어쩌다 경전을 뒤적이는 것이 소일거리일 뿐이다. 자세히 이 시를 읽어보면 이는 부휴가 암선백에게 주는 경책이라고 보아도 무방할 것이다. 선백(禪伯)이라 호칭한 것을 보면 암(巖) 스님은 부휴의 도반이거나 선배였을 것으로 생각된다. 그러나 오도(悟道)가 어디 나이 순서로 오는 선물이던가. 마찬가지로 선(禪)의 진수는 모른 채 차맛만 쫓아다니는 것이 달을 가리키는데 달을 보지 않고 그걸 가리키는 손만 바라보는 것과 무엇이 다른가?

● 송운(松雲)에게 부쳐　　　　　　　　　　　　　　寄松雲

아침에는 잎차 따고 저녁에는 섶을 줍고　　　　　　朝採林茶暮拾薪

산과(山果)까지 거두니 아주 가난하지는 않다네	又收山果不全貧
향 사르고 홀로 앉아 별다른 일 없으면	焚香獨坐無餘事
정다운 사람과 할 새 이야기 생각하네.	思與情人一話新

【해설】 송운(松雲)은 사명 유정(四溟惟政)의 호이다. 부휴와 사명당은 당대에 명성을 떨친 스님이다. 부휴는 아침에 잎차 따고 산 과일을 따는 자신의 일상을 얘기하면서 그 어간(語間)에 자신의 법살림을 은근히 자랑하고 있다. 그러면서 그는 시대의 걸물인 사명당에 대한 자신의 정을 토로하고 있다. 홀로 앉아 새 이야기를 생각하는 것은 같은 고난의 시대를 사는 승려로서 친근함과 정을 나타낸 것이다. 초탈한 산승들의 은근한 마음씀이 부럽다.

● 산거잡영   山居雜詠

굽어보고 우러러 천지 사이에	俛仰天地間
잠깐 동안 한 때의 나그네 되었구나	暫爲一時客
숲을 헤쳐서는 새로 차를 심고	穿林種新茶
솥을 씻어 약석(藥石)을 달인다	洗鼎烹藥石
달 뜬 밤에는 달빛을 희롱하고	月夜弄月明
가을 산에서 가을 저녁을 보낸다	秋山送秋夕
구름도 깊고 물도 또한 깊어	雲深水亦深
찾을 사람 없으니 스스로 즐거워하네.	自喜無尋迹

【해설】 세상에 한 때의 나그네로 와서 대장부 필생의 일을 마쳤으니 숲을 헤쳐 차나무를 심고 솥을 씻어서는 약석을 달이며 한유하게 산다. 달밤에는 달빛을 희롱하고 가을 산에서는 가을 저녁을 보낸다. 달을 벗삼고 가을 저녁을 보내는 것은 지극히 평범하면서도 초탈한 수행자가 아니면 인간사(人間事) 세상이 그리워 마을로 도시로 달려 나갈 것이다. 찾

아오는 사람이 없어도 혼자 스스로 적막을 사랑하며 즐거워 할 수 있는 것은 아무나 행할 수 없는 일이다. 더구나 온갖 볼 것과 TV며 휘황한 네온이 번쩍거리는 도회지의 삶에 길든 사람은 더욱 그러할 것이다. 비록 깨달은 수행자가 아니어도 차나무를 심고 한 잔의 차맛을 음미하면서 살 수 있는 사람이라면 '혼자, 천천히, 자유로움'을 느끼며 살 수 있는 자일 것이다.

【출전】㉠ 〈부휴당대사집(浮休堂大師集)〉;《한국불교전서》제8책, pp.1~23, 1987, 동국대학교 출판부. ㉡ 한글대장경 제71권,《부휴당집 외》, 1986, 동국역경원.

【부휴 선수의 생애】

　부휴 선수(浮休善修, 1543~1615)의 호는 부휴이고 성은 김(金). 전북 오수(獒樹)에서 1543년(중종 38) 2월 3일 태어났다. 20세에 지리산에 들어가 신명(信明)에게 출가하고 뒤에 부용 영관(芙蓉靈觀)의 법을 이어받았다. 독서를 많이 했고, 글씨에도 뛰어나 사명 유정(四溟惟政)과 함께 명성을 떨쳐서 당시에는 이난(二難)이라 했다. 1592년 임진왜란 때에는 덕유산의 초암에 있었는데, 왜병들이 온다는 소문을 듣고는 바윗굴에 몸을 숨겼다가 해질녘에 적병들이 갔으리라 판단하고 암자로 돌아가다가 왜병 수십 명에게 포위되었다. 왜병들은 칼을 휘두르면서 덤볐으나 그는 태연히 서서 움직이지 않았다. 그러자 그들은 기이하게 여기고 절을 하고 물러갔다 한다. 전쟁이 평정된 뒤 해인사에서 명나라 장수 이종성(李宗城)을 만나서 대화를 나누었다. 이어 구천동으로 옮겨서 《원각경》을 읽었는데, 한 마리의 큰 구렁이가 와서 이를 듣고서 환생했다고 한다. 무고로 옥에 갇힌 적도 있으나 그의 뛰어난 인품과 덕화에 도를 묻는 무리가 항상 7백여 명에 달했다. 1614년(광해군 6) 송광사에서 칠불암으로 들어가 1615년 11월 1일 벽암 각성(碧巖覺性)에게 법을 부촉하고 세

수 73세, 법랍 54년으로 입적했다. 저술에는 《부휴당집》 5권이 있고 그의 법맥은 청허 휴정 문하와 더불어서 오늘날 한국 불교승단의 주축을 이루고 있다.(《조선불교통사》《광해군일기》《백곡집》《한국불교인명사전》)

6. 사명 유정(四溟惟政): 6편 8수

● 회답사(回答使)를 보내며   奉別回答使

통명전(通明殿) 아래에 조서(詔書)를 받들고   通明殿下受明詔
고래 바다 곤(鯤)의 물결 이 길을 떠나네   鯨海鯤波發此行
북극(北極)98)에 저문 구름 해와 함께 멀어지고   北極暮雲將日遠
동주(東州)의 돌아가는 길 하늘과 더불어 길다   東州歸路與天長
황감(黃柑)은 매양 아롱옷 입은 아이의 드림을 볼 것이요   黃柑每見班兒獻
푸른차는 때때로 염치(染齒)99)와 함께 마실 것이다   青茗時同染齒嘗
일 마치고 많은 적자(赤子) 이끌고 올제   竣事還携多赤子
가을 바다에 돌아오는 배 뜻대로 띄우리.   秋洋隨意泛回艎

● 지호선백(智湖禪伯)에게 주다   贈智湖禪伯

조계(曹溪)를 이은 백대의 손자   係出曹溪百代孫
행장(行裝) 가는 곳마다 사슴과 벗을 한다   行裝隨處鹿爲羣
이웃 사람들아 헛되이 날을 보낸다 이르지 말라   傍人莫道虛消日
차[茗]를 달이는 여가에 흰 구름을 본다.   煮茗餘閑看白雲

---

98) 북극(北極): 임금이 있는 곳을 북극성(北極星)에 비유하였다.
99) 염치(染齒): 왜인들이 이[齒]에 물을 들이는 풍습이 있었다.

● 선소(仙巢)의 운을 따라 　　　　　　　　　　　　次仙巢韻

[1]
황벽(黃檗) 노인은 벼락을 쳤고　　　　　　　　　黃檗老人轟霹靂
백염(白拈)한 임제(臨濟) 풍운을 일으켰다　　　　白拈臨濟捲風雲
진실로 알겠다. 불법이 별것 아닌 줄　　　　　　　固知佛法無多子
여덟 냥[八兩]이 원래 반근(半斤)이니라.　　　　　八兩元來是半斤

[2]
성시(城市)에 대은(大隱)100)이 있다는 것 일찍이 들었더니　城市曾聞大隱在
노사(老師)의 방장(方丈)이 바로 그러하구나　　　老師方丈正依然
점다(點茶)101)하고 나에게 종문(宗門)의 구(句)를 보이니　點茶示我宗門句
서역에서 온 격외선(格外禪)임을 알겠네.　　　　　知是西來格外禪

● 원길(元佶)의 운을 따라　　　　　　　　　　　　次元佶韻

[1]
모이고 흩어짐이 숙세의 인연이라　　　　　　　　聚散皆因宿有緣
바다 동쪽 한 자리에 만날 줄 뉘 알았으리　　　　海東那料此同筵
봄 정자에서 선다(仙茶)를 달여 마시니　　　　　　春亭烹進仙茶飮
푸른 풀과 내 끼인 꽃이 눈앞에 가득하구나.　　　青草烟花滿眼前

[2]
황정경(黃庭經)102)을 손에 들고 신결(神訣)을 묻고져　欲把黃庭問神訣
멀리 바다 건너 신선의 문 두드렸더니　　　　　　遠勞桑海疑仙扃

---

100) 대은(大隱): 작은 숨음은 산림(山林)에 숨고, 큰 숨음은 성시(城市)에 숨는다는 옛 말이 있다.
101) 점다(點茶): 차를 달일 때에 물을 먼저 끓여 마지막 차를 넣는 것을 점다라 한다.
102) 황정경(黃庭經): 도가(道家)에서 신선이 되려고 양생(養生)하는 방법을 쓴 책.

사미승 불러 차 석 잔 내오니	喚沙彌進茶三琬
동원(東院)의 종풍(宗風) 예와 같구나.	東院宗風古典刑

●승태(承兌)의 운을 따라   次承兌韻

고국 이별한 지 해가 지났는데	故國別經歲
먼 이역 하늘 아래 노니누나	遠遊天一隅
좋은 경치 볼 마음도 없건만	無心窮勝覽
손님이 술병 들고 놀러 가자네	有客勸提壺
달 보는 건 왕로(王老)와 기약하고	翫月期王老
산 오르는 건 자호(子湖)와 함께 하네	登山擬子湖
사미승이 찻잔을 내놓고	沙彌開茗琬
호백(胡伯)은 방석을 펴네.	胡伯展團蒲
(하략)	(下略)

【해설】사명당 유정대사가 임진왜란 때 의승군의 총대장이었고, 수신사(修信使)로 일본을 다녀온 한국인이라는 것도 대개 알고 있다. 이 시는 사명당이 일본에 수신사로 갔을 때 지은 茶詩이다. 고국을 떠난 지 1년이 지난 어느 날 스님은 경치를 구경할 생각도 없는데 손님이 술병을 가지고 와서 놀러 가기를 청하므로 마지못해 따라 나섰다. 사명당은 일본 땅에서도 인기가 있었던지 달을 보고, 등산을 하자는 사람들 따라 각기 약속을 해야 할 만큼 분주했다. 그가 가면 사미승은 차를 대접하고 일본 관리[胡伯]는 방석을 내놓을 정도로 극진하였다. 하긴 사명당은 조선 왕의 특명으로 파견된 평화의 대사였으니 접빈의 예가 성실할 수밖에 없었다. 뿐만 아니라 불교국 일본인에게 있어 수염을 기른 대장부의 기상이 넘친 대선승인 사명당의 인품과 학덕, 선적인 예지와 빼어난 서예 솜씨 등도 왜인들의 존숭을 받는 데 한몫 했을 것이다.

● 상야수 죽림원 벽 위에 제(題)하다　　　題上野守竹林院壁上

(상략)　　　　　　　　　　　　　　　　　(上略)
죽림원(竹林院)에 차(茶) 연기 푸르고　　竹院茶烟翠
비 개고 꽃 피는 3월　　　　　　　　　　晴花三月時
강호(江湖)에 따뜻한 기운 서리고　　　　江湖浮暖氣
버들가지는 푸른 실 희롱하네　　　　　　楊柳弄青絲
먼 산은 물결 속 그림이요　　　　　　　　遠嶽波中畵
비끼는 바람 소매 속에 불어오네　　　　　斜風袖裏吹
함께 노는 마음 다하지 않으니　　　　　　同遊心不盡
거듭 상방(上方)에서 만날 기약 맺네.　　　重結上方期

【해설】이 시 역시 일본에 있을 때 지은 작품이다. 일본땅 상야수 죽림원(上野守 竹林院)에 놀러 가서 그 벽에 쓴 시이다. 꽃 피고 화창한 3월, 강과 호수와 산야에는 따뜻한 봄기운이 서렸는데 사명당은 그 그림 같은 풍광 속에서 노닐며 다시 만날 약속을 한다. 조선인 수행원들도 있었겠지만 함께 논 사람들 중 많은 사람들이 왜인들이었을 것이다. 그는 여러 사람들과 더불어 죽림원에서 놀며 이 시를 지어 그 잘 쓰는 붓글씨 솜씨로 획획 써서 죽림원 벽 위에 걸었을 것이다. 아마 주위 사람들은 사명당의 작시(作詩) 능력과 명필에 한결같이 존경의 염과 환희로운 마음으로 그의 이 시를 바라보며 다함께 기뻐했을 것이다. 기결한 조선의 대선사(大禪師)다운 풍모가 아닐 수 없다. 이 위대한 즉흥 시인 승려에게 죽림원의 왜승들이 차를 달여 사명당에게 올린 것은 당연한 대접이었을 것이다. 허긴 차뿐이었으랴만……

【출전】㉠ 〈사명당시선〉, 불교총서 12, 《조선불교시인선집》, 1993, 동국역경원.　㉡ 〈사명당대사집〉(전7권); 《한국불교전서》 제8책, pp.46~73, 1987, 동국대학교 출판부.

제4장 조선시대 茶詩 181

【사명 유정의 생애】

　사명 유정(四溟惟政, 1544~1610) 스님의 자는 이환(離幻), 호는 송운(松雲) 사명당(四溟堂), 이름은 임응규(任應奎)이다. 본관은 풍천, 임수성(任守成)의 둘째 아들이다. 경남 밀양군 무안면 삼강동(고라리)에서 1544년(중종 39) 10월 17일 태어났다. 13세에 황여헌(黃汝獻)의 문하에서 공부하다가 황학산 직지사의 신묵(信默)에게 출가했다. 여기서 불교를 깊이 공부하고 1561년 승과의 선과에 합격했다. 1573년 직지사 주지를 역임하고 1575년 봉은사 주지로 초청되었으나 사양하고 묘향산에 들어가 청허 휴정의 법을 얻었다.

　명산을 편력하고 참선하다가 1592년 임진왜란이 일어나자 의승을 모아 도대장이 되었다. 1593년 평양성 탈환에 큰 공을 세웠고 왕은 선교양종판사직을 제수하고 당상관에 오르도록 했다. 명나라 총병(摠兵) 유정(劉綎)과 의논하여 가토오(加藤淸正)의 진중을 3차에 걸쳐 드나들면서 적정을 탐지하고 화평회담도 성공시켰다. 왕은 환속하여 3군을 통솔하라고 했으나 사양했다. 1604년 왕의 특명으로 수신사로 일본에 가서 화친을 맺고 3500명의 포로를 데리고 귀국했다. 왕은 그에게 가의대부(嘉義大夫) 품계를 내리고 3대를 추증했다. 1610년 8월 26일 나이 76세, 법랍 54년으로 해인사에서 입적했다. 시호는 자통홍제존자(慈通弘濟尊者), 탑호는 종봉(鍾峰)이다. 《사명당대사집》 7권과 《분충서난록(奮忠紓難錄)》 등이 있다.(《선조실록》《조선금석총람》《사명당실기》《한국불교인명사전》)

7. 청매 인오(靑梅印悟): 3편

●사람을 만나 차를 권함　　　　　　　　　　　逢人勸茶

갈라의 한 방울 물이 염부(閻浮)103)를 불어나게 하는데　竭羅一滴漲閻浮

반드시 부량(浮梁)의 시정에서 구하지 않네 　　　　不必浮梁市井求
재물을 베푸는데 피차(彼此)가 없다 하지만 　　　　雖曰施財無彼此
임봉(臨鋒)104)의 적수(赤手)105)는 일찍이 한(恨)이 없도다. 臨鋒赤手恨未曾

● 석상 　　　　　　　　　　　　　　　　　　　　　石床

향나무 감실(龕室)에는 불상이 공허하게 서 있고 　　香龕像虛立
다조(茶竈)106)에는 차 따르는 사람 없네 　　　　　茶竈沒人隨
홀로 돌상 위에 누웠으니 　　　　　　　　　　　　獨臥石床上
달빛 어린 숲 속에는 자규(子規)107)만이 울어대네. 　月林啼子規

● 봄날 　　　　　　　　　　　　　　　　　　　　　春日

벗과 강촌에서 걸식하며 가노라니 　　　　　　　　友也江村乞食去
주방에는 동자가 송차(松茶) 달임을 알겠네 　　　　知廚童子煮松茶
문을 나서니 봄이 다 되어감을 보고 놀랐고 　　　　出門驚見春歸盡
바람이 도원(桃源)을 스치니 꽃이 떨어지려 하네. 　風打桃源欲落花

【출전】 ㉠ 〈청매집(青梅集)〉(2권);《한국불교전서》제8책, pp.128~156, 1987, 동국대학교 출판부. ㉡ 청매 인오 저, 혜봉 혜엽(慧峰慧葉) 번역, 《청매집》, 1998, 도서출판 토방.

【청매 인오의 생애】

　청매 인오(青梅印悟, 1548~1623)는 조선 중기의 스님이다. 자는 묵계

---

103) 염부(閻浮): 염부수(閻浮樹)의 삼림 속으로 흐르는 강에서 나는 사금(砂金), 또는 수미산 남쪽에 있는 인도를 뜻함.
104) 임봉(臨鋒): 강서성(江西省)에 있는 지명. 차(茶)의 산지.
105) 적수(赤手): 빈손. 맨손.
106) 다조(茶竈): 차(茶) 달이는 부뚜막.
107) 자규(子規): 두견새.

(默契), 법명은 인오(印悟)이고 호는 청매(靑梅)이다. 일찍이 출가하여 청허 휴정의 문하에 들어가 법을 얻었다. 줄곧 묘향산에서 휴정을 모시고 있다가 임진왜란(1592년)이 일어나자 휴정을 따라 승병장의 한 사람으로 3년 동안 싸워 공을 세웠다. 그 뒤 명산을 두루 다니면서 산수를 즐기다가 전라도의 부안 변산에 이르러 아차봉(丫嵯峯) 마천대(摩天臺) 기슭에 월명암(月明庵)을 짓고 살았다. 1617년(광해군 9) 왕명으로 벽계 정심(碧溪淨心)·벽송 지엄(碧松智嚴)·부용 영관(芙蓉靈觀)·청허 휴정·부휴 선수(浮休善修) 등 다섯 스님의 초상을 그려서 조사당에 모시고 제문을 지었다. 지리산 천왕봉 아래의 연곡사에서 1623년 세수 76세로 입적했다. 제자로 벽운 쌍운(碧雲雙雲)이 있고 쌍운의 뒤는 무영 탄헌(無影坦憲)이 있다. 저술로는《청매집》2권 1책을 비롯,《십무익송(十無益頌)》이 있다.《십무익송》은 마음을 반조하지 않으면 경전을 보는 것도 무익하다는 등의 열 가지 무익한 것에 대해 서술하고 있다.《청매집》은 1633년(인조 11) 판본과 그 필사본이 현존한다.(《청매집》《한국불교인명사전》)

8. 소요 태능(逍遙太能): 2편 3수

| ●조주차를 읊다 | 詠趙州茶 |

세 등급 찻잔으로 눈동자를 바꿔주는데　　　　三等茶甌換眼睛
그 말 끝에 문에 든 이 몇몇이던고　　　　　　幾人言下入門庭
임기응변 교화함이 끝이 없어서　　　　　　　應機隨手用無盡
후대의 자손들 그 눈을 밝혀 주네.　　　　　　后代兒孫直使明

　　또　　　　　　　　　　　　　　　　　　又

만나는 사람마다 으레 차 마시고 가라 하니　　雷例逢人喫茶去

청평(淸平)의 한 곡조 알아듣는 이 적구나　　　　淸平一曲少知音
총림의 손님 대접 다만 이와 같았는데　　　　　　叢林待客只如此
겁(劫) 밖의 가풍(家風) 지금까지 전해오네.　　　劫外家風直至今

【해설】 조주차(趙州茶)에 관해서는 뒤에 나오는 용성 진종(龍城震鍾) 스님의 다화(茶話)에도 나온다. 조주차에 관한 화두는 선가(禪家)와 다인(茶人)들 사이에 널리 알려져 있으므로 여기서 되풀이 할 필요는 없을 것이다. 태능 스님은 조주선사가 "차나 마시고 가라[喫茶去]"는 그 말끝에 "[깨달음의] 문에 든 이 몇몇이던가?" 하고 말하였다. 태능은 조주차의 화두가 후대 구도자들의 눈을 밝혀 주는 데 크게 공헌했음을 찬탄하고 있다. 아울러 태능은 그러한 선종의 가풍이 태능 당대까지도 전해오고 있음을 이 시가 예증하고 있다.

● 묵(默) 장로에게 올리다　　　　　　　　　　　奉默長老

지난 날 묘향산의 구름과 물가에 함께 노닐었지　　妙香雲水昔同游
손꼽아 헤아려 보니 이제 20년이 지났구나　　　　屈指如今二十秋
차 마시느라 산이 저무는지도 알지 못했네　　　　茶罷不知山欲暮
한 소리 경쇠의 울림이 수서루(水西樓)에 울리네.　一聲踈磬水西樓

【출전】 ㉠〈소요당집(逍遙堂集)〉;《한국불교전서》제8책, pp.186~200, 1987, 동국대학교 출판부. ㉡ 한글대장경 제169권《소요당집 외》, 1995, 동국역경원.

【소요 태능의 생애】

　　소요 태능(逍遙太能, 1562~1649)의 호는 소요(逍遙), 성은 오(吳). 호남 담양 출신이다. 1574년 13세에 장성 백양사에서 진(眞)에게 출가하여 경율을 익혔고 황벽(黃檗)에게 계속 공부하여 많은 사람들을 교화했다. 부휴 선수(浮休善修)에게 공부하여 선수 휘하의 많은 제자 중 운곡 충휘(雲谷沖徽)·송월 응상(松月應祥)과 함께 법문 삼걸(三傑)이라 불렸다. 다시 청허 휴정 밑에서 20년간 공부하고 법을 받았다. 임진왜란 때에는 전투에 참가하기도 했다. 1601년부터 금강산·오대산·구월산 등지에서 교화를 펼쳤다. 지리산 연곡사에서 1649년 11월 21일 나이 88세, 법랍 75년으로 입적했다. 효종이 혜감선사(慧鑑禪師)라 시호했다. 휴정의 제자 중 편양 언기(鞭羊彦機)와 함께 선의 양대 고승으로 추앙되었다. 저술로 《소요당집》 1권이 있다.(《소요당행장》《조선불교통사》《동사열전》《한국불교인명사전》)

9. 중관 해안(中觀海眼): 1편, 다산문 2편

● 섣달 그믐날의 이야기   盦分歲話

음(陰)과 양(陽)이 없는 땅의 뿌리 없는 나물인데   無陰陽地無根荼
그것을 캐어 돌아와서 냄비를 때려 부수었다   採得歸來打破鍋
입 없는 선화(禪話)의 밑 없는 발우에는   無口禪話無底鉢
운문(雲門) 스님의 호떡과 조주(趙州) 스님의 차가 있네. 雲門胡餠趙州茶

성수산 중대사 법당 낙성재소 중에서(聖壽山中臺寺法堂落成齋疏)

……건월(乾月)의 18일을 당하여 법당(法幢)을 세우고 오분향(五分香)을 사르나니, 밥은 오직 향적(香積)이요 차는 조주(趙州)를 전합니다.……
……當乾月十八日建法幢 幢燒五分 飯惟香積茶傳趙州……

금성산 보광사 취미루 상량문 중에서(錦城山葆光寺翠微樓上樑文)

호야허, 들보를 아래로 던지니	呼耶許抛樑下
차를 따르면서 밤중이 되었구나.	點茶當午夜

【출전】 ㉠〈중관대사유고(中觀大師遺稿)〉;《한국불교전서》제8책, pp.200~220, 1987, 동국대학교 출판부. ㉡ 한글대장경 제169권,《중관대사집》(표지에는《소요당집 외》), pp.279~444, 1995, 동국역경원.

【중관 해안의 생애】

중관 해안(中觀海眼, 1567~?)은 임진왜란 당시의 승병장으로 법명은 해안(海眼)이고 성은 오(吳). 무안(務安) 사람이다. 어려서 총명하여 신동이라 일컬었으며 뇌묵 처영(雷默處英)에게 득도하고 처영의 법을 이었다. 나중에 청허 휴정의 문하에서 배움을 얻고, 임진왜란 때(1592년) 승병장으로 전공을 세웠다. 휴정의 법석에 있을 때 선리(禪理)를 터득하여 임제종의 맥을 전해받았다. 능허 청간(凌虛淸侃)이 그의 뒤를 이었고, 청간의 뒤는 형곡 복원(荊谷復遠)이 이었다. 저술로는《중관대사유고》가 있고 그 외의 것은《화엄사사적기》를 빼고는 책명과 내용 일부만 전할 뿐 현존하지 않는다.

10. 편양 언기(鞭羊彦機): 1편

● 법륜 총섭의 운을 따라   次法輪摠攝韻

해가 바뀌어도 흰 털이 더해진 것 알지 못했는데	新年不覺添衰鬚
변방에서 스님 만나 굳이 반겨 웃어 보네	關塞逢師强破顏
정성을 다해 산다(山茶)를 거듭 거듭 권했나니	勸盡山茶三五椀

봄바람은 예와 같아 새벽 창이 추워라.　　　　　　　　春風依舊曉窓寒

【출전】〈편양당집(鞭羊堂集)〉;《한국불교전서》제8책, pp.244~263, 1987, 동국대학교 출판부.

【편양 언기의 생애】

　편양 언기(鞭羊彦機, 1581~1644) 스님의 호는 편양(鞭羊), 성은 장(張). 죽주(竹州: 경기도 안성군 죽산, 또는 永同) 사람이다. 장박(張珀)의 아들이며, 어머니는 이(李)씨이다. 1581년(선조 14) 7월 태어났다. 11세에 출가하여 현빈 인영(玄賓印英)을 따랐다가 뒤에 청허 휴정의 문하에서 법을 얻었다. 남부지방을 두루다니며 선에 밝은 장로들을 찾아다니면서 학식을 넓히고, 금강산의 천덕사(天德寺) 구룡산의 대승사(大乘寺) 묘향산의 천수암(天授庵) 등지에서 개당(開堂)하여 선과 교를 강의했다. 그에게는 사방에서 배움을 찾는 사람이 끊이지 않았고 그림에도 능했다. 1644년 5월 10일 묘향산 내원암에서 세수 64세, 법랍 53년으로 입적했다. 금강산 백화암(白華庵)에 비가 있다. 문하에는 법손이 매우 번창했는데 휴정의 법맥 4대파 중에서도 문손들을 가장 많이 배출했다. 저술로는《편양당집》3권 1책이 현존하고 있다.(《조선금석총람》《동사열전》《조선불교통사》《평양당비문》《편양당집》《한국불교인명사전》)

11. 취미 수초(翠微守初): 2편

● 차운하여 현재상인(玄載上人)에게 주다　　　　　次韻贈玄載上人

한 잔의 맑은 차를 매일 그대에게 권하였으나　　　一椀淸茶每勸君
해 저물면 만중(萬重)의 구름 속으로 돌아 들어가네　日斜回入萬重雲
납의로 대지팡이 짚고 언제나 오가니　　　　　　　衲衣筇杖常來往

누가 도를 청산 양쪽에 나누어 있다고 말하였나.　　　　誰道靑山兩處分

【해설】 취미대사는 현재(玄載) 스님에게 매일 맑은 차 한 잔씩을 권하였는데, 이는 단순히 차가 아니라 선지(禪旨) 또는 다르마(Dharma, 法)를 뜻하기도 한다. 물론 단순히 차 자체일 수 있으나 여기서는 불교의 진제(眞諦), 즉 선의 요체를 뜻한다고 보는 것이 옳을 것이다. 현재 스님은 날이 저물면 본래의 무명(無明) 속으로 돌아가곤 하였다. 즉 그는 취미대사가 일러 준 다선일미(茶禪一味)의 맛을 잊어버린 것이다. 뒤의 2구는 경책이라고 봄이 맞을 것이다. 비록 납의와 대지팡이로 자주 이 산 저 산 옮겨 다니지만 도(道)가 산에 따라 달리 있는 것은 아니다. 괜히 여러 산을 오락가락하면 오히려 참선 공부에 방해됨을 일러 주고 있는 것이다.

● 질문하는 선승에게 보이다　　　　示問禪僧

일 없이 부는 바람에 집을 반쯤 열어 놓으니　　無事臨風戶半開
내게 요긴한 일 있어 왔으니 마땅히 감회를 펼친다　　有來要我便陳懷
분명히 가리켜 보인 것은 평상의 뜻이니　　分明示指平常趣
공양 후에는 산차(山茶)를 한 잔 마셔라.　　飯後山茶吸一杯

【해설】 이 시 역시 다화(茶話)라기보다는 선승에게 보여 준 선게(禪偈)라는 것이 더 정확할 것이다. 선승이 취미대사에게 선지(禪旨)를 물었는데 그는 이미 분명히 평상의 뜻 [平常趣]으로 알려 주었다면서 '식사 후에는 차나 한 잔 마시라'고 말한다. 조주의 끽다거(喫茶去) 선화를 보는 듯하다.

【출전】 〈취미대사집(翠微大師集)〉;《한국불교전서》 제8책,　pp.290~307, 1987, 동국대학교 출판부.

【취미 수초의 생애】

취미 수초(翠微守初, 1590~1668)의 호는 취미(翠微)이고 자는 태혼(太昏), 성은 창녕 성(成)씨이다. 서울 출신으로 사육신인 성삼문(成三問)의 후손이다. 벽암 각성(碧岩覺性)의 직계 제자로서 어려서 제월 경헌(霽月敬軒)에게서 스님이 되었으며, 1606년 두류산의 부휴 선수(浮休善修)를 만났는데, 선수가 제자인 각성에게 '후일 우리의 도를 크게 할 사미이니 잘 보호하라'고 일렀다 한다. 여러 스님을 방문하고 서울로 와서 이름난 유학자들과도 사귀다가 각성의 법을 이어받았다. 옥천 영취사 오도사 설봉사 등지에서 선과 교로써 교화 활동을 펴다가 1668년(현종 9) 6월 오봉산 삼장암(三藏庵)에서 세수 79세로 입적했다. 저술로《취미대사집》이 있다.

12. 허백 명조(虛白明照): 2편

● 정동지(鄭同知)의 운을 따라　　　　　　　　　　次鄭同知韻

도(道) 높은 이와 진(眞)을 탐구해 구름 빗장 안으로 들어가　高士探眞入雲扃
선다(仙茶)를 남김 없이 다 마시면 속된 마음 멸하나니　　　仙茶吸盡塵心滅
세간의 영욕이 뜬 물거품 같다네　　　　　　　　　　　　　世間榮辱似浮漚
삼라만상이 다만 하나일 뿐이지.　　　　　　　　　　　　　萬像森羅爲一物

● 윤참판 묘전(廟前)의 영별사(永別辭)　　　　　　尹參判廟前辭別

슬프고 슬프다. 통절히 마음 속으로 곡한다.　　　　哀哀痛切心中哭
소리 없이 울고 울면서 말하니 이 어찌 일어난 일인가　泣泣呑聲豈偶然
노엽(露葉)의 맑은 차 세 잔을 올린 후　　　　　　　露葉淸茶三獻後
영묘에 영원한 이별의 글 드리나니 향천으로 가소서.　永辭靈廟入香天

【해설】 명조(明照) 스님의 다시는 일상적인 통념의 차를 다룬 것은 아니다. 〈정동지의 운을 따라〉라는 제목의 다시는 진리 탐구의 방편으로서 '선다(仙茶)'를 거론하였고, 〈윤참판 묘전의 영별사〉는 영결식에 참석하여 차를 올리고 조사(弔詞)로 쓴 시다. 도(道)를 추구하고, 죽음을 슬퍼하는데 차로 그 매개를 삼았다는 것은 어떤 의미에서 더욱 뜻깊은 일이 아닐 수 없다. 또 이러한 명조 스님의 다시를 찾아냈다는 것도 적지 않은 의의가 있다.

【출전】 〈허백집(虛白集)〉;《한국불교전서》제8책, pp.385~397, 1987, 동국대학교 출판부.

【허백 명조의 생애】

　허백 명조(虛白明照, 1593~1661) 스님의 호는 허백(虛白), 이름은 이희국(李希國), 본관은 홍주(洪州), 통정대부(通政大夫) 춘문(春文)의 아들로 1593년(선조 26) 11월 9일 태어났다. 1605년(선조 38) 13세에 출가하여 양육사(養育師)인 묘향산의 보영(普英)을 따르다가 사명 유정(四溟惟政)에게 구족계를 받았다. 교는 완허 원준(玩虛圓俊)에게 배우고, 선은 송월 응상(松月應祥)에게 배웠으며, 응상의 법을 이었다. 묘향산에 갔다가 1627년(인조 5) 정묘호란으로 후금(後金)이 쳐들어 왔을 때 강원도 관찰사의 천거로 팔도승병대장이 되었다. 이때 4천여 명의 승병을 거느리고 안주(安州)에서 크게 전공을 세웠다. 1636년(인조 14) 병자호란 때에는 의곡(義穀)을 모아서 군량을 보급하는 등 승병장으로 많은 활약을 했다. 그 공으로 왕이 가선대부 국일도대선사 부종수교복국우세 비지쌍운의승도대장(嘉善大夫 國一都大禪師 扶宗樹教福國祐世 悲智雙運義僧都大將)이란 기다란 호를 내렸다. 그 후 그는 구월산 패엽사·묘향산 보현사 등지에서 후학과 대중들을 교화하다가 1661년(현종 2) 9월 8일 나이 69세, 법랍 57년으로 입적했다. 저술에는 《허백당시집》 3권 1책과 《승가예의문(僧

家禮儀文)》1권이 있다.(《허백대사비문》《허백당집》《한국불교인명사전》)

13. 백곡 처능(白谷處能): 5편

●그윽한 곳에 살면서   幽居雜興

(상략)   (上略)
이른 새벽에는 맛난 우물을 긷고   淸晨汲甘井
어스름 저녁에는 좋은 차를 달이나니   薄暮烹良茶
그것 마셔 내 목을 적시려는데   飮之洒沃喉
어쩌면 신맛은 그리 많은가?   釅味何其多
(하략)   (下略)

●비에 막혀 백헌(白軒)[108] 상국에게 드림   滯雨敬呈白軒相國

애기풀은 봄의 강물가에 아득한데   細草迷春渚
외로운 연기는 저문 모래밭에서 이네   孤烟起晚沙
언제나 그 도반(道伴)들과 함께   幾時携道伴
새 차를 달여 서로 권하리.   相勸煮新茶

●또 정수재(鄭秀才)에게   次寄鄭秀才

청광(淸狂)[109]한 어떤 나그네가 바위문에 이르렀는데   淸狂有客到嵒扃
낡은 모습과 그 의관(衣冠)은 대정(大庭)[110]을   古貌衣冠想大庭

---

108) 백헌(白軒): 이경석(李景奭, 1595~1671)의 호. 선조 때 사람. 벼슬은 영의정에 이르고 시문에 뛰어났다.
109) 청광(淸狂): 지나치게 청렴결백한 것. 또는 지나치게 청렴결백해서 도리어 경원당하는 사람.
110) 대정(大庭): 외조(外朝)를 말함. 외조는 군주가 국정(國政)을 듣는 곳. 또는 고문(庫門) 밖에 있어서 최종의 심판 등을 관장하는 곳.

생각하게 하였다.

마땅히 유령(劉伶)¹¹¹)이 자랑한 주송(酒頌)을 배울 만하고	宜學劉伶誇酒頌
오직 육우(陸羽)¹¹²)가 지은 다경(茶經)을 읽었다.	唯探陸羽著茶經

●봄날 임(林) 스님에게   春日寄林師

봄이 오매 그윽한 흥취가 몇 갑절 더하나니	春來幽興十分加
옛 가락의 백설가(白雪歌)를 그 뉘가 알리	古調誰知白雪歌
동자(童子)는 섶을 지고 와 올고사리를 삶는데	童子荷薪烹早蕨
노승은 삽을 들고 새 차나무를 처음 심네.	老僧將錥種新茶
(하략)	(下略)

●회문체¹¹³)를 본받아   效回文體
   - 2수 중 두번째 수 -

마음이 처음으로 선정에 들고나면 세 잔의 술이요	心初定後三杯酒
흥이 솟구쳐 일어날 때는 한 잔의 차이네	興逸飛時一椀茶
예와 지금은 변해 가는데 지난 일 생각하면	今古變移推往事
거문고 줄의 일곱 가락은 그 운(韻)이 옆으로 비끼네.	琴絃七曲韻橫斜

【출전】㉠〈대각등계집(백곡집)〉(2권);《한국불교전서》제8책, pp.307~342, 1987, 동국대학교 출판부. ㉡ 한글대장경 제83권,《백곡집(白谷集)》, 김달진 옮김, 1994, 동국역경원.

---

111) 유령(劉伶): 진(晋) 패국(沛國)의 사람으로 용모는 매우 추하고 술을 즐겨 주덕송(酒德頌) 한 편을 남겼다. 죽림칠현(竹林七賢) 중의 한 사람.
112) 육우(陸羽): 당나라 경릉(竟陵) 사람. 태어난 곳은 알 수 없고 어떤 스님이 물가에서 주웠다고 전해지는 육우는 불러도 벼슬에 나아가지 않고 은거하면서 문을 닫고 차를 즐기며 저술에 힘썼는데 특히 다경(茶經) 3편이 유명하다.
113) 회문체(回文體): 바로 읽거나 거꾸로 읽거나, 세로・가로로 읽어도 뜻이 성립하는 시. 진(晋)의 소백왕(蘇伯王)의 아내가 지은 반중시(盤中詩)가 그 시초이다.

【백곡 처능의 생애】

　백곡 처능(白谷處能, 1617~1680) 스님의 호는 백곡(白谷), 자는 신수(愼守), 성은 김(金). 15세에 출가하였고, 18세 무렵 서울로 가서 신익성(申翊聖)에게 한문과 유학을 익혀 문장이 뛰어났다. 지리산 쌍계사 벽암 각성(碧巖覺性)의 제자가 되어 23년간 공부하고 그 법을 이었다. 1674년(현종 15) 팔도선교십육종도총섭(八道禪敎十六宗都摠攝)이 되었으나 3개월만에 사직했다. 대둔사 안심암에서 오래 있었다. 처능이 다시(茶詩) 5편을 쓴 것도 대둔사에 오래 주석했기 때문으로 보인다. 1680년(숙종 6) 금산사에서 대법회를 열고는 그 해 7월 세수 64세, 법랍 49년으로 입적했다. 그의 시문은 일세를 떨쳤고 특히 불교 탄압의 잘못을 항의하는 〈간폐석교소(諫廢釋敎疏)〉가 유명하다. 저술로는 《백곡집》과 《임성당(任性堂)대사행장》이 있다.(《백곡집》《조선불교통사》《불조원류》《한국불교인명사전》)

14. 한계 현일(寒溪玄一): 3편

●천장암　　　　　　　　　　　　　　　　　天藏庵

암자는 푸른 산 높은 곳에 걸려 있고　　　　庵掛碧岩嶢
방문하는 사람 없어 적막하구나　　　　　　無人訪寂寥
창을 여니 외로운 산골짜기가 멀고　　　　　窓開孤峀遠
눈에 먼 넓은 10주(洲)가 보이네　　　　　　眼豁十洲遙
쇠 화덕에 차김이 서리는데　　　　　　　　金竈茶烟起
소나무 바위에 학의 그림자가 표연하네　　　松岩鶴影飄
온갖 빼어난 승경(勝景)　　　　　　　　　　萬般殊勝景
붓으로는 능히 그려낼 수 없구나.　　　　　　把筆未能描

● 월정사   月精寺

산명은 오대요 절은 월정이로다   山號五臺寺月精
그림 난간은 높고 푸른 계곡의 물소리   畵欄高枕碧溪聲
한낮에는 쇠화덕에서 차김이 일어나고   日中金竈茶烟起
고요한 밤 아름다운 단에서는 옥경쇠가 울리네.   夜靜瑤壇玉磬鳴
(하략)   (下略)

【해설】 현일(玄一) 스님의 다시 3편은 모두 사암 기행시인데 〈천장암〉과 〈월정사〉 시에는 차에 관한 시어들이 둘 다 '금조다연기(金竈茶烟起)'로 되어 있다. 기행시가 대개 그러하지만 현일 스님의 위 두 시도 경관을 묘사하고 그곳의 정취에 차를 포함시켜 읊고 있다.

● 표훈사   表訓寺

걸음도 다 했는데 푸른 산 백리의 저녁놀!   踏盡靑山百里霞
범궁(절의 전각)은 옥같이 아름답고 물속 바다에는 금모래가 깔렸네   琳宮瀟洒布金沙
요대의 방사(方士)는 단액을 끓이는데   瑤臺方士燒丹液
석실의 참된 스님은 차를 달이네.   石室眞僧煮茗茶

【해설】 1, 2 구절은 경관의 묘사인데 3, 4 구절은 묘한 대비를 해놓았다. 방사(方士)는 도교의 수행자이고 승려는 불교의 수행자이다. 그런데 방사는 효과도 불분명한 단약(丹藥)의 진액을 끓이고 참된 스님은 차를 달인다는 내용이 그것인데 이는 차의 성품이 맑고[淸], 깨끗하며[靜], 화(和)하기 때문일 것이다. '진승자명다(眞僧煮茗茶)'란 구절을 보면 초의 선사가 읊은 다시 한 구절이 생각난다.

예부터 어진 이들은 모두 차를 즐겼나니   古來聖賢俱愛茶

차는 군자와 같아 삿됨이 없기에.	茶如君子性無邪

【출전】 〈한계집(寒溪集)〉;《한국불교전서》제11책, pp.445~458, 1993, 동국대학교 출판부.

【한계 현일의 생애】

한계 현일(寒溪玄一, 1630~1716) 스님 역시 그간 불교사나 다사(茶史)에 전혀 알려져 있지 않았다.《한계집(寒溪集)》말미에 수록된 기록에 의하면 스님의 호는 한계(寒溪)이고 보령(寶寧) 사람이며 속성은 황(黃)씨이다. 그는 출가하여 명산을 편력하고 선지식을 참방하여 공부와 수행에 박학하였다.《한계집》의 서문에 의하면 현일은 당대의 유명한 승려였던 백곡 처능(白谷處能, 1617~1680)과 쌍벽을 이룰 정도였다고 한다. 1716년 세수 87세로 입적하였다. 부도는 송광사 동록에 세웠다. 저술로는《한계집》이 있는데 시 146편이 현존하고 있다.

15. 백암 성총(栢庵性聰): 6편

●봄을 보내며	送春
앵무새는 나무 사이에서 지저귀고 제비는 못 위에 노니는데	流鶯間囀燕差池
한 잔의 차를 마시고 몇 수의 시를 읊네	一盌淸茶數首詩
손님은 오지 않는데 봄은 스스로 물러가고	外客不來春自去
억센 비바람에 차싹이 떨어지는구나.	滿簾風雨落茶芽

●그윽한 곳에 사는 느낌	幽居雜咏
녹색나무는 푸른 숲을 이루었는데 깊고 또 깊으며	綠樹靑林深復深

계곡의 앵무새는 하루 종일 맑은 소리로 우짖네   谷鶯終日送淸音
사미승은 물을 길어 햇차를 달이고   沙彌汲澗煮新茗
한 줄기 가는 연기 대숲에 피어오르네.   一縷細烟生竹森

【해설】백암 스님의 다시(茶詩)는 세상에 처음 소개된다. 그의 시에는, 특히 위의 두 시에서는 앵무새와 차가 공통적으로 등장하고 있다. 스님은 앵무새 지저귀는 유현한 곳에 살면서 차를 마시고 시를 읊는다. 당대의 명사들과 교유하면서 시에 능한 차인(茶人)으로서의 면모가 잘 드러나 있는 작품이다.

● 황령난야114)(黃嶺蘭若)에서   題黃嶺蘭若

옛절에 사람도 오지 않는데   古寺無人到
빈 산에는 낮에도 문이 닫혀 있네   空山晝掩關
가는 봄비 속에 차를 달이고   茗煎春雨細
어두운 숲에는 산짐승들 돌아와 잠드네.   林暝宿禽還
(하략)   (下略)

● 산중의 느낌을 써서 장(張) 수재에게 보이다   山中書懷示張秀才

한 해가 저물도록 망기(忘機)하고 앉았으니   竟歲忘機坐
한매(寒梅)가 또 봄을 맞이하네   寒梅又一春
경영함이 있는 것은 모두 세상 고통이 있나니   有營皆世苦
일 없음이 나의 참됨이네.   無事乃吾眞

돌솥에 계곡 물을 길어 차 달이니   石鼎烹溪藾
사립문 밖 티끌세상은 멀고   柴門遠市塵

---

114) 난야(蘭若): 절.

장차 영욕을 함께 하리니	肯將榮與辱
백년도 못사는 몸에 헛된 짐만 많구려.	虛負百年身

●승평 안사군 후태님께 부쳐   寄上昇平安使君后泰

쑥쑥 5마리의 말이 강남으로 내려가고	蕭蕭五馬下江南
공을 뽑아 쓰니 성은이 미쳤도다	擢用龔公聖化覃
저문 날 부엌에서 연기 오르고 자순차는 게눈으로 끓고 있나니	日晏廚烟烹紫蟹
가을 깊어 서리내리니 황감을 따네.	秋深霜菓摘黃柑
(하략)	(下略)

●만휴 임참의께 부쳐   寄上萬休任參議

술잔 잡을 필요도 없이 높은 마루에 올라 부(賦)를 읊으니	操觚不必賦高軒
이미 그 시명(詩名)이 세인들 사이에 떠들썩하네	已有詩名衆口喧
민첩하고 우아하게 3보에 버드나무를 읊고	敏速優於三步柳
맑고 깨끗하게 나아가 8구절을 금방 읊네	清新邁却八吟溫
노래는 뜻을 술회하니 잔에 술을 가득 채워라	歌懷嘯志樽盈酒
약초를 심고 차나무를 옮기며 낮에는 원(園)에서 보낸다	種藥移茶日涉園
소재(小齋)를 생각하며 노니는데 봄은 고요하고 고요하네	遙想小齋春寂寂
뜰에는 가득히 꽃이 떨어지고 가시나무 문은 닫혔네.	滿庭花落掩荊門

【출전】〈백암집(栢庵集)〉;《한국불교전서》제8책, pp.440~484, 1987, 동국대학교 출판부.

【백암 성총의 생애】

백암 성총(栢庵性聰, 1631~1700) 스님의 호는 백암(栢庵), 성은 이(李). 1631년(인조 9) 11월 15일 남원에서 태어났다. 1646년(인조 24) 16세에 순창의 취암(鷲岩)에게 출가해 계를 받았다. 1648년 방장산(지리산)에 가서 취미 수초(翠微守初)에게 9년 동안 사사하고 법을 이었다. 1660년(현종 11) 강사가 되어 순천의 송광사·낙안(樂安)의 징광사(澄光寺)·하동의 쌍계사 등 여러 절을 편력하면서 학인들을 가르쳤다. 외전에도 통했으며 시에도 능해서 당시의 명사들과도 교유가 많았다.

1681년(숙종 7) 큰 배 한 척이 서해의 임자도(荏子島)에 표류해 왔는데, 배 안에는 명나라의 거사 평림섭(平林葉)의 교간본(校刊本)인 《화엄경소초》《대명법수(大明法數)》《회현기(會玄記)》《금강기》《기신론소》《사대사소록(四大師所錄)》《정토보서(淨土寶書)》 등 190여 권의 불전이 실려 있었다. 그는 이 불서들을 얻어 1695년(숙종 21)까지 15년 동안 약 5천 판을 만들어 간행했으며, 이에 사방의 불자들이 존경하여 일대의 대종사로 받들었다. 1692년 선암사의 창파각(滄波閣)에서 화엄대법회를 개설했다. 1700년(숙종 26) 7월 25일 쌍계사 신흥암(新興庵)에서 나이 70세, 법랍 54년으로 입적했다. 문하에는 무용 수연(無用秀演)·석실 명안(石室明眼) 등의 제자들이 있다. 저술에는 《치문집주》《정토보서》《백암집》《지험기(持驗記)》 등이 있다.(《백암대선사비문》《동사열전》《조선불교통사》《한국불교인명사전》)

16. 월저 도안(月渚道安): 1편

- 또 8운을 따라115)   又次八韻
  -8수 중 세번째 수-

또 보지 못하였는가?   又不見

---

115) 이 시의 바로 앞에는 '동파뇌주(東坡雷州)의 8운을 따서 유거(幽居)하는 감회를 읊다[幽居雜詠次東坡雷州八韻]'란 제목의 시가 있다. 위에서 소개한 시는 앞서 이야기한 '동파뇌주'의 운을 따서 또 추가하여 지은 8수 중 세번째 수이다.

동해의 봉래산(금강산)	東海蓬萊山
1만2천 봉을	一萬二千岑
눈[雪]과 달은 옥계(玉溪)를 토하고	雪月瀉玉溪
바람과 솔은 옥(玉) 거문고를 연주하네	風松奏瑤琴
채식도 배고프면 달게 삼키고	草食飢來餐
갈증나면 산차(山茶)를 마시네.	山茶渴卽斟

【해설】 8수 중 세번째 이 시는 금강산의 절경을 읊은 작품이다. 금강산의 풍광(風光)이야 수많은 시인 묵객 스님들이 읊은 절창이 무수하므로 내가 덧붙일 말이 별로 없다. 그 기승한 경색(景色) 속에서 수행자는 배고프면 채식도 맛나게 먹고 갈증나면 산차(山茶)를 마신다. 금강산의 절경과 수행자의 삶이 잘 조화를 이룬 茶詩이다.

【출전】 〈월저당대사집(月渚堂大師集)〉;《한국불교전서》 제9책, pp.79~121, 1988, 동국대학교 출판부.

【월저 도안의 생애】

　월저 도안(月渚道安, 1638~1715) 스님의 호는 월저(月渚)이고 평양 사람이다. 유보인(劉輔仁)의 아들로 1638년 12월 19일 출생. 9세에 소종산(小鍾山) 천신(天信)에게 출가해 구족계를 받았다. 금강산의 풍담 의심(楓潭義諶)에게 20여 년을 수학하고 풍담의 심법을 얻었다. 1664년 묘향산에 처음 교화했고 편양과 풍담이 미처 이루지 못한《화엄경》의 한글 풀이를 완성했으며,《화엄경》《법화경》 등 대승경전을 간행 유포했다. 1697년 무고로 옥에 갇혔으나 석방되었고, 왕이 팔도선교도총섭으로 삼으려 했으나 사양했다. 1715년 묘향산 진불암에서 나이 78세, 법랍 70년으로 입적했다. 저술로는《월저당대사집》《불조종파도(佛祖宗派圖)》 1첩이 있다.(《월저대사비문》《동사열전》《조선불교통사》《한국불교인명사전》)

17. 풍계 명찰(楓溪明察): 4편

● 묘경의 운을 따라　　　　　　　　　　　　　　次妙瓊

영원사에서 헤어지고 오래 되었네　　　　　　　靈源一別日將淹
궁벽한 동네 그윽한 암자에서 나는 홀로 숨어 사나니　僻洞幽菴我獨潛
나무는 단풍이 들고 짧은 베옷에 늦가을 바람이 부는데　紅樹晚風披短褐
청산에 옅은 비 내려 발을 걷네.　　　　　　　　青山微雨卷踈簾

굳어 떨어진 도심(道心)은 가난에도 굴하지 않으나　牢落道心貧不屈
적막하고 쓸쓸한 몸에 병까지 겹쳤네　　　　　　寂寥身世病相兼
누가 이곳에 와서 자리를 함께 할까　　　　　　誰人到此同襟席
함께 차를 끓여 마실 뜻도 없으면서.　　　　　　共點茗茶也未嫌

【해설】 풍계는 영원사에서 묘경 스님과 헤어진 후 궁벽한 동네의 유현한 암자에서 홀로 살고 있다. 짧은 베옷 사이로 늦가을 바람이 부는데 비록 도심(道心)은 가난에도 굴하지 않으나 몸에 병이 겹쳤으니 적요(寂寥)한 신세가 아닐 수 없다. 그는 함께 차를 끓여 마실 스님을 은근히 구하지만 그 또한 여의치 않은 노릇이다. 적막한 암자에 홀로 사는 고승(高僧)의 삶이 적나라하게 드러나 있는 시이다.

● 오대산　　　　　　　　　　　　　　　　　　　五臺山
　- 강릉 서쪽에 있다. 32운 -　　　　　　　　　　在江陵西三十二韻

(상략)　　　　　　　　　　　　　　　　　　　　(上略)
당시 땅을 택할 때 층층의 봉분 위에 세웠네　　　當時擇地竪層墳
역사가 가려낸 이름난 곳에 집을 지었으니　　　　歷銓名區來卜築
스님이 살고 무리들이 선(禪)을 배우며　　　　　居僧盡是學禪徒

차 달이고 향 사르며 옥축에 배열하네	煮茗燒香排玉軸
천신이 가호하고 지신(地神)이 아껴 주어	天神呵護地媼慳
천만년 가도록 변혁(變革)하지 마소서.	萬歲千秋無變革

● 고운사116)　　　　　　　　　　　　　　　　孤雲寺

번쩍번쩍하는 큰 전각이 구름 끝에 있고	鱗鱗傑閣在雲端
동구의 기암은 겹겹이 이어졌네	洞口奇岩萬疊連
빽빽한 나무 그늘은 승냥이와 호랑이의 길이고	密密樹陰豺虎逕
중중한 산 그림자 안에 범왕천(梵王天: 법당)이 있네	重重山影梵王天
향과 전서(篆書)의 그림자는 선탑(禪榻)으로 돌아가고	香因篆影歸禪榻
맑은 샘물 길러 차 달여 창자를 채우고	茶爲澆腸汲淨泉
묘법연화경 7축을 독파하니	讀罷蓮花經七軸
맑은 물소리 잠들지 못하네.	數聲淸澈不能眠

● 정광암　　　　　　　　　　　　　　　　　定光庵

법당[香龕]에는 전서(篆書)의 그림자도 없고	香龕無篆影
차절구는 사람들의 발길에 묻혔네	茶臼沒人隨
홀로 돌상 위에 누웠는데	獨臥石床上
달빛 숲에는 자규가 우네.	月林啼子規

【해설】 시 〈고운사〉는 번창한 사찰이고 〈정광암〉은 퇴락한 암자이다. 풍계 스님은 고운사에서 샘물 길어 차 달여 마시고 묘법연화경 7축을

---

116) 고운사(孤雲寺): 경북 의성군 단촌면 구계동 등운산에 있는 절. 681년(신라 신문왕 1년) 의상(義湘) 창건, 고운사(高雲寺)라 이름. 뒤에 최고운(崔孤雲: 최치원)이 여지(如智)·여사(如事) 두 스님과 함께 가허루(駕虛樓)·우화루(羽化樓)를 짓고 고운사(孤雲寺)라 개칭. 948년(고려 정종 3년) 운주 조통(雲住照通)이 중창. 이후 중수를 거쳐 1835년(헌종 1) 불탄 것을 만송(晩松) 등이 중창, 국보인 석가여래좌상(제385호)이 있다.

모두 독파하였는데 정광암에 차절구조차 묻혀버려 차도 마시지 못하고 돌상에 누워 자규 소리 듣고 있다. 이 두 시는 그 규모나 성쇠의 대비가 아주 격심한 사찰과 암자를 읊은 작품이다. 더구나 다시로 앞·뒤에 배열해 놓고 읽으니 더욱 차이가 부각되는 것 같다. 풍계는 번성한 대찰이든 쓰러져 가는 암자든 차 얘기를 빠뜨리지 않는 걸 보면 차를 꽤나 즐긴 스님이었던 모양이다.

【출전】〈풍계집(楓溪集)〉;《한국불교전서》제9책, pp.122~159, 1988, 동국대학교 출판부.

【풍계 명찰의 생애】

풍계 명찰(楓溪明察, 1640~1708)의 호는 풍계(楓溪), 자는 취월(醉月), 성은 박. 아버지는 박원진(朴圓振)이다. 1640년(인조 18) 6월 3일 서울에서 태어났다. 11세에 춘천 청평사 양신암에서 환적 의천(幻寂義天)에게 득도했다. 금강산 풍담 의심(楓潭義諶)의 문하에서 10여 년 경론을 배워 그 법을 이었다. 1690년 해인사에서 환적이 입적하자 그의 행장을 지었다. 1704년 통도사의 사리탑을 중수하였다. 1708년(숙종 34) 6월 8일 해인사 백련암에서 나이 69세, 법랍 58년으로 입적했다. 시문으로도 이름을 떨쳐 명산을 유력하면서 지은 시를 모은 《유완록(遊翫錄)》 1권과 《풍계집》을 저술로 남겼다.(《조선불교통사》《풍계집》《한국불교인명사전》)

18. 설암 추붕(雪巖秋鵬): 10편

● 그윽한 곳에 살면서　　　　　　　　　　　　　幽居

내 유거(幽居)에는 일이 없어 작은 것을 만나도 반갑다　幽居無事少逢迎

일어나 앉으면 오로지 성령(性靈)을 기르는 데만 치우치네	起坐偏宜養性靈
이슬 내린 가을 날 숲을 헤쳐 과일을 따고	摘果穿林秋露滴
계수나무로 차 달이는데 저녁 연기 피어오르네.	煉茶然桂暮烟生
(하략)	(下略)

● 안법사(眼法師)가 방문한 것을 감사드리며　　　　謝眼法師見訪

꽃 피는 아름다운 3월 버들가지에도 봄이 오고	烟花三月柳條春
새들이 맑은 소리로 미친듯 울어 대니 흥이 새롭다	鳥語淸狂興更新
멀리 떨어져 있는 손님이 와서 선탑(禪榻) 아래로 달려와	遠別客來懸榻下
젊은 시절 차 마시며 얘기하던 것을 돌이켜 그리워하네.	少時茶罷戀懷陳
(하략)	(下略)

● 혜량(惠亮)에게 주다　　　　贈惠亮

금승 한 길로 다닌 지 벌써 몇 년이며	金繩一路幾年行
현기(玄機)를 헤아리는가, 후도생(後道生)아	點石玄機後道生
산 밖을 알지 못해도 인간 세상은 변하니	山外不知人世變
베개 베고 한가로이 석천(石泉)의 소리를 듣네	枕邊閑聽石泉鳴
꽃 밟고 돌아오는 길, 봄 구름이 습하고	踏花歸徑春雲濕
계수나무로 차 달이는데 저녁 노을이 맑다	然桂烹茶暮靄淸
숲의 학과 야생 고라니가 서로 믿으니 후덕한데	林鶴野麋盟旣厚
붉은 문에 하필 빛나는 수놓은 옷인가?	朱門何必繡衣榮

● 취율사(翠律師)의 운에 따라　　　　次翠律師韻

이번 생애에 지은 것은 하나의 적요(寂寥)의 세계이니	生涯入作一寥天
꽃마을 술집[酒肆]117) 가에서도 찬 꿈을 꾸고	夢冷花村酒肆邊
한가로이 계수나무 잎을 태워 끓이는 화로를 잡고 있으니	閒把丹爐燒桂葉

경뢰소(驚雷笑)118)를 달여 마시며 만년을 보호하소서.　　煮驚雷笑護殘年

【해설】 이 시는 설암(雪巖)이 취율사(翠律師)에게 주는 11수 중 그 아홉 번째 시다. 원래 율사는 계율을 엄격하게 지키므로 '꽃마을 술집 가에서도 찬 꿈을 꾼다[夢冷花村酒肆邊]'라고 읊었다. 이 구절에서 말하는 '꽃마을[花村]'이란 기생 또는 여자들이 있는 동네를 뜻하고 주사(酒肆)란 술집을 가리킨다. 그런데 여자와 술이 있는 곳에서 '찬 꿈'이나 꾸는 것은 계율을 엄격하게 지키는 율사이기 때문에 설암이 그렇게 읊었을 것이다. 말하자면 기왕에 잘 지켜온 계율이니 계속 고수하고 술 대신 '경뢰소' 같은 좋은 우전차(雨前茶)나 마시며 남은 생애를 보호하는 것이 좋지 않겠는가 하고 시구 속에 설암 자신의 견해를 표현하고 있다.

● 산방(山房)에서 우연히 읊다　　　　　　　　山房偶吟

맑은 날 방안은 밝게 비어 있고　　　　　　　霽日119)明虛室
뜨락의 반에는 한가로이 꽃이 지네　　　　　閑花落半庭
노승은 게으른 차꿈[茶夢]에 잠기고　　　　　老僧茶夢倦
바람이 예주경(蘂珠經)을 말아버리네.　　　　風卷蘂珠經

● 운을 따서 대방사미(大方沙彌)에게 주다　　次贈大方沙彌

금도(襟度)의 기대되는 바는 가을 물 같고 그 질은 난과 같은데　襟期秋水質如蘭
소탈하게 웃으며 세상 그물과 부딪치리라　　笑脫人寰世網揮
마음을 가라앉혀 벽을 관(觀)하면 마땅히 얻는 바가 있으리니　觀壁住心應有得
꽃을 들고 대나무를 부셔버리면 가히 싸울 수 있는 단서는 되리라　拈花擊竹可爭端

---

117) 주사(酒肆): 술집, 주점(酒店).
118) 경뢰소(驚雷笑): 뇌소(雷笑)는 곡우 전에 딴 차. 경뢰소는 뇌소의 한 종류인 차.
119) 제일(霽日): 맑은 날. 晴日(청일).

창 앞의 흰 코끼리가 광기(狂機)를 식히니	窓前白象狂機息
소매 속 푸른 뱀의 담기가 차다	袖裏靑蛇膽氣寒
진중(珍重)하게 위임하노니 향악사(香岳寺)를 찾아가라	珍重委尋香岳寺
함께 차 솥을 갖고 용단(龍丹)에 점 찍으리라.	共携茶鼎點龍丹

【해설】 이 시는 설암 선사가 사미승 대방(大方)에게 주는 작품이다. 그런데 대방 사미의 인품과 자질이 뛰어났던 모양이다. 그 기상이 가을 물〔秋水〕같고 자질이 난초와 같다 했으니 대방은 장래가 촉망되는 사미승이었던 것 같다. 대방이 선수행에 용맹정진하면 훗날 대성하리라는 것이 설암의 시구 내용이다. 후에 대방 사미는 어떤 스님이 되어 1700년대 초, 조선불교사에 기여했을까? 그에 관한 후문이 없고 또 승려들은 법명이 바뀌는 예가 많아 그가 누구인지 확인할 길이 없긴 하나 '함께 차 솥을 갖고 용단(龍丹)에 점 찍을 수 있는' 자질이 있었던 그가 누구인지 궁금하다.

● 백련암에서 청안상인(淸眼上人)께 드리다　　　　　白蓮庵贈淸眼上人

(상략)　　　　　　　　　　　　　　　　　　　　　　(上略)
(丹)화덕에서 약을 전하는데 차 연기가 흩어지네　　藥傳丹竈茶烟散
꿈을 깨니 요대에서 쏟아지는 물소리가 시끄럽다　　夢破瑤臺瀑水喧
봄날 매화당에서 놀라 눈을 부비며　　　　　　　　春日梅堂驚拭眼
일반적으로 진취(眞趣)는 바르게 견딜만 하다고 논하네.　一般眞趣正堪論

● 오계찬(吳季纘)의 운을 따라　　　　　　　　　　次吳季纘

작은 암자는 그윽하고 고요한데 층층의 봉우리가 옹호하고　小庵幽靜擁層岑
일 없어 녹색 나무 그늘에서 가부좌하고 있네　　　無事跏趺綠樹陰
잔에는 자줏빛 차가 있고 향 대신 술이로세　　　　盃裡紫茶香代酒

문 앞의 녹수(綠水)는 거문고 음향 전하네.　　　門前綠水響傳琴
(하략)　　　　　　　　　　　　　　　　　　　　(下略)

● 낭혜상인(朗惠上人)께 주다　　　　　　　　　贈朗惠上人

자지차(紫芝茶)를 마시는데 흰 구름 가에 종소리 들리고　紫芝茶吸白雲鍾
깊고 큰 서쪽에서 온 코끼리가 근본을 가르치나니　　　深宏西來象敎宗
절의 바다와 강산에 들어와 땅에 앉았는데　　　　　　刹海江山輪座地
의로운 하늘의 별코끼리가 하계에 내려와 봉우리를 쳐다보고 있네.　義天星象落簪峰
(하략)　　　　　　　　　　　　　　　　　　　　(下略)

【해설】 이 시는 설암이 낭혜(朗惠) 스님께 주는 두 수의 칠언율시 중 두 번째 수 가운데 앞에 있는 4구절만 소개하였다. 이 시의 첫 구절에 나오는 자지차(紫芝茶)는 현재 우리나라에서 출간된(특히 내가 갖고 있는 茶書들) 차에 관한 책에서는 찾아볼 수 없었다. 자줏빛 차싹을 뜻하는 '자순차(紫筍茶)'의 일종이긴 하나 '지초지(芝) 자'가 들어간 것으로 보아 또 다른 차의 하나인 것으로 추정되나 자세한 것은 알 수 없다. 발음이 쌍스러워 민망하기도 한데 어쨌든 시의 내용은 '자지차'를 마시면서 낭혜 스님을 한껏 치켜세우는 어휘들로 가득 차 있다. 하긴 전생이 좋으나 지금은 하계에 떨어져 봉우리만 쳐다보고 앉아 있다는 마지막 구절이 전부 칭찬으로만 들리진 않지만.

● 가을 흥취　　　　　　　　　　　　　　　　　秋興

앓고 일어나 가을 일로 바로 향기로운 꽃을 매만지니　病餘秋事正芳華
한낮의 그윽한 곳, 흐드러진 흥이 더하네　　　　　白日幽居漫興加
산과일로 족한데 돌병에도 흥취 이어져　　　　　　山果足當韶石餠
들샘[野泉]에 마음 허락하니 바로 조주차(趙州茶)로다.　野泉心許趙州茶
(하략)　　　　　　　　　　　　　　　　　　　　(下略)

【해설】 '조주차(趙州茶)'에 관해서는 앞에도 몇 번 나왔으므로 그 설명을 생략하겠다. 설암 스님이 병으로 앓고 일어나 향기로운 꽃을 만지고 산과일을 따며 들에 있는 샘에서 돌병을 가득 채우며 흡족해 하는 광경이 손에 잡힐 듯 묘사되어 있는 작품이다. 그러한 흥취 끝에 당시의 가을 흥[秋興]을 '조주차'로 마무리한 것은 역시 선승다운 면모가 약여하다.

【출전】〈설암잡저(雪巖雜著)〉〈설암선사란고(雪巖禪師亂藁)〉;《한국불교전서》제9책, pp.236~342, 1988, 동국대학교 출판부.

【설암 추붕의 생애】

설암 추붕(雪巖秋鵬, 1651~1706)은 조선 중기 대둔사(대흥사)의 유명한 13대종사 중의 한 분이다. 그의 다시(茶詩)가 10편이나 되는 것도 그가 차로 유명한 대둔사에 오래 주석한 때문일 것이다. 스님의 호는 설암(雪巖), 성은 김(金). 평남 강동(江東) 사람이다. 1651년(효종 2) 8월 27일 태어났다. 1660년(현종 1) 10세에 원주 법흥사(法興寺)의 종안(宗眼)에게서 득도하여, 벽계 구이(碧溪九二)에게서 경론을 배웠다. 묘향산 보현사 월저 도안(月渚道安)에게서 10여 년 동안 공부하여 그 법을 이어받았다. 선과 교 양종에 통달하고 시문을 잘 했으며, 한때 총림에서 종사로 추앙받았다. 대둔사 13대종사 중 다섯번째 대종사이다. 1706년(숙종 32) 8월 5일 묘향산에서 나이 56세, 법랍 46년으로 입적했다. 다비 후 사리 5과가 나와 승주 징광사(澄光寺)와 해남 대흥사에 분장했다. 대둔사 백설당(白雪堂)에서 법회를 열던 때의 《화엄강회록》이 대흥사에 전한다. 저술로는 《설암잡저》 3권,《설암난고》 2권,《선원제전집도서과평(禪源諸詮集都序科評)》,《법집별행록절요사기》,《묘향산지》 등이 있다.(《동사열전》《조선불교통사》《한국불교인명사전》)

19. 무경 자수(無竟子秀): 3편

●미륵암   彌勒庵

옛 암자가 위쪽에 있는데	古庵在上方
나는 듯한 지붕 대마루는 바위 모서리에 걸려 있고	飛甍掛巖角
산이 높아 휘어잡고 오를 것이 끊어져 있어	山高絶攀躋
인간의 손님이 이를 수 없어라	不到人間客
가을 하늘은 쌓인 비가 개고	秋天積雨霽
서늘한 바람이 허허롭게 전각에 이네	凉風生虛閣
비천(飛泉: 샘)은 바위 층에 걸려 있고	飛泉掛巖層
눈[雪]에 익숙해져야 될 곳은 3백척이구나	雪練三百尺
누워도 잠을 이룰 수 없는데	就臥不成眠
산 달(山月)이 창 가득히 희게 비치네	滿窓山月白
맑은 새벽 햇차를 끓이니	淸曉煮新茶
푸른 연기가 피어오르네	靑烟橫一抹
상쾌하구나. 인간 세상이 아닌 듯한 이곳이	快然非人世
호탕한 기상이 나는 듯하도다	氣毫如飛越
이제 맹세하노니 하산하지 않으리라	誓今不下山
백년 동안 길게 스스로 즐기리라.	百年長自悅

【해설】절경의 미륵암 그곳의 맑은 새벽에 햇차를 달여 마시며 느끼는 상쾌한 기분이 전해져 오는 듯한 다시다. 그곳이 어디인지 상고할 길은 없으나 혹 안다면 미륵암 산방에 앉아 차를 달여 마시고 싶은 생각이 드는 작품이다. 시의 형식은 오언고시(五言古詩)체이다.

●고인(故人)에게 주다   贈故人

돌길에 사람이 다니지 않고	石逕無人廻

사립문은 늦게까지 열지 않았다네	柴扉晚不開
문득 들으니 동자가 알리길	忽聞童子報
손님이 문 안에 들어온다네	有客入門來
객은 옛 모습의 단아한 납자	舊貌愛單衲
햇차를 한 잔씩 기울였네	新茶傾一杯
그는 잠깐 머물고 곧 갔으니	乍留還卽去
이별의 한(恨)이 유유하구나	別恨更悠悠

● 도규두타(道圭頭陀)120)에게 주다 　　　　　　贈道圭頭陀

지팡이로 구름 헤치고 산정 아래로 들어가	一杖穿雲入翠微121)
암자에서 차를 마시는데 가는 연기가 날으네	庵中茶罷細烟飛
객은 티끌 세상 생각이 없고 스님은 말이 없으니	客無塵想僧無語
반나절 뜬 인생 쉬는 기틀[息機]을 해소하네.	半日浮生解息機

【출전】〈무경집(無竟集)〉;《한국불교전서》제9책, pp.368~420, 1988, 동국대학교 출판부.

【무경 자수의 생애】

　무경 자수(無竟子秀, 1664~1737)의 자는 고송(孤松), 호는 무경(無竟), 성은 남양 홍(洪). 1664년(현종 5) 2월 14일 전주에서 태어났다. 12세에 문식(文式)에게 출가했고 16세에 구족계를 받았다. 운문사의 추계 유문(秋溪有文)을 찾아 법을 이었다. 숙종 때 전국의 큰스님 49인을 뽑아 사

---

120) 두타(頭陀): 범어 Dhūta의 음역. 번뇌의 티끌을 털어 없애고, 의·식·주에 탐착하지 않으며, 청정하게 불도를 수행하는 것. 여기에 12종의 행(行)이 있다. (운허《불교사전》)

121) 취미(翠微): ① 산정(山頂)에 조금 못 미치는 곳. ② 산에 어렴풋이 끼어 보이는 이내, 산을 이름. ③ 엷은 남색(藍色). 인명(人名)으로는 조선 중기의 스님 수초(守初, 1590~1668)의 호. 이 시에서는 글자 뜻 중 ①에 해당하는 것으로 보임.

나사(舍那寺)에서 대법회를 열었을 때 참여하여 설법했다. 1737년(영조 13) 7월 22일 나이 74세, 법랍 62년으로 입적했다. 탑은 전주 송광사에 있다. 저술로는 《무경집》《불조선격(佛祖禪格)》 등이 있다.(《불조원류》 《한국불교인명사전》)

20. 환성 지안(喚惺志安): 1편

● 그윽한 곳에 살면서　　　　　　　　　　幽居

어찌하여 무심히 누워 있는데 물은 서쪽으로 흐르는가?　底事[122]無心臥水西
다만 세상 인연을 잊고 그윽한 곳에 사는 것을 사랑할 뿐　只緣忘世愛幽棲
차 화로는 손님을 위해 깊은 아궁이를 열었는데　　　　　茶爐爲客開深竈
약초밭이 사람을 꺼려 작은 계곡 건너에 있네.　　　　　　藥圃諱人隔小溪
(하략)　　　　　　　　　　　　　　　　　　　　　　　　(下略)

【출전】 ㉠ 〈환성시집(喚惺詩集)〉; 《한국불교전서》 제9책, pp.468~476, 1988, 동국대학교 출판부. ㉡ 한글대장경 제71권 《환성시집》(제목은 《부휴당집 외》로 되어 있음), 1986, 동국역경원.

【환성 지안의 생애】

　환성 지안(喚惺志安, 1664~1729) 스님의 호는 환성(喚惺), 자는 삼락(三諾), 성은 정(鄭). 1664년(현종 5) 6월 10일 강원도 춘천에서 태어났다. 15세에 미지산 용문사에서 출가하여 침식을 잊을 정도로 경전 연구에 힘썼다. 1690년(숙종 16) 금산(금릉) 직지사에서 화엄법회를 열고 있는 모운진언(慕雲震言)을 찾아갔는데, 진언이 그에게 탄복하여 수백 명에 이

---

122) 저사(底事): 왜, 어찌하여.

르는 학인들을 그에게 맡기고 다른 곳으로 갔다. 당시 진언은 벽암 각성(碧巖覺性)의 문하로서 화엄학의 제일인자라는 칭송을 받았는데, 이러한 진언으로부터 강석을 물려받은 것이다. 이후 명성이 알려졌고 명산을 두루 편력했다. 1725년(영조 1) 김제 금산사에서 화엄법회를 열자 1천4백명이 운집해 조정에서 긴장했고 결국 무고로 옥에 갇혔으나 곧 풀려났다. 그러나 전라도의 고위 관리의 주장으로 1729년(영조 5) 제주도로 귀양가서 7일만인 7월 7일 나이 66세, 법랍 51년으로 입적했다. 저술로는 《선문5종강요》《환성시집》이 있다.(《동사열전》《조선불교통사》《한국불교인명사전》)

21. 허정 법종(虛靜法宗): 1편

● 문화아 객윤 중회의 운을 따라   次文化衙客尹仲晦韻
 - 2수 중 두번째 수 -

예쁜 자태가 혼자는 아니나 그 맑음이 한적함과 같고	丰姿非獨淨如溶
물 속에는 청련(靑蓮)이 있고 눈 밑에는 소나무가 있네	水裏靑蓮雪裏松
문원(文苑)의 먹물에는 맑은 이슬과 달이 있고	文苑墨霑淸露月
선인(仙人)의 주방에서 차를 마시는데 흰 구름 속에 종이 울리네	仙廚茶汲白雲鍾
화표(華表)에는 천년 학이 의연하게 서 있고	依然華表千年鶴
항차 명천(冥天)에는 오색 용이 있네	怳若冥天五彩龍
헤어질 것을 생각하며 머리 돌려 바라보니	別後相思回首望
문 앞에는 오직 어지러운 산봉우리만 널려 있네.	門前惟有亂山峯

【출전】〈허정집(虛靜集)〉;《한국불교전서》제9책, pp.488~527, 1988, 동국대학교 출판부.

【허정 법종의 생애】

　허정 법종(虛靜法宗, 1670~1733) 스님의 호는 허정(虛靜), 성은 전(全). 13세에 옥잠(玉岑)에게 득도하고, 도정(道正)의 법문을 듣고 깨우쳤다. 20대에 월저 도안(月渚道安)에게 장경을 배우고, 설암 추붕(雪岩秋鵬)에게 현지(玄旨)를 깨달아 법을 전해받았다. 진상(眞常)·내원(內院)·조원(祖院)에 머물 때 배우려는 자들이 많이 몰려와 낮에는 경을 강의하고, 밤에는 참선하며 지냈다. 1733년(영조 9) 4월 17일 남정사(南精舍)에서 나이 64세, 법랍 51년으로 입적했다. 저술로는 《허정집》이 있다.(《조선불교통사》《한국불교인명사전》)

22. 송계 나식(松桂懶湜): 3편

●폭류　　　　　　　　　　　　　　　　　　　瀑流

만장(萬丈)의 낭떠러지 끝에 옥같은 샘 하나 있다　　萬丈崖頭玉一泉
잔잔하게 흐르는 찬 물소리를 내며 호에 들어가 원을 그리네　潺湲寒聲入戶圓
권하기에 작은 바리때로 떠서 차달여 마시니　　　强將小鉢烹茶飮
산인을 괴롭히는 늙은이의 병이 쾌히 없어지네.　　快解山人老病纏

●보상인(寶上人)에게 주다　　　　　　　　　　贈寶上人

송화가루로 땅을 짜니 항하사에 비치고　　　　　松花織地映恒沙
선초(仙草)를 달여 오니 감로차로 마시네　　　　仙草烹來飮露茶
손님 보고 흔쾌히 맞아들여 반갑게 객실로 안내한다　見客欣迎迎客室
함께 누각에 올라 넘어가는 석양을 완상하네.　　共登樓翫夕陽斜

●홍상사(洪上舍)의 초정(草亭)을 지나면서　　　過洪上舍草亭

용담 가는 길에 낚시하는 노인집을 지나는데　　　龍潭路過釣翁家

뜰 맞은 편 취암에 푸른 놀 서려 있네	庭對翠巖侵碧霞
새벽 달 바라보며 송차(松茶)와 죽엽차(竹葉茶) 마시는데	曉月松茶飮竹葉
늦은 바람이 난과 대쑥에 불어 도화향기 맡게 하네.	晩風蘭蘱喫桃花
(하략)	(下略)

【해설】 나식(懶湜) 스님의 이 세 편 다시 중 첫번째 작품은 절벽 위의 샘물을 떠서 차를 달여 마시니 노병(老病)이 나았다는 얘기이고, 두번째 시는 선초(仙草)를 달여 감로차로 마셨으며, 세번째 시는 길을 가다가 홍상사(洪上舍)의 집에 들러 송차(松茶)와 죽엽차를 마셨다는 내용이다. 처음에는 어떤 차를 달여 마셨는지 알 수 없으나 두번째, 세번째는 각기 차에 대해 밝혀져 있다. 그런데 그 밝혀져 있는 선초(仙草: 아마 산에서 나는 약초인 듯함)로 달인 차나 송차, 죽엽차는 엄밀한 의미의 차(茶), 흔히 말하는 녹차 종류는 아니다. 요즘 우리나라에 마구 유행하는 일종의 대용차와 유사하다. 그렇긴 하나 스님들이 송차를 1700년대에도 마셨다는 구체적인 문헌 자료인 셈이어서 나식 스님의 다시는 그 의의가 적지 않다. 지금도 승가는 물론 소수의 일반인들도 송차를 만들어 마시는데 300년 전에도 나식 스님이 길가의 아는 이 집에서 그걸 마셨다는 것을 알 수 있다는 것만으로도 흐뭇한 느낌이 든다.

【출전】〈송계대선사문집(松桂大禪師文集)〉;《한국불교전서》제9책, pp.570~590, 1988, 동국대학교 출판부.

【송계 나식의 생애】

송계 나식(松桂懶湜, 1684~1765) 스님의 호는 송계(松桂)·회암(檜巖), 자는 취화(醉花), 성은 이(李). 일찍이 침굉 현변(枕肱懸辯)에게 가서 배운 뒤 춘파(春坡)·백암 성총(栢庵性聰)·환성 지안(喚惺志安)·낙암(落巖) 등 당대의 큰스님들에게 공부했다. 저술로는《송계대사문집》3권 1

책이 있다.(《한국불교찬술문헌총록》《한국불교인명사전》)

23. 상월 새봉(霜月璽篈): 1편

● 청암 혜연(青巖慧衍) 대사께 주다　　　　　　　　贈青巖慧衍大師

갑술년(서기 1754년) 봄 온갖 꽃을 감상하는데　　甲戌年春賞雜華
청암 스님은 회를 돕느라 사무가 번다하였네　　　青巖助會事居多
편지를 보내도 답장이 없어 걱정이 없어지지 않더니　未答情書愁不盡
다행히 직접 만나니 즐거움이 끝이 없구나　　　　幸逢眞面喜無涯
쌍계에 물이 가득하니 선차(仙茶)로 족하고　　　雙溪水滿仙茶足
칠불암에서 바람결에 손님이 와 흥을 더하네　　　七佛風來客興加
멀리 낙동강을 향하여 돌아가야 하나니　　　　　遙向洛東江上去
헤어짐에 이르러 뜻이 어떠한가 묻지 마라.　　　臨分休問意如何

【해설】 서기 1754년 봄, 새봉 스님은 청암 스님을 만나지 못해 걱정하였다. 두 사람은 다행히 만나 선차(仙茶)를 마시며 회포를 풀었는데 그 자리에 칠불암의 스님까지 와서 더욱 흥이 일었다. 아마 이들이 만난 장소는 시의 내용으로 보아 쌍계사였던 것으로 짐작된다. '쌍계에 물이 가득하니(雙溪水滿)'라는 구절이 그것을 말해준다.

【출전】 〈상월대사시집(霜月大師詩集)〉;《한국불교전서》 제9책, pp.591~599, 1988, 동국대학교 출판부.

【상월 새봉의 생애】

상월 새봉(霜月璽篈, 1687~1767) 스님의 호는 상월(霜月), 자는 혼원(混元), 성은 손(孫). 순천에서 1687년(숙종 13) 1월 18일 태어났다. 11세에 조계산 선암사에서 출가. 1704년 설암 추붕(雪岩秋鵬)에게 공부하고 법을 이었다. 1713년 조계산에서 강의를 열자 사방의 학인들이 몰려와 성황을 이루었다. 무용 수연(無用秀演)은 그를 '지안(志安) 이후의 제일인자'라고 평했다. 1754년 3월의 화엄강회에는 무려 1,287명이 참석했다는 기록이 《해주록(海珠錄)》에 보인다. 1748년(영조 24) 선교양종도총섭국일도대선사에 임명되었다. 1767년(영조 43) 10월 나이 81세, 법랍 70년으로 입적했다. 다비 후 사리 3과가 나왔다. 저술로《상월대사시집》이 있다.
(《동사열전》《이조불교》《한국불교인명사전》)

24. 함월 해원(涵月海源): 4편

● 해인(海印) 스님에게 부침　　　　　　　　　　　　寄海印師

마루에 가득한 높은 손님네 다 각처에서 왔는데　　滿堂高友盡東南
천리의 험한 길 걸어 모두 여기 모였구나　　　　　千里間關此處參
우리 모두 나그네라 위로할 것 없나니　　　　　　俱是客中無所慰
다만 찻잔 들고 그대에게 세 잔 권하네.　　　　　只將茶椀勸君三

● 또 정인(貞仁) 대사에게 줌　　　　　　　　　　　次贈貞仁大師

외짝 손으로 기우는 부처의 해를 잘 떠받들어　　　隻手能擎佛日傾
어두운 거리와 큰 들판이 갑자기 다시 밝아졌다　　昏衢大野忽重明
얼굴을 뵈옵고 조각 마음의 깨끗함을 이미 보였는데　承顏已吐片心白
도를 이야기하다 다시 두 눈의 푸름이 열리었네　　論道還開雙眼青
미우[123]에 봄바람 불어 꽃이 스스로 피는가　　　眉宇春風花自發
천정의 화한 기운에 날이 처음으로 갠다　　　　　天庭和氣日初晴

---
123) 미우(眉宇): 이마의 눈썹 언저리. 얼굴.

한 잔의 차맛에 세상 티끌 생각을 뛰어났나니 　一瓢茶味超塵慮
삼매의 바른 인이 아마 가볍지 않으리라. 　三昧正因想不輕

● 풍악(楓岳)을 만(挽)함 　挽楓嶽

세상 사람들 말하기를 남북에 오직 풍악이라 했는데 　世言南北惟楓嶽
어찌 뜻했으리, 오늘 아침에 부음을 들을 줄을 　豈意今朝訃告聞
70년의 인간에서 항상 강론을 힘쓰더니 　七十人間常勉講
삼천 세계 밖으로 갑자기 구름을 탔네 　三千界外忽乘雲
앞 사람의 도경(道鏡)을 좇아 선(禪)의 세계를 밝혔고 　從前道鏡明禪窟
뒷 사람의 현기를 지도하여 교(敎)의 문을 열었다 　道後玄機闢敎門
고요하고 쓸쓸한 재단에 아무 형적 없거니 　寂寞齋壇無形跡
맑은 차 한 잔을 누구와 더불어 나눌꼬! 　淸茶一椀與誰分

● 백양산 　白洋山

땅이 궁벽하매 사람들이 다 선정에 든 스님과 같아 　地僻人皆入定僧
문을 나와 손님을 맞이해도 마치 무능한 것 같구나 　出門迎客似無能
가을 서리는 나무를 물들여 붉은 비단 폈는데 　秋霜染樹紅羅鋪
겨울 눈은 산을 봉해 흰 옥을 보태었다 　冬雪封山白玉增
한 줄기 차 달이는 연기는 대와 어울려 차갑고 　一抹茶烟和竹冷
반 바퀴의 덩굴속 달은 시내에 떨어져 맑다 　半輪蘿月落溪澄
깨끗한 세계에 소요하면서 티끌 세상 잊었나니 　逍遙淨界忘塵世
구태여 천태산의 잔교를 밟고 오를 것 없네. 　不必天台躡棧登

【출전】 ㉠〈천경집(天鏡集)〉;《한국불교전서》제9책, pp.601~632, 1988, 동국대학교 출판부. ㉡ 한글대장경 제82권《천경집》김달진 옮김, pp.205~468, 1994, 동국역경원.

【함월 해원의 생애】

함월 해원(涵月海源, 1691~1770)은 조선 후기의 스님으로 함월(涵月)은 호, 자는 천경(天鏡), 성은 이(李), 본관은 완산(完山)이다. 함흥에서 1691년(숙종 17) 1월 23일 태어났다. 1704년(숙종 30) 14세에 문주(文州: 文川) 도창사(道昌寺)의 석단(釋丹)에게 출가했고, 영지(英智)에게 구족계를 받았다. 6년 동안 환성 지안(喚醒志安)에게 사사하여 삼장을 독파하고, 특히 화엄과 염송에 통달해서 지안의 법을 이었다. 40여 년간 강사로서 전국에 이름을 떨쳤으며, 1770년(영조 46) 12월 13일 세수 80세, 법랍 66년으로 입적했다. 저술로는 《천경집》과 《법집별행록사기증정》이 있다. (《천경집》《함월해원선사비명》《동사열전》《한국불교인명사전》)

25. 용담 조관(龍潭慥冠): 1편

● 느낌을 쓰다　　　　　　　　　　　　　　　　　述懷

산중 자미(滋味)를 세속의 누가 알랴　　　　　山中滋味世誰知
홀로 숲에서 나물 캐 물가에서 씻네　　　　　獨採林蔬洗澗湄
돌아와 돌솥에 차 달여 달게 마시고　　　　　歸煮石鐺甘喫了
덩굴 창을 보고 높이 누웠으니 이것이 무슨 시절인가?　薜窓高臥是何時

【출전】〈용담집(龍潭集)〉;《한국불교전서》제9책, pp.678~695, 1988, 동국대학교 출판부.

【용담 조관의 생애】

용담 조관(龍潭慥冠, 1700~1762)의 호는 용담(龍潭), 자는 무회(無懷), 성은 김(金). 1700년(숙종 26) 4월 8일 남원에서 태어났다. 19세에 감로사

(甘露寺)에서 득도, 상월 새봉(霜月璽篈)의 제자가 되어 영해 약탄(影海若坦) 등에게 선과 교의 묘리(妙理)를 배워 통달했다. 지리산 견성암(見性庵)에서 좌선, 《기신론》을 읽고 크게 깨달았다. 20여 년 간 강석을 열었고 1762년(영조 38) 6월 27일 부안 실상사(實相寺)에서 입적했다. 다비 후 사리 5과가 나왔다.(《조선불교통사》《한국불교인명사전》)

26. 야운 시성(野雲時聖): 1편

● 설송장로(雪松長老)의 운을 따서　　　　　　次雪松長老韻
　 돈수대사(頓修大師)께 보내다　　　　　　　 送頓修大師

산사의 부엌에서 차 달여 마시고 그대 떠나는 걸 전별하고　山廚烹茗餞君行
아침 일찍 올라오니 비 개이네　　　　　　　　　　　　　　朝日初昇宿雨晴
북쪽 강동으로 떠난 그대 생각하며 끝없이 가슴 졸였네　　 渭北江東無限意
자규의 울음이야 이 이별의 정을 짐작하리.　　　　　　　　子規聲裏此離情

【해설】 야운 스님이 돈수대사(頓修大師)와 차를 마시고 헤어진 후 쓴 이별의 다시이다. 스님의 시로는 드물게 인간적인 정을 애틋하게 표현한 작품이다. 강동(江東)으로 떠난 돈수 스님을 생각하는 그의 심정과 이별 후의 깊은 정한을 자규의 울음 소리로 대비하여 읽는 이로 하여금 두 스님의 정이 얼마나 깊은지 다시금 생각하게 한다. 마치 연인들이 헤어지면서 읊은 작별시처럼 느껴지는 다시이다. 혹 돈수대사는 함께 출가한 친동생이 아닌지 모르겠다.

【출전】〈야운대선사문집(野雲大禪師文集)〉;《한국불교전서》제9책, pp.748~758, 1988, 동국대학교 출판부.

【야운 시성의 생애】

야운 시성(野雲時聖, 1710~1776) 스님의 호는 야운(野雲), 성은 김(金). 전라도 광주 사람이다. 1710년(숙종 36) 4월 8일 태어났다. 일찍 부모를 잃고 1723년(경종 3) 동생과 함께 청량산 연대사(蓮臺寺)의 담휘(曇輝)에게 출가했다. 사미과의 필독서인 〈자경문〉의 저자로 유명하다. 문장이 뛰어났으며, 뒤에 환성 지안(喚惺志安)의 법손인 영월 응진(影月應眞)의 법을 잇고 개당하여 강의를 했다. 1776년(영조 52) 용문산 창기사(昌基寺)에서 나이 67세, 법랍 53년으로 입적했다. 법을 이은 제자로는 모은(慕恩)·완허(玩虛)·운허(雲虛) 등이 있다. 저술로는 《야운대선사문집》 3권 1책이 있다.(《한국불교찬술문헌총록》《한국불교인명사전》)

27. 오암 의민(鰲巖毅旻): 4편

●이원장(李院長) 운을 따라	次李院長韻
소선(騷仙)이 내 병을 묻는다	騷仙問我疾
문 밖에 잠깐 망아지가 서 있는 사이에	問外乍停駒
길(道)을 생각하는데 구름이 골짜기에서 일어나	道念雲生岫
호수에 달 뜨니 시정(詩情)이 익어라	詩情月出湖
꽃과 비가 어우러지니 흥이 일고	興酣花雨席
옷을 껴입고 향로를 쬐네	衣襲爇香爐
장수하려면 경일(庚日) 돌아오면	爲壽回庚日
차로 흰 우유죽을 대신하리.	茗茶替白酥

【해설】 달 뜨는 호수, 꽃과 비가 어우러진 풍광, 흥이 날만한 상황이다. 그러한 경관 속에 우유죽 대신 차를 마시는 오암 스님의 정취가 우아하다. 비록 수명과 건강을 위한 것이긴 하나.

● 판서 권엄이 내연산에 노닐던 운을 따라　　謹次權判書嚴遊內延山韻

병과 발우가 인연 따라 머물러　　　　　　　　　瓶鉢隨緣住
이 산에서 10년이 지났네　　　　　　　　　　　　十年於此山
아침에 밥 먹고 차 몇 잔 마시나니　　　　　　　　朝哺茶數椀
구름 숲에 3칸 집이 있네.　　　　　　　　　　　　雲樹屋三間
(하략)　　　　　　　　　　　　　　　　　　　　(下略)

● 잠자리에서 일어나다　　　　　　　　　　　　　起寢

따뜻한 방에 누워 나비꿈을 회상하고　　　　　　　堆臥溫房蝶夢回
일어나 기운 달을 보며 황망히 동창을 여네　　　　起看斜月怳東開
찻잔의 맛을 한번 보고는 모름지기 바쁘게 목탁치며　茶鐘[124]一旨須忙打
천신을 참배하니 염려할 일은 닥치지 마소서.　　　參拜天神恐未來

【해설】 사찰에서 새벽에 일어나 '다종(茶鐘)'으로 차맛을 보고 그 날의 일과를 시작했다는 이 시로 인해 '다종'이 절에서 쓰였음을 확인할 수 있다. 물론 그 생긴 모양이 범종과 닮아 절집 또는 그 부근의 요장에서 만들어지긴 했겠지만 실제 사용한 예를 이렇듯 문헌에서 다시로 확인할 수 있는 것은 흔한 예가 아니다.

● 송운집(松雲集)의 운을 따라　　　　　　　　　次松雲集韻

깨달음에 이른 선인으로 멀리 아득한 곳까지 다니며　覺岸仙槎涉遠溟

---

124) 다종(茶鐘): 사찰의 범종과 모습은 같으나 작게 축소시켜 만든 찻잔.(석용운,《韓國茶藝》, 1988, 도서출판 초의, p.159) 세종 32년 윤1월 2일 예조(禮曹)에서 왕자가 조정 사신 연회 다례를 대행하는 의식을 정하는데 이 '다종(茶鐘)'이 등장한다. 다종은 뚜껑이 있어 차를 들고 갈 때 향기가 달아나지 않고 식지 않는다. 뚜껑은 잔을 덮는 위치에 따라 속덮개와 겉덮개가 있다.(정영선,《한국茶文化》, pp.182~226, 1998, 도서출판 너럭바위)

추상같은 지혜의 칼로 고함지르니 고래도 놀라 달아났도다	秋霜慧劍喝犇鯨
맑은 못 푸른 물 같은 구슬을 앞선 거울삼아	淸潭綠水珠先鑑
한낮의 붉은 망아지같이 바빴던 영(靈)에 비가 내리네	白日紅駒雨寂靈
충절과 정각의 지혜는 가장 첫째이고	忠節菩提道上一
공명(功名)은 기린각의 그림 속에 어우를지니	功名麟閣畵中幷
집안과 조상들, 천은(天恩)에 흡족해 하리라	家山古廟天恩洽
단예(丹荔)와 맑은 차로 고기와 술을 대신합니다.	丹荔淸茶替醴腥

【해설】 송운(松雲)은 사명당 유정(惟政) 스님의 호이다. 오암은 사명당의 문집 《송운집》을 읽고 그의 뛰어난 정각의 지혜와 위기에 처한 국가를 위해 헌신한 그 충절을 높이 기리고 있다. 칠언율시의 앞 수는 임진왜란 때 사명당이 왜적을 무찌르고 왕의 특명으로 일본에 수신사로 다녀온 사실을 시적인 비유로 읊고 있다. 그러한 사명당의 업적이 인정받아 조정에 기록되고 집안과 그 조상들까지 영예가 돌아갔으니 어찌 인척과 승도들이 흡족해 하지 않으랴. 그러나 그러한 사명당의 뛰어난 업적과 인품을 기리면서 산야의 나물과 맑은 차로 대신하는 것은 또한 승가(僧伽)의 법도가 아니겠는가.

【출전】 〈오암집(鰲巖集)〉;《한국불교전서》제9책, pp.759~782, 1988, 동국대학교 출판부.

【오암 의민의 생애】

오암 의민(鰲巖毅旻, 1710~1792)의 호는 오암(鰲巖), 성은 김(金). 아버지는 김준(金俊), 어머니는 권(權)씨이다. 어머니가 난치병을 앓다가 죽자 그 해 22세에 인생의 허망함을 느끼고 보경사(寶鏡寺)의 각신(覺信)에게 출가했다. 사교와 대교과를 공부하고 통도사에서 경을 연구하다가 팔공산 운부암(雲浮庵)의 쌍운(雙運)에게 화엄학을 배웠고, 다른 큰스님들께 전등록과 선문염송을 공부했다. 1741년(영조 17) 보경사의 강주가 되어 여기서 평생 후학들을 지도했는데 그를 영남종장(嶺南宗匠)이라 불렀다. 또한 늙은 아버지를 절 가까이 모시고 지극한 효성으로 봉양했다. 또한 유생들의 그릇된 불교관을 시정하는 데에도 많은 노력을 기울였다. 1792년(정조 16) 9월 세수 83세, 법랍 61년으로 입적했다. 저술로는 《오암집》이 있다.(《오암집》《보경사의 사적과 사화》《한국불교인명사전》)

28. 대원 무외(大圓無外): 2편

● 도각상인(道覺上人)에게 주다　　　　　　　　　　次贈道覺上人

봉래산에 다시 머무니 찾아오는 벗이 끊어졌도다　　蓬萊又住絶來朋
장실(丈室)에 등 하나를 길게 달아 놓았네　　　　丈室長懸一點燈
다행히 건봉사 천경(天鏡) 노스님이 오셨다　　　　乾鳳幸臨天鏡老
많은 얘기꽃을 피우는데 눈봉우리에 스님이 있네　　白華多見雪峰僧
숲을 파니 돌 사이에는 옥과 같은 맑은 물이 있고　穿林石澗淸如玉
바다를 압도하는 산의 누각은 차기가 얼음과 흡사하네　壓海山樓冷似氷
생계를 위해서 단지 맛 없는 밥이 있고　　　　　　生涯計只存無味飯
송차(松茶)가 잔에 가득한데 무엇을 더 바라겠는가.　松茶滿椀不須升

● 신처사는 곧 나의 방외의 친구인데　　　　　　　申處士卽余方外友
　이번에 남쪽에서 이곳에 왔다　　　　　　　　　也今行自南而至和
　두율십운으로 화답하여 그 뜻을 보인다　　　　　杜律十韻以示其意
　가히 치졸함을 무릅쓰고 받들어 수창한다 배율.　可掬忘拙奉酬排律

처사와는 일찍 만나 얘기하였는데　　　　　　　　處士曾逢話
지금 또 내가 사는 곳으로 왔네　　　　　　　　　而今又我堂

하늘 찬데 북쪽 읍으로 돌아가는데	天寒歸北邑
막막한 날 남양을 지나야 한다	日暝過南梁
말로 백가(百家)의 묘한 말을 토하고	語吐百家玅
글에는 제자(諸子)의 향이 들어 있네	文含諸子香
산은 높고 소나무는 울창하며	山高松鬱鬱
눈은 길을 망망하게 감싸고	雪擁路茫茫
물외의 하늘과 땅이 좋으니	物外乾坤好
병속의 해와 달이 빛난다	壺中日月光
객의 지팡이는 오래 머물러 있고	客宜留杖久
스님의 차 달이는 것이 오래다.	僧可點茶長
(하략)	(下略)

【해설】 다시 금강산에 머무는 대원 스님에게 찾아오는 벗이 없다가 마침 건봉사 천경(天鏡) 노스님이 오셨다. 두 스님은 얘기꽃을 피우며 송차(松茶)를 마신다. 이것이 대원 스님의 첫 다시 내용인데 녹차가 아니고 대용차인 송차가 등장하고 있다. 두번째 시는 대원 스님의 세속 친구 신(申)처사가 와서 그의 당(堂)에 묵으면서 있었던 일을 시로 읊은 작품이다. 신처사는 말과 글로 제자백가(諸子百家)를 들먹이는 호담한 인물이었고 더구나 그는 눈쌓인 계절이라 돌아갈 생각도 않고 머물러 있다. 자연히 대원 스님은 그를 위해 차 달이는 시간이 길어질 수밖에 없다. 승가의 대화에 차가 필수적이었음을 대원 스님의 다시는 알려 주고 있는 셈이다.

【출전】〈대원집(大圓集)〉;《한국불교전서》제9책, pp.792~801, 1988, 동국대학교 출판부.

【대원 무외의 생애】

대원 무외(大圓無外, 1714~1791)의 호는 대원(大圓), 성은 문(文). 아버

지는 문수원(文壽遠), 어머니는 김씨이다. 1728년(영조 4) 무신국란에 남한산성을 방어하는데 공을 세워 포상을 받았고 벼슬하기를 권유받았으나 사양하였다. 출가하려고 하자 부모가 만류함에 19세에 집을 나와 설악산 신흥사에서 출가했다. 선과 교를 닦고 유서도 읽었으며 후학들을 지도하다가 중년에 다시 선을 닦아 깊은 경지에 이르렀다. 1791년(정조 15) 신흥사 극락암에서 나이 78세, 법랍 59년으로 입적했다. 다비 후 사리 1과를 얻어 부도에 안치했다. 신흥사에 비가 있다. 저술로는《대원당문집》이 있다.(《건봉사본말사지》《한국불교인명사전》)

29. 묵암 최눌(默庵最訥)[125]: 3편

● 제야　　　　　　　　　　　　　　　　　　　　　除夜
　-4수 중 네번째 수-

운림(雲林)에 해가 바뀌니 도(道)가 더욱 새롭네　　　換歲雲林道誼新
맑은 차 함께 마시며 내 몸을 기르네　　　　　　　　清茶共飮養吾身
춥고 가난한 것은 고쳐지지 않았으나 편안하게
참된 낙을 즐기고　　　　　　　　　　　　　　　　寒貧不改安眞樂
기꺼이 주문(朱門)을 향하여 본받기를 원하네.　　　肯向朱門願效嚬

【해설】 수행자가 제야(除夜)를 맞이하는 감회가 잘 드러나 있다. 춥고 가난한 것을 감수하면서 해가 바뀌어도 참된 낙을 즐기고 붓다를 본받기를 원하는 묵암 스님의 의지가 선명하게 시로 표현되어 있다. 맑은 차를 마시며 제야를 보내는 승려의 도(道)를 향한 열정이 운치 있게 표현된 작품이다.

---

125) 최눌(最訥):《한국불교전서》제10책〈묵암집〉에는 '寂吶'로 표기되어 있다.

● 무자년 3월 5일 밤의 꿈　　　　　　　　　戊子三月初五夜夢

꿈에 푸른 노새를 타고 천태(天台)에 올라가　　夢跨靑騾上天台
먼저 선다(仙茶)를 마시니 뜻이 활짝 열리네　　先飮仙茶意豁開
주(主)된 이는 눈썹이 크고 많은 석덕(碩德)들이 있었는데　主者厖眉存碩德
그 무리 5백 명이 모두 영재였네.　　　　　　其徒五百摠英材

● 징광사(澄光寺) 운을 따라　　　　　　　　次澄光寺韻

뜰은 한가하고 고요하여 그윽한데　　　　　　奈苑幽閑靜
언덕[岡巒]은 세(勢)가 열려 있네　　　　　　岡巒體勢開
맑은 못에는 흰 달이 어려 있고　　　　　　　潭澄涵皎月
산은 티끌을 씻은 듯 깨끗하구나　　　　　　　山淨洗浮埃
국화를 읊으니 뺨에 향기 어리고　　　　　　　咏菊香生頰
잔 기울여 차 마시니 잔 속에 눈이 가득하네　　傾茶雪滿盃
법문(法門)이 어느 곳에 이르렀는가　　　　　法門何處至
백마에 경전 싣고 오네.　　　　　　　　　　白馬駄經來

【해설】〈무자년 3월 5일 밤의 꿈〉이라는 제목의 시는 글자 그대로 꿈에 천태(天台)에 올라가 선차(仙茶)를 마시고 고승석덕들을 친견했다는 내용이다. 〈징광사……〉 시는 사찰의 정경과 묵암 스님이 느끼는 정취를 읊으며 차를 마신 이야기가 아취어린 필치로 그려져 있다. 국화를 읊는데 그 향기가 뺨에 어리고 차 마시는데 잔 속에 눈이 가득하다는 시구는 다시로선 빼어난 작품이다.

【출전】〈묵암집(默庵集)〉;《한국불교전서》제10책, pp.1~25, 1989, 동국대학교 출판부.

【묵암 최눌의 생애】

묵암 최눌(默庵最訥, 1717~1790) 스님의 호는 묵암(默庵) 자는 이식(耳食), 성은 박(朴), 본관은 밀양. 1717년(숙종 43) 4월 18일 흥양(興陽)에서 태어났다. 4세에 부모를 따라 낙안(樂安)으로 이사했다. 14세에 징광사(澄光寺)에서 출가하고 송광사 풍암 세찰(楓巖世察)에게 4, 5년간 불법을 배웠으며 또한 호암(虎岩)·용담(龍潭)·상월(霜月) 등의 스승들에게서도 공부했다. 명진(明眞)에게 선지(禪旨)를 얻었으며, 세찰로부터 법을 이었다. 순천 대광사(大光寺) 영천암(靈泉庵)에서 학인들을 지도했다. 특히 화엄학에 조예가 깊어 화엄종장으로 손꼽힌다. 1790년(정조 14) 4월 27일 조계산 보조암(普照庵)에서 나이 74세, 법랍 60년으로 입적했다. 저술로는 《화엄과도(華嚴科圖)》,《내외잡저》,《묵암집》이 있다.

30. 추파 홍유(秋波泓宥): 2편

● 삼가 운을 따라 화봉장로에 부쳐 보인다   謹次花峯長老寄示

(상략)   (上略)
법의 문을 거듭 밟으니 공중에는 구름이요   法門重踏空中雲
만행(萬行)126)이 난만하니 비단 위의 꽃이로다   萬行爛熳錦上花
매번 화택(火宅)127)을 만나 갈증이 난 자에게는 火宅每逢燥渴者
번번이 은근히 조주차(趙州茶)를 권하네.   慇懃輒勸趙州茶
(하략)   (下略)

【해설】 이 시는 전체 7언 32구로 된 '칠언고시(七言古詩)' 형태의 작품인

---

126) 만행(萬行): 안거 기간의 수행을 마친 승려가 한 곳에 머물지 않고 자유롭게 돌아다니며 제각기 수행하는 것.
127) 화택(火宅): 범어 Ādiptāgāra의 번역. 삼계(三界: 욕계·색계·무색계)가 시끄러운 것을 불타는 집에 비유한 것. 곧 고뇌(苦惱)가 가득찬 이 세계.

데 소개한 것은 그 중 4구이다. 홍유 스님은 이 시를 통해 화봉장로(花峯長老)의 법력(法力)이 무르익었음을 찬탄하고 있다. '조주차(趙州茶)'는 선정(禪定)의 진미를 가리키는 비유인데 이미 몇차례 나왔으므로 여기서는 설명을 줄인다.

●거듭 앞의 운을 따라	疊前韻
(상략)	(上略)
가부좌하여 무엇을 얻었는가, 어깨에 학이 둥지를 틀었네	跏趺幾得肩巢鶴
강설할 때마다 하늘에서 꽃비가 내리는 것을 자주 보네	講說頻見天雨花
혹 병든 자가 오면 산 언덕에서 약을 캐 오고	或爲病客採塢藥
때에 따라 참선 도반이 오면 산차(山茶)를 대작하네.	時因禪朋酌山茶
(하략)	(下略)

【해설】이 시 역시 칠언고시로 32구로 된 작품이다. 소개한 것은 앞에서와 같이 그 중 차 이야기가 나오는 부분 4구이다. 앞의 시와 운도 같고 내용도 유사하다. 결가부좌하여 선정에 들면 어깨에 학이 둥지를 틀고 강설(講說)하면 하늘에서 자주 꽃비가 내리는 법력(法力)을 지닌 스님이 있다. 그는 병든 자가 오면 약초를 캐 치료해 주고 함께 참선하던 도반이 오면 산차(山茶)를 달여 함께 마신다. 매우 훌륭한 선승의 삶에 대해 홍유 스님이 시의 형식을 취해 기리고 있다.

【출전】〈추파집(秋波集)〉;《한국불교전서》제10책, pp.58~82, 1989, 동국대학교 출판부.

【추파 홍유의 생애】
추파 홍유(秋波泓宥, 1718~1774) 스님의 호는 추파(秋波)·경암(鏡巖),

성은 이(李), 본관은 전주. 1718년(숙종 44) 5월 20일 경기도 광주(廣州)에서 태어났다. 고창 방장산(方丈山)에서 스님이 되고 용담 조관(龍潭慥冠)에게서 공부하고 성안(性眼)의 법을 이어받았다. 유교에도 밝아 두 종교를 비교한 저술을 남겼다. 선과 교 모두 능통했으나, 만년에는 주로 선종에 귀의하여 후학을 가르쳤다. 1774년(영조 50) 5월 31일 나이 57세로 입적했다. 저술로 《추파집》 3권이 있다.(《조선불교통사》《한국불교인명사전》)

31. 괄허 취여(括虛取如): 2편

● 옛 친구를 만나   逢故友

옛 친구가 왔으니 얼마만인가?	故友來何晩
낯익은 얼굴 보며 송차(松茶)를 권하네	松茶勸舊顔
단심(丹心)은 끝내 고치지 않았고	丹心終不改
젊은 머리에 반점이 섞이기 시작하네	綠髮始成班
물가에 이르러 함께 그림자 보았고	臨水同觀影
같이 산을 나가 봄을 보았었지	看春共出山
분향하고 바리때 펴는 외에	焚香開鉢外
한가로이 앉아 현관(玄關)을 얘기하네.	閑坐說玄關

【해설】 취여(取如) 스님은 옛 도반(道伴)을 만나 반가워하며 송차(松茶)를 권한다. 도를 향한 마음은 변하지 않았으나 마침내 흰 머리카락이 섞이기 시작했다. 두 사람은 승려라 향 살라 예불하고 발우 공양을 하는 외에는 한가로이 앉아 선지(禪旨)를 얘기한다. 산사(山寺)의 그윽한 풍경이다.

● 보림사 寶林寺

배로 큰 나루를 건너 가니	舟渡大津去
삼화(三和)에 보림사가 있네	三和有寶林
문에 이르니 푸른 바다가 멀고	門臨滄海遠
스님들의 말이 산 깊이 울린다	僧語翠微深
티끌 세상을 떨치고 선게(禪偈)를 말하면서	揮塵談禪偈
차 달여 손님 마음 위로하네	烹茶慰客心
갈림 길에 이르러 석별하는데	臨分猶惜別
기우는 해에 소나무 그림자 움직인다.	斜日轉松陰

【해설】 배를 타고 나루를 건너 찾아간 보림사에서는 스님들이 선(禪)에 관한 게송을 말하면서 차 달여 손님의 마음을 위로하였다. 문득 찾아간 산사에서 스님이 달여 주는 차를 마시면 여독이 풀리고 나그네의 고단한 심사도 위로되는 것은 당연한 일이다. 이런 산사의 소담한 풍정이 오늘날 부박한 관광객들의 떠들썩함으로 사라져 가는 게 아쉽다. 물론 스님이 산사를 찾으면 비록 객승이라도 차 대접을 하는 법도는 그대로 살아 있다. 일반인들은 인연이 닿지 않으면 누리기 어려운 청복(淸福)이다.

【출전】 〈괄허집(括虛集)〉; 《한국불교전서》 제10책, pp.302~323, 1989, 동국대학교 출판부.

【괄허 취여의 생애】

괄허 취여(括虛取如, 1720~1789) 스님의 호는 괄허(括虛), 성은 여(余), 의령 사람이다. 1732년(영조 8) 13세에 사불산(四佛山) 대승사(大乘寺)로 가서 능파(凌波)에게 출가하고 진곡(眞谷)에게 구족계를 받았다. 환암 선흠(幻庵善欽)의 법을 이었다. 영남의 여러 절을 다니며 법을 가르치고, 절을 중수하는 등 불교중흥에 힘썼다. 1789년(정조 13) 경북 운봉사 양진암(養眞庵)에서 나이 70세, 법랍 57년으로 입적했다. 법을 이은 제자로는 척전(陟詮) 등이 있다. 저술로는 《괄허집》이 있다.(《한국불교찬술문헌총록》《한국불교인명사전》)

32. 연담 유일(蓮潭有一): 5편 6수

● 또 지음
 - 팔운 배율 -

又
八韻排律

절 이름 어찌하여 심원이라 지었던가(호은)	招提何事號深源(隱)
깊은 계곡 댕댕이 서려 해와 달빛을 가리네	洞邃藤盤日月昏
두어 점 뜬 구름 돌 길에 이르고(유일)	數占雲浮當石逕(一)
한 점 풍경소리 들리니 절집이 가까워라	一聲磬至近沙門
가마 메는 스님은 위태한 누각도 겁내지 않고(호은)	肩輿信釋凌危閣(隱)
지팡이로 행보 도와 마루에 오르네	手錫扶行陟晚軒
깨와 함께 밥이 나오니 주발을 씻었고(유일)	飯進胡麻紛洗椀(一)
채소와 대순 반찬에 술잔을 기울였네	蔬兼石笋細傾樽
차 끓이는 화로에 연기 그치니 흥이 나고(호은)	茶爐烟歇饒高興(隱)
연화 자리에 향기 사라짐에 법언(法言)을 설하네	蓮榻香銷說法言
백발 노인은 부처님 앞에 무릎 꿇고(유일)	白髮翁能趣跪佛(一)
홍장(紅粧) 기생은 휘장 안에서 일어서네	紅粧妓亦起張幡
푸른 병풍 천 겁 동안 달이 떠 지나가고(호은)	翠屛千劫經蘿月(隱)
불서[黃卷]가 놓인 책상 나무 원숭이가 받쳤네	黃卷一床護木猿
거친 말로 초미(貂尾)를 잇는 일128) 사양하지 않으리(유일)	燕語不辭貂尾續(一)
밤새도록 사랑하는 정 때문일세(호은).	通宵只爲眷情存(隱)

---

128) 초미는 돈피의 꼬리로 고관의 관(冠)을 짜는 재료이니, 곧 고귀한 물건이다. 이 말은 고귀한 사람의 문장에 이어 연구(聯句)를 짓는다는 말이다.

● 윤한림(尹翰林)의 제야시의 운을 따서   次尹翰林除夜韻
  - 2수 중 첫번째 수 -

외로운 등 한 해를 지키는 밤 고요한데	孤燈守歲夜虛遙
불전(佛前)에 타는 향도 꺼지지 않았네	寶篆燒香火未消
울루(鬱壘)와 신다(神茶)[129]는 옛 그림을 바꾸고	鬱壘神茶更舊板
찬 매화 약한 버들 새 가지를 틔우네	寒梅弱柳吐新條
화평한 세월 만국(萬國)은 수레의 폭이 같고[130]	淸時萬國皆同軌
천 년을 비는 성수(聖壽)를 하루아침에 축하하네	聖壽千年作一朝
예가 끝난 연화대 머리를 돌려보니	禮訖蓮壇翹首望
오색 구름은 구중(九重)의 하늘에 둘러 있네.	五雲長繞九重宵

● 중봉(中峯)의 낙은사(樂隱詞)에 화답함   和中峯樂隱詞
  - 16수 중 여섯번째 · 열번째 수 -

[6]   (六)

행실도 더 닦고 공력도 더욱 쌓으니	行增功加
점점 도(道)의 싹이 트네	漸抽道芽
날마다 하는 일은 나물을 심고 꽃에 물 대는 것	日用事種菜灌花
밝은 달로 벗을 삼고	明月爲友
흰 구름으로 집을 삼으니	白雲爲家
한 벌의 헤진 옷(승복)과 한 발우의	足一衲衣

---

129) 신다(神茶): 모든 문신(門神)의 이름. 전설에 의하면 동해(東海) 중에 도삭산(度朔山)이 있고 그 위에 묵은 복숭아가 3천 리나 있으며 동북쪽으로 귀문(鬼門)이 있어 모든 귀신이 출입한다. 이 두 문신이 여기에 있어 귀신을 검사하여 악귀를 잡아 범에게 주어 잡아먹게 한다고 한다. 그리하여 두 귀신을 그려 연말에 문에 붙이는 풍속이 생겼다. 따라서 이 시는 '茶'자가 들어가나 茶詩는 아니다.

130) 수레의 폭이 같고: 천하가 통일되어 안정되면 질서가 서서 모든 것을 규정에 맞도록 통일하는데, 수레는 바퀴의 폭이 같게 하고 문장도 문체에 맞게 하여 행실도 인륜에 맞게 한다.(《중용(中庸)》 참조)

밥과 한 잔의 차로 만족할 일.　　　　　　　　　　一鉢飯一椀茶

［10］　　　　　　　　　　　　　　　　　　　（十）
깊은 암자 짧은 발　　　　　　　　　　　　　　幽庵短笆
희귀한 풀과 꽃　　　　　　　　　　　　　　　瑤草琪花
대밭 속의 길은 굽고 경사졌네[131]　　　　　　一叢竹三曲四斜
발 밖에 구름 생기고　　　　　　　　　　　　　簾生雲氣
시내에는 달빛 비추니　　　　　　　　　　　　溪印月華
소반에 나물 있고　　　　　　　　　　　　　　喜盤有蔬
솥 안에는 먹을 것 있고 병에는 차가 있네.　　鼎有餗甁有茶

● 석옥 화상의　　　　　　　　　　　和石屋和尙山中四威儀
　산중 네 가지 위의라는 시에 화답함　（賢棲詩 草鞋獰似虎柱杖活如龍）

산중에 걸으니 짚신은 영악한 범과 같네[132]　山中行 芒鞋似虎獰
바위의 꽃은 겁(劫) 밖에 피었고　　　　　　　　岩花開劫外
냇가의 새는 무생을 말하네　　　　　　　　　　溪鳥話無生
산중에 머무르며, 원숭이 새들과 벗을 하네　　山中住 猿鳥以爲友
물을 길어 아침 밥을 지으니　　　　　　　　　運水方朝炊
인간 세상은 해가 높이 뜬 점심 때이리라　　　人間日卓午
산중에 앉으니, 일곱 개의 포단(蒲團)은 누더기 되었네　山中坐 七箇蒲團破
나가거나 앉거나 발을 걷고 보니　　　　　　　出定捲簾看
속세의 일은 허공에 가루처럼 부서지네　　　　虛空成粉碎
산중에 누워, 세상도 잊고 나도 잊네　　　　　山中臥 忘世又忘我
손님이 오면 새로운 차를 끓이려　　　　　　　客到煮新茶

---

131) 길은 굽고 경사졌네[三曲四斜]:《경덕전등록》에 이르기를 "자복사(資福寺)에 대나무가 있었는데 세 번 굽고 네 번 경사졌다"고 하였다.
132) 짚신은 영악한 범과 같네: 현서(賢棲)의 시에 "짚신은 영악함이 범과 같고 지팡이는 살아 있는 용과 같다"고 하였다.

이웃 암자에 가서 불을 빌려오네.   隣庵去討火

●처마 아래 매화를 읊음   詠檐梅

금년 2월은 깊이 얼어   今年二月凍全深
처마 밖의 매화 차가움을 금할 수 없네   檐外梅花冷不禁
바람 불어 책상에 향기 보내고   風送暗香經案入
달은 엉성한 그림자를 옮겨 찻잔에 담그네   月移疎影茗杯侵
매화를 꺾어 봄빛을 상하게 하지 말라   莫敎折去傷春色
감상하노라면 나그네 마음 위로가 되네   且可看來慰客心
패교(灞橋)의 신선[133] 지금은 없는데   灞上仙翁今不在
눈 속에 누가 나귀 타고 찾겠나?   雪中誰復策驢尋

【출전】㉠〈연담대사임하록(蓮潭大師林下錄)〉;《한국불교전서》제10책, pp.214~286, 1989, 동국대학교 출판부. ㉡ 한글대장경 224,《연담대사임하록 外》, pp.31~365, 1997, 동국역경원.

【연담 유일의 생애】

　연담 유일(蓮潭有一, 1720~1799)의 호는 연담(蓮潭), 자는 무이(無二), 성은 천(千), 본관은 개성. 1720년(숙종 46) 4월 30일 전남 화순읍 건천리에서 태어났다. 아버지는 천만동(千萬童), 어머니는 밀양 박(朴)씨이다. 어려서《통감(通鑑)》《맹자(孟子)》를 배우고 18세에 법천사(法泉寺)의 성철(性哲)에게 득도함. 호암 체정(虎岩體淨)의 법맥을 잇고, 당시의 노숙(老宿)인

---

133) 패교의 신선: 이는 당나라 정계(鄭綮)를 말한다. 정계는 시를 좋아하였는데, 어느 날 어떤 사람이 "상국(相國)께서는 근래 새로운 시를 지었습니까?"라고 하자, 답하기를 "시의 생각은 패교의 풍설(風雪) 속 나귀 등 위에서 있는 것이다"라고 하였다. 여기에서는 매화가 눈 속에 피었는데도 시인이 찾아오지 않는다는 말이다.(《전당시화(全唐詩話)》참조)

용암 혜언(龍巖慧彦)·풍암(楓巖)·상월(霜月)··용담(龍潭)·영해(影海)·설파 상언(雪坡尙彦) 등에게도 배우거나 법우의 관계를 맺었다. 31세에 보림사(寶林寺)에서 강석을 열고, 30여 년 간 머물렀다. 저서는《연담대사임하록》·《화엄유망기(華嚴遺忘記)》·《원각사기(圓覺私記)》·능엄·현담사기·제경회요(諸經會要)·염송착병(拈頌著柄)·기신사족(起信蛇足)·금강하목(金剛鰕目)·도서과목병사기(都序科目幷私記) 등 14부 24권에 이른다. 1799년(정조 23) 2월 3일 장흥 보림사 삼성암(三聖庵)에서 나이 80세, 법랍 62년으로 입적했다.(《연담대사비문》《조선불교통사》《동사열전》《조선도서해제》《선학사전》《한국불교인명사전》)

제3절 조선 후기의 茶詩

1. 몽암 기영(蒙庵箕穎): 2편

● 김석사(金碩士) 운에 화답하여 　　　　　　　　　　和金碩士韻

호계(虎溪)의 곡조는 믿고 주고 받기 어렵나니　　　虎溪一曲信難酬
어리석은 승려의 작은 힘으로는 감내하고 있기가 힘드네　愚釋郴堪繼厥猷
다행히 청산에 의탁하여 표범과 같이 숨어지내고　　幸托青山同隱豹
부끄럽게도 남음 없는 칼로 소를 전부 해부하네　　愧無餘刀解全牛
바람의 무게를 재는 사업은 황당하여 오래 걸리고　　風斤事業荒來久
달, 이슬, 좋은 소리로 웃으며 쉬고 있네　　　　　　月露佳聲笑已休
오직 다향(茶香)을 받들어 성상(聖上)을 축원하고　　惟奉茶香祝聖上
모름지기 고라니를 짝하여 노니는 것을 배울 뿐이지.　不須麋伴學優遊

● 홍(鴻) 스님을 따라 내가 두류산(頭流山)에서　　鴻師隨余自頭流
　황산(黃山)에 이르렀다. 그 정이 남달라　　　　　至黃山其情不
　여러 스님의 운(韻)과 부(賦)를 따라　　　　　　 泛遂次諸師韻
　일게일률(一偈一律)로 그 뜻에 힘쓰고　　　　　賦一偈一律以
　그 행(行)에 짝하려 한다.　　　　　　　　　　　勵其意侑其行
　　- 칠언율시 2수 중 두번째 수 -

평생에 허물없이 문 앞에서 헤어지고　　　　　平生無過門前別
몇리의 청산을 올랐었지　　　　　　　　　　　數里靑山爲子登
풀피리 소리는 길고 짧은데 덩굴길에 달 뜨고　樵笛短長蘿逕月
나무 그늘 높은 아래에는 층층의 돌계단　　　 樹陰高下石梯層
차 마시고 구름 물로 헤어짐을 감내하고　　　 茶傾雲液眞堪餞
시 쓰고 채식함이 스님의 도가 아니네　　　　 詩出蔬腸不道僧
이제 가면 모름지기 밝게 재를 넘어가라　　　 今去須明葱嶺展
인간 만사가 바람과 등불이 다함이네.　　　　 人間萬事盡風燈

【출전】〈몽암대사문집(蒙庵大師文集)〉;《한국불교전서》제10책, pp.358~386, 1989, 동국대학교 출판부.

【몽암 기영의 생애】
　생몰 연대를 알 수 없으나 연담 유일(蓮潭有一, 1720~1799)을 '법노(法老)'라 칭하며 주고받은 서신이 몽암의 문집에 있는 걸로 보아 연담 스님의 후배로 1700년대 후반에서 1800년대 전반기에 활동했던 스님으로 추정된다. 그외 다른 자세한 행적은 알려진 사실이 없다. 필자가《불교사전》(운허 스님),《한국불교인명사전》(이정, 1993, 불교시대사),《선학사전(禪學辭典)》(1995, 불지사)을 모두 찾아보았지만 '몽암 기영'에 관해서는 수록되어 있지 않았다.

2. 경암 응윤(鏡巖應允): 4편

● 기(玘) 스님과 헤어지면서 別玘師

오는 때를 알았는데 가는 것도 있구나 　　　來時知有去
간 후에는 어느 때 오려는가 　　　　　　　去後幾時來
세상 일이 이와 같은데 　　　　　　　　　世事還如許
차 가지고 월대(月臺)에 오르네. 　　　　　携茶上月臺

【해설】응윤 스님은 도반으로 여겨지는 기(玘) 스님과 몹시 친했던 모양이다. 그가 왔다 돌아가는 것에 깊은 정(情)을 드러내는 것을 보면. 기왕에 사람들이 말하지 않았던가. 만나면 이별이 있고 산 자는 죽음을 피할 수 없다고. 이런 이치를 선교(禪敎)에 두루 능통한 경암 스님이 모를리 없다. 두 사람은 묵은 회포를 풀고자 차(茶)를 가지고 함께 월대(月臺)로 향한다. 승가의 수행자가 보여 주는 우정의 일단을 엿볼 수 있는 작품이다.

● 궤우인(餽[134]友人)을 보내다 送餽友人

운문선사의 호떡[135]과 조주선사의 차 　　　雲門胡餠趙州茶
왕사(王師)가 간파하고 달을 완상하네 　　　看取王師翫月華
당년의 공양물은 이로써 다했으니 　　　　　盡是當年供養物
이 사람은 생애에 지은 것이 많지 않노라. 　今人多不作生涯

---

134) 궤(餽): 보낼 궤자인데, 제사를 뜻하기도 한다. 이 시에서는 제사의 의미로 해석됨.
135) 운문호병(雲門胡餠): 공안의 하나이다. 어떤 스님이 운문 문언(雲門文偃)에게 물었다. "부처도 조사도 초월한 말이 무엇입니까?" 운문이 대답했다. "호떡이니라."
　　　[벽암록 77・從容錄 78・禪門拈頌 1022]《禪學辭典》, 1995, 佛地社)

● 순천아객(順天衙客)에게   次順天衙客

아미타불의 수명은 무량하나니   阿彌陀佛無量壽
백 가지 복(福)으로 장엄한 나의 스승이네   百福莊嚴是我師
아침저녁 차와 향으로 성조(聖祚)께 축원 드리나니 曉夕茗香延聖祚
충의가 한 가지로 보답되는 것을 그대는 아는가.   一般忠義報君知

● 목서제(木犀齊)에 답하다   次答木犀齊

동(銅)화로의 차 향기는 집안에 피어오르고   銅爐茶化香飄屋
조용한 밤, 흐릿한 등불에 스님의 그림자 외롭다 靜夜殘燈僧影獨
뜬세상의 공명은 꿈 밖의 소식인데   浮世功名夢外消
전생의 인연 업(業)으로 마음과 머리가 아프네. 宿生緣業心頭熟
(하략)   (下略)

【출전】〈경암집(鏡巖集)〉;《한국불교전서》제10책, pp.424~455, 1989, 동국대학교 출판부.

【경암 응윤의 생애】

　경암 응윤(鏡巖應允, 1743~1804) 스님의 처음 이름은 관식(慣拭), 호는 경암(鏡巖), 성은 여흥 민(閔)씨, 경호(鏡湖) 사람이다. 15세에 지리산 진희(震熙)에게 출가하여 한암 성안(寒巖性岸)에게 구족계를 받았다. 두루 스님들을 찾아가 공부하다가 추파 홍유(秋波泓宥)의 문하에서 수학하였다. 28세에 강의를 열고 20년 동안 교화하다가 "남의 돈을 세는 것이 무슨 이익이 있으랴" 하고 환암(喚庵)에게서 선지를 전해받고 두류산 꼭대기에 작은 암자를 지어 두세 명의 제자와 더불어 정진했다. 교와 선에 통달한 대종사(大宗師)로 존경받았다. 그는 두류산에서 1804년(순조 4) 1월 13일 나이 62세, 법랍 47년으로 입적했다. 저술로는《경암집》3권 1

책이 있다.(《조선불교약사》《경암집 팔관 찬 경암행장》《선학사전》《한국불교인명사전》)

3. 인악 의첨(仁嶽義沾): 1편

● 서주서(徐注書)의 운을 따라   次徐注書韻

　돌솥에는 차가 처음 익어가고   石鼎茶初熟
　남여(藍輿)로 손님이 또 오는구나   藍輿客又來
　맑은 고담(高談)이 저녁까지 이어지고   高談清到夕
　산에는 비가 내려 정원 매화나무에 떨어지네.   山雨打庭梅

【출전】 ㉠〈인악집(仁嶽集)〉;《한국불교전서》제10책, pp.400~423, 1989, 동국대학교 출판부. ㉡ 한글대장경 224,《인악집》, 동국역경원(표지에는《연담대사임하록 외》라고 되어 있음).

【인악 의첨의 생애】
　인악 의첨(仁嶽義沾, 1746~1796)의 자는 자의(子宜), 호는 인악(仁嶽, 혹은 仁岳), 성은 이(李)씨. 18세에 용연사(龍淵寺)의 헌공(軒公)에게 출가하고 벽봉(碧峰)에게서 구족계를 받았다. 벽봉에게《금강경》《능엄경》등의 대승경전을 배웠고, 서악(西嶽)·홍유(泓宥)·농암(聾巖) 등에게 수학했으며, 설파 상언(雪坡尙彦)에게서 화엄경과 선문염송을 배워 선교에 통달했다. 경을 가르치기 시작한 이래 따르는 사람이 항상 1백여 명을 넘었다고 한다. 강의하는 틈틈이 화엄·원각·반야·기신론 등의 사기(私記)를 썼는데, 그의 사기는 연담 유일(蓮潭有一)이 지은 사기들과 더불어 오늘날까지도 불교 강사들이 중요하게 여기는 주석서이다. 그는 문장에도 뛰어나 1790년(정조 14) 수원 용주사가 창건될 때 증명법사가 되어 〈용주사불복장봉안문〉과 〈용주사제신장문(龍珠寺祭神將文)〉을 지었는데, 정조가 '조선 역대 스님 중 제일의 문장가'라고 크게 칭찬했다. 1796년(정조 20) 5월 5일, 나이 51세 법랍 33년으로 입적했다. 저술로는 화엄·원각·금강·능엄·기신론 등의 사기(私記)와 《인악집》이 있다.

4. 진허 팔관(振虛捌關): 1편

●보덕굴	普德窟
보덕굴은 천 년의 굴	普德千年窟
5월의 꽃이 피었네	春開五月花
거처하는 스님 서너 분이	居僧三四五
나를 위하여 좋은 차를 끓이네.	爲我煮茗茶

【출전】 ㉠ 〈진허집(振虛集)〉;《한국불교전서》제10책, p.196, 1989, 동국대학교 출판부. ㉡ 한글대장경 225, 《진허집(振虛集)》(책제목은 《초의집 외》라고 씌어 있음), 1997, 동국역경원.

【진허 팔관의 생애】
 진허 팔관 스님의 생몰 연대는 미상이나 조선 후기의 스님으로 호가 진허(振虛)이다. 영조 때(1724~1776)와 정조 연간(1777~1800)의 스님이나 자세한 행적은 알려져 있지 않다. 저술로는 《삼문직지(三門直指)》1권과 《진허집》1권이 있다. 《진허집》에는 산문 8편(소, 행장, 서, 기, 문)과 시 88수가 수록되어 있다. 시 88수 가운데 위에 소개한 다시(茶詩) 1편이 있다. 이 시에 의하면 조선 후기 금강산 보덕굴의 스님들도 차를 즐겨 마셨던 것으로 보인다.

5. 징월 정훈(澄月正訓): 4편

● 영화당 유인(永和堂 惟仁)의 시축 속 운을 따라　次永和堂惟仁軸中韻
  - 3수 중 세번째 수 -

10년간 망기(忘機)하고 암자를 나가지 않았고	十載忘機不出庵
울타리 속의 유현한 새가 맑은 이야기 지어내네	隔籬幽鳥做淸談
송차(松茶)를 잔에 가득 부어 눈썹 큰 노장 스님께 드리나니	松茶滿椀厖眉老
도를 즐기는 맑은 명성을 영남에 크게 드날리네.	樂道淸名大嶺南

● 백흥사(百興社)에서　　　　　　　　　　題百興社

푸른 절벽 오르니 잣나무가 빽빽한데	登臨蒼壁栢森森
석장 짚고 고생스럽게 이 암자를 방문하니	錫杖辛勤訪此菴
노소(老少)가 다투어 환영하며 새해를 축하하고	老少爭迎新歲賀
상 가득 차와 과자 내 놓으니 이것이 인심이로다.	滿盤茶果故人心

● 우연히 읊다　　　　　　　　　　　　偶吟
  - 4수 중 첫번째 수 -

흰 돌 승방에서 옛 책을 읽고	白石僧房舊讀書
금년 봄에는 조군(趙君)과 함께 기거하네	今春輸與趙君居
영원사의 도화(桃花)는 필려면 멀었고	桃花曉暗靈源是
차 화덕은 아침부터 비었으니 환(幻) 속의 곡식과 같네	茶竈朝虛幻殼如
병 중에서도 시 쓰느라 고뇌하기도 하며	養病或爲詩所惱
선을 사랑한다고 술과 완전히 멀어졌다고 하지 말라	愛禪遮莫酒全疎
칡 많은 샘 밑에 단사(丹砂)의 즙이 있는지	葛洪泉底丹砂汁
팔팔하던 머리카락도 시어 눈과 같이 덮혔네.	乞梁衰毛雪丈餘

● 구산책실 심능수 공에게 삼가 화답하다　奉和龜山冊室沈公能守

금수 영롱하게 저녁 놀 맺히고	錦繡玲瓏結晩霞
동천(洞天)은 청명하게 빛나니 그림 속같이 아름답네	洞天晴旭畵中嘉
사람은 한가하게 차를 달이며 가을빛을 바라보네	人間茶熟看秋色
나뭇잎 지고 서리 내리니 세월이 무상함을 느낀다.	木落霜淸感歲華
(하략)	(下略)

【해설】 정훈(正訓) 스님은 지금까지 한국불교사에 별로 알려지지 않은 분이다. 그의 시집 《징월대사시집》에는 모두 4편의 다시가 수록되어 있다. 첫번째 다시는 10년간 암자에 나가지 않고 수행한 노스님을 기리는 작품인데 거기에는 대용차의 일종인 송차(松茶)가 등장한다. 두번째 시는 어렵게 고생하며 높이 올라가 찾아간 백흥암(百興庵: 시에서는 百興社, 옛날에는 절을 사(社)라고도 했다)에서 노소 대중의 환영을 받으며 상 가득 차(茶)와 음식을 대접받은 내용이다. 세번째의 〈우연히 읊다〉라는 제목의 시는 차 화덕(혹은 차 부뚜막)이 비어 차도 마시지 못하는 산사의 가난함을 읊고 있다. 비록 그땐 차를 마시지 못하긴 했으나 '다조(茶竈)'를 언급한 걸 보면 평소에는 차를 자주 마셨던 것이 틀림없다. 네번째 시는 심능수(沈能守) 공에게 화답하는 작품인데 동천(洞天)이 청명하게 빛나는 가을날 한가하게 차를 마시며 가을 풍광을 완상하는 내용이다.

【출전】 〈징월대사시집〉; 《한국불교전서》 제10책, pp.486~505, 1989, 동국대학교 출판부.

【징월 정훈의 생애】

　징월 정훈(澄月正訓, 1751~1823) 스님에 관해서는 《선학사전》과 《한국불교인명사전》은 물론 한국불교사에 제대로 소개도 된 적이 없다. 《한국불교전서》제10책에 수록된 〈징월대사시집〉 말미에 있는 행장(行狀)에 의하면 스님의 법명은 정훈(正訓), 자는 경호(敬昊), 호는 징월(澄月), 속성은 김(金)씨로 문소(聞韶: 지금의 경북 의성) 사람이다.

　신라 경순왕(敬順王)의 후예로 1751년(영조 27) 탄생했다. 어려서부터 준수했고 효성이 지극했으며 독서를 좋아했다. 금성산(金城山)에 들어가 책을 읽다가 서암(瑞巖) 화상이 성성(惺惺)하게 선수행을 하는 걸 보고 독서를 그만 두고 탄식하며 말하기를 "사람을 능히 존재케 하는 것은 일개 심성(心性)이구나" 하고는 부처님의 관심견성(觀心見性)을 배우고자 머리를 깎고 계를 받았다. 그는 관월(冠月)에게 금강·능엄을 배우고 설파농암(雪坡聾巖) 문하에서 학문을 더욱 익히고 1781년 31세에 개강하였다. 이로써 그의 명성이 드러나고 불문(佛門)의 사표(師表)로 존경받았다.

　그는 여러 명산을 돌면서 사찰이 황폐한 것을 보고 상심하였다. 그는 팔공산 북쪽 옛 사찰 수도사(修道寺)를 중창하였다. 이는 당시 영백(嶺伯)인 김희순(金羲淳, 1757~1812)의 도움을 받아 이룩했다. 김희순은 또 '수도난야(修道蘭若)·해회루(海會樓)·염화실(拈花室)'의 편액(扁額)도 손수 써 주었다. 정훈 스님의 성품은 단중근엄(端重謹嚴)하고 또 시에 능해 그 이름이 널리 알려졌다. 1823년(癸未) 2월 은해사 운부암(雲浮庵)에서 세수 73세로 입적했다. 저술로는 《징월대사시집》 3권 1책이 전한다.
(《징월대사시집》《징월화상행장》《한국불교전서》)

6. 설담 자우(雪潭自優): 1편

● 높이 올라　　　　　　　　　　　　　　　　　登高

구름 밖 높고 낮은 만여 개의 산　　　　　　　雲外高低萬點山
푸르고 붉은 비단처럼 빛나 놀라며 보네　　　翠羅紅錦爛驚看

차를 달이고 국화를 끓이는데 연기 속 담쟁이덩굴이 고요하고 　　湘茶煎菊烟蘿靜
흥을 시정(詩情)으로 느끼니 붓이 한가할 사이가 없네. 　　興撼詩情筆不閒

【해설】 자우(自優) 스님의 문집 《설담집》에는 오언절구 9편, 칠언절구 13편, 오언사운(五言四韻) 6편, 칠언사운 18편, 칠언장편 1편 등 모두 47편의 시가 있는데 그 중 다시는 위에 소개한 〈높이 올라[登高]〉 1편이다. 전체 시 분량에 비하면 이 한 편의 다시가 있는 것도 다행한 일이다. 왜냐하면 다른 스님의 문집 가운데 백여 편 또는 수백 편의 시를 열람해도 단 한 편의 다시를 발견할 수 없을 때가 있다. 이는 어쨌든 자우 스님은 높이 올라가 첩첩한 수많은 산들을 바라보고 차를 달여 마시고 그 흥취를 읊은 것이 위에 소개한 다시이다. 등산의 시정(詩情)을 읊자니 붓이 한가할 겨를이 없을 것이다.

【출전】 〈설담집(雪潭集)〉;《한국불교전서》 제9책, pp.728~748, 1988, 동국대학교 출판부.

【설담 자우의 생애】

설담 자우(雪潭自優, 1769~1830) 스님의 자는 우재(優哉), 호는 설담(雪潭), 성은 김(金). 담양 사람이다. 일찍이 부모를 여의고 옥천 복천사(福泉寺)에서 서암(瑞岩)에게 출가하여 호암(虎岩)·설봉(雪峰) 등의 스승에게 배운 뒤 모은 지훈(暮隱智薰)에게 공부하여 지훈의 법을 이었다. 제자로는 춘담(春潭)·운담(雲潭)·화담(花潭)·나암(懶庵) 등이 있다. 저술로는 《설담집》 2권이 있다. (《한국불교찬술문헌총록》《한국불교인명사전》)

7. 아암 혜장(兒庵惠藏): 5편 8수

● 산에 살며 느끼는 여러 가지 흥미   山居雜興
   - 20수 중 두번째 수 -

둘러쳐진 산빛은 조용한 가운데 더욱 새롭고   一簾山色靜中鮮
푸른 나무에 붉은 노을 눈에 부시네   碧樹丹霞滿目姸
사미에게 차 달여라 일렀으니   叮囑沙彌須煮茗
베갯머리엔 원래 약수[地漿泉]가 있다네.   枕頭原有地漿泉

● 장춘동(長春洞) 잡시   長春洞雜詩
   - 해남 두륜산 골짜기 바다 유다(油茶)[136]가   海南之頭輪山
     가득하므로 장춘동이라고 함, 12수 중   滿谷皆油茶
     세번째·여섯번째·열번째 수 -   號曰長春洞

[3]
탑과 비석을 몇 바퀴 돌아보니   寶塔豊碑匝數行
한 떨기 난초꽃과 다섯 잎의 지초 향기로워라   一花五葉摠芬芳
향대엔 언제나 전단(栴檀) 향기 피어나고   香臺每湧栴檀氣
법당엔 사리(舍利) 광채 자주 비치네   紺殿頻浮舍利光
산수는 의구한데 혼백만 떠돌고   水遠山長魂往復
천지는 아득한데 꿈자리만 사납구나   天荒地老夢飛揚
덕 높으신 고승조차 오늘날엔 찾는 이 없으니   高僧此日還蕭索
이 좋은 계절 누가 찻잔을 올릴까.   佳節誰能薦茗觴

[6]
꽃과 나무야 본래 예사로운 것이 아니라 하나   花木天生摠不凡

---

[136] 유다(油茶): 차의 일종으로 한 해에 세 번 꽃이 피고 두 번 열매를 맺는다.

샛길에 무성한 잡초라 하여도 어찌 벨 수 있으리	蒙茸滿逕那須芟
목마른 사슴은 장군수(將軍水)¹³⁷⁾로 나란히 달려가고	渴鹿齊赴將軍水
새끼 꿩은 학사암(學士巖)에서 소리내어 우네	乳雉交鳴學士巖
차밭에서 한가로이 대지팡이를 꺾고	藥塢閒携烏竹杖
소나무 사이에서 흰 적삼을 터네	松壇徐拂白麻衫
나의 일생 여기에서 마칠 생각이니	吾行遂決終焉計
계함(季咸)¹³⁸⁾에게 앞 일 묻지 않으리.	未必前程問季咸

[10]

아름다운 연못과 작은 시내는 저절로 휘감고	金塘小澗自縈回
방초와 수양버들 가득한 무릉도원 열려 있네	芳草垂楊一洞開
봄은 구름 낀 산에 찾아들어 오래도록 나가지 않고	春入雲山長不出
물은 인간 세상으로 흘러가 정녕 돌아오지 않네	水流人世定無回
벼루집을 가지고 다니다 수시로 붓을 적셔보고	行持研匣時濡筆
차 화로 안고 앉아 손가락으로 재에다 그려도 보고	坐擁茶罏試畵灰
아득히 금호(琴湖)와 더불어 물가에 노닐 때를 회상해 보니	憶與琴湖游岸上
어느 해에나 현도관(玄都觀)¹³⁹⁾의 복숭아를 감상하게 되려나	幾年玄觀賞桃來

● 황정(黃庭) 이태승(李台升)에게 편지로 보냄   奉簡黃庭李公台升

병이 나았을 땐 꽃은 이미 다 졌으니	病後花已謝

---

137) 장군수(將軍水): 대둔사에 있는 샘으로 물이 좋아 약과 차를 끓이는데 사용한다. 이 이름은 윤고산(尹孤山)이 대둔사에서 출중한 스님이 많이 배출되었다는 데서 연유하여 지었다.
138) 계함(季咸): 정(鄭)나라 때 무인(巫人). 길흉과 화복을 귀신같이 알아냈다고 한다. 《열자(列子)》에 "어떤 신무(神巫)가 제(齊)에서 정(鄭)에 와서 살았는데 이름이 계함이었다. 그는 사람의 사생존망(死生存亡)과 화복요수(禍福夭壽)를 잘 알아냈다"라고 했다.
139) 현도관(玄都觀): 도교의 사원으로 장안(長安)에 있는데, 이곳에는 복숭아나무가 많다고 한다.

좋은 시절 지난 것 슬프구나	惆悵誤良辰
나부끼는 쑥은 헤아려 보기 어렵고	飄蕭計難畫
시든 찻잎은 입맛 당기지 않네	委茶氣不仁
다만 막걸리 생각이 나지만	只有念醇醨
돈 없어 입술도 적시지 못하네	囊空未濡脣
홀연히 그대의 행차 소문을 듣고	忽聞伊軋聲
놀라 솔과 대나무 우거진 숲을 나가보네	驚瞿出松筠
마침 그대가 봄나들이 하고자	使君欲春遊
대나무 가마 타고 산비탈을 올라왔네	竹輿上嶙峋
처음 마주하는 자리에서 흉금을 털고	初筵便傾倒
나를 도인처럼 대접하였네	禮我如道人
술단지 비우기를 두세 번이나 하였으니	挈壺至兩三
어찌 한 순배만 취했으리	豈惟醉一巡
호탕하게 고금의 일을 논하니	浩蕩論今古
촛불이 새벽까지 켜져 있네	華燭繼明晨
슬프다. 밥이나 축내는 중이	嗟哉粥飯僧
외로이 청해(靑海: 완도) 가에 와 있네	寥落靑海濱
어쩌다 보잘것없는 몸이	胡爲無所用
선비 사이에 헛되이 이름만 떨쳤는고?	虛名動搢紳
다행한 것은 군자를 벗하여	幸玆遇君子
반가움에 눈물 흘리며 서로 사귐일세	爛漫卽相親
헤어진 지 열흘도 안 되었건만	分別未十日
홀연히 3년이나 지난 듯하네	倏忽如三春
고개 돌려 일성산(日星山)을 바라보니	回首日星山
회포가 겹겹이네.	意緖重繽繽

● 동천(東泉)의 곤괘(坤卦) 육효(六爻) 시의   奉和東泉坤卦六爻韻
   운을 따서 화답함

험난한 인간 세상	嶮巇人世上
발길마다 서리처럼 차갑네	步步凜如霜
집에 머물며 삼경(三逕)140)을 닦아 놓고	置屋成三逕
몸을 추스려 외진 곳에 머무네	安身著一方
벽사 창으로 옛 유적 바라보고	碧窓看古蹟
외진 길 가에서 새 시를 읊조려 보네	幽巷詠新章
불서(佛書)는 상자에 가득 채웠고	貝葉曾盈篋
차 잎은 주머니에 담아두었네	茶芽更貯囊
안개와 노을은 지팡이와 신을 따르고	煙霞隨杖履
바람과 달빛은 옷에 가득하네	風月滿衣裳
이것이 몸을 보존하는 계책이니	卽此爲身計
어찌 기리계(綺里季)와 하황공(夏黃公)141)이 부러우리.	何須羨綺黃

● 중봉(中峰)의 낙은사(樂隱詞)에 화답함   和中峰樂隱詞
  －16수 중 세번째·열세번째 수－

[3]

산에 올라 차를 따고	登嶺採茶
물을 끌어와 꽃밭에 물을 대다가	引水灌花
홀연히 고개 돌려보니 산 위의 해 이미 기울었네	忽回首山日已斜
깊은 산 속 암자에는 경쇠소리 울려 퍼지고	幽菴出磬
고목에는 갈까마귀 모이니	古樹有鴉
이렇게 기쁘고 이렇게 한가하며 이렇게 즐겁구나.	喜如此閒如此樂如此嘉

---

140) 삼경(三逕): 장후(蔣詡)가 자기 집 대밭에 소나무·대나무·국화가 심어진 오솔 길을 세 갈래로 닦아 놓고 오직 구중(求仲)과 양중(羊仲)만 오게 하여 함께 놀았 다고 한다.

141) 기리계(綺里季)와 하황공(夏黃公): 상산사호(商山四皓) 중의 두 사람. 하황공은 하리(夏里)에서 수행했다 하여 붙여진 칭호이다. 이들은 진(秦)의 학정(虐政)을 피하여 상산(商山)에 은거하여 살았다.

[13]
두륜산에서 한가로이 휘파람 불며	閒嘯頭輪
여유롭게 티끌 세상 내려다보니	傲視紅塵
세 봉우리 우뚝하고 아홉 계곡 굽이쳐 도네	三峰秀九曲猭猭
유다(油茶)와 자죽(慈竹)[142]에	油茶慈竹
따뜻한 봄 찾아오니	四序長春
녹문산[143]과 구지혈[144]과 무릉의 나루인 듯하네	似鹿門山仇池穴武陵津

대둔사 비각 다례축문(大芚寺 碑閣 茶禮祝文)

엎드려 생각건대 끝없는 자비심으로 천추(千秋)까지 은혜를 베푸셨으니 그 원력이 크고 깊어 여러 사찰에 부도를 만들었다. 멀리 조사의 가르침을 받들었으니 남종선(南宗禪)을 크게 떨쳤다.

우리 서산(西山) 노사께서는 1만 무리 오랑캐를 공중을 메우는 모기떼 잡듯이 하였고, 1천 호걸들을 동이에 가득한 날파리로 보았다. 사명선사 같은 분은 머리만 깎고 수염은 남겨두어 장부(丈夫)의 표상을 버리지 않으셨으며 험한 지역을 누비면서 보살의 기풍도 전해 주었다. 우리 소요 (逍遙, 1562~1649) 스님 뒤로 열반하신 스승들 진흙소를 빗대어 깊은 도리 살펴서 옥(玉) 불자로 진심(眞心)을 깨우쳤다. 신령스런 법의 인연 만나니 눈물 쏟으며 법문을 듣는다. 법열에 젖어 절구공이로 계단 모퉁이 울리네[화악(華嶽, 1629~1707) 대사에 대하여 지은 것임]. 사자좌(獅子座)를 만들어서 금산사(金山寺)에 대중을 모으고 자라 등을 배 삼아 타고 바다

---

142) 자죽(慈竹): 대나무의 일종으로 자모(子母)가 서로 의지하여 산다고 함.
143) 녹문산(鹿門山): 호북성(湖北省) 양양현(襄陽縣) 동남쪽에 있다. 방덕(龐德)이 여기에 약초를 캐러 갔다가 돌아오지 않았다는 말이 있고, 당(唐)의 맹호연(孟浩然)도 여기에 은거했었다.
144) 구지혈(仇池穴): 감숙성(甘肅省) 성현(成縣) 서쪽에 있다.

에서 중생을 제도했다[환성(喚惺, 1664~1729) 대사에 대하여 지은 것임]. 문장은 세상을 울리고 풍도(風度)는 사람을 놀라게 하네[연담(蓮潭, 1720~1799) 대사에 대하여 지은 것임]. 달빛이 붉은 언덕을 비출 때 도량[杏臺]을 거닐다 범을 꾸짖었네[정암(晶巖, 1738~1794) 대사에 대하여 지은 것임]. 운무(雲霧)가 푸른 못을 휘덮을 때 대숲에 노닐며 고기를 기르네[송파(松坡, 법명은 覺暄, 雪峰 懷浮의 제자) 대사에 대하여 지은 것임]. 고성(孤星: 여명 때 보이는 잔별)에 감응받아 잉태되고 쌍옥(雙玉)을 삼키는 태몽을 꾸었네[응성(應星) 대사에 대하여 지은 것임]. 대중에게 철추 들어 보이면서 격외의 높은 도리 설파했네[만화(萬化, 1694~1758, 법명 圓悟) 대사에 대하여 지은 것임]. 법고(法鼓)를 두드려 하늘까지 들리게 하시어 참으로 인간세의 위대한 업적을 드날리셨네[춘계(春溪, 법명 天默, 아암이 그에게 경전을 배운 적이 있다) 대사에 대하여 지은 것임].

다만 여기서 장춘동은 정녕 여러 세대를 거친 도량이어서 층층의 보배로운 탑들이 한 곳의 언덕에 설켜 있고, 수많은 공덕비는 아홉 계곡의 다릿가에 옹기종기 모여 있으며, 푸른 찻잔은 오히려 새로우나 밝은 구슬은 여전하다. 옛 사당 우뚝하니 넉넉히 공경심을 일으킬 만하며, 남아 있는 그 영정이 깨끗하고 맑으니 정성을 표하는 예를 올릴 만하였다. 이에 꽃과 과일을 진설(陳設)하고 또 떡과 차를 올리니 흠향하소서.

※다산(茶山) 선생이 평하기를 "이 글은 관각(館閣: 弘文館과 藝文館)의 대문장(大文章)이 지은 것 같아 이윤보(李潤甫)와 임이호(林彝好)의 빼어난 문장을 이을 만하다. 내가 항상 산사에서 약간 취하기만 하면 무릎을 치면서 높게 읊조릴 적엔 글자마다 치달리고 구절마다 용솟음치는 듯함을 느끼니 나물만 먹어 초췌한 승려들의 어투가 아니다."라고 했다.

【출전】 ㉠〈아암유집(兒庵遺集)〉(3권);《한국불교전서》제10책, pp.690~709, 1989, 동국대학교 출판부. ㉡ 한글대장경 제224권《아암유집》(표

지는 《연담대사임하록 외》라고 되어 있음), 김병천 옮김, pp.487~587, 1997, 동국역경원.

【아암 혜장의 생애】

아암 혜장(兒庵惠藏, 1772~1811)은 유배중인 다산 정약용(丁若鏞)에게 다도를 가르쳐 준 다승(茶僧)이자 해남 대둔사의 강사로 명성을 떨친 스님이다. 초의가 24세 때인 1809년 강진으로 가서 다산을 만났을 무렵에는 이미 다산이 아암에게 다도를 배운 후였다. 초의와 아암은 함께 대둔사에 살았으므로 초의는 아암으로부터 차에 관해 배웠을 것이고 또 그로부터 다산의 얘기를 들었음에 틀림없다. 말하자면 한국 차의 중흥조라고 추앙받고 있는 초의는 아암으로부터 차를 익혔던 것이다. 즉 아암은 초의의 차 스승이다.

혜장의 호는 아암(兒庵)·연파(蓮坡)이고, 성은 김(金), 초명은 팔득(八得), 자는 무진(無盡)이다. 옛날 백제의 남쪽 변방인 새금현(塞琴縣) 화산방(花山坊)에서 태어났다. 어릴 때 대둔사에서 출가하여 춘계 천묵(春溪天默)에게 수학하였다. 그는 지혜가 특출하여 불문에 들어온 지 수년만에 이름을 날렸다. 연담 유일(蓮潭有一)과 운담 정일(雲潭鼎馹)에게 내전을 배웠다. 1801년(순조 1) 30세가 되던 해 대둔사에서 《화엄경》 대법회를 주관한 이래 대둔사의 강사로서 크게 교화를 떨쳤으며, 1805년(순조 5) 가을에는 유배중이던 정약용에게 다도를 가르치며 교류를 두텁게 하였다. 아암은 《수능엄경》과 《기신론》을 각별히 좋아하였으나 《조왕경》이나 측주(厠呪) 따위는 입에 올리지 않았다. 1811년(순조 11) 9월 16일 세수 40세로 입적했다. 변려문(騈儷文)을 잘했다. 제자로는 수룡 색성(袖龍賾性)·철경 응언(掣鯨應彦)·침교 법훈(枕蛟法訓) 등이 유명했다. 저서로는 《아암집》이 있다.

다산과 아암, 그리고 대둔사의 차맥

정약용(丁若鏞)이 강진에 유배 가서 그와 친분이 두터웠던 아암 혜장의 도움으로 고성사(高聲寺)에 옮겨 살면서 차를 늘 얻어 마셨다. 다산은 1805년(을축년) 겨울 고성사 보은산방(寶恩山房)에서 혜장 선사에게 그 유명한 차를 구걸하는 〈걸명소(乞茗疏)〉를 지어 주었다. 아암은 초의에게 대둔사 다풍을 전해 주었고, 그로 인해 초의·철선 혜즙(鐵船惠楫)·범해 각안(梵海覺岸)·보제 심여(普濟心如, 1828~1875)로 이어지는 대둔사의 차맥(茶脈)을 형성하였다.

철선 혜즙은 초의보다 5세 연하로 두륜산 대둔사 출신이다. 혜즙의 문집인 《철선소초(鐵船小艸)》를 읽어보면 〈또 초의화상에게 드리다〉라는 시를 비롯하여 몇 편의 시에서 초의에 대하여 읊고 있다. 범해 각안은 14세에 대둔사에서 출가하여 초의에게 비구 및 보살계를 받았다. 범해는 은사인 호의 시오(縞衣始悟) 선사의 법맥을 이었지만 초의에게 비구계를 받았으므로 초의의 수계(受戒) 제자라고도 할 수 있다. 범해는 계사(戒師)인 초의의 차맥(茶脈)을 잘 계승하여 다시(茶詩) 26편과 〈다약설(茶藥說)〉이란 산문 1편을 남겼다. 범해의 다시 26편 속에 있는 〈다가(茶歌)〉는 7언 44구로 된 장시인데 〈동다송〉의 전통을 충실히 계승하고 있다. 보제 심여는 철선의 법을 이은 스님으로 역시 16세에 대둔사에서 출가했다. 그는 초의에게 보살계를 받았다. 심여 스님은 스승 철선과 마찬가지로 비록 훗날이겠지만 초의에게 보살계를 받았으므로 초의의 수계 제자라고도 할 수 있는데 그는 초의·철선·범해로 이어지는 대둔사의 음다풍(飮茶風)을 잘 이어 2편의 다시를 지었다. 이로써 볼 때 아암 혜장으로부터 비롯하여 초의·철선·범해·보제로 이어지는 대둔사의 차맥은 아암 혜장이 그 중흥의 씨앗을 뿌린 것이다. 아암도 어릴 때 대둔사에서 출가하였고 그곳에서 차를 마시고 그 차를 승가에서는 초의에게,

속인으로는 다산에게 전수하였다. 따라서 한국 차의 중흥조는 초의의 스승격인 아암으로부터 시작하여 초의와 범해에 이르러 크게 음다풍(飲茶風)이 일어났으며 또 그 두 사람(초의・범해)은 각기 많은 다시를 비롯한 차에 관한 뛰어난 작품도 남겼던 것이다.

8. 초의 의순(艸衣意恂): 25편 29수, 차 산문 2편

● 만향각[145]에서 유산(酉山)[146]과 함께 지음　　蔓香閣與酉山共賦
　-4수 중 두번째 수, 을해년(1815) -　　　　　　　乙亥

일생의 참선 수행 금년에야 마쳤으니	一生參學了今年
북창에 편히 누워 낮잠 자도 무방하리	未妨北窓淸晝眠
백병산 높고 높아 홀로 물에 비치고	白屛山尖孤照水
황효강 빛 맑아 하늘에 닿았다	黃曉江色澹連天
책상과 차(茶) 부엌은 봄바람 속이요	筆牀茶竈春風裏
약찌꺼기 옅은 향내에 가벼이 취했네	藥末香塵小醉邊
이미 지공(誌公)[147]의 참모습 믿나니	已信誌公譚實相
시끄러운 곳이나 고요한 곳이나 모두 선임을 아는 것이지	要知喧靜兩皆禪

【해설】유산 정학유의 집에서 그와 어울려 지내면서 쓴 작품으로 모두 4수로 이루어져 있는데 여기서 소개한 것은 두번째 수이다. 선리(禪理)가 무르익고 있는 초의의 도심(道心)이 잘 드러나 있다. 정진하던 참선 공부

---

145) 만향각(蔓香閣): 유산 정학연의 당호(堂號).
146) 유산(酉山): 정학연(丁學淵)의 호. 자는 치수(稚修)이고 다산 정약용의 맏아들로 시문과 서예에 능했고 농학과 의학에도 조예가 깊었다. 초의 선사와 친한 지기(知己)였다. 저서에 《유산필담(酉山筆談)》《종축회통(種畜會通)》이 있다.
147) 지공(誌公): 중국의 고승. 중국 추평 예천사에 있는 지공비(誌公碑)에는 뒷면에 그의 초상이 새겨져 있는 것으로 유명하다.

가 유산을 만나던 그 해에 마침내 필생의 업(業)을 마친 것으로 보여진다. 즉 오도(悟道)의 경지에 들어선 것이다. 시끄러운 서울의 저잣거리나 해남 대둔사의 고요한 선방이 모두 선(禪) 그 자체라는 끝 구절로 보건대 초의는 이미 장소 따위에 구애받는 꽉 막힌 선승이 아니었다.

●동쪽 별장에서 동로(金在元)·	東莊奉別東老金承旨在元
담재(金敬淵)·황산(金逌根)	覃齋金承旨敬淵黃山金承
세 승지와 추사 김대교를 이별하면서	旨逌根秋史金待敎正喜
-21수 중 첫번째·열번째 수, 정축년(1817)-	丁丑八月

[1]
여관에서 이별한 좋은 친구들　　　　　　旅館違良知
종일토록 슬프게 근심했네　　　　　　　竟日愁悄悄
비 갠 뒤 봉우리만 홀로 가련한데　　　　獨憐霽後峯
곱고 고운 숲은 밖으로 드러나네.　　　　妍妍露林表

[10]
바람에 흔들리는 먹물 흔적 맑고　　　　掩冉墨暉淸
얽히는 차 연기 푸르다　　　　　　　　繞繚茶烟碧
바라보니 시선 절로 온화해　　　　　　　瞻眺自藹然
부처님 얼굴이 깨끗한 벽에 둘러 있다.　 鉛華籠淨壁

【해설】 이 시의 무대는 경주이다. 초의가 경주에 갔을 때 그곳에는 김정희를 비롯해 김재원(金在元)·김경연(金敬淵)·김유근(金逌根) 등의 벗들이 모여 있었다. 한양에서 사귀었다가 경주에서 재회하니 초의는 무척 기뻐하였다. 그가 무려 21수나 되는 작품으로 이 만남을 노래한 사실로도 미루어 알 수 있다. 초의와 그 친구들의 진솔한 대화와 더불어 주고받은 술잔과 찻잔 사이로 우정이 오갔음을 짐작할 수 있는 시이다. 초의

의 능동적이고 융화스러운 성품과 진실된 사귐이 잘 표현된 작품이다.

● 여덟 폭 산수도 　　　　　　　　　　　題山水圖八帖
　-8수 중 네번째 수, 임오년(1822) 대둔사에서- 　壬午在大芚

큰 책상은 모직물을 받쳐서 정갈하고	氈榻承案淨
물병은 화롯가에 향기롭게 놓여 있다	膽瓶傍爐香
묵은 바위 이끼 머금어 윤이 나고	古石含蒼潤
새싹은 노랗게 눈을 틔우네	新苗舒嫩黃
하늘하늘 차 연기 푸르고	裊裊茶烟碧
드리운 구름 기운도 서늘하다	冉冉雲氣凉
그윽한 사람의 생각 상상하니	側想幽人意
얼음과 서리처럼 맑고 깨끗하리라.	皎皎潔冰霜

【해설】 초의 선사는 산수화 여덟 폭에 각각 1수씩 제화시(題畵詩)를 썼다. 이 시는 그 중 네번째 시로써 책상과 화로, 다기(茶器)가 놓여 있는 방안 풍경을 묘사하고 있다. 푸른 차 향기가 피어오르는 광경을 보면서 초의는 신선의 뜻을 가늠해 보고 있다. 차와 다기(茶器)를 아끼고 사랑하는 초의의 마음이 잘 드러나 있는 다시이다.

● 김도촌이 율시 한 수를 보내왔기에 그 운을 따서 　金道邨寄一律次韻却寄
　-임오년(1822)- 　　　　　　　　　　　　　　　　壬午

도촌이 편안하게 수양하는 곳은	道邨恬養處
마음이 원대하니 시간도 더디 가네	心遠日遲遲
길은 그윽한 난초 뜰에 붙어 있고	徑逼幽蘭砌
문은 구비진 연못 계단에 임해 있네	門臨曲沼碕
약을 달여 병을 치료하고	鍊藥消閒疾

차를 가꾸어 졸음을 줄이네	品茶減睡癖
옛날 산수에 의지하여 살자던 약속을	宿昔烟霞約
해맑은 가을에 실현함이 마땅하리.	淸秋始赴宜

【해설】 초의 선사의 시를 번역한 임종욱(林鍾旭)은 이 시에 대하여 다음과 같이 설명하고 있다.

 "도촌 김인항의 평정심(平靜心)을 노래한 작품이다. 그가 평생 도락으로 즐겼던 다도(茶道)와 관련된 이야기가 이 무렵에 쓰여진 시에서부터 조금씩 소개되고 있다. 《초의시고(艸衣詩藁)》 1권에는 초의의 이 시 아래에 도촌이 초의에게 보낸 시가 첨부되어 있다. 그 시에서 사대부로서 명망을 지닌 도촌이 초의의 인품과 자질, 선심(禪心) 등에 대해 매우 긍정적으로 평가하고 있다. 그의 시는 단순한 칭송의 말을 넘어서 마음 속으로부터 우러난 존경과 흠모의 심정이 잘 드러나 있다."

● 금강석 위에서 언 선자와 왕우승[148]의 종남별업(終南別業)의 시에 **화답함** - 계미년(1823) -	金剛石上與彥禪子和 王右丞終南別業之作 癸未
새소리 들으려 저녁 예불도 쉬고	聽鳥休晩參
가벼이 노니는 옛 시내 언덕	薄遊古澗陲
흥을 따르기에는 시구가 좋고	遣興賴佳句
마음 통하는 좋은 벗들과의 만남	賞心會良知
바위 널린 곳에서는 여울물 흐르고	泉鳴石亂處
바람 불자 소나무가 울리네	松響風來時
차 마시고 고요한 물가에 와	茶罷臨流靜
그윽한 심사 돌아갈 기약도 잊었네.	悠然忘還期

---

148) 왕우승(王右丞): 당나라의 시인 왕유(王維). 상서우승(尙書右丞)을 지냈기 때문에 왕우승이라 불린다.

【해설】 이 시에 의하면 초의는 '시불(詩佛)'이라 불리던 왕유(王維, 701~761)의 시를 좋아했음을 알 수 있다. 따라서 왕유의 시세계가 초의에게 많은 영향을 주었던 것으로 생각된다. 이 시는 초의의 교유시(交遊詩)의 어떤 일면을 보여 주는 작품이다. 친구·시·차에 빠져 저녁예불을 쉬었다는 그의 솔직한 고백이 매우 인간적으로 느껴지는 다시(茶詩)이다.

●도촌 김인항이 지나는 길에 초암을 찾았기에	道邨見過草菴
– 계미년(1823) –	癸未

성인 가신 지 3천 년	去聖三千載
도는 사라져 세상이 혼돈스럽네	道喪世方渾
혼자 한가로운 세월을 보내면서	獨將閒日月
문 닫고 시서(詩書)에 충실하네	閉門詩書敦
마음의 일은 오래 전부터 천진하고	心事天眞古
덕스런 공업, 충과 효도 드높였지	德業忠孝尊
아름다운 소문 한 시대를 흔드니	令聞掀一時
높은 분의 발걸음 문 앞에 멈추네	軒蓋駐蓬門
굳게 사양하고 스스로 자취를 감추어	牢讓自潛跡
세상 사람의 논평받기를 피했네	厭被時人論
끝내 인간사를 던져 버리고	竟棄人間事
구름 숲으로 시끄러움 피해 왔네	雲林來避喧
내가 바위 틈에 산다는 말 듣고	聞我巖居靜
구름 헤치고 송헌(松軒)에 이르렀네	披雲到松軒
샘물 길어 뇌소149)를 끓이고	掬泉烹雷笑
향을 사르고 청담을 나누었다네	焚香演道言
영특한 자태 학인 양 고고하고	英姿鶴毛古
맑은 담론은 이슬이 서린 듯하네	清淡玉露繁

---

149) 뇌소(雷笑): 차의 한 종류.

저녁 별도 장차 저물려 하니	雅晤時將晚
세월 빨리 달아남을 한탄하네	頻嗟歲疾奔
마치 숲속의 난초가	有如林中蘭
장차 그 풍성함을 하직할 듯하네	將謝藹葐蒕
장부가 만약 도 있음을 알았다면	丈夫知有道
마땅히 〈조문도〉150)란 말을 되새겨야 하리	唯當奮朝聞
이미 깊고 얕음 알 수 있다면	旣能知深淺
모름지기 참과 거짓 구별해야 하리	也須辨僞眞
사라지고 자라는 이치151) 자세히 탐구하여	精究消長理
죽음과 삶의 뿌리를 뚜렷이 밝혀야지	明核死生根
미세하고 오밀함을 자세히 연구하면	細硏窮微密
곧 양생의 이치 깨닫게 되겠지	便悟可長存
청정으로 스스로를 지킬 수 있다면	苟能淸自守
남의 도움을 무엇하러 바라겠나	何足希人援
부귀는 하늘이 준 복이 아니고	富貴非天爵
꾸밈도 본래의 향기는 아니라네	修飾非素薰
영대(靈臺)가 원래 튼튼한 터전이니	靈臺元固基
슬기로운 몸152)은 원래 청정한 근원일세	智水本澄源
마음은 백옥경153)에 노닐고	心遊白玉京
이름을 자미원(紫微垣)에 빛내었네	名耀紫微垣
돌아보면 갖가지 세상 만물을	回看營營者
하늘과 땅이 곧 하나의 울타리를 이루었네.	天地卽一樊

---

150) 조문도(朝聞道):《논어》이인(里仁)편 8장에 "아침에 도를 들으면 저녁에 세상을 떠나도 좋다"라는 말이 있다.
151) 사라지고 자라는 이치[消長理]: 만물이 성장했다가 소멸하는 이치.
152) 슬기로운 몸[智水]: '영대(靈臺)'에 대응하는 말로써 '지혜로운 물'을 마시는 것은 신체이므로 '지수(智水)'를 '슬기로운 몸'으로 표현한 것으로 보인다.
153) 백옥경(白玉京): 신선이 사는 고장으로 특히 옥황상제가 있는 곳을 말한다.

• 수종사에서 석옥화상154)의 시운을 따서   水鍾寺次石屋和尙韻
　- 12수 중 첫번째 수, 경인년(1830년) 겨울 수종사에서 -   庚寅冬在水鍾寺

꿈에 누가 앙산(仰山)155)의 차를 바쳐   夢回誰進仰山茶
게으르게 남은 경전 잡고 눈꽃을 씻어내려   懶把殘經洗眼花
다행히 산 아래 깊이 마음 아는 이 있어   賴有知音山下在
인연 따라 와 백운가(白雲家)156)에 머무네.   隨緣來住白雲家

• 유산(酉山)에게 삼가 화답함   奉和酉山
　- 12수 중 세번째·여덟번째·열두번째 수 -

[3]
우거진 난초 혜초 세간에선 구분 못해   蕪蕪蘭蕙世難分
전단향157) 옮겨 심으면 온갖 물질도 향내난다네   移植栴檀物也薰
봉황의 채색 난새의 문양은 속인의 눈을 놀래고   鳳彩鸞章驚俗見
쇠북소리 옥의 울림은 범상한 사람의 귀를 씻는다   金聲玉振洗凡聞
차 연기는 밤에 삼청(三淸)의 이슬에 젖고   茶烟夜浥三淸露
창 밖의 아침해는 오색 구름을 머금었네   窓日朝含五色雲
인간 세상의 세 가지 즐거움158)을 다 누렸으니   三樂人間兼享了

---

154) 석옥화상(石屋和尙): 중국 임제종(臨濟宗)의 18세 법손(法孫). 당시 고려의 승려인 태고 보우(太古普愚)의 방문을 받아, 그를 중기(重器)라고 여겨 가사를 전해 임제종의 법통이 한국으로 전해지게 하였다.
155) 앙산(仰山): 중국의 스님인 혜적(慧寂, 840~916)으로 강서성 원주부에 있는 앙산에서 산신의 지시를 받고 개산(開山)해서 선종의 한 파를 형성하였다. 그에게 부처의 참뜻에 대해 물으면 항상 차를 한 잔 권했다는 공안(公案)이 있다.
156) 백운가(白雲家): 흰 구름으로 둘러싸인 집으로 곧 사찰을 뜻한다.
157) 전단향(栴檀香): 향나무의 이름으로 단향목(檀香木)을 말한다.
158) 세 가지 즐거움[三樂]: 《맹자》에 "군자에게는 세 가지 즐거움이 있는데 부모님이 살아 계시고 형제들에게 별 탈이 없는 것이 첫번째 즐거움이고, 우러러 하늘에 부끄럽지 않고 아래로 사람들에게 부끄럽지 않는 것이 두번째요, 천하의 영재를 얻어 가르치는 것이 세번째다"라고 쓰여 있다.

| 이제 다시 명리의 장소로 내달아 가리. | 何曾更使利名奔 |

[8]
산 햇살 지려 하자 서늘한 안개 밝고	山暉欲沒冷烟澄
어두운 빛 그대로 얼어붙어 꼼짝도 못하네	暝色因依凍不騰
봉우리마다 눈덮여 티끌 한 점 없고	雪壓千峯塵耗絶
바람은 온 골에 울려 저녁 추위 심하구나	風鳴萬竅暮寒增
차 끓여 시 좋아하는 나그네에게 대접하고	瀹茗且禮耽詩客
약 지어 서로 글자 묻는 스님을 위로하네	劑藥相憐問字僧
병에서 일어나 다시 옛 놀던 자취 찾아	病起還尋舊遊跡
시제 남겨 화답을 재촉하니 더욱 다정하구나.	留題催和更多情

[12]
병풍을 그리는데 남을 모방하기 원치 않아	畵屛不願借人模
일천 겹 생생히 조화도(造化圖)를 그렸네	千疊生陳造化圖
줄지은 산악 채색 붓에서 뽑혔나 의심되고	列岳疑抽生彩筆
두 줄기 강물을 움켜다가 주방에 물을 댄다	雙江可把灌香廚
구름이 바다처럼 펼치니 조수 막 밀려오고	雲鋪似海潮方進
엷게 깔린 안개 길 윤기 아직 마르지 않았구나	烟澹如塗潤未枯
사시(四時)로 펴놓은 채 걷는 날 없으니	張放四時無捲日
맑은 봄날 차 달이는 화로와 가까운 듯하다네.	春晴偏近煮茶爐

【해설】 유산 정학연(丁學淵)은 다산 정약용의 아들로, 1783년에 태어나서 초의보다는 세 살 많다. 유산은 아버지의 학문을 이어받아 박학다식하고 실학 이론을 구축한 인물이다. 그의 시를 차운한 초의의 시는 12수인데 그 중 3수에 차 이야기가 나온다. 초의는 한양에서 유산을 만나 교유를 나누었는데 이 시에도 두 사람이 삼경까지 차를 마시며 다정하게 담소를 나누는 모습이 잘 나타나 있다.

● 칠언절구(유산의 시) 　　　　　　　　　　　　七言絶句(酉山)

상공159)은 본래 도량이 넓은 분 　　　　　　　相公胸次本來寬
봄안개〔餐霞〕160)와 차를 많이 드셨겠지 　　　貯得餐霞飲渌寒
좋은 세상 만났지만 벼슬길〔青瑣〕161)에도 오르지 않고 　忘却明朝青瑣直
청산에 묻혀 살며 소나무를 의지했다네. 　　　碧山無數倚松看

● 석천(石泉)에서 차를 달이며 　　　　　　　　石泉煎茶

하늘빛은 물 같고 물빛은 아지랑이 같아 　　　天光如水水如烟
이 땅에 노닌 지도 이미 반년일세 　　　　　　此地來遊已半年
좋은 밤에는 거의 밝은 달과 함께 놀고 　　　　良夜幾同明月臥
맑은 강에서 지금은 갈매기와 졸고 있네 　　　清江今對白鷗眠
시기 질투를 원래 마음 속에 담지 않았으니 　嫌猜元不留心內
헐뜯고 칭찬함이 어찌 귓가에 이르리 　　　　　毀譽何曾到耳邊
소매에는 아직 경뢰소(驚雷笑)162)차가 남아 있으니 　袖裏尚餘驚雷笑
구름에 기댄 채 다시 두릉의 샘물을 시험해 보련다. 　倚雲更試杜陵泉

【해설】이 시는 초의가 한양에 온 지 반 년이 되어서 쓴 작품이다. 그 즈음에야 한가로운 여유를 갖게 된 그는 오랜만에 다기에 차를 끓였다. 한강을 마주한 두릉에서 맑은 샘물을 길고 물을 끓여 차를 마시면서 수행자로서의 마음가짐을 다짐하는 모습이 역력하다.

---

159) 상공(相公): 재상(宰相)의 존칭. 여기서는 부마도위(駙馬都尉) 홍현주(洪顯周)를 지칭한 것임.
160) 찬하(餐霞): 봄 안개를 먹는다는 뜻. 《列仙傳》에 "陵陽子言 春餐朝霞 夏飲沆瀣" 라 하였음.
161) 청쇄(青瑣): 대궐의 궁문(宮門).
162) 경뢰소(驚雷笑): 차의 이름.

● 열수(洌水)163)에 배를 띄우고　　　　　　　洌水泛舟

저무는 해 서쪽으로 달리고 비는 동쪽에 뿌리는데　　斜日西馳雨散東
시주머니와 다기를 작은 배에 실었네　　　　詩囊茶椀小舟同
구름 걷히자 하늘 중앙에 달빛만 가득하고　　雲開正滿天心月
밤 고요하니 서늘한 바람만 수면 위를 스치네　夜靜微凉水面風
천 리 먼 곳에서 고향 생각한들 어찌 이를 수 있으리　千里思歸何所有
한 몸에 남은 얽힘 끝내 비우기 어렵구나　　一身餘累竟難空
누가 알겠는가. 겹겹 청산 속의 나그네가　　誰知重疊靑山客
황금물결 만 이랑 속에 와 자고 있음을.　　來宿金波滿頃中

【해설】해 지는 황혼 무렵 쪽배에 올라 시를 읊고 차를 마시는 초의의 정취가 그윽하다. 그러나 고향으로 향한 그의 심사는 어딘지 쓸쓸하다.

● 여름날 서쪽 정원에서 여러 선비들과의 청아한 모임　夏日西園與諸公雅集
　- 신묘년(1831) -　　　　　　　　　　　　　　辛卯

아른아른 골구름 서늘함 토하고　　　　　　谷雲冉冉吐涼陰
좋은 곳 찾다가 경계 점점 깊어지네　　　　選勝移來境轉深
시냇물 좔좔 싸늘히 바위를 쏘고　　　　　　澗水琮琤寒射石
차 달이는 연기 하늘하늘 숲을 뚫고 오른다　茶煙繚繞細穿林
정신 상쾌하여 넉넉한 솔바람 이해하고　　　神淸謄覺松風在
마음 머니 세속의 운치는 도무지 없네　　　心遠都無俗韻侵
누가 알랴. 천리 밖의 이 모임에　　　　　　千里誰知參雅會
거친 소리로 고상한 읊음에 화답할 이 없는 것을.　野聲終愧和高吟

【해설】초의는 늦여름에 선비들과 어울려 시회를 하였다. 절경 속에서

---
163) 열수(洌水): 한강(漢江)의 옛 이름.

시냇물 소리를 들으며 차를 달여 마시니 세속의 운치를 벗어난 듯하였다. 초의의 시심이 잘 드러난 작품이다.

● 대산 오창렬이 고호에서 유당을 뵙고 　　吳大山昌烈謁酉堂
　석옥의 한거운으로 시를 지어보냈기에 　　於古湖和石屋閑居
　차운해서 바치다 　　　　　　　　　　　韻見寄次韻奉呈
　- 12수 중 열두번째 수 -

누가 나와 함께 홍모(弘模)164)를 펴서 　　　有誰同此展弘模
영구(靈丘)165)에서 노닐며 상도(上圖)166)를 얻을까 　遊戲靈丘得上圖
법연(法演)167)은 세 단계로 풀어야 보탑에 오고168) 　法演三周來寶塔
샘물이 팔덕(八德)169)을 품으면 향주(香廚)170)에 가깝나니 泉含八德近香廚
숲에 이슬이 내리자 꽃들 다시 윤기나고 　　林藏宿霧花仍濕
뜨락엔 그늘이 짙어 이끼는 쉽게 이울지 않네 　庭泊濃陰蘇不枯
선정에 깊이 들어 죽로(竹爐)171)가 식어서 　禪誦謔過竹爐冷
남은 불씨를 당겨서 동화로(銅爐)172)에 지핀다네. 更添殘火換銅爐

---

164) 홍모(弘模): 큰 꾀, 원대한 계책.
165) 영구(靈丘): 산서성(山西省)에 속한 고을 이름. 대동현(大東縣) 동남쪽 당하(唐河)의 북쪽에 위치하고 있다.
166) 상도(上圖): 상계(上界).
167) 법연(法演): 《법화경》을 설법하는 것.
168) 보탑에 오고(來寶塔): 진리를 깨닫는 것을 비유한 말이다.
169) 팔덕(八德): 8종의 공덕을 갖추고 있는 물(八功德水). 경전에 따라 두 가지가 있다. ① 고요하고 깨끗함·차고 맑음·맛이 단 것·입에 부드러운 것·윤택한 것·편안하고 화평한 것·기갈의 근심을 없애 주는 것·여러 근(根)을 발양(發揚)하는 것. ② 달고·차고·부드럽고·가볍고·깨끗하고·냄새가 없고·마실 때 목이 상하는 일이 없고·마신 뒤 배탈이 나지 않는 것.
170) 향주(香廚): 향을 넣어 두는 바리때.
171) 죽로(竹爐): 질그릇 화로에 대(竹)를 입힌 차 끓이는 화로.
172) 동화로(銅爐): 구리로 만든 차 끓이는 화로.

● 북산목관[173](北山牧官)의 운을 따서 　　　　　次北山牧官韻
　- 3수 중 첫번째 수 -

뭇 관리들 자잘한 일로 분주한데 　　　　　衆官縈細務
한 고을만 홀로 조용하구나 　　　　　　　一府獨蕭然
교룡[174]이 춤추는 바다를 굽어보고 　　　府海看蛟舞
거문고 거두고 학과 어울려 잠잔다 　　　　捨琴伴鶴眠
붉은색 번득임은 지는 꽃비이고 　　　　　紅飄落花雨
날리는 푸르름 차 달이는 연기로세 　　　　靑颺煮茶烟
스스로 빚은 현인주(賢人酒)를 　　　　　　自釀賢人酒
조금씩 마시니 돈이 들지 않는다네. 　　　淺斟不用錢

【해설】 북산의 목관은 변지화를 가리킨다. 초의가 변지화의 시에 화답한 이 시는 원래 3수인데 여기서는 그 첫째 수만 소개하였다. 초의는 변지화의 고아하고 청신한 마음을 차 향기와 더불어 지켜나갈 것을 당부하고 있다.

● 정양이 나의 청량사아집(淸凉寺雅集) 운에 　晶陽和余淸凉寺雅
　화답했기에 다시 화답함 　　　　　　　　　集韻見寄復和答之
　- 9수 중 세번째 수 -

청렴한 관리, 간편한 정치는 한낮처럼 맑고 길어 　官淸政簡晴晝永
아름다운 생각 종일토록 시경(詩境)에 머문다 　　綺思終日在詩境
글 지어 멀리 수운향(水雲鄕)[175]에 보내리 　　　篇終遠寄水雲鄕

---

173) 목관(牧官): 가축을 기를 때 정성을 다하는 것처럼 백성들을 돌본다는 의미에서 관리를 목관이라 한다.
174) 교룡(蛟龍): 용의 일종으로 상상의 동물. 바다나 큰 강에 살면서 파도를 일으킨다고 한다.
175) 수운향(水雲鄕): 물과 구름으로 둘러싸인 곳. 신선이 사는 곳을 말하는데, 여기서

영웅호걸의 기상 넘치고 시어(詩語)는 맑고 간략하다	氣多雄豪語淸省
술 한 잔에 봄의 한가함을 사려했더니	一醉本期買春閑
봄빛은 이미 손가락 튀길 사이에 쇠해 버렸네	春光已老彈指頃
이미 환백(歡伯: 술)과 감후(甘侯: 차)가 격문을 가져올 수 없으니	旣不將歡伯甘侯傳檄來
어찌 근심 쫓고 즐거움 맞이하여 건강하고 용맹하랴	又焉得驅憂來樂健且猛
뛰어난 흥취에 절로 겨워 상쾌하고 맑으니	逸興自乘方快暢
모름지기 좋은 일이라면 서신으로 청할 필요 없다네.	不須好事折簡請

※ 초공은 숲에서 빚은 술을 일러 환백이 근심을 없애고 즐거움을 몰고 온다고 했고, 차를 일러서는 만감후라고 불렀다. 자안 왕발(王勃)[176]은 산에서 노닐다가 아름다운 경치를 노래했는데, 가히 전할 만한 일이라서 여기서도 정해버렸다(焦公 易林酒爲歡伯 除憂來樂 茶號晩甘侯 王子安遊山中 序烟霞 可傳而定).

【해설】 초의는 서울에 가면 삼각산 청량사에서 기거했다. 그는 그 절에서 친구들과 모여 시를 지어 주고 받았다. 위의 시는 신태희가 차운해서 시를 보내자 초의가 다시 화답한 작품이다. 신태희와의 돈독한 우정이 시로 잘 형상화되어 있다.

● 금호에서 산천도인(山泉道人)[177]과 헤어지면서 琴湖留別山泉道人
  - 갑오년(1834) -   甲午

(상략)	(上略)
(죄 사함을 받아 서울에 있을 때 금호에 머물렀다)	(蒙宥上洛時居琴湖)
가을날의 고아한 만남은 기쁨을 다했고	三秋高會窮憐歡
(갑오년 가을, 금석정에서 다시 만났다)	(甲午秋重會琴石亭)
봉단[178]을 갈고 계설[179]을 사르었다	閑碾鳳團燒鷄舌

　　는 초의가 사는 해남지방을 뜻한다.
176) 자안 왕발(子安王勃, 650~676): 당대의 문학가. 산서성 용문(龍門) 사람으로 6세 때 글을 지었고 20세가 되기도 전에 진사가 되었다. 자안은 그의 자(字)이다.
177) 산천도인(山泉道人): 추사 김정희의 동생 김명희의 호.

인생사 만남과 이별의 괴로움 견디기 어렵나니	人生聚散苦難常
바람 부는 날 쓸쓸하게 멀리 헤어지는구나	凄勵風前復遠別
(다시 헤어져 남쪽으로 내려왔다)	(又留別南歸)
덕에 취하고 의리에 배불릴 날 언제런가	醉德飽義更何時
이 몸은 벌써 목마르고 허기지네.	此身還復如飢餐

● 기산이 차를 보내 준 일에 감사하면서   起山以謝茶長句
   장구(長句)를 지어 보냈기에 삼가 차운하고   見贈次韻奉和
   아울러 쌍수도인에게도 시를 지어 보내다   兼呈雙修道人
   (쌍수도인은 추사 김정희의 별호다)   (雙修道人秋史別號)

지금까지 모든 일들 봄눈 녹듯 사라졌지만	萬事從來春消雪
그 중 조금도 마멸되지 않는 것 있음을 뉘 알리오	誰知個中自有一段難磨滅
가을 하늘 밝은 달빛을 담뿍 담아 깨끗하고	秋空淨涵明月光
맑고 온화하여 교결함을 비교하기 어렵네	淸和難將比皎潔
남다른 모양과 열등한 형체를 누가 따지는가	殊相劣形誰擬議
진실한 이름이나 거짓된 호칭이나 모두 원래 없었던 것이지	眞名假號總元絶
처음부터 가정(伽定)180)에서 서로 움직이지 않았는데	始未相動那伽定
누가 향불은 옛 인연들이 모인 것이라 말하는가	誰道香火舊緣結
서로 풀고 서로 거두니 찾을 곳은 사라지고	雙放雙收沒處尋
함께 살고 함께 죽으니 서로 필요도 없네	同生同死休提挈
한번 얼굴 돌아보고 한번 기뻐하노니	一廻見面一廻歡
깊고 깊은 정회는 정말 간절하구나	有甚情懷可更切

---

178) 봉단(鳳團): 차의 이름.
179) 계설(鷄舌): 향의 이름. 정향(丁香)나무의 꽃봉오리를 말한 것으로, 약재로도 쓰여 치통이나 체한데 효과가 있다고 한다.
180) 가정(伽定): '가(伽)'는 '일체법일합불가득(一切法一合不可得)'의 뜻으로, '최조밀무명암명(摧稠密無明闇冥)'의 소리라 한다. '정(定)'은 마음을 한 곳에 머물게 하여 흩어지지 않게 하는 것을 말한다.

서른 번 치는 막대기[181] 두려워하지 않았고	三十柱杖曾不畏
한가롭게 구름을 따르니 험한 산도 발 아래라	等閑隨雲下巖崢
문득 유마힐[182]이 거처하는 방장을 보니	却看維摩方丈居
백옥계 안에서도 황금으로 담을 둘렀구나	白玉界中黃金埒
옥녀가 때때로 하늘 꽃을 흩뿌리는데	玉女時將天花散
만수화[183]와 분타화[184] 꽃 마디를 뽑아 던지네	曼殊分陀蔕相撷
바닥 없는 바리때에다 중향반[185]을 가득 담고	無底鉢擎衆香飯
들리지 않는 귀로 소리 없는 말을 듣는다네[186]	沒根耳聽無言說
번뇌와 세상 티끌들은 붙을 것이 없는데	熱惱塵垢無着處
누가 있어 물가에서 깨끗이 씻길 원하리오	有誰更願濯淸洌
불이문(不二門)[187] 안 30여 명의 사람들에게는	不二門中三十人
부처님의 장광설[188]도 일체 필요 없도다	都無所用廣長舌
그대는 보지 못했는가	君不見
이후로는 모두가 이자유(伊字喩)[189]를 사용하리니	未後都將伊字喩

---

181) 서른 번 치는 막대기(三十柱杖): 선종의 종장(宗匠)이 선을 배우는 사람들을 깨우치는 방편으로, 포(襃)하고 폄(貶)하는 두 가지 뜻이 있다. 〈선림유집방할(禪林類集棒喝)〉에 "道하라 道하라 得道하여도 삼십방, 道不得하여도 삼십방하리라"는 구절이 있다.
182) 유마힐(維摩詰): 부처님의 속인 제자(俗人弟子). 인도 비야리국의 장자로서 속세에 있으면서 보살행업을 닦았다. 그 수행한 경지가 깊어 불제자도 함부로 미칠 수 없었다고 한다.
183) 만수화(曼殊花): 묘(妙)의 뜻을 지닌, 문수보살이 왼손에 들고 있는 꽃.
184) 분타화(分陀花): 백련화(白蓮華).
185) 중향반(衆香飯): 갖가지 향료를 넣어 만든 음식.
186) 들리지 않는 귀로……[沒根耳聽無言說]: '몰근이(沒根耳)'는 귀뿌리가 없는 귀로 있어도 들을 수 없는 귀를 말하고, '무언설(無言說)'은 소리가 없는 이야기를 말한다. 참다운 대화는 물리적 수단을 거쳐서 이루어지는 것이 아니고 마음의 소리〔心音〕를 들을 수 있을 때 가능하다는 뜻이다.
187) 불이문(不二門): 불이법문(不二法門). 상대차별을 없애고 절대차별도 없는 이치를 나타내는 법문. 제법불이(諸法不二)의 이치는 불도의 표준이 되므로 법이라 하고, 모든 성인이 이 법에 의해서 진리에 들어갔으므로 문이라 한다.
188) 장광설〔廣長舌〕: 부처님이 하신 모든 말씀.
189) 이자유(伊字喩): 실담문자 이(∵)자의 모양이 세 점으로 이루어졌음을 말한다. 그

종횡으로 병립하고도 또한 떨어져 있는 것을　　　　　縱橫竝分也離別
내 그대에게 일전어(一轉語)190) 한 마디를 부탁하노니　我從長者 請下一轉語
법희공과 선열식(禪悅食)191)으로　　　　　　　　　法喜供禪悅食
탐욕스런 인간들을192) 모두 용납해 주게.　　　　　還將容饕餮

●차나무 한 그루를 얻고　　　　　　　　　　　　借分一株又疊

날씨 추우니 단풍잎 어지러이 숲속을 날고　　　　天寒紅葉亂辭林
옷깃에 어린 싸늘한 서리 원망하지 않네　　　　　不怨煩霜冷着襟
안개 뚫고 떠오른 달 수면에 비치고　　　　　　　月上落霞停水面
바람에 나는 외로운 학 뜰 안에서 춤춘다　　　　風翻孤鶴舞庭心
다정히 너와 함께 술잔 앞에 두고 이야기하려고　　多情欲與樽前語
약속을 남겨 놓고 다시 꿈속에서 찾았네　　　　　留約還將夢裏尋
흰 구름, 맑은 이슬비 나누어 가져　　　　　　　分得白雲淸雨露
뿌리와 함께 초당 깊이 옮겨 심으리라.　　　　　和根移取艸堂深

【해설】 차나무를 사람에 비유하여 쓴 시이다. 차나무는 날씨가 추워져

　　　배열하는 위치는 가로로 서지도 세로로 서지도 않고 삼각 관계를 이루었으므로 삼즉일(三卽一)・일즉삼(一卽三)・불일불이(不一不異)・비전비후(非前非後)를 비유할 때 쓰인다.
190) 일전어(一轉語): 전(轉)은 전신(轉身)・발전(撥轉)・전기(轉機) 등의 숙자(熟字)・학인(學人)의 심기를 일전하는 말.
191) 법희공선열식(法喜供禪悅食): 법희선열(法喜禪悅). 법희식(法喜食)과 선열식을 합칭한 말이다. '법희식'은 불법에 의하여 심신을 돕는 것으로, 법을 듣고 환희한 마음으로 수행하여 선근(禪根)을 주장하는 것이 마치 세간의 음식물이 몸을 기르고 생명을 유지하는 것과 같다는 말이다. '선열식'은 이식(二食)의 하나로, 선정으로서 심신을 도우며 선정의 낙을 얻어 몸을 길러 혜명(慧命)을 자익(資益)하는 것이 마치 사람이 음식을 먹어 신체의 모든 기관을 길러 목숨을 보존하는 것과 같기 때문에 이렇게 부른다.
192) 탐욕스런 인간들(饕餮): ① 재물과 음식을 탐냄. ② 악수(惡獸)의 이름. 탐욕이 많고 사람을 잡아먹는다고 한다. 탐욕이 많은 흉악한 사람을 말한다.

서리가 내려도 원망하지 않는다. 초의는 안개 속의 달과 학을 벗삼아 차를 마시겠다며 꿈속에서도 차를 찾았다고 읊고 있다. 그는 차나무를 일지암 초당에 옮겨 심고 흰 구름과 맑은 이슬비를 나누어 갖겠다며 한 그루의 차나무를 얻은 기쁨을 노래하고 있다.

● 운엄도인(雲广道人)193)의 시운을 따서　　　　　次雲广道人韻
 - 8수 중 다섯번째 · 일곱번째 수, 계묘년(1843) 10월 -　癸卯十月

[5]
맑게 노닐음이 지난 겨울보다 나으니　　　　　　清遊臘覺勝前冬
높은 분과 함께 조용히 만났기 때문이네　　　　　坐與高人靜裏逢
지난 작품으로 등불 앞에서 시구 자랑하는데　　　舊作燈前誇好句
추운 밤 구름 밖에 성긴 종소리 들려오네　　　　　寒更雲外報疎鍾
인간 세상 요란한지 바람에 나무 흔들리고　　　　下方撩亂風搖樹
천상 세계 맑고 편한데 봉우리에 달빛만 가득하다　上界清寧月滿峯
신령한 샘물이 우유보다 나은 것을 알려면　　　　要試靈泉勝牛乳
용정(龍井)194)차 한 봉지 달여 마셔 보소.　　　　一包龍井解斜封

[7]
겨울에 완주(完州)성에서 상심하며 이별했는데　　傷心遠別完城冬
누가 알았으랴, 이 생에 다시 만날 줄을　　　　　誰料此生得再逢
맑은 이슬로 갈 수 있는 먹도 없고　　　　　　　無墨可硏清月露
차는 있지만 흰 구름 잔에는 따를 수 없네　　　　有茶難酌白雲鍾
그대는 옥산에 높이 누운 나그네인데　　　　　　如君高臥玉山客

---

193) 운엄도인(雲广道人):《한국불교전서》제10책(p.858, 1989, 동국대학교).〈초의시집〉에는 운엄도인으로 되어 있는데, 임종욱(林鐘旭)이 역주한《초의선집》(p.296, 1993, 동문선)에는 '운려(雲廬)'로 표기되어 있다. 한글대장경 제225권《초의집》(p.183, 1997, 동국역경원)에는 '운엄(雲广)'으로 되어 있다.
194) 용정(龍井): 중국 차 이름.

멀리 천주봉195)을 찾은 내가 부끄럽구나	愧我遠尋天柱峯
이곳에 은둔했다니 다시 뒷기약 남기며	嘉遯更玆留後約
소나무 문을 덩굴로 에워싸게 하게나.	松門一任薜蘿封

【해설】 초의가 도반 운엄도인을 생각하며 쓴 이 시는 칠언율시 8수이다. 여기서는 차 이야기가 나오는 2수만 소개하였다. 운엄도인은 초의에게 있어 뜻맞는 도반으로 각별한 우정을 나눈 사이인 것으로 짐작된다. 사사로운 욕심이 없고 마음밭을 가꾸는 도반과의 만남에 대해 초의는 자못 깊은 심회를 느끼는 듯했다. 더구나 시가 있고 차향기가 그윽한 두 사람의 만남은 더욱 선취가 무르익는 듯하다. 더구나 은거의 뜻을 품고 찾아온 친구를 맞으며 지척에 두고 그와 만날 수 있게 된 기쁨을 시에 담고 있다.

● 현재에서 운을 골라 함께 읊다	縣齋拈韻同賦
- 계묘년(1843) 겨울 -	癸卯冬
일이 없어 일찍이 시내를 건너지 않다가	無事不曾度澗煙
오늘 밤 자리를 옮겨 흰 구름 베고 잠든다	今宵移宿白雲邊
맑고 고운 경치라도 석 달을 넘기 어렵지만	淸姸景物無三月
검소한 술자리는 이천(二天)196)에 속한다네	澹素杯盤屬二天
젓가락으로 가늘고 미끈한 국수를 먹고	麪洗玉筯繞細滑
화유(花乳)197)를 끓여 마시니 연기는 가볍게 말린다	茗煎花乳浮輕圓

---

195) 천주봉(天柱峰): 하늘을 떠받치는 기둥.
196) 이천(二天): 남의 특별한 은혜를 하늘에 비유하여 이른 말이다. 《후한서(後漢書)》 소장전(蘇章傳)에 "장자 유문이 순제 때에 기주자사가 되었는데, 그때 친구는 청하 태수로 있었다. 장자가 부안을 행하려고 하자 장자의 수하에서 아첨하던 사람이 태수를 초청해서 술상을 차려 놓았는데, 평생 동안 그가 즐겼던 것이 벌려 있자 몹시 기뻐했다. 태수는 기뻐 말하기를, 사람들에게는 하늘이 하나 있지만 나는 홀로 두 하늘을 가지고 있다"고 했다.

그대에겐 자연과 노닐만한 풍류 있으니　　　　　　使君勝有烟霞趣
이로부터 두고두고 함께 노닐겠노라.　　　　　　　從此相遊可判年

● 유산의 다시(茶詩)에 삼가 화답함　　　　　　　奉答酉山茶詩
　－2수 중 첫번째 수－

남북으로 오고가니 둘 다 인연 없어　　　　　　　南來北去兩無緣
잉어나 기러기198)가 모두 인편을 못 따르네　　　　鱗鴻不肯隨人便
맑은 강 비단 같고 산은 그림 같아　　　　　　　澄江如練山如畵
지난 날 놀이가 마음 속에 선명하게 박혔구나　　　舊遊心眼印芳鮮
꽃 따던 작은 정자에서 밤비 소리 듣고　　　　　采花小亭聽夜雨
운길상방에서 좋은 샘물 맛보았네　　　　　　　雲吉上房試名泉
반쯤 취해 때로 솔바람 속에 눕고　　　　　　　半醉時臥松風細
꿈결에 깨어보니 강가 달만 둥글다　　　　　　　殘夢初回江月圓
대처럼 마른 병든 이내 몸이 가련하고　　　　　憐我病骨廋如竹
그대의 시상(詩想)이 냇물처럼 흐름이 부럽구나　　羨公詩思至如川
휘갈기는 글씨는 주옥처럼 화선지 위에 흩어지고　揮毫珠玉散華箋
창틈을 뚫은 눈꽃 비단자리에 떨어진다　　　　　透窓雪花墮紋筵
이 날 시의 부엌에서 문자를 마시니　　　　　　此日詩廚文字飮
듣는 사람들마다 입에서 군침을 흘렸다네　　　　人間聞者口流次
또 때때로 나의 게으름 채찍질하니　　　　　　又能時時策我懶
잘못된 시구라도 정신 가다듬어 힘쓰네　　　　　惡詩纇句勉精硏
흰머리 되어 지금은 서로 갈리었지만　　　　　　白首如今分涯角
서로 아낌은 오히려 그때와 같소　　　　　　　相愛猶復如當年
올해는 편지를 청해의 학199)에게 전했더니　　　　今年寄書青海鶴

---

197) 화유(花乳): 차의 다른 이름.
198) 잉어나 기러기[鱗鴻]: 인소(鱗素)와 안백(雁帛)의 이야기에 나온 말. 잉어의 배
　　와 기러기의 발목에 편지를 넣어 보냈다는 뜻.
199) 청해의 학[青海鶴]: 편지를 전해 준 소치 허유(小痴許維, 1809~1892)를 말한다.

또 가을 바람에 기러기보다 먼저 왔소	又是秋風雁來先
애틋하고 우아한 글 뜻이 깊어	悽惋古雅詞義深
한 마디 한 글자가 만금의 값이로세[200]	一言一字直萬錢
사랑스러이 어루만지며 백 번을 거듭 읽나니	愛玩摩挲百回轉
회포와 마음씀이 오래도록 남아 있소	懷緒自解久縈纏
그대에게 권하노니 지금부터 오래 잊고 지내게나	勸公從此永相忘
잊어야 비로소 번뇌의 애태움도 사라지지	相忘始無煩惱煎
번뇌 일지 않으면 도가 저절로 이루어지고	煩惱不生道自成
생각함과 서로 잊는 것, 어느 것이 현명한가	思與相忘知誰賢
도 이루어 구름 타고 제향(帝鄕)에 이르면	道成乘雲至帝鄕
황금 대궐에 모시고 섰는 모습 곱겠지	金闕侍立玉貌姸
그대여, 그대여, 내 말 기억하시게	公乎公乎記我言
잊지 않으면서 서로 잊자는 말[201] 마음에 새기게나.	毋忘相忘心頭鐫

【해설】 초의와 추사 김정희의 돈독한 우의는 극작가이자 다인(茶人)인 김봉호가 《슬픔을 참는 소리, 초의 선사와 완당 김정희》라는 제목의 소설(1990, 우리출판사)로 저술·출판할 정도로 유명하다. 1848년 김정희가 제주도 유배에서 풀려나 한양으로 돌아왔을 때 지인(知人)들이 모여 축하모임을 가졌다. 이때 초의는 참석하지 못했는데 유학 정학연이 그 아쉬움을 시로 적어 초의에게 보냈으므로 초의가 유산의 다시(茶詩)에 화답하여 보낸 것이 위에서 소개한 작품이다. '잊지 않으면서 서로 잊자'는 시의 마지막 구절은 불가(佛家)의 선승다운 빼어난 표현이 아닐 수 없

소치는 전남 진도에서 태어났는데, 초의의 추천으로 추사 김정희의 문하에서 시·서·화(詩書畵)를 배워 삼절이라 불렸다.
200) 만금의 값이로세[直萬錢]: 두보(杜甫)의 시 〈춘망(春望)〉에 '봉화둑에 오른 횃불은 석 달이나 잇닿고, 집안에서 부친 편지는 만금이나 나간다(烽火連三月 家書抵萬金)'는 구절이 있다.
201) 잊지 않으면서 서로 잊자는 말[毋忘相忘]: 서로 잊지 않으면서도 잊으며 지낼 수 있는 마음의 자재로움을 뜻하는 말로, 진정한 그리움은 잊음에서 온다는 의미가 담겨 있다.

다. 진정한 정(그것이 우정이든 애정이든 간에)은 평소 잊고 지내는 듯하면서도 잊지 못하는 것이 아니랴. 더구나 선(禪) 수행자와 당대의 대학자인 김정희나 정학연 같은 인물들이 어찌 만나지 못하였다 하여 티끌 세상의 속인들처럼 애달고달하며 안절부절하겠는가. 속깊은 인간의 심정은 잊은 듯 무심하면서 잊지 않고 정이 남달라도 수선을 떨지 않는 법이다.

● 운포의 다시에 삼가 화답하다　　　　　　　　奉答耘逋茶詩
　-2수 중 첫번째 수-

갖가지 기이한 꽃과 온갖 풀들이　　　　　　　百樣奇花千般艸
아침엔 곱다가 저녁에 시드니 아리따움도 잠깐일세　朝艶暮萎不長好
대나무의 정결한 덕을 다투어 닮으려 하는데　　　爭似此君抱貞德
봄은 늦고 서리 일찍 내려도 원망치 않는구나　　　不怨春晚淸霜早
옮겨올 때 험한 재를 넘는 것도 마다 않았고　　　移來不辭逾嶺難
곡진하게 주인을 위해 그윽한 즐거움을 주네　　　曲爲主人愜幽看
성긴 그림자는 홀로 호수가 달을 벗삼고　　　　　疎影孤伴池心月
연약한 가지는 오히려 봉황과 쉬기를 기다리네　　弱條猶蘄鳳來歇
저녁놀에 붉게 물든 누대가 시원한 것은　　　　　夕陽漏紅滿凉臺
더위가 지나갈 문을 모두 막은 탓이지　　　　　　炎瘴欲透無門開
바람 없어도 이파리 흔들려 옥 가는 소리 들리니　無風搖綠玉磨響
그제야 난새가 댓잎 헤치고 오는 것 알았구나.　　始覺乘鸞披拂來

● 부원운(유산시)　　　　　　　　　　　　　　附原韻(酉山詩)

안개 낀 광릉에서 물옷 입고 배타면서　　　　　　畦衣一棹廣陵烟
강가 누대에 모여 놀기 어언 십이 년　　　　　　　雅集江樓十二年
도량에서 지은 시는 언덕 위에 묶어 두고　　　　　遊寺詩應珍塢滯

차를 보내준 답신은 새금202)으로 보낸다네.　　　　謝茶書向塞琴傳

※ 도량에서 노닐면서 지은 시는 허소치 편에 부쳤는데 그 후에는 소식이 끊겼다(遊縣寺詩因許小癡寄去 後聞沈漉).

청산에서 누워 늙으니 금신불(艸衣)이 되었고　　　青山老臥金身佛
바다에서는 옥국선(秋史)이 살아 돌아오도다.　　　碧海生還玉局仙

※ 스님은 한양에 오지 못했지만 추사가 귀양에서 풀려나 돌아왔다(師不遊京 秋史宥還).

지둔의 말 다시 타도 나쁠 것 없나니　　　　　　不妨再騎支遁馬
북쪽 사람 팔 부러진 스님을 다투어 보겠구나.　　北人爭看折肱禪

※ 스님은 제주도에서 말을 타다가 떨어져 팔을 다쳤는데, 이미 다친 것을 다시 다쳐도 나쁠 것이 없다는 것은 스님이 마음을 굳혀 산을 내려와 말을 타고 한양에서 노닐고자 함이니 그렇게만 된다면 다시 다친다 해도 족히 무엇이 아쉽겠는가(師於耽羅騎馬傷臂 旣傷不妨再傷 欲其決意出山 騎馬遊京再傷 何足惜耶).

【해설】 초의의 시 아래에는 정약용의 두 아들인 유산(酉山) 정학연(丁學淵)과 운포(耘逋) 정학유(丁學游)의 원래 시가 첨부되어 있었다. 여기서는 초의의 시 2수 중 첫 수와 유산의 시만 소개하였다. 이는 초의의 시제(詩題)에 차가 언급되어 있고 유산의 시에는 그 내용 속에 차가 등장하기 때문이다. 이 시는 다시(茶詩)라 했지만 실은 대나무를 소재로 한 작품이다. 이 시편에는 초의의 근황이 자세하게 그려져 있다.

●산천도인이 차를 받고 사례하며　　　　奉和山泉道
　지은 시에 삼가 화운하다　　　　　　人謝茶之作
　- 경술년(1850) -　　　　　　　　　　庚戌

예부터 어진 성인들은 모두 차를 즐겼나니　　　　古來賢聖俱愛茶

---

202) 새금(塞琴): 전라남도 해남의 다른 이름.

차는 군자와 같아 성품에 삿됨이 없네 茶如君子性無邪
사람이 차를 처음 마시게 된 것은 人間艸茶差嘗盡
멀리 설령203)에서 차잎204)을 따면서라네 遠入雪嶺採露芽
그때부터 법식에 맞춰 품질을 나누었고 法製從佗受題品
옥병에 가득 채워 비단으로 묶었다네 玉壜盛裏十樣錦
물은 황하 발원지의 것이 가장 좋으니 水尋黃河最上源
여덟 가지 덕과 미를 모두 갖추고 있지. 具含八德美更甚

※《서역기》에 이르기를, 황하의 근원은 아욕달지205)에서 시작하는데 물은 여덟 가지 덕을 담았고, 가볍고 맑으며, 연하고 고와 냄새가 없으며, 마실 때는 비위에 맞고 마신 뒤에는 질병에 걸리지 않는다고 한다(西域記云 黃河之源 始發於阿耨達池 水含八德 輕淸冷軟美不臭 飮時調適 飮後無患).

깊이 걸러서 가볍고 연한 맛을 한 번 보면 深汲輕軟一試來
참되고 정결하여 몸과 마음이 쫙 펴진다네. 眞精適和體神開

※〈다서천품〉에서 말하기를, 차는 물의 정신이고 물은 차의 본체다. 참된 물이 아니면 그 정신은 드러나지 못할 것이고 정결한 차가 아니라면 그 본체를 엿볼 수 없을 것이다(茶書泉品云 茶者水之神 水者茶之體 非眞水 莫顯其神 非精茶 莫窺其體).

거칠고 더러운 찌끼를 깨끗이 걸러야 정기가 스치나니 麤穢除盡精氣入
큰 도를 얻어 이루는데 어찌 멀다 하겠는가 大道得成何遠哉
영산으로 지니고 가서 여러 부처님께 올리는데 持歸靈山獻諸佛
끓일 때는 세심하게 범률206)을 살폈다네 煎點更細考梵律
차의 참된 본체는 오묘한 근원을 통하였고 閼伽眞體窮妙源

※ 범어로〈알가〉는 차를 말한다(梵語閼伽華言茶).

묘한 근원에 집착하지 않으면 바라밀207)이 되리라 妙源無着波羅蜜

---

203) 설령(雪嶺): 중국 사천성과 서장(西藏) 경계에 있는 산맥.
204) 차잎[露芽]: 차의 다른 이름. 원운에 있는 '응조(鷹爪)'도 역시 차의 이칭이다.
205) 아욕달지(阿耨達池): 서장(티베트)에 있는 호수 이름으로 물이 맑고 깨끗해 섬부주(贍部州)에 공급한다고 한다.
206) 범률(梵律): 불교에서 쓰는 음악.
207) 바라밀(波羅蜜): 바라밀다(波羅蜜多)라고도 쓰며 도피안(到彼岸)이라 번역한다.

※《대반야경》에서 말하기를, 일체의 법에 집착하지 않기 때문에 바라밀이라 한다고 하였다(大般若經云 於一切法無所執着 故名波羅蜜).

아까워라 내 삶이 삼천 년을 기다렸는데	嗟我生浚三千年
조음208)은 아득해지고 선천209)과 끊겼구나	潮音渺渺隔先天
묘한 근원 묻고자 해도 대답을 들을 곳 없으니	妙源欲問無所得
열반에 앞서서 불생210)을 길이 한탄하노라.	長恨不生泥洹前

※ 니항은 열반과 같은 뜻이다(泥洹涅槃義同).

차에 대한 애착을 끝내 버리지 못하고	從來未能洗茶愛
이 땅에 가지고 들어와 웃음거리가 되었네	持歸東土笑自陷
비단으로 묶인 옥병 마개를 잘 끌러	錦纒玉壜解斜封
먼저 친구님네들에게 선사하노라.	先向知己修檀稅

● 원운을 덧붙임   附原韻

늙은이 평소에는 차를 즐겨 않다가	老夫平日不愛茶
하늘이 노여워했나 몹쓸 병에 걸렸네	天憎其頑中瘴邪
열병 아니라 소갈증에 죽나 근심하다가	不憂熱殺憂渴殺
급히 풍로를 지펴 차잎을 달였노라	急向風爐瀹茶芽
연경에서 가져온 차는 가짜가 많으니	自燕來者多贋品
향나무로 곽을 하고 비단으로 묶였네	香片珠蘭匣以錦
들으니 좋은 차는 예쁜 사람과 같다니	曾聞佳茗似佳人

피안, 곧 이상의 경지에 이르고자 하는 보살들의 수행을 총칭하는 말이다. 보통 6종·10종으로 나눠 육바라밀·십바라밀이라 하며, 또는 육도(六道)·십도(十道)라고도 한다.
208) 조음(潮音): 많은 승려들이 독경하는 소리.
209) 선천(先天): 태어나면서부터 몸에 갖추어진 성품.
210) 불생(단)(不生斷): ① 삼종단(三種斷)의 하나. 어떤 법이 다시 나지 못하도록 그 법이 생기는 연(緣)을 끊어버리는 것. ② 사단(四斷)의 하나. 번뇌를 모두 끊을 때 이것에 의지해서 발생하던 업(業)과 과(果)가 영원히 일어나지 못하게 하는 것. 이것을 불생단이라 하고, 불생은 곧 단멸(斷滅)이란 뜻이다.

우리 여종은 추하기가 한량없구나　　　　　　　　　此婢才耳醜更甚
초의 선사 홀연히 비 오기 전에 보내 주니　　　　　草衣忽寄雨前來
죽순 껍질에 담긴 차를 손수 꺼내보았네　　　　　　籜包鷹爪手自開
막힘을 없애고 번뇌 씻어주니 비할 바 없고　　　　消壅滌煩功莫尙
우레인 듯 쪼개는 듯 어찌 그리 웅장한가　　　　　如霆如割何雄哉
노스님 차 고르길 부처님 고르듯하여　　　　　　　老僧選茶如選佛
일창일기211)가 엄숙히 계율을 지켰도다　　　　　一槍一旗嚴持律
초배212)에 더욱 정성들여 원융을 얻었으니　　　　尤工炒焙得圓通
향내음을 좇아서 바라밀이 되었구나　　　　　　　從香味入波羅蜜
이 비방은 오백 년 전부터 시작되었으니　　　　　此秘始抉五百年
옛 사람 슬기로운 복을 지니지 않았다 하리오　　　無乃福過古人天
그 맛이 맑은 우유보다 심원함을 밝히 아니　　　　明知味勝純乳遠
불멸에 앞서 불생한 것을 한탄하지 않으리라　　　不恨不生佛滅前
차가 이처럼 좋은데 어찌 사랑치 않겠는가　　　　茶如此好寧不愛
옥천의 칠완213)도 오히려 적다 하겠네　　　　　玉川七椀猶嫌隘
범속한 인간에게는 경솔히 말하지 말라　　　　　且莫輕向外人道
산중의 영험한 차가 새어 나갈까 걱정된다네.　　復恐山中茶出稅

【해설】 추사의 동생 김명희(金命喜)와 차의 효험과 가치에 대해 시로 주고 받은 것이 위의 작품이다. 초의는 차의 시원(始源)을 얘기하고 중국 황하강 유역의 차에 관해 논하고 있다. 그는 다서(茶書) 천품(泉品)을 인용하고 불교에서는 차를 '알가(閼伽)'라 한다는 설명도 덧붙이고 있다.

【출전】 ㉠〈초의시집〉(2권);《한국불교전서》제10책, pp.830~870, 1989, 동

---

211) 일창일기(一槍一旗): 차나무에 잎이 자랄 때 맨 처음 돋는 싹으로 차의 최상품이다. 우리나라에서는 곡우 전후에 딴 차잎이 여기에 속한다.
212) 초배(炒焙): 차잎을 철판 위에서 불로 말리는 작업 중 첫 작업이다.
213) 옥천의 칠완(玉川七椀): 중국 옥천에서 나오는 찻잔으로 일곱 잔을 마신다는 뜻인데 차는 많이 마실수록 좋다는 말이다.

국대학교 출판부. ⓒ 한글대장경 제225권, 《초의집 외》, pp.1~205, 1997, 동국역경원. ⓒ 효동원 다선회 편역, 《다향선미》 2, 1989, 보림사.

완당 김공 정희 제문(阮堂金公祭文)

함풍(咸豊)214) 8년 무오(戊午: 丁巳年의 잘못임) 2월 청명일(淸明日)에 방외(方外)215)의 친구 의순(意恂)이 한 잔의 술을 올리고, 김공 완당 선생의 영전에 고하나이다. (중략)

그대는 실로 봄바람이나 따사한 햇볕 같았었지요. 뿐만 아니라 손수 달인 뇌협(雷莢)과 설유(雪乳)216)를 함께 나누며, 슬픈 소식을 들으면 그대는 눈물을 뿌려 옷깃을 적시곤 했지요. 생전에 말하던 그대 모습 지금도 거울처럼 또렷하여, 그대 잃은 나의 슬픔 이루 다 헤아릴 수 없나이다. 슬프다. (하략) 〈원문 생략〉

해거도인에게 보낸 편지(上海居道人書)

(상략) 근자에 북산도인(北山道人)이 와서, 당신께서 다도(茶道)를 묻고자 한다 하기에, 옛 사람들이 전해오는 바에 의해서 동다송(東茶頌) 한 편을 저술하여 보내는데, 내 나름대로 규명하지 못한 대목은, 본문을 그대로 옮겨서 묻는 말씀에 가름하는 바입니다.

그러나 내용이 산만하여 읽으시느라 괴로움이 많을 것입니다. 대단히 죄송합니다. 글 속에 한 구절이라도 소용에 닿는 것이 있다면, 금총지로(金錍之勞)217)를 아깝게 여기지 마소서.

---

214) 함풍(咸豊) 8년: 1857년 정사년(丁巳年). 원문의 무오(戊午)는 잘못임.
215) 방외(方外): 테두리 밖의 사람. 국외자, 아웃사이더.
216) 뇌협(雷莢)·설유(雪乳): 차 이름.
217) 금총지로(金錍之勞): 안막(眼膜)을 긁어내는 듯한 눈의 피로를 뜻함. 문장을 정정(訂正)하는 일.

【초의 의순의 생애】

　초의 의순(艸衣意恂, 1786~1866)의 속성은 홍성 장씨(興城張氏)이고 이름은 의순(意恂), 자는 중부자(中孚子)이다. 1786년(정조 10년) 4월 5일, 전남 무안군 삼향면에서 태어났다. 초의(艸衣)는 불교계의 호이며, 그 밖에 해옹(海翁)·해사(海師)·해노사(海老師)·해양후학(海陽後學)·해상야질인(海上也耋人)·우사(芋社)·자우(紫芋)·일지암(一枝庵)이라 쓰기도 했다. 현종으로부터 '대각등계보제존자초의대선사(大覺登階普濟尊者艸衣大禪師)'라는 시호를 받았다.

　5세 때 강가에서 놀다가 깊은 물에 빠졌을 때 어떤 스님의 구조로 살아났고, 15세(1800) 때 전남 나주군 다도면 용덕산에 있는 운흥사(雲興寺)에서 벽봉 민성(碧峰敏性)을 은사로 출가하였다. 19세 되던 해 영암의 월출산에 혼자 올라갔다가 바닷속에서 떠오르는 달을 보고 개오(開悟)했다. 그후 해남 대흥사 완호(玩虎) 스님에게 구족계를 받았으며, 초의라는 호도 이때 받았다. 24세(1809)에 강진에 와서 유배생활을 하던 다산(茶山) 정약용(丁若鏞: 1762~1836)과 처음 교류하였다. 정약용은 초의에게서 차에 대한 이해를 구하고, 초의는 《주역》과 시학(詩學)을 배웠다. 30세(1815) 되던 해 처음으로 한양에 올라와서 김정희(金正喜: 1786~1856)·산천(山泉) 김명희(金命喜)·금미(琴眉) 김상희(金相喜) 형제와 정약용의 아들인 유산(酉山) 정학연(丁學淵)·운포(耘逋) 정학유(丁學游) 형제, 신위(申緯)·홍현주(洪顯周) 등과 교유하였다. 이들 문사와의 교유는 평생을 통해 이루어졌으며 주고받은 시가 60여 수 있다.

　39세 때 일지암을 중건하고, 45세 때 《다신전(茶神傳)》을 저술하였다. 56세 때 백파(白坡) 선사와 선논쟁(禪論爭)을 하였고, 58세 때 고향집을 찾기도 하였다. 71세 때 42년간 교유하던 김정희가 죽자 그의 영전에 제문을 지어 올리고 쓸쓸히 만년을 보내다가 세수 81세(1866) 법랍 65세에 가부좌한 채 입적하였다. 초의의 저서로는 《일지암시고(一枝庵詩稿)》, 《일지암문집》,《초의선과(艸衣禪課)》,《선문사변만어(禪門四辯漫語)》와 한국의 다경(茶經)으로 추앙받는 《동다송(東茶頌)》, 차의 지침서인 《다신전(茶神傳)》, 그리고 서간 등을 모은 수고초본(手稿草本) 《문자반야집(文字般若集)》 등이 있다.

9. 철선 혜즙(鐵船惠楫): 3편

● 정축년(1817년) 초겨울, 우연히 백련사에 갔다가 丁丑初冬偶入蓮社與
　체경(掣鯨)화상과 함께 3일간 유숙하다　　掣鯨和尚三日留宿
　- 3수 중 첫번째 수, 각부 3수 -　　　　　　　　　（各賦三首）

대지팡이 끌고 차꽃을 밟으며 노닐다가	遙攜竹杖踐茶花
이 연암(蓮菴)이 고요하여 떠들썩하지 않음을 사랑하네	愛此蓮菴靜不譁
맑은 샘을 움키지 말라 곧 탁해지니	莫把清泉爲濁水
모름지기 쓴 꼭지가 단 참외가 된다는 것을 알아야 한다네	須知苦蔕是甘瓜
바람이 헤진 옷자락에 스며들고 찬 나무를 지나가네	風侵敝帳過寒樹
비는 처마에 떨어지고 가는 모래를 적시네	雨滴斜櫓濕細沙
인간 세상이 모두 나그네와 같아 미덥지 못하니	未信人間都似客
새벽 하늘 꿈속에서 옛 고향집을 서성였네.	曉天夢繞故山家

【해설】 이 시를 쓴 혜즙(惠楫) 스님은 초의 선사보다 5세 아래로 해남 대흥사(대둔사) 출신이다. 아마 그는 평소 차밭을 오가며 많은 차꽃을 보고 또한 땅에 떨어진 차꽃을 밟기도 했을 것이다. 이 시의 "차꽃을 밟으며 노닐다가"라는 구절이 그걸 실증한다. 그는 대흥사에서 강진 만덕산 백련사에 갔을 때 이 시를 지었을 것이다.

● 백련사의 운을 따서 양수재에게 주다　　　次蓮社韻呈梁秀才
　옛 절의 문앞에는 돌다리가 만들어져 놓여 있고　　古寺門前石作橋

짧은 지팡이 헤진 옷으로 마음대로 거니네 　　　短筇破衲任逍遙
비는 낡고 넓은 곳을 지나 새 물을 더하며 　　　雨過古澗添新水
바람이 외로운 돛배에 불어 만조의 바다에 띄우네 　風送孤帆泛晚潮
흩어져 보완한 다경(茶經)은 육우를 따른 것이니 　漫補茶經追陸羽
누가 장차 솔잎을 털고 참선의 고요함을 배울 것인가 誰將松拂學參寥
송죽과 바리때 하나인 내 분수를 아나니 　　　　松麋一鉢知吾分
어떤 고생이 닥쳐도 쫓아보내리라. 　　　　　　何苦駸駸送莫朝

● 또 초의화상에 드리다 　　　　　　　　　　　又贈艸衣和尙

한쪽 어깨에 괴색 가사를 걸치고 향기로운 숲에 앉아 一肩壞色坐芳林
때론 오래 꽃을 보며 바깥 새에 관심 갖네 　　　時見張華註外禽
따뜻하게 차 달여 손님에게 공양하고 　　　　　溫銚焦茶供客飮
연못을 파고 달 비추게 하여 선심(禪心)을 밝히네. 鑿池貯月印禪心

【해설】앞에서 언급했듯이 혜즙 스님은 초의의 후배로 대흥사에서 승려 생활을 시작하고 또 그곳에서 오래 살았으므로 불교의 차문화를 일찍 접하게 되었음이 분명하다. 그가 초의 선사에게 주는 위의 시를 보거나 그 앞의 〈백련사의 운을 따서 양수재에게 주다〉라는 제목의 시에서 다경과 육우를 거론한 것에서 그러한 사실을 충분히 실감할 수 있다. 〈또 초의화상에게 드리다〉라는 시에서는 초의 선사의 면모를 잘 그려내고 있다. 초의가 외부의 유생이나 일반인과 교류한 것에 대해 이 시에서는 "바깥 새에 관심을 갖네"라고 우회적으로 표현하였다. 그리고 평소 초의는 따뜻하게 차를 달여 손님들에게 마시게 하였음을 셋째 구절에서 사실적으로 서사하고 있다.

【출전】〈철선소초(鐵船小艸)〉;《한국불교전서》제10책, pp.885~893, 1989, 동국대학교 출판부.

【철선 혜즙의 생애】

철선 혜즙(鐵船惠楫, 1791~1858) 스님의 호는 철선(鐵船), 성은 김(金), 본관은 영암. 14세에 해남 두륜산 대흥사의 성일(性一)에게 스님이 되어 1809년(순조 9) 완호 윤우(玩虎倫佑)에게서 배웠다. 그 뒤 연암(蓮庵)에게 사집(四集)을, 철경 응언(掣鯨應彦)에게서 대교(大敎)를 각각 수강하고, 수룡 색성(袖龍賾性)에게서 법을 받았다. 20년 동안 내참자(來參者)를 접하고, 그 뒤 20년은 좌선했다. 문장과 글씨에 뛰어났다. 1858년(철종 9) 1월 25일 상원암(上院庵)에서 세수 68세, 법랍 54년으로 초의보다 8년 먼저 입적했다. 저술로는 《철선소초(鐵船小艸)》 1권이 현존한다.(《조선불교약사》《동사열전》《한국불교인명사전》)

10. 역산 선영(櫟山善影): 3편

● 내원암 벽 위에 걸다 　　　　　　　　　　　揭內院壁上

일이 없고 또 일이 없어	無事又無事
짧은 지팡이 짚고 표연히 멀리 떠나네	短筇飄遠風
연방(蓮房)에서 차 공양 마치니	蓮房茗供罷
만산(萬山)에 가을비 내리네.	秋雨萬山中

【해설】 산사의 승방에서 차 마시고 지팡이 짚고 지향 없이 표연히 만행을 나선 스님의 풍모가 짤막한 시구 속에 선명한 수채화처럼 묘사되어 있다. 첫 구절의 "일이 없다"는 표현은 선승들이 즐겨 쓰는 문구의 하나이다. 실제 일 없는 것이 또한 승려의 본분사(本分事)라면 일반인들은 잘 이해가 안 갈 것이다. 이를 납득하려면 불교 공부를 한참 해야 하고 특히 선(禪)의 요체를 어림잡을 수 있어야 가능한 노릇이다.

● 금강산 정양사 판상 운을 따라　　　　　次金剛山正陽寺板上韻

아스라이 병을 깎은 것같이 서 있는 만이천봉　　逢壺削立萬二千
역력히 가지런히 모아 눈앞에 있네　　　　　　歷歷齊收在目前
수척하게 구름 사이 솟아 있으니 공겁(空劫)의 뼈인가　瘦聳雲間空劫骨
별들의 경계 흔들어 침입한 것인가 하천에 가득한 연꽃인가　搖侵星境滿河蓮
취령(鷲嶺)에 와서 하늘과 땅이 정해진 것을 보나니　看來鷲嶺乾坤定
아름다운 옥 못에 해와 달이 매달린 것을 맛보네　嘗得瑤池日月懸
보면서 차를 마시니 마음 상쾌하게 바뀌네　　　觀罷引茶心轉爽
누각에 올라 무엇하러 좋은 신선을 찾을 필요가 있으랴.　登樓何必好神仙

【해설】 금강산의 기승한 절경이야 설명을 덧붙일 필요가 없지만 선영(善影) 스님의 이 시는 금강의 기이한 자태를 잘 묘사하였을 뿐 아니라 그걸 보면서 차를 마시니 더욱 마음이 상쾌하다고 하였다. 이제 금강산 관광길도 열리고 금강산의 4대 사찰(장안사·유점사·신계사·정양사)이 모두 복원될 날도 멀지 않다. 남한의 불교도와 북측이 장안사·신계사·마하연사 등의 복원을 논의·약정 체결을 눈앞에 두고 있으니 금강산에 가면 빼어난 경치와 더불어 산사의 그윽한 맛도 볼 날이 가까운 것 같다. 현재 선영 스님이 읊은 정양사는 현존한다는데 소납도 멀지 않은 날 그곳에서 금강산의 기이한 풍광을 음미하며 차를 마실 수 있지 않으랴.

● 석왕사 내원암 현판찬 율암 스님을 제하여　　題釋王內院庵懸板讚栗菴師

청산이 둘러친 곳, 그 사이로 물이 흐르고　　青山繞處水間流
가운데 절이 있고 동네는 궁벽하고 그윽하네　中有伽藍洞僻幽
난간에 이르니 꽃 향기는 한가로이 맴돌고　　臨檻花香閑起沒
창 밖의 나무 색깔은 임의로 봄가을이네　　　隔窓樹色任春秋

종이 울리자 달과 함께 스님이 선탑(禪榻)으로 돌아오고 鍾鳴帶月僧歸榻
차 마시자 구름 걷히고 손님은 누각 아래로 내려가네 茶罷掃雲客下樓
천년 동안 스님의 힘입어 그 공력이 남으리니 千載賴師功力在
사문(沙門)의 광채가 한층 더 빛나리라. 沙門光彩一層浮

【출전】〈역산집(櫟山集)〉;《한국불교전서》제10책, pp.942~967, 1989, 동국대학교 출판부.

【역산 선영의 생애】

역산 선영(櫟山善影, 1792~1880) 스님의 호는 영허(映虛), 자는 무외(無畏), 실호는 역산실(櫟山室), 성은 임(林). 아버지는 임득원(林得元), 어머니는 조(趙)씨이다. 한양성 운현현(雲現峴)에서 1792년(정조 16) 3월 23일 태어났다. 12세에 경기도 양주 학림암(鶴林庵)의 용운 승행(龍雲勝行) 문하에 출가하고 화악 지탁(華岳知濯)에게 선을 공부하였으며, 인봉 덕준(仁峰德俊) 문하에 건당(建幢)하고 법맥을 이었다. 젊은 시절은 남쪽에서 보내고 만년에는 함남 안변군 석왕사 내원암에서 입적할 때까지 주석했다. 당시 선교종장(禪敎宗匠)으로 명성을 떨쳤으며, 화엄경에 밝아 조계종사 화엄강백이라 불렸다. 1880년(고종 17) 5월 7일 세수 89세, 법랍 77년으로 입적했다. 저술로는《역산집》이 있다.(《역산집》《조선불교통사》《한국불교인명사전》)

11. 범해 각안(梵海覺岸): 26편 29수, 다화 1편

● 석옥(石屋) 화상 '산거시(山居詩)'의 시운을 따서　次石屋和尙山居時
  - 전 12수 중 세번째 · 여섯번째 · 여덟번째 수 -

[3]
시냇물로 차를 끓여 친구 불러 마시려니　　　　　汲澗煎茶喚友分
우거진 숲 암자에 향기가 가득하네　　　　　　　情林密勿滿堂薰
구두(句讀)를 평론하여 새로 배워 깨우치고　　　評論句讀砭新學
여러 문장 섭렵하여 옛날 배운 것을 징험했네　　涉獵篇章證舊聞
도량을 깨끗이 쓸고 식사를 한 후　　　　　　　淨除道場充空肚
방장(方丈)을 열어 놓고 구름 속에 앉아 있다　　通開方丈坐孤雲
큰 즐거움이 이 가운데 있음을 알고는　　　　　已知至樂箇中在
세상 속으로 달려감을 웃었노라.　　　　　　　可笑云爲陌上奔

[6]
남대(南臺)와 북악이 모두 내 집인데　　　　　南臺北岳盡吾家
천진(天眞)을 지키면서 세월을 보낸다네　　　　只守天眞度歲華
담장이에 비친 달과 솔바람 벗이 되고　　　　　蘿月松風爲伴侶
경 읽고, 차 끓이며 그렇게 살아가네　　　　　經床茶竈作生涯
서너 개의 서까래 아래에 오(吳)나라 말(馬)을 알겠고　三條椽下知吳馬
일곱 자 단(單) 앞에서 잔사(盞蛇)를 깨달았네　　七尺單前覺盞蛇
잎 지고 꽃 피면서 봄과 가을이 순환하니　　　葉落花開春秋至
벗 부르는 까마귀 가지에 가려 앉는구나.　　　但看喚友擇枝鴉

[8]
숨은 인재 냇가에 살기에 한 마음 깨끗하여　　考槃在澗一心澄
동서남북 마음대로 나다니네　　　　　　　　　南北東西任運騰
책 읽느라 피로한 눈 시력이 쇠하고　　　　　　眼困披經明漸縮
나이 든 귀밑머리 흰빛만 더해 가네　　　　　　鬢因閱歲白將增
강의하는 자리에는 구름이 머무르고　　　　　　講筵馳想雲居塾
차 마시며 나눈 얘기 잊지 못해 스님은 달을 찾네　茶話難忘月出僧
중생들의 천만 가지 삶을 생각하니　　　　　　俯念群生千萬態
함께 살며 걱정함이 깊다네.　　　　　　　　　堪憐同住有多情

● 김금사(金錦史)에게 화답함　　　　　　　和金錦史

요망한 마귀가 나타나니 온 산이 비고　　　妖魔間闖一山空
돌길은 거칠어 오래도록 통하지 못했네　　　石徑荒涼久不通
자리를 쓸고 얼굴 대하니 긴 해도 짧고　　　掃榻承顏長日短
차 달이고 무릎을 세우니 작은 방도 넓구나　煎茶促膝小房洪
수풀에 떠도는 더운 기운 무심히 푸르고　　浮林暖氣無心碧
언덕의 꽃빛은 뜻이 있어 붉구나　　　　　滿塢花情有意紅
시 짓고 담론함에 모두가 만족하니　　　　詩境談軒雙具足
만나는 마당에서 무슨 한이 있는가.　　　　逢場不似恨應同

● 태연(泰演)의 시운을 따서　　　　　　　次泰演

불문에 들어와 시비를 끊으니　　　　　　　一入空門斷是非
차 마시고 강하는 자리엔 비웃음이 없구나　茶坊講肆了無譏
견해가 분명하니 은해(銀海)가 고요하고　　見解分明銀海靜
가슴 속 시원하니 보광(葆光)이 빛나네　　襟懷爽朗葆光暉
참됨을 좋아하면서 스승의 자리에 참여하고　暴好眞常參匠席
속세의 인연을 싫어하여 사립문을 닫았네　　翻厭世諦掩柴扉
월출산 앞에 속진(俗塵)을 떨고 앉으니　　月出山前竪拂坐
천리의 풍속 같으니 모두 와서 의지하네.　　同風千里盡歸依

● 안산림(安山林)의 만장　　　　　　　　挽安山林
　-2수 중 첫번째 수-

기둥 사이 크나큰 꿈 어떠하였던가　　　　奠楹大夢問如何
남쪽에 있는 처사의 집 다시 없어지겠네　　南地更無處士家
시렁의 책상자 먼지만 가득하고　　　　　　滿架書函塵已暗
출입문엔 손님들 그림자도 멀어지리　　　　塡門客杖影將遲

상 앞에 차려 놓은 술 함께 못 마시고　　　　未能共酌床前酒
달빛 아래 차를 나누기 어렵겠네　　　　　　難得同分月下茶
상여 소리 울리며 길로 나갈 제　　　　　　薤露光陰宜路上
응당 나의 만가(挽歌)를 들으리.　　　　　　應聽梵釋挽轝歌

● 칠성암(七星庵)의 운을 따서　　　　　　　次七星庵韻

골짜기 올라가니 명승지 있어　　　　　　　登臨峽岫有名區
조용히 새는 울고 물도 절로 흐르네　　　　鳥自喃喃水自流
차 마시는 이야기 속에 자기(紫氣)218)는 떠 있고　紫氣浮軒茶話午
땅에는 보리 익어 누런 구름 가득하네　　　黃雲滿地麥光秋
석 잔 차로 누운 베개 단잠이 오고　　　　三盃就枕濃甛睡
10년 만에 그대 보니 흰머리 부끄러워　　　十載遇君愧白頭
앉아서 창파의 바다 멀리를 보노라니　　　坐得滄波萬里外
동남동녀219)가 약 캐러 가는 외로운 배 있다네.　秦童採藥一孤舟

● 김구암(金搆庵)을 보내면서　　　　　　　送金搆庵

관가(官家)에서 만난 지 11년인데　　　　　官閣相逢十一年
오늘 마주 앉으니 갑자기 아득하네　　　　於今對坐頓茫然
차를 끓이며 맑은 바람을 고대하고　　　　前茶佇待清風起
책을 펴니 장마의 괴로움 잊었다네　　　　開卷渾忘苦雨連
노쇠한 기운에 나물맛이 어찌 해로우며　　衰氣何妨蔬笋味
명산에서 다시 호계(虎溪)의 인연을 맺었다네　名山重結虎溪緣

---

218) 자기(紫氣): 자색의 구름. 신선이나 성인이 올 때 이러한 서색(瑞色)의 구름이 생긴다고 한다.
219) 동남동녀(童男童女): 진시황은 중국을 통일한 후 죽지 않고 향락을 누리고자 하여 방사(方士) 서시(徐市)의 주청에 따라, 삼신산에 가서 불사약(不死藥)을 구해 오도록 젊은 남녀 삼천 명을 바다에 띄워 보냈다. 그러나 그들은 끝내 돌아오지 않았다. 여기서는 바다가 멀고 풍치가 좋아 그 사람들이 있을 듯하다는 말이다.

미투리 발자국 절 뜰에 남기시고　　　　　　　青鞋跡印金田地
하필 숲 속에서 잠시라도 스님과 이별할까.　　何必林中暫別禪

● 기운(奇雲) 상인에게 줌　　　　　　　　　　贈奇雲上人

아름답구나. 이미 많은 성에 놀면서　　　　　懿乎業已百城遊
부평초 같은 인생은 구릉의 밤배인 줄 깨쳤구나　證悟浮生夜壑舟
천천히 신을 끌고 다니면서 즐거움을 느끼고　　曳履款行含我樂
구름 기대고 앉아 남의 근심 비웃었다　　　　倚雲高坐笑人愁
참선의 자리에서는 마조(馬祖) 선사와 차를 나누고　分茶馬祖參禪座
완월루에서 남전(南泉) 스님과 이야기하였네　　打話南泉玩月樓
중생의 바다에서 누구와 벗이 될까?　　　　　衆海應來誰舘伴
선배인 옹수(擁篲)가 문앞에서 기다리네.　　　先居擁篲佇門頭

● 운포(雲圃) 이사백(李詞伯)의 시운을 따서　　次雲圃李詞伯韻

한가히 스님과 함께 법문을 토론하며　　　　　閒携諸釋共談空
삼복 더위를 절 속에서 보냈노라　　　　　　消遣庚炎古寺中
달빛 누각에 오르니 숲은 더욱 푸르고　　　　移席月樓林漲綠
꽃동산에서 차 마시니 붉은 빛 잔에 비치네　　喫茶花苑椀浮紅
성리설에 감화되어 세속을 징계하고　　　　　熏陶性理懲愚俗
의젓한 몸가짐은 도에 통했음을 보겠네　　　　目擊威儀接道通
꽃다운 결사(結社)에 여러 해 참여하니　　　結社流芳年已久
올 가을에 다시 옛 유풍(儒風)을 보겠구나.　　今秋更見舊儒風

● 이송파(李松坡)의 만장　　　　　　　　　　挽李松坡

차 마시며 시에 화답하기 몇 해이던가　　　　煎茶和韻幾多年
사람들은 소동파의 옛 인연이라 하였지　　　　人謂東坡續舊緣

귀 기울여도 다시 귀 맑게 해줄 이 없고　　　　　傾耳更無淸耳語
책을 펼쳐도 오히려 책을 덮게 하네　　　　　　　展書反有掩書憐
남방의 높은 선비 어디로 가셨는가　　　　　　　南方高士歸何處
북두성의 정기로 났다가 저 하늘로 향하셨네　　北斗降生向彼天
짙은 녹음 좋은 때 한 자리가 비었으니　　　　　錄漲佳時虛一座
시내는 목매 울고 안개만이 흘러가네.　　　　　風愁潤咽但流煙

● 영산화　　　　　　　　　　　　　　　　　　映山花

영산홍 꽃잎이 쾌년헌(快年軒)에 비치니　　　　映山紅映快年軒
진불암 벽해원(碧海園)에도 옮겨 심었구나　　　移種眞庵碧海園
찾아오는 이는 비단옷 같다 하고　　　　　　　尋到人皆衣錦語
날아오는 새는 불꽃을 피하여 우는구나　　　　飛來鳥必避燃喧
차 달여 마시기 전에 꽃잔을 차리고　　　　　　煎茶未酌開花器
땅을 쓸어 티 없음에 꽃 옆에 앉았노라　　　　　掃地無塵坐火團
가는 비는 개이고 바람은 조용한데　　　　　　細雨纔收風不起
한가한 뜰에서 스스로 둥근 달을 비추네.　　　閒庭自動映周垣

● 쾌년각　　　　　　　　　　　　　　　　　　題快年閣

법당을 새로 세워 산 머리를 누르니　　　　　新開法宇鎭崗頭
범이 걸터앉고 서린 용이 골짝이마다 흐르네　虎踞龍盤百谷流
옛 절 천 년만에 길운이 돌아오고　　　　　　古寺千年回運吉
늙은 스님 발우 하나로 조용히 사는구나　　　殘僧一鉢卜居幽
맑은 바람은 우리 차[茶]의 흥취를 돋우고　　　淸風吹起東茶興
좋은 새는 시끄럽게 지저귀며 근심하네　　　　好鳥噪分謾語愁
힘을 다해 집 세우고 평안을 비는 곳에　　　　竭力成功神補地
물과 밥을 먹으며 한가히 놀았네.　　　　　　虛消水火等閒遊

● 북암(北庵)을 방문함　　　　　　　　　訪北庵

풀은 푸르고 숲은 길어 해도 기우는데　　　草綠林深日影斜
가로지른 외나무다리 위험이 많네　　　　　橫安略彴險危多
바위 위의 새소리는 옛날처럼 다정하고　　　岩頭鳥語親如舊
시내로 떨어지는 꽃잎 비단처럼 나폴나폴　　溪下花飛薄似紗
외딴 암자 홀로 찾으니 기쁜 마음뿐이고　　　獨訪孤居歡喜在
여러 승방 그리워함에 괴로움만 더하구나　　潛思衆院苦勞加
세월 감에 인정이 중함을 알고　　　　　　　堪嗟年邁人情重
땀 흘리며 찾아와 함께 차를 마시네.　　　　掩汗尋來共喫茶

● 천아사(千雅士)에게 보냄　　　　　　　寄千雅士

초여름에 내가 사는 곳을 찾아와　　　　　夏初枉屈病僧居
평생 동안 남은 옛 정을 폈네　　　　　　　攄盡生平舊誼餘
무심히 벼슬하여 전좌(銓座)에 올랐고　　　無心要仕陞銓座
나를 잊지 않고 책력을 보내 주네　　　　　不棄朽株寄憲書
사람은 와서 차 마시면서 백성을 걱정하고　人歸茶歇思民隱
고요한 밤 잔잔한 바람 빈 달을 읊는다　　 夜靜風微詠月虛
장미실 밖의 빈 뜨락에서　　　　　　　　　薔薇室外庭空處
석장(錫杖) 소리 나거든 곧 나인 줄 알게　短錫鏗鏘卽是余

● 조행탄(趙杏綻)과 윤백은(尹白隱)의　 和趙杏綻尹
　 월야(月夜) 시운으로 화답함　　　　　白隱月夜韻

차를 나누며 이야기하니 밝은 달뜨고　　　茶罷古談皓月生
마을 쪽 하늘 바라보니 흰 구름 펼쳐 있네　洞天一望白雲平
나라 일 말하면서 모기도 잊고　　　　　　薄言國事忘蚊苦
농사를 권장하면서 개구리 소리 싫어했네　獎贊農形厭蟆聲

깊은 산의 고요한 누각 더위는 물러가고　　　　　樓靜夜深山暑退
시원한 바람에 사람들 떠나니 등불만 남았구나　　風來人散寢燈橫
문장과 도학이 한 자리에 앉아　　　　　　　　　文章道學俱參坐
베개를 높이하여 좋은 밤 다정히 지냈네.　　　　高枕良宵覺有情

● 참외를 얻고 감흥이 생겨　　　　　　　　　　得瓜興感

벗이 사는 곳 지나다가 참외 하나 얻으니　　　　行過友居得一瓜
걸으면서 보고 보고 마음으로 기뻐했네　　　　　步步看看心自佳
기쁜 안색 어찌 이같이 많은가　　　　　　　　　顔色何其多*
새로 나온 참외를 아버지께 드리려네　　　　　　初見新物欲獻爺
고향집은 바다가 막아 멀고도 먼데　　　　　　　此去鄕庭隔海遠
어떻게 땅을 줄여 집에 갈 수 없을까　　　　　　安得縮地到大家
밝은 하늘에 지는 해 머무른다면　　　　　　　　明天若留欲落日
두 강의 뱃길도 멀지 않으리　　　　　　　　　　兩江船程應不遐
집 살림 한가하며 자손은 많고　　　　　　　　　産業淸閑多子孫
얼굴은 늙고 치아도 없이 사네　　　　　　　　　玉山將頹無齒牙
반 병의 막걸리 배불리 마신 뒤에　　　　　　　　半壺濁酒軟飽後
나물밭에 비 오면 꽃나무 모종하지　　　　　　　小圃雨過手種花
말씀마다 예(禮)는 공경이 으뜸이요　　　　　　　言言依禮無不敬
일마다 시(時)에는 간사함 없어야 한다220)고 하셨지　事事行時思無邪
유(儒)·석(釋)의 도 모두 저버리지 않아　　　　　二道幷世共不負
한 아들 절에 보내 석가여래 이으셨네　　　　　　分送一兒繼釋迦
해마다 지팡이 짚고 산사를 찾아오면　　　　　　年年一杖叩山扃
절마다 스님들 다투어 차를 보내왔지　　　　　　寺寺胡僧爭送茶
지금은 옛 길을 늙어서 다니지 못하니　　　　　　於今古道老不經

---

220) 공자는 말하기를 "시 삼백 편에 한 마디의 말로 그 뜻을 덮어버렸으니 곧 사무사(思無邪)이다"라고 하였다. 사무사는 간사한 생각이 없다는 말로《시경》'형(駉)' 편에 있는 말이다.

노시던 대(臺) 마시던 샘 붉은 안개 엉겼구나	遊臺飮泉繞紫霞
아! 나는 유교와 도교를 분별하지 못하지만	嗟余未辦儒與道
말로는 이적(夷狄)과 중화를 논하였네	尙可下口論夷華
암자의 마당가에 소나무에 기대어 바라보면	把茅盖頭依松望
태행상은 외로운 구름에 아득히 가렸네	太行孤雲望中遮
쌀을 지는 일221)은 빈부가 한 가지요	負米信同貧富也
귤(橘)을 떨어뜨린 일222) 고금이 다를까	墮橘何異古今耶
저문 날 산 속의 석양에	日暮靑山夕陽裡
마음은 바람 따라 가나 몸은 가지 못하네	心隨風馳身未拖
이날 이때를 부질없이 보내면서	此日此時空自送
고향집으로 머리를 돌리니 까마귀에 부끄러워223)	回頭庭檜愧烏鴉
삼보(三寶)에 바쳤다고 잠시 후 물러나와	奉獻三寶小退來
밖에 나가 아이 불러 참외를 주었네.	喚兒出外把與他

(*편집자 주 - 이 구는 한국불교전서에 두 글자 결락되어 있으나 확인할 수 없음)

● 다가   茶歌

책을 편 지 오래니 정신이 혼미하여	攤書久坐精神小
차 생각 간절하여 참기가 어렵구나	茶情暴發勢難禁
꽃 핀 우물은 물맛도 달고	花發井面溫且甘
두레박에 떠 화로에 차 끓는 소리 기다리네	斜罐擁爐取湯音

---

221) 쌀을 지는 일: 옛날에 공자의 제자 자로(子路)는 부모를 위하여 백 리 밖에서 쌀을 등에 져다가 봉양하고 자기는 나물을 먹었다. 여기서는 부모를 봉양하는 일은 부자나 가난한 사람이 같다는 말이다.
222) 귤을 떨어뜨린 일: 삼국시대 오(吳)나라 사람인 육적(陸績)이 6세 때 원술(袁術)을 찾아가니 원술이 귤을 내놓았다. 인사를 하고 떠날 때 품속에서 귤이 세 개가 떨어지자, 원술은 이르기를 "육랑(陸郎)이 손님으로 왔다가 귤을 품었는가?" 하니, 육적이 말하기를 "어머니에게 드리고자 한 것이다"고 하여 원술은 기특하게 여겼다. 여기서는 맛있는 음식을 보면 부모에게 드리고자 하는 마음은 고금에 다를 것이 없다는 말이다.
223) 까마귀에 부끄러워: 까마귀나 호랑이는 짐승이지만 저를 낳아준 어미가 늙어 기동을 못하면 먹을 것을 마련하여 먹인다고 한다.

한번 두번 세번 끓이니 맑은 향기가 떠오르고　　　　一二三沸淸香浮
넷·다섯·여섯 주발 마시니 땀이 솟아나는 듯　　　　四五六椀微汗洲
상저(桑苧)224)의 다경(茶經)도 이제야 옳은 줄 알았고　桑苧茶經覺今是
옥천(玉泉)225)의 다가(茶歌), 대체를 알겠도다　　　　玉泉茶歌知大軆
보림사(寶林寺) 작설은 감영에 실어가고　　　　　　寶林禽舌輸營府
화개동(花開洞) 좋은 차 대궐에 바치네　　　　　　花開珍品貢殿陛
함양 무안의 토산차는 남방의 진품이요　　　　　　咸務土産南方奇
강진 해남의 법제방법, 북경에서 배웠다네　　　　　康海製作北京啓
잡된 생각은 일시에 쓸어 없애고　　　　　　　　　心累消磨一時盡
맑고 밝은 정신, 한나절도 더 가네　　　　　　　　神光淨明半日增
졸음은 물러가고 밝은 빛이 생기면서　　　　　　　睡魔戰退起眼花
식곤증 내려가니 가슴속 시원하네　　　　　　　　食氣放下開心膺
괴로움과 욕심 없애는 것 경험했고　　　　　　　　苦利停除曾經驗
감기도 나아 통명(通明)해졌다네　　　　　　　　　寒感解毒又通明
공자님 사당 배알에는 술을 올리고　　　　　　　　孔夫子廟參神酌
부처님 법당 공양에는 정성을 바친다네　　　　　　釋迦氏堂供養精
서석(瑞石)의 좋은 차 그 맛 시험하고　　　　　　瑞石槍旗因仁試
백양사의 작설차 마음을 홀리누나　　　　　　　　白羊舌觜從神傾
덕룡(德龍)의 용단(龍團)을 사절하고　　　　　　德龍龍團絶交闊
월출(月出)에서 오는 차 막아버렸네　　　　　　　月出出來阻信輕
중부(中孚)226)의 옛 집 이미 언덕으로 변하고　　　中孚舊居已成丘
이봉(离峯)이 살던 산에 물병이 있다네　　　　　离峯捿山方安餠
조화(調和)하기 무위실(無爲室)의 법과 같이하고　調和如法無爲室

---

224) 상저(桑苧):《다경(茶經)》을 저술한 중국 육우(陸羽: ?~804)의 호. 자(字)는 홍참(鴻漸). 육우는 세계에서 처음으로 차의 이론과 실제를 정립하여 동양 삼국의 다인들에게 커다란 영향을 주었다.
225) 옥천(玉泉): 〈다가(茶歌)〉를 쓴 중국 노동(盧仝)의 호.
226) 중부(中孚)·이봉(离峯)·예암(禮庵)·남파(南坡)·영호(靈湖)·제산(霽山)·성학(聖學)·태련(太蓮): 범해 각안 스님이 살던 당시 대흥사(대둔사) 주변에 살았던 차승(茶僧)들이다.

잘 간수하기 옛 예암(禮庵)의 법을 따랐네　　　　　穩藏依古禮庵缾
좋고 나쁨 따지지 않음은 남파(南坡)의 끽다벽이고　無論好否南坡癖
많고 적음 사양치 않음은 영호(靈湖)의 뜻일세　　　不讓多寡靈湖情
풍속을 살펴보니 차 즐기는 이 많은데　　　　　　　細看流俗嗜者多
당송(唐宋)의 성현에 뒤지지 않도다　　　　　　　　不下唐宋諸聖賢
선가(禪家) 유품은 조주(趙州)의 화두　　　　　　　禪家遺風趙老話
진미(眞味)는 제산(霽山)이 먼저 얻었구나　　　　　見得眞味霽山先
만일암(挽日庵)의 일 마치고 달구경하는 밤에　　　挽日工了玩月夜
차 공양하고 피리 불며 서로 이끌어 차 끓이네　　　茗供吹簫煎相牽
정사(正笥)와 언질(彦銍)은 섣달에 차를 얻고　　　正笥彦銍臘日取
성학(聖學)은 물을 긷고 태련(太蓮)을 부르네　　　聖學汲泉呼太蓮
만병과 온갖 걱정 모두 흩어지고　　　　　　　　　萬病千愁都消遣
임의로 노니나니 신선과 같도다　　　　　　　　　　任性逍遙如金仙
차 끓는 동안 차 문헌 살펴보니　　　　　　　　　　經湯譜記及論頌
별 하나 가없는 하늘에 떨어지네　　　　　　　　　　一星燒送無邊天
어찌하여　　　　　　　　　　　　　　　　　　　　　　　　　　如何
귀하고 좋은 책 나에게 전해졌는가.　　　　　　　　奇正力書與我傳

●건제체　　　　　　　　　　　　　　　　　　　　　　建除體

덕을 일으키고 명예를 세우려는 자　　　　　　　　建德立名者
세상에는 드물다고 생각하네　　　　　　　　　　　言念世所稀
인간의 일을 모두 물리치고　　　　　　　　　　　　除却人間事
바위 아래 초가집에 깃들어 살지　　　　　　　　　幽棲巖下扉
문화(文火)와 무화(武火)로　　　　　　　　　　　滿載文武火
차를 끓여 배고픔을 달랬지　　　　　　　　　　　　煎茶自慰饑
매일 홀로 앉고 누우니　　　　　　　　　　　　　　平日獨坐臥
무엇이 나를 괴롭히리오　　　　　　　　　　　　　何物觸幻機
정공(定公)이 내 꿈을 깨우고　　　　　　　　　　定公罷我夢

때때로 와서 이야기하다 돌아가네   時來做話歸
글씨와 책에 집착하여   執着紙墨上
헛되이 세월만 보냈지   虛消日月輝
해진 가사로 몸을 가리니   破衲掩體上
바람에 펄럭이누나   天風吹拂揮
위태한 세상 스스로 물러나와   危途已自退
귀에서는 시비조차 끊어버렸네   耳門絶是非
성패에 마음 두지 않으니   成敗不關心
이해가 어찌 마음에 거스리겠나   利害何相違
시선을 거두어 마음을 보고   收視在心內
육근과 육진[根塵]에 다시 의지하지 않네   根塵更無依
눈을 여니 세상은 넓고   開眼世界廓
기상은 곧고도 높다네   氣象正高巍
문을 닫으면 다른 일에 관심 없고   閉門無餘事
흰 구름만 떠다니며 산을 에워싸네.   白雲任騰圍

● 만일암   挽日庵
  -병술년-   丙戌年

스스로 마음을 고요히 하려고   爲靜自心地
오래도록 만일암에 머물렀지   遲留挽日菴
베옷으로 늙은 몸을 가리고   布杉遮老骨
차와 약은 담(痰)을 씻어주네   茶藥洗殘痰
거울 같은 바다는 고금에 한 가지요   海鏡古今一
이웃은 남북에 서너 집뿐일세   居隣南北三
좋은 친구 와서 여름안거를 보내니   高朋來結夏
살아가는 일 처음으로 달콤하다네   活計最初甘

● 보운각(寶運閣)에 다시 들어가서　　　　　　再入寶運閣
　-무자년 봄-　　　　　　　　　　　　　　戊子春

다시 보운각에 들어가니　　　　　　　　　　再入寶運閣
어느덧 19년이 흘렀네　　　　　　　　　　騁過十九春
세월은 옛 그대로 의연하나　　　　　　　　光陰依舊在
사물은 오늘에 이르러 먼지에 싸였구나　　　物色到今塵
대나무는 사람을 맞으며 기뻐하고　　　　　竹樹迎人喜
향등(香燈)은 늙은 나를 보고 깜빡거리네　　香燈見老嚬
화로에 차 끓이며 온돌에 앉으니　　　　　　茶爐溫堗坐
어느 누가 나를 가난하다 하리오.　　　　　誰謂我家貧

● 진도 김용은(金龍殷)을 보내면서　　　　　送珍島金龍殷
　-갑인년-　　　　　　　　　　　　　　　甲寅年

배움의 바다에 고기 놀듯 영호남을 지나　　魚遊學海嶺湖南
옛 절을 찾아옴이 사랑스럽구나　　　　　　可愛來尋古佛龕
강의를 마친 자리에서 좋은 시구를 외우고　一榻講終吟傑句
삼 시에 차를 끝내고 현묘한 이야기 나누네　三時茶罷做玄談
입춘에 와서 입추가 되도록　　　　　　　　立春節至立秋節
미륵암과 만일암(挽日菴)에서 놀았구나　　彌勒菴從挽日菴
구목(龜木) 마을 정은 깊으나 다시 찾기 어려우니　龜木情懷難再得
새벽에 지는 별 저녁에 삼삼하듯.　　　　　星辰曉散更昏森

● 초의차　　　　　　　　　　　　　　　　草衣茶
　-무인년-　　　　　　　　　　　　　　　戊寅年

곡우절 맑은 날　　　　　　　　　　　　　穀雨初晴日
노란 싹은 잎이 피지 않았네　　　　　　　黃芽葉未開

솥에서 데쳐내어 　　　　　　　　　　　空鐺精炒世
밀실에서 말린다 　　　　　　　　　　　密室好乾來
모나거나 둥근 차 찍어내고 　　　　　　栢斗方圓印
죽순껍질로 안을 말아서 싸고 　　　　　竹皮苞裏裁
단단히 봉하여 바깥바람 막으니 　　　　嚴藏防外氣
찻잔엔 향기 가득하다네 　　　　　　　一椀滿香回

●강매오(姜梅塢)의 시운을 따서 　　　　次姜梅塢韻

젊은 손님이 찾아와서 　　　　　　　　有客相尋是妙年
자기 뜻은 노승(老僧)에게 있다 하네 　　爲言志在老僧邊
시를 읊는 길 위에서 삼추(三秋)의 소리요 　沈吟路上三秋韻
방안에서 하루의 잠도 물리쳤다네 　　　除却房中一夜眠
다례(茶禮)는 중부(中孚)의 방이 생각나고 　茶禮尙懷中孚室
종소리는 고소성(姑蘇城)의 배[227]인 줄 알았네 　鍾聲始覺姑蘇船
등불 켜고 함께 앉아 이야기하는 곳에 　懸燈對坐間談處
푸른 산엔 구름이 떠 있고 하늘에는 달이 있네. 　雲在靑山月在天

●객이 자취를 숨김 　　　　　　　　　客隱跡
 -2수 중 두번째 수-

도선대사가 세우신 옛 절 속에 　　　　詵師刱建舊伽藍
남기신 불상 천 년이나 해남(海南)을 눌렀구나 　遺像千年鎭海南
하늘은 넘나들기 어려운 고개를 만들었고 　越閩往還天作峙

---

227) 고소성(姑蘇城)의 배: 고소성은 중국의 강소성(江蘇省) 오현(吳縣)의 서쪽에 있다. 당(唐)나라 문장 장계(張繼)의 '풍교야박(楓橋夜泊)' 시에 "달 지자 새 우니 서리만 하늘에 가득 / 강가의 단풍과 고기 잡는 불빛 대하여 시름하며 졸고 있네 / 고소성 밖 한산사에서 / 밤중에 종소리만 객선에 이르누나〔月落烏啼霜滿天 江楓漁火對愁眠 姑蘇城外寒山寺 夜半鍾聲到客船〕"이라고 했다.

몸을 숨기고 살아감에 귀신도 암자를 아꼈다네	隱身俯仰鬼慳庵
구생동(九生洞)은 삼생동(三生洞)과 합쳐 있고	九生洞並三生洞
만대봉(萬代峯)은 성대봉(聖代峯)과 이어졌네	萬代岑連聖代岑
해 지도록 서늘한 마루에서 우두커니 앉았으니	盡日淸軒嗒然坐
산다(山茶) 나무 아래 새들만 지저귀네.	山茶樹下鳥喃喃

● 응하(應河)와 이별하며　　　　　　　　　別應河

한 번 만나기도 어려운데 하물며 두 번일까	一會猶難況再然
멀리 떨어진 산천에서 먼저 신을 신었구나	遠隔山川納履先
내일 아침 발우를 펴면 한 자리 비고	展鉢明朝筵幅缺
오늘 저녁 차를 나누니 눈빛이 원만하게 빛나누나	分茶今夕目光圓
용장(龍杖)을 세움에 천 봉우리 개이고	纔竪龍杖千峯霽
구불구불한 길은 연기 속에 잠겨 있네	長望羊岐萬壑烟
불당에 올라 예불하고 잘 떠나가	好去昇堂伸禮罷
남방에 불법을 마음껏 전하여라.	南方佛法盡心傳

● 수상(水相) 규태(圭泰)와 남암(南庵)의　　　　唱和水相圭
　시운을 함께 화답함　　　　　　　　　　　　泰南庵拈韻
　- 5수 중 두번째·네번째 수 -

[2]

염불하는 세 스님 매우 늙은 나이기에	念佛三師極老年
낮은 소리는 가냘프게 창 앞에 이르네	低聲細細到窓邊
불 밝히고 차 마신 후 회포를 푸는데	燈明茶罷勤懷玉
늦가을 깊은 밤 어찌 두견새 소리 들리는가	秋晚夜深豈聽鵑
한(漢)나라 장수는 한나라의 안정을 도모하고	漢將謀圖安定漢
연(燕)나라 사람은 연나라로 돌아가려 하네	燕人心在向歸燕
지팡이 끌고 어둠 속 보금자리 찾을 때	携筇披暗尋巢處

오든지 말든지 한 꿈을 전하게나.　　　　　　　　來不來之一夢傳

[4]
날과 시(時)는 좋은데 반포(反哺)하는 까마귀는　　日吉辰良反哺烏
날아가고 날아오며 모퉁이를 세 번 돌았네　　　　飛來飛去繞三隅
조주 선사는 차 이야기를 세 번 물었고　　　　　趙州三問拈茶話
백장 선사는 들여우의 몸을 벗어나게 함으로써　　百丈重興脫野狐
거듭 즐거워하였지
모진 서리 바람이 귀한 몸에 불어오는데　　　　　鐵鉞霜風吹玉樹
정신은 밝은 달이 얼음병에 비친 듯　　　　　　精神皓月曜氷壺
암자 안에는 스스로 꾸려 가는 손님이 있어　　　庵中自有治營客
꿈속에서도 충정(忠情)은 한양으로 달려가네.　　夢裡忠情走漢都

● 다구명　　　　　　　　　　　　　　　　　　茶具銘

생활이 맑고 한가하기에　　　　　　　　　　　生涯淸閑
몇 말 찻잎 만들었네　　　　　　　　　　　　數斗茶芽
투박한 질화로 가져다가　　　　　　　　　　　設苦窊爐
약하고 강한 불 함께 담았네　　　　　　　　　載文武火
다관은 오른쪽에 두고　　　　　　　　　　　　瓦罐列右
다완은 왼쪽에 있다네　　　　　　　　　　　　瓷盌在左
오직 차 마시는 일 즐기니　　　　　　　　　　惟茶是務
무엇이 나를 유혹하리오.　　　　　　　　　　何物誘我

다약설(茶藥說)

　백 가지 약이 좋기는 하지만 알지 못하면 사용할 수 없고, 백 가지 병으로 괴로워할 때 구제하지 않으면 살지 못한다. 구제하지 않아 살 수 없을 때 구제하여 살려내는 법술이 있으며, 알지 못하여 사용할 수 없을 때 이를 알고 사용하는 묘법이 있나니, 사람이 느끼고 하늘이 응하지 않으면 약과 병은 어찌할 수 없게 된다.

나는 임자년(壬子年: 1852년) 가을에 남암(南庵)에 머무르다가 이질(痢疾) 때문에 사지가 늘어지고 세 끼 식사도 잊은 채 어느덧 열흘, 한 달에 이르게 됨에 꼭 죽을 것이라고 생각하게 되었다.

어느 날 함께 입실(入室)한 무위(無爲)라는 형은 부모를 모시다가 왔고 그와 함께 선참(禪懺)하던 부인(富仁)이란 아우는 스승을 모시다가 와서 좌우에서 머리를 들고 앉음에 삼태성(三台星)처럼 자리를 하니 나는 반드시 살 수 있을 것임을 알게 되었다. 조금 있다가 형이 말하였다.

"내가 차가운 차[茶]를 가지고 어머니를 구하였으니 위급할 때 급히 달여서 사용하게."

아우가 말했다.

"나는 차의 새싹[芽茶]을 간직하여 불시(不時)에 필요할 때를 기다렸으니 복용하는 것이 무엇이 어렵겠습니까?"

그들의 말대로 달여서 복용하였더니 한 주발에 배가 조금 편안하고 두 주발에 정신이 상쾌하며 서너 주발에 온몸에 땀이 흐르고 시원한 바람이 뼛속에 불어 상쾌하여 처음부터 병이 없는 듯하였다. 이때문에 음식맛도 점점 나아지고 기동하는 것도 날로 좋아져서 6월에 이르러서는 70리나 되는 본가에 가서 어머니의 기제(忌祭)에 참여하니 때는 청나라 함풍(咸豊) 2년 임자(壬子: 1852년) 7월 26일이었다. 이 말을 들은 이는 놀라고 본 사람은 나를 가리키며 말하였다.

"아! 차는 땅에서 난 것이고 사람의 명은 하늘에 있는 것인데 하늘과 땅이 감응한 것인가? 약은 형에게 있고 병은 아우에게 있었는데 형제가 감응한 것인가? 어찌 신효함이 이와 같은가? 차로써 어머니를 구하고 차로써 아우를 살렸으니 효제(孝悌)의 도가 모두 이루어진 것이다."

마음이 아픈 일이다. 병도 그리 위중하지는 않았는데 어떻게 꼭 죽을 것이라고 알았으며 정(情)이 그렇게 두텁지는 않았는데 어떻게 꼭 살릴 줄을 알았을까? 이로써 그 평생에 정분이 어떠했는가를 알 수 있다. 그래서 훗날 구제하는 방법이 있어도 구제할 수 없는 이들에게 기록하여 보여 준다.

【출전】 ㉠〈범해선사시집〉(2권);《한국불교전서》제10책, pp.1075~1126, 1989, 동국대학교 출판부. ㉡ 한글대장경 제225권,《범해선사시집》(책 제목은《초의집 외》), 1997, 동국역경원.

【범해 각안의 생애】

범해 각안(梵海覺岸, 1820~1896) 스님의 호는 범해, 자는 환여(幻如), 성은 최(崔). 1820년(순조 20) 6월 15일 전남 완도군(靑海) 범진(梵津) 구계(九階)에서 태어났다. 아버지는 최철(崔徹), 어머니는 성산 배(裵)씨이다. 모친이 꿈에 독에서 흰 물고기를 보고서 낳았는데 좌우의 바깥 넓적다리에 희고 긴 무늬가 많이 있었다. 그로 인하여 어언(魚堰)이라 이름하였고 또 초언(超堰)이라고도 하였다. 평생에 생선을 먹지 않았다. 14세에 해남 두륜산 대둔사(대흥사)로 가서 호의 시오(縞衣始悟)에게 득도했고 하의 정지(荷衣正持)에게 계를 받았다. 초의 의순(草衣意恂)에게 비구 및 보살계를 받았다. 호의 시오 선사의 법을 이었으며 호의, 하의, 초의, 문암(聞庵), 운거(雲居), 응화(應化) 스님에게 내전(內典)을 공부하고, 유가 경전을 요옹(蓼翁) 이병원(李炳元)에게 전수받고 재의(齋儀)를 태호 성관(太湖性寬)과 자행 책활(慈行策活) 두 선사로부터 전수받았다. 진불암(眞佛庵)에서 개당했는데 선교학에 밝았으며 《화엄경》을 강론한 것이 6회이고 《범망경(梵網經)》을 강설한 것이 12회였는데 22년간 경전을 강론했다. 1896년(고종 33) 12월 26일 세수 77세, 법랍 65년으로 입적했다.

저술로는 아도(阿度)로부터 회광 사선(晦光師璿)까지 198명의 전기가 수록되어 있는 우리나라 고승전인 《동사열전(東師列傳)》6편 1책을 비롯하여 《범해선사유고》2편 1책,《경훈기(警訓記)》1권,《유교경기》1권,《사십이장경기》1권,《사략기》1권,《통감기》1권,《진보기》1권,《박의기(博儀記)》1권,《사비기(四碑記)》1권,《명수집(名數集)》1권,《동시

선(東詩選)》 1권,《은적사사적기》 등 20여 편이 있으나 모두 간행되지는 않은 것 같다.《동사열전》은 1894년 찬술된 것으로 1957년 동국대학교 불교사학연구실에서 《장외잡록》 제2집으로 간행되었고, 1991년 김윤세(金侖世) 번역으로 (주)광제원에서 한글 번역문과 원문을 묶은 완역본 《동사열전》이 출간되었다.《범해선사시집》《범해시집보유》《범해선사문집》은 《초의집(草衣集)》과 함께 1997년 동국역경원에서 한글대장경 제225권으로 간행되었다.《은적사사적기》는 1883년(고종 20) 편록된 것으로서 현재 사본이 전해진다.

범해선사의 다연(茶緣)

범해 각안 스님이 출가한 해남 대흥사(대둔사)는 조선 후기 한국 차의 중요한 역사적 유적지이자 그 현장이다. 범해는 한국 다도의 중흥조인 초의 선사로부터 불교 내전을 배우고 비구계를 받은 만큼 초의의 다도를 계승했던 유명한 차인[茶人]이었다. 그는 33세 때인 1852년 여름, 이질로 인해 사경을 헤매다가 사형과 사제가 준 차를 마신 덕택으로 살아났다. 이런 연유로 그에게 차란 여간 고마운 것이 아니었고, 기왕에 김상현 교수가 《한국의 다시(茶詩)》 범해 스님 편에서 지적했듯이 당시 대흥사에는 음다(飮茶)의 풍이 유행하고 있었으니, 그가 차를 사랑한 것은 당연한 일이었다.

범해 선사에게는 26편의 다시(茶詩)와 〈다약설(茶藥說)〉이라는 차와 관련된 산문 1편이 있다. 또한 〈서산대사 영각 다례 모연소(西山大師影閣茶禮募緣疏)〉가 있다. 그의 다시 가운데 7언 44구로 된 〈다가(茶歌)〉가 있다. 이 시는 초의가 산천(山泉) 김명희(金命喜)와 화운(和韻)한 시와 아주 방불하다. 초의의 그 시를 〈동다송〉의 축약편인 것 같다고 말한 이도 있는데 범해의 〈다가〉 역시 〈동다송〉의 전통을 충실히 계승하고 있다.

범해의 〈다구명(茶具銘)〉이라는 시를 보면 그는 다실에 화로, 다관, 다완을 갖추어 놓고 차 마시는 것을 즐겼다. 초의가 입적한 지 12년째 되는 해에 쓴 〈초의차〉란 제목의 시를 읽어보면 범해는 차를 법제하고 있는 초의의 모습을 리얼하게 묘사하고 있다. 앞에서 말했듯이 초의에게 내전을 배우고 비구계를 받은 외에 범해는 〈초의차〉란 시로 미루어 보건대 초의로부터 다도를 익혔을 것이란 느낌을 강하게 받는다. 범해가 초의로부터 다도를 배웠든 아니든 그가 초의의 다도를 계승한 다인(茶人)이었던 것은 분명하다. 이는 그가 대둔사에서 출가한 차와의 지정학적인 관련은 물론 그의 다시(茶詩) 26편과 〈다약설〉이 이러한 사실을 실증적으로 말해 주고 있다. 범해 선사는 초의와 더불어 한말의 우리나라 다사(茶史)와 다문화(茶文化)를 풍성하게 하는 데 크게 기여한 다인이다.

12. 보제 심여(普濟心如): 2편

● 석옥(石屋)228)화상 거잡시 12율을 삼가 따라 　　謹次石屋和尙居雜詩
 - 12수 중 열두번째 수 -

맑은 빛 소박한 이력은 따르기가 힘들어　　　　清光素履不能模
한가로이 청산과 더불어 늙어가네.　　　　　　閑與青山共老圖

---

228) 석옥(石屋): 인명. 1272~1352. 남송말(南宋末) 원대(元代)의 스님. 임제종 호구파(虎丘派). 석옥은 자, 법명은 청공(清珙), 속성은 온(溫)씨. 강소성 소주(蘇州) 상숙(常熟) 출신. 소주 흥교(興教) 숭복사(崇福寺)의 영유(永惟)에게 출가하여 20세에 삭발하고, 23세에 구족계를 받음. 고봉 원묘(高峯原妙)에게 참구하고 나중에 급암 종신(及庵宗信)에게서 득법함. 절강성 가화(嘉禾)의 당호(當湖)에 새로 창건 복원선찰(福源禪刹)의 주지가 되어 7년간 봉직한 후, 다시 천호(天湖)로 돌아감. 지정(至正) 초(1341년경)에 황후가 금란의(金襴衣)를 하사함. 지정 12년 7월 23일 입적. 세수 81, 법랍 54. 《석옥공선사어록(石屋珙禪師語錄)》 2권이 현존함. 고려 말에 태고 보우(太古普愚)가 그의 법을 전해옴.(선학사전)

계곡의 새는 추위를 몰고 조용히 비석으로 날아들고	溪鳥帶寒來靜搨
돌샘의 깨끗한 향기는 부엌에까지 이르네	石泉瀉淨到香廚
바위 사이의 나뭇잎은 서리가 오기도 전에 떨어지고	巖間木葉霜前脫
계단 위의 국화는 눈이 오자 시들어 가네	階上菊花雪後枯
만 가지를 생각하며 지금에 이르렀으나 여태도 미진하니	萬慮至今猶未盡
차[茗茶]나 믿는 손으로 붉은 화로에 달이네.	茗茶信手煮紅爐

● 경오년(1870) 8월 해남의 김·허 등의 여러　和林字韻庚午八月
　유생과 더불어 임(林)자 운에 화답하여 읊음　與海南金許諸儒吟

한가로이 흰 불자를 가지고 방림에 앉아 있는데	閑持白拂坐芳林
허(許) 노인은 청산에서 세월만 보내고 있네	許老青山歲月深
세속을 따르면 점점 견문이 넓어지긴 하나	隨俗稍爲聞見博
몸을 보호하는 것도 있으니 뜨겁고 찬 기운이 침범하네	護身却忘熱寒侵
차를 나눠 마시며 돕듯이 시를 힘있게 읊고	分茶如助吟詩力
경쇠 소리 들으니 홀연히 생(生)을 떠나고 싶은 마음 드는구려	聽磬忽生作別心
가을 숲, 붉은 단풍에 새벽빛 비추는데	曉色秋林紅葉裏
나뭇가지에 자던 새 놀라 돌아가는구나.	應驚歸路宿枝禽

【해설】 심여(心如) 스님의 첫번째 다시는 중국 원대(元代)의 오도승(悟道僧) 석옥 청공(石屋淸珙) 선사의 운을 따 지은 시이다. 심여는 평소 석옥을 존경하여 그의 행적을 따르고자 노력하였다. 그러나 그는 석옥에게 자신이 미치지 못함을 한탄하며 한가로이 청산과 더불어 늙어감을 안타까워하고 있다. 이러한 그의 심정이 위의 시에 잘 드러나고 있으나 심여는 교(教)와 선(禪)에 밝아 20여 년 동안 후학을 지도한 조선 말기의 덕 있는 스님이었다.

두번째 다시는 해남에서 여러 유생들과 임(林)자 운으로 시를 지은 일을 소재로 쓴 작품이다. 심여는 두륜산 대둔사에서 출가하여 스님이 되었다. 그는 앞에서 소개한 철선 혜즙(鐵船惠楫)의 법을 이은 승려로 그의 문집 《산지록(山志錄)》 말미에 제자들이 쓴 〈보제강백전(普濟講伯傳)〉(보제는 심여 스님의 호)에 의하면 심여는 초의 선사에게 보살계(菩薩戒)를 받았다고 기록되어 있다. 이로써 보건대 심여는 대둔사에서 출가하여 그 곳의 차를 많이 마셨을 뿐 아니라 초의·범해·철선으로 이어지는 대둔사의 차맥(茶脈)을 계승한 다승(茶僧)이었던 것이 분명하다. 이 시의 끝 구절을 보면 그는 이미 자신의 수명의 얼마 남지 않았음을 짐작했던 것으로 보인다. 그는 이 시를 읊은 1870년(경오년) 8월에서 불과 5년 후에 48세의 나이로 입적하였으니 승려로서는 장수한 편이 못 된다. 당시 일반인들이야 단명한 것이 보편적인 일이었으나 대체로 스님들은 건강하게 오래 산 편이었다. 그런데 그가 입적 5년 전에 '경쇠 소리 들으니 홀연히 생(生)을 떠나고 싶은 마음'이라고 읊은 것을 보면 비록 차를 많이 마시며 시를 힘있게 읊긴 했으나 천명(天命)은 어쩔 수 없었던 모양이다.

【출전】 심여(心如)의 〈산지록(山志錄)〉; 《한국불교전서》 제12책, pp.273~278, 1996, 동국대학교 출판부.

【보제 심여의 생애】

보제 심여(普濟心如, 1828~1875) 스님의 호는 보제(普濟), 당호는 포의(蒲衣), 성은 마(馬), 전남 강진 사람이다. 1843(헌종 9)년 16세에 두륜산 대흥사의 회문(禧文)에게 출가하고, 문암 영유(聞庵永愈)에게 구족계를 받았으며, 초의선백(草衣禪伯)에게 보살계(菩薩戒)를 받았다. 철선 혜즙(鐵船惠楫)의 법을 이었다. 이어 혜즙·영유·용연(龍淵)·운거(雲居) 등에게서 경과 선을 배운 다음, 강석을 열어 20여 년 동안 삼남(三南)의 학인들을 지도했다. 뒤에 금강산 태백산 지리산 등을 순례하면서 시와 게송을 남겼다. 1875년(고종 12) 나이 48세, 법랍 32년으로 입적했다.

저술로는 《금강산유산록(金剛山遊山錄)》과 《산지록(山志錄)》이 있다.

법을 이은 제자로는 부정(富定)과 원준(圓俊)이 있다.(《산지록》《동사열전》《한국불교인명사전》)

13. 용악 혜견(龍岳慧堅): 20편

● 꿈속의 일

30년 전 청해 고을에서	三十年前青海上
향을 사르고 부처님께 공양 올리던 오산암이여	燒香供佛梧山庵
지금껏 분명한 기억이 남아 있으니	至今猶有餘緣影
꿈속에서 가끔 석 잔 차를 받아 마셨었네.	夢裡多受進奠三

● 무심히 붓을 잡아 시를 읊다   吾以無心中執毫吟詩

금사옥계에 자유롭게 노닐며	金沙玉界自優遊
동체자문에서 기쁨과 슬픔을 끊었네	同體慈門絶喜憂
합장하며 여러 부처님께 향을 올리고	合掌奉香千佛面
차를 나누어 여러 스님들께 꿇어앉았네	分茶跪坐百僧頭
높은 산봉우리는 나를 향해 동서로 솟았고	高峰對我東西立
폭포는 강을 향해 밤낮으로 흘러가네	落瀑向河日夜流
지나간 생애가 금생에도 반복되니	去歲生涯今歲又
이러한 참맛, 얻은 이 드무네.	此間眞趣小人收

● 세모에 벽송토굴에 올라   歲暮登碧松土崛時偶吟動筆

천천히 걸어 오르다 목마르면 샘물 마시고	倦步登臨渴飮泉
점심도 거르고 하루를 보냈네	點心封得一乾天
산을 내려와 일로 인해 석 달을 지냈고	下山因事過三朔

선탑에 돌아와 마음을 닦느라 반 년을 보냈네　　　還榻修心送半年
구름이 깜깜해 때가 언제인지 모르겠고　　　　　　雲黑難知時早晚
눈이 깊어 길이 어딘지도 알 수 없네　　　　　　　雪深不辨路高平
돌솥에 차를 달여 소채와 곁들이고　　　　　　　　烹茶石鼎兼蔬茱
부처님께 예배하고 경을 외며 굴 주위를 서성이네.　拜佛念經倚窟邊

● 이 시는 별달리 생각해 볼 맛이　　　此詩別有念味故把筆更寫
  있기 때문에 붓을 잡고 다시 적는다

원컨대 내가 영원히 고해의 물굽이를 벗어나　　　願我永離苦海隈
맑은 차 날마다 두세 잔 마실 수 있게 하소서　　　清茶日日兩三盃
인정은 구비구비 번복이 심하고　　　　　　　　　人情曲曲多飜覆
세상일은 어지러워 자주 변하나니　　　　　　　　世事紛紛數返回
달 속의 뜬구름 자취 없이 흘러가고　　　　　　　月下浮雲無迹去
골짜기 나는 새 울며 돌아오는데　　　　　　　　　谷中飛鳥有鳴來
먼지 털고 대평상에 선을 참구하며 앉아　　　　　掃塵竹倚參禪坐
정(定)에 들어 마음 밝히니 온갖 상념 사라지네.　入定淨心萬慮灰

● 선어(禪語)로 붓을 달리다　　　以禪語走筆

부처님이 금시[新熏]의 삼점수(三點水)를 다 하시곤　佛盡今時三點水
분명히 도리어 그 가운데 원상을 그리셨으니　　　分明却向裏頭圓
나아가 심검당 높은 곳에서 차를 마시고　　　　　進茶尋釖堂高飮
물러가선 보명각 위에서 누워 잠자네　　　　　　退臥寶明閣上眠
맹호 입 속에서 누가 먹이를 빼앗으랴만　　　　　猛虎口中誰奪食
사나운 용 턱 아래서 다시 구슬을 꿰네　　　　　獰龍頷下更珠穿
선성(先聖)의 미묘한 문을 활짝 열고　　　　　　豁開先聖妙門路
후학이 들어갈 수 있게 한 길을 터놓았네.　　　後學進身開一線

● 여러 날 찬좌(贊佐)의 별당에 묵으며　　　多宿贊佐別堂

애정을 끊고 부모와 헤어지기야 세상에 어려운 일이련만　　割愛辭親難世上
그 중에 외로운 나는 능히 그럴 수 있었으니　　箇中孤我作其能
십층 불탑의 만년사(萬年寺)와　　十層佛塔萬年寺
열두 칸 법당의 오백나한님이 계셨었네　　二六法堂五百僧
서국에서 많은 땅을 나누어 주었고　　西國分封無限地
한때는 동방에서 제일이라 일컫기도 했네　　東方第一有時稱
지금 해인사 장경각으로 돌아가는 길에　　今歸海印藏經路
찬좌의 등불 아래서 여러 날 묵으며 차를 마셨네.　　多宿飮茶贊佐燈

● 거듭 앞의 운을 따라　　　再用前韻

고해의 파도가 거치니 언제나 건널까　　苦海波深何日濟
다겁 동안 부침했으나 나는 그러지 못했네　　浮沉多劫我無能
십층의 안치(鴈齒)엔 높고 낮은 탑　　十層鴈齒高低塔
육처의 봉방엔 늙고 젊은 스님들　　六處蜂房老少僧
나라를 건지고 법을 전한다 하여 통도라 부르고　　度國法傳通度號
영축산을 본떠 축서라 일컬었네　　鷲山模樣鷲捿稱
효운(孝雲) 스님은 이름이 인찬(仁贊)인데　　孝雲闍梨名仁贊
조석으로 차를 올리고 지혜의 등불을 밝히는 이네.　　朝夕進茶明智燈

● 입을 다물고 작법하는 중에　　　默言作法之中
　 시를 짓는다는 것은 옳지 않은 일이지만　　詩筆太不可
　 그러나 감회를 적어본다　　而雖然敍懷

가사 수하고 머리 돌려 바라보니　　懺悔衣身回首顧
축서산 기상 가장 빼어났네　　鷲捿山氣最勝培
승방은 고기 비늘 같은 기와로 땅을 덮었고　　僧房撲地魚鱗瓦

불탑은 안치대(鴈齒臺)의 허공에 떠 있네　　　　佛塔浮空鴈齒臺
서북의 여러 암자에선 스님들이 오시고　　　　西北諸菴分處去
동남에선 손들이때 맞추어 찾아드는데　　　　東南賓客合時來
사미들 절하며 높은 자리로 이끄니　　　　沙彌拜揖稱高座
마주 앉아 담소하며 찻잔을 권하네.　　　　居住相論更勸盃

● 우연히 읊다　　　　偶吟

푸른 숲 누런 잎은 지난해의 가을이요　　　　靑林黃葉往年秋
구름 속에 높이 빼어난 건 예전의 누각이네　　　　高出雲間昔日樓
슬프다 우리네 덧없는 인생 가흥에 만족하나니　　　　嗟我浮生佳興足
솔차 마시며 산마루에 앉았네.　　　　松茶飮啜坐山頭

승상에 예전과 같이 앉았더니　　　　繩床如舊坐
벗을 보곤 옷을 떨치고 맞이하네　　　　見友拂衣迎
발을 걷어 미소짓는 꽃을 보고　　　　捲箔看花笑
창을 열고 새소리 듣네　　　　開窓聞鳥聲
종소리는 한낮을 알리는데　　　　鳴鍾時午報
발우 펴 차를 달여 권하네　　　　展鉢汲茶呈
욕심이 없어 만족할 줄 아니　　　　小慾爲知足
깨끗한 마음에 하는 일마다 평안하겠네.　　　　淸心事事平

● 삼가 금강산 헐성루의 운을 따라　　　　謹次金剛山歇惺樓韻

우뚝 솟은 뭇 산봉우리가 하늘에 기대니　　　　矗矗群峰倚長天
오르고 보니 유쾌히 삼천계에 앉았네　　　　登臨快坐界三千
잠시 동안 세속 밖이면 잠시 객이요　　　　暫時物外暫時客
반나절 동안 산중이면 반나절 신선이네　　　　半日山中半日仙
황홀하구나 은하의 맑은 물이여　　　　怳若銀河淸水上

분명하구나 옥궐에 달이 뜰 때네	分明玉闕月臨邊
누군들 이곳 우허(羽虛)의 길을 알랴	誰知此處羽虛路
문득 인간의 밥짓는 연기를 잊어버리네.	頓忘人間炊飯烟

걸음걸음 걷고 걸어 봄빛을 구경하니	行行步步賞春光
골짜기는 깊고 깊어 또한 상쾌하네	溪壑深深又爽凉
몸을 구부려 우거진 풀숲길을 지나고	屈去層青花草路
앉아서 절벽의 돌 자갈밭을 넘네	坐來絶壁石沙場
용이 울부짖듯 나는 폭포는 밤새 어지럽고	龍吟飛瀑終宵亂
산새는 높은 산에서 종일 우짖네	鳥語高山盡日長
도반들 두세 명과 벗을 맺어	法侶二三同作伴
자유로이 발길 닿는 대로 정양사에 이르렀네.	騰騰任運到正陽

흥이 나면 시를 짓고 먹을 갈아 끄적이니	興發論詩磨墨爛
청담학사가 모여 무리를 이루었네	清談學士會成團
하늘 위에 노니니 동서의 경치 너무 아름답고	遊天最好東西翫
바다를 희롱하니 원근을 보기에 아무 거리낌 없네	戲海不妨遠近看
나는 향을 사르며 화각(畵閣)에 의지하고	身勢香燒凭畵閣
한평생 차를 마시며 주란에 앉았네	生涯茶飲坐朱欄
누군들 쓸모없는 산중의 늙은 중을 알아주랴만	誰知無用山中老
스스로 한가한 뜻이 있으니 남다른 벼슬아치네.	自有閒情特別官
(이하 생략)	(下略)

● 칼을 어루만지며 탄음(歎吟)하다　　　　　撫釰歎吟

지금 칼을 어루만지며 처지를 생각하노니	如今撫釰思身勢
창망중에 70년 세월이 흘렀네	怳惚光陰七十年
세상의 갖가지 추억, 모두 꿈 밖이요	世上萬懷皆夢外
한가로운 가운데 한 생각, 반은 신선이네	閒中一念半仙邊

꽃 따는 젊은 아낙은 홍진 속을 달리고　　　　採花靑女紅塵走
말 모는 늙은 사내는 한낮에 조네　　　　　　持馬黃夫白日眠
그 중에 나는 아무 소용없는 늙은이　　　　　箇裏於吾無用物
진여도리에선 어떤 것이 먼저랴　　　　　　　眞如道理得誰先
(중략)　　　　　　　　　　　　　　　　　　(中略)

보명각 높은 누각 마음이 깨끗하여　　　　　寶明高閣心淸淨
앉고 눕고 머문 지 또 10년이네　　　　　　 坐臥居留又十年
새소린 꽃 열매에 방해되지 않고　　　　　　鳥語不妨花實上
계곡 물소린 달빛 여울이 가장 사랑스럽네　溪聲最好月痕邊
송차 몇 잔 맛있게 마시고　　　　　　　　　松茶數椀多甘食
삼경 목탁소리, 피곤해 또 잠드네　　　　　 木鐸三更或困眠
대 의자 풀 자리에서 그저 이렇게 살아갈 뿐이니　竹倚蒲團如此若
반 생의 참뜻, 누가 나보다 나으랴.　　　　　半生眞趣我誰先

높은 집에 정진하고 참선하여 앉았으니　　　高堂精進參禪坐
바다 한 모퉁이 맑은 바람에 이미 반 년이 흘렀네　海角淸風已半年
손바닥 안에 구슬 한 알, 되씹는 가운데　　　掌上一珠千念裡
세간의 온갖 일, 일시에 사라졌네　　　　　　世間萬事百忘邊
차 달여 발우 펴 두 끼에 마시고　　　　　　炙茶展鉢兩時食
경 읽고 향 사르며 오고(五鼓)에 잠드네　　 誦法燒香五鼓眠
계율 지키고 몸을 닦는 참된 도리는　　　　　持戒修身眞道理
마음 맑히고 욕심 없애는 것이 가장 중요하네.　淸心寡慾最初先
(하략)　　　　　　　　　　　　　　　　　　(下略)

● 윤선으로 본사(本寺)로 돌아올 때　　　　　輪船還本寺來時逢
　일본 스님을 만나 맛있는 차를 내게 먹게 하여　日本僧有味茶餤
　목마름을 풀어 주었으므로 감축하는 마음에　　喫我解渴感祝之
　간절히 한 수의 시를 읊다　　　　　　　　　心切切吟一首詩

오늘 남쪽 하늘에서 나와 헤어져 가시니	此日南天辭我去
훗날 동쪽의 소식을 누구에게 붙여 보내주실지	他年東信寄誰來
배에서 헤어지는 괴로움 어떻게 견딜까	那堪分袂船中苦
부채에 원상을 그려주며 뒷날을 기약하네.	扇子一圓後約哉

● 회시　　　　　　　　　　　　　　　　回詩

깊은 숲의 절 길은 바위 곁을 감돌고	深林院逕繞巖涯
저문 날 돌아가는 스님은 산새와 벗하네	杳杳歸僧伴鳥鴉
대숲에 흘러가는 구름은 달빛 여울에 길을 잃고	森竹山雲迷月渚
들녘에 웃음짓는 꽃, 바람에 떨어지네	笑花野日落風沙
마음이 편안하니 어디서든 술잔 기울이고	心平幾處傾盃酒
흥이 나면 어느 때든 차를 마시네	興發何時留椀茶
고금의 변화하는 일, 되는대로 맡겨 두게	今古變來推事事
금현(琴絃)의 오률 곡조 속에 사라지네.	琴絃吳律曲中斜

● 1자운에서 10자운까지　　　　　　　　一字韻至十字韻

우뚝하고	魁
우뚝하구나	嵬

경상(經床) 바위와	經榻
향대(香臺) 봉우리여.	香臺

짚신 신고 갔다가	着屨去
옷자락 떨치고 돌아왔네.	拂衣回

풍진에 머리는 쇠고	風塵白首
달빛어린 골짜기에 이끼 푸른데.	月壑青苔

들사슴은 뜰 앞에 오고　　　　　　　　　　　　　野鹿庭前至
산새 난간 밖에 날아드네.　　　　　　　　　　　山禽檻外來

송국(松菊)의 세 갈래 길에 서성이고　　　　　　趑趄松菊三逕
맑은 차 몇 잔 따라 마시네.　　　　　　　　　　斟酌淸茶數杯

절벽 위의 암자는 나 혼자선 닫혀 있고　　　　　絶壁伽藍孤我閉
등나무 덩굴 우거진 석실은 그대를 위해 열려 있네.　藤蘿石室爲君開

안개를 벗해 사는 이내 처지, 풀옷 입고 나물 캐먹고　烟霞身勢草衣木食
나물 먹고 맑은 물 마시는 이내 생애　　　　　　蔬水生涯形枯心灰
몸은 마르고 마음은 찬 재와 같네.

세 개의 서까래 아래서 분수에 담박하니　　　　　三條椽下淡薄於分足
일곱 자 선상 앞에 어찌 슬프고 즐거운 일에 구애되랴.　七尺壇前悲歡何拘哀

평생 소원은 스스로 삼보에 귀의하고　　　　　　生平所願自歸依僧法佛
행주좌와에 다른 이들이 걱정할 수 없기를 바랄 뿐이네.　行住坐臥他無可以安排

● **삼가 만폭동 운을 따라**　　　　　　　　　　謹次萬瀑洞韻

솔가지에 걸린 덩굴, 물 속에 비친 달, 암자 앞의 길이여　松蘿水月菴前路
숲속 보덕굴 가는 길 가리키며 돌아가네　　　　　指點林間普德廻
만폭동에서 바라보니 폭포가 있는 줄 알겠더니　　萬瀑洞看知有瀑
사선대에 와보니 다시 누대가 없네　　　　　　　肆仙臺翫更無坮
회오리 바람 부는 아침에 신선이 사는 현포에 올랐다가　飄風朝日登玄圃
산봉우리에 비갠 석양 나절에 푸른 이끼 속계로 내려왔네　晴岫夕陽下綠苔
이리저리 돌아 마하선실에 묵으니　　　　　　　轉展摩訶禪室宿
사미가 절하며 차를 권하네.　　　　　　　　　　沙彌半揖勸茶杯

● 은적암에 올라   登隱寂菴

은적선암은 하늘가에 솟았고   隱寂仙菴天畔起
솔바람과 겨우살이풀에 걸린 달은 속진을 떠났네   松風蘿月遠塵埃
마지 올리는 스님은 목탁치며 처마 안으로 들어가고 齋僧擊鐸簷前入
부처새, 꽃을 물고 난간 밖에서 날아오네   佛鳥含花檻外來
손에 지팡이 짚고 북쪽 산마루 오르고   手把竹筇登北岫
입으론 시구 읊조리며 동쪽 누대에 오르니   口吟詩句上東坮
선방에선 맑은 밤에 종소리 이르고   禪房淸夜鍾聲早
공양 후 아침 차 마시고 발우 씻고 돌아가네.   飮畢朝茶洗鉢回

● 감로암에 오르다   登甘露菴

감로암에 올라 앉으니   甘露菴登坐
산중에서 가장 높은 산마루네   山中最上巓
동승은 약초를 캐오고   兒僧移藥草
노스님은 차샘에서 물을 긷네   老釋汲茶泉
달 그림자 떴다 잠겼다 하고   月影昇沈現
종소리 끊겼다 이어졌다 하는데   鍾聲斷續傳
문득 훌륭한 주인을 만나 묵으며   忽逢賢主宿
서로 마음을 터놓네.   彼此許心天

● 잡흥   雜興

고요히 안개에 묻힌 곳이여   寂寂烟霞處
깊고 깊어 길도 뚫리지 않았네   深深路不開
구름을 벗해 수각에 다다르고   伴雲臨水閣
달빛을 받으며 선대(仙臺)에 오르네   得月上仙臺
고목엔 꽃이 더디게 피고   老樹花遲發

아름다운 숲엔 새가 재빨리 돌아오는데   芳林鳥速來
혼자 야생차 우려내어 마시고   天然茶斟酌
발우를 씻으니 어린 스님이 돌아오네.   洗鉢小禪回

● 덕순상인을 보내며   送德順上人

묻노니 그대 언제나 돌아오려나   借問吾君幾日還
지팡이 재촉하는 모습 구름과 함께 하네   促筇行色與雲間
만났을 젠 다 같이 타향객이더니   相逢共作他鄕客
헤어지자 각기 고향 산으로 돌아가네   分袂各歸故國山
밥이야 비록 석달치면 충분하다 하겠지만   鼎食雖云三朔滿
차는 백일치라도 부족하네   甁茶未怡十旬間
피차의 정이 얼마나 깊은가 묻지 말고   休言彼此情多少
남자가 어찌 슬프고 기쁜 일에 능숙할까.   男子豈能悲喜關

● 신세를 한탄하며 정토에 태어나기를 발원하다   歎身勢願生淨土

바람에 말을 전한들 바람이 들으랴만   風來寄語風聽否
나에게 애오라지 칠률시를 읊게 하네   使我聊吟七律詩
주머니의 재산은 한집에 간둔해 둔 쌀 한 말보다 못하고   囊乏一家儲米斗
곁엔 차 시중드는 아이도 없네   側無三尺侍茶兒
자비로운 마음은 멀리 진사계를 벗어났고   慈心逈出塵沙界
비원(悲願)은 구품지에 뛰어 오르나니   悲願超登九品池
삭발한 본뜻이야 달리 무얼 구하랴   削髮本懷何所得
연화정토가 진정한 바램이네.   蓮花淨土是眞期

【출전】 ㉠〈용악당사고집〉;《한국불교전서》제11책, pp.538~564, 1993, 동국대학교 출판부. ㉡《용악집》, 1994, 성보문화재 보존연구원.

【용악 혜견의 생애】

용악 혜견(龍岳慧堅, 1830~1908) 스님의 호는 용악(龍岳)이고 속성은 김(金)이다. 일제 강점기에 통도사 주지를 역임한 구하(九河) 스님의 참회법사이다. 어려서 스님이 되어 설봉산 석왕사(釋王寺)에 오래 주석하였고 승통(僧統)을 역임하였다. 벽송토굴(碧松土窟)에서 금강경을 10만송하던 중 치아사리 1과가 출현하였다. 1897년 양산 통도사로 가서 머물렀다. 1899년 해인사로 가서 고려대장경 4부를 간행하여 세 질은 삼보 사찰에 봉안하고 나머지 한 질은 당시 강사 스님들께 나누어 반포하였다. 금강경 독송을 일상으로 삼다가 입적 3년 전에 가실 날을 미리 말씀하고 1908년 2월 15일 통도사에서 세수 79세로 입적하였다. 문집으로《용악집(龍岳集)》1권을 남겼다.

14. 극암 사성(克庵師誠): 1편

●가을 밤 손님과 대하여 심(心)자를 들고 　　　秋夜對客拈心字

한 가지 영(靈)을 통하여 두 사람 마음(心)을 비추나니	一點靈犀照兩心
노란 꽃을 보고 누가 기뻐하는가? 뜰의 마음이 웃도다	黃花誰喜笑庭心
서리 앞에 서 있는 나무는 창망한 꿈이고	霜前木立蒼茫夢
비 온 후 별 뜨니 푸르러지는 마음	雨後星開碧落心
진중하게 새 말을 쓰라, 수놓은 밥통이 기울어지나니	珍重新詞傾繡肚
은근한 옛 정의 튀어나온 잔 같은 마음이로다	殷勤舊誼凸盃心
그대의 말하는 바를 들으니 차를 마시는 것과 같나니	聞君話語知茶喫
골수에 들어가 진진하고 철저하게 마음을 깨달으소서.	入髓津津徹悟心

【출전】〈극암집(克庵集)〉;《한국불교전서》제11책, pp.565~587, 1993, 동국대학교 출판부.

【극암 사성의 생애】

극암 사성(克庵師誠, 1836~1910) 스님의 호는 극암(克庵), 성은 서(徐), 자는 경래(景來). 경북 달성 사람이다. 출가 뒤 주로 팔공산에 머물렀다. 청허 휴정(淸虛休靜)과 환성 지안(喚惺志安)으로 내려오는 법계를 이은 혼원 세환(混元世煥)의 스승이다. 1910년 세수 75세로 입적했다. 저술로는 《극암집》이 있다.(《극암집》《조선선교사》《한국불교인명사전》)

15. 화담 법린(華曇法璘): 1편

●석양에 쌍계루에 올라 친구와 읊다　　　　夕陽登雙溪樓會友吟

내가 친구와 함께 누각에서 푸른 계곡을 보는데　　是我一樓共碧溪
길은 남북과 동서로 갈려 있네　　　　　　　　　　路兼南北又東西
호쾌한 정으로 술을 드니 가슴속이 시원하고　　　　豪情把酒胸中濶
탑(榻) 아래 위에서 마음 내키는 대로 한가로이 얘기하네　閑話從心榻上低
석실로 돌아오는데 구름은 어느 곳에 머무려나　　　石室歸雲何處宿
숲 사이에서는 새가 서로 보며 우짖네　　　　　　　澗林投鳥兩相啼
차를 마시니 맛이 맑아 온화한 즐거움이 많고　　　　喫茶淸味多和樂
친구 간 후 오랫동안 서성거린다.　　　　　　　　　去後長長恐不齊

【출전】〈농묵집(聾默集)〉;《한국불교전서》제11책, pp.702~712, 1993, 동국대학교 출판부.

【화담 법린의 생애】

화담 법린(華曇法璘, 1848~1902) 스님의 호는 화담(華曇), 본관은 김해. 전북 덕흥(德興) 사람이다. 아버지는 석순(碩順), 어머니는 조(趙)씨이다. 유학을 공부하다가 19세에 정읍 내장산에서 안양(安養)을 은사로, 경담

서관(鏡潭瑞寬)을 계사로 득도했다. 그 뒤 교학을 공부하고 허주 덕진(虛舟德眞)을 참방하여 선법을 참구하고 법을 이었다. 항상 계율을 엄하게 지켰으며 관음주력(觀音呪力)에도 힘을 기울였다. 1892년(고종 29) 큰 깨달음을 얻고, 이어 백암산(白岩山: 지금의 백양산)에 들어가 관음암을 창건하고 후학들을 지도하다가 그곳에서 1902년(광무 6) 나이 55세, 법랍 36년으로 입적했다. 저술로는 《농묵집》이 있다.(《석전문초》《한국불교인명사전》《농묵집》)

16. 경허 성우(鏡虛惺牛): 2편

● 희천 두첩사에 앉아   坐熙川頭疊寺

물을 길어다 조밥 지어먹고 베개를 높이 베니   汲泉炊粟仍高枕
풍요롭고 즐거운 암자 하룻밤 정겹네   豊樂菴中一夜情
대도는 천진이란 말도 있었는데   大道天眞忘語處
산동이 때맞추어 맑은 차를 달이네.   山童時有爇香淸

● 우연히 읊다   偶吟

다기(茶器)에 물 붓고 향 살라 복을 빈다만   換水添香願福田
마구니 굴 속에서 벗어나긴 틀렸네   鬼魔窟裡送驢年
불완전하게 물거품처럼 몇 겁을 살아왔는데   弱喪幾劫水中泡
홀연히 이 몸 깨달으니 불길 속에 연꽃이 피는 듯   忽覺當身火裏蓮
소 몰던 노인이 오대산 문수인 줄 누가 알았으며   驅牛誰識五臺聖
북을 치며 찾아도 여암선인(呂巖仙人)은 만나기 힘드네   擊鼓難逢呂巖仙
한 생각의 기틀을 잊어도 오히려 벗어버리지 못한 것   忘機一念還滯殼
봄새 우짖는 곳 나그네 시름 사라지네.   春禽啼盡惱客眠

【해설】 풍운의 한말에 태어나 한국불교의 선(禪)을 중흥시킨 경허선사는 익히 알려져 있듯이 차(茶)보다는 곡차를 즐긴 별난 스님이었다. 그래설까? 통도사 극락선원의 명정(明正) 스님이 역주(譯註)한 《경허집(鏡虛集)》에는 차와 관련된 시가 단 두 수뿐이다. 그것도 원시(原詩)에는 '다(茶)'자가 명기되어 있지 않다. 다승(茶僧)인 명정 스님이 '爇香淸'을 '맑은 차를 달이네'라고 번역했기에 이 시가 '다시(茶詩)'인 줄 알 수 있다.

두번째 시 역시 '환수(換水)'를 '다기(茶器)에 물을 붓고'로 번역한 까닭에 다시에 넣을 수 있었다. 그런데 이 시에서 말하는 '다기(茶器)', 엄밀히 말해 일상적으로 보통 사람들이 쓰는 차도구는 아니다. 시에서 나타낸 다기는 부처님 앞에 있는 청수 그릇으로서 일반적으로는 '맑은 물[淸水]'을 올리고 예불 또는 불공을 드리는 것이 사찰의 통례이다. 그러나 원래의 그 명칭이 말해 주듯이 법당 안의 다기에는 차를 끓여 찻물을 공양하는 것이 옛 법도이고, 요즘도 일부 절에서는 녹차를 올린다.

【출전】 석명정(釋明正) 역주, 《경허집(鏡虛集)》, 1990, 극락선원.

【경허 성우의 생애】

경허 성우(鏡虛惺牛, 1849~1912) 선사는 앞에서 말했듯이 근대 한국불교 선종의 중흥조인데 속명은 송동욱(宋東旭)이고 본관은 여산이다. 1849년(헌종 15) 8월 24일 태어났는데 일찍 아버지를 여의고 9세에 어머니를 따라 경기도 광주 청계사에 가서 계허(桂虛)에게 출가했다. 15세에 천자문을 배우기 시작하였으나 은사가 환속하므로 동학사의 만화 관준(萬化寬俊)에게 가서 경학을 배워 1871년 대중의 청으로 개강하자 학인들이 몰려들었다. 1879년 환속한 은사를 찾아가는 길에 문득 생사(生死)의 절박함을 느끼고는 즉시 절로 돌아와 학인들을 돌려보내고 3개월간 철저하게 정진하여 큰 깨달음을 얻었다. 1880년 홍주 천장암(天藏庵)에서 용암(龍岩)의 법을 이었고, 그후 도처에서 선풍을 드날리면서 20여 년간 천장암·서산의 개심사·부석사·해인사·범어사·오대산·금강산·안변 석왕사 등지에서 활동했다.

만년에는 장발을 한 채 유관(儒冠)을 쓰고 갑산(甲山)·강계(江界) 등지를 다니면서 온갖 만행을 거침없이 행하고 1912년 4월 25일 함북 갑산의 웅이방 도하동에서 세수 64세, 법랍 55년으로 입적했다. 문하에는 근세의 선승으로 이름이 높은 수월 음관(水月音觀)·혜월 혜명(慧月慧明)·침운(枕雲)·만공 월면(滿空月面)·한암 중원(漢岩重遠) 등이 있다. (《해동불조원류》《경허집》《한국불교인명사전》)

17. 동명 선지(東溟善知): 1편

● 불정노암   佛頂老巖

가늘게 층층이 선 산봉우리는, 묻나니 몇 년이나 되었는가	簇立層巒問幾年
놀라 병든 학이 쳐다보는데, 여러 하늘이 아래로다	怳然癯鶴下諸天
백로가 놀라 잠이 깨 구름 밖으로 날아가고	驚睡白鷺飛雲外
선정(禪定)에 든 호승(胡僧)이 달가에 앉았네	入定胡僧坐月邊
기상은 늙은 남극성과 흡사하고	氣像依俙南極老
형용은 적송선인(赤松仙人)과 방불하네	形容彷彿赤松仙
곤륜산이 멀지 않아 가까워 만나나니	崑山不遠蓬近229)
마땅히 아침에 차 달이는데 저녁에 연기 일어나네.	應有朝茶暮起烟

【출전】〈동명유고(東溟遺稿)〉;《한국불교전서》제12책, pp.806~815, 1996, 동국대학교 출판부.

---

229) 이 구절 중에 빠진 글자가 있을 것으로 추정됨(《한국불교전서》제12책, p.809. 原註).

【동명 선지에 대하여】

동명 선지(東溟善知) 스님의 문집 《동명유고(東溟遺稿)》는 동국대학교 도서관에 소장되어 있던 필사본을 1996년 《한국불교전서》 제12책에 수록하였다. 《동명유고》에는 시 76편과 문(文) 5편이 실려 있다. 그런데 이들 작품을 검토하고 기존의 불교 관련 사전 등을 검색해 보았으나 선지(善知) 스님에 관한 기사는 어디서도 찾아볼 수 없었다. 표제의 '동명'을 선지 스님의 호로 내건 것은 대개의 문집이 호를 제목 앞에 사용하는 오래된 관행을 바탕으로 했을 뿐 다른 의미는 없다. 어쨌든 결론적으로 한번 더 말한다면 현재로선 선지 스님의 생몰 연대와 이력을 밝힐 수 없었다는 사실이다.

18. 의룡(義龍): 2편

●고당낙조　　　　　　　　　　　　　　高堂落照(魚虛如餘初)

송차 한 바리때에 맛있는 어물을 곁들이고　　松茶一鉢味兼魚
누워 자다가 세상이 허허로움을 읊네　　　　臥睡行吟世念虛
인간 세상이 조용하다고 하지 말라 청산이 지나가나니　人間靜莫靑山過
하늘과 땅의 밝음을 흰 태양은 아는가.　　　天地明無白日知
(하략)　　　　　　　　　　　　　　　　(下略)

●또 잔이 돌아와 재촉하므로　　　　　　又催廻來才盃

서풍 부는 곳에 계절은 사물을 재촉하고　　隨處西風節物催
여린 햇볕 가을 기운은 중추에 맴도네　　　微陽秋氣望中廻
함께 알자, 나막신 신고 노닐다 언제 머물 곳 정하는지를　共知遊屐何常定
또 기쁘다, 선여(仙輿: 가마)로 갔다 다시 돌아오니　且喜仙輿去復來

인간은 누가 이 백성을 편안케 하는가?	人間誰是安民略
벼슬길은 처음이라 들었으나 세상의 재주 있는 이를 제도하라	吏道初聞濟世才
이 땅에는 없다 할지라도 이미 별 세상에는 있나니	此地雖無曾別趣
받들어 모시고 시화(詩話) 나누니 찻잔이 좋구나.	奉陪詩話勝茶盃

【출전】〈의룡집(義龍集)〉[230];《한국불교전서》제12책, pp.281~304, 1996, 동국대학교 출판부.

【지은이에 대하여】

이 다시 두 편을 쓴 사람은 밝혀져 있지 않다.《의룡집》의 주에서 보듯이 1896년경 대성암에서 필사되었는데 문집 내용을 보면 스님인 것은 분명하나 누구인지는 전혀 알 수 없다. 〈범어사대웅전불사유공기〉, 〈함홍당(含弘堂) 금고(金鼓)모연문〉 및 원효암·김해 서림사(西林寺) 중창기, 〈범어사승군등장(梵魚寺僧軍等狀)〉 등으로 볼 때 범어사 계열의 스님이었던 것으로 추정되나 자세한 사실은 알 수 없다. 어쨌든 1896년 이전의 조선 후기 승려로 짐작되지만 상세한 행적은 추후 다른 분의 연구를 기다릴 수밖에 없다.

---

230) 의룡집(義龍集): 개국 504년(1896년) 대성암초필사본(開國五百四年大聖庵抄筆寫本), 통도사 석성파소장(通度寺釋性坡所藏).(《한국불교전서》제12책, p.281, 1996, 동국대학교 출판부)

제5장 일제강점기의 茶詩

1. 금명 보정(錦溟寶鼎): 72편 79수

● 옛 친구와 헤어지면서　　　　　　　　　　惜別故人

일찍 구름 낀 사립 열고 송별하러 나서니　　　早闢雲扉出送壇
아쉬운 정(情) 석별하니 그 향취가 난초와 같네　高情惜別臭如蘭
돌아갈 길 초산과 오수(吳水)처럼 멀어져도　　歸路楚山吳水隔
변방의 달은 회한어린데 눈은 얼음같이 차구나　結懷塞月雪氷寒
차 벗[茶友]이 없다 하여 훗날 기약 잊겠는가　　茶友雖無忘後約
석군(石君)은 험한 길 편안히 다녀오라　　　　石君難道往平安
청산은 말이 없고 물은 성난듯 흐르는데　　　　靑山如默水如怒
한 조각 붉은 마음 여기에다 부친다네.　　　　把寄玆心一寸丹

● 오학사(吳學士)의 호(呼)자에 답하다　　　　答吳學士呼字

계곡의 원숭이와 오동나무의 봉황이 함께 정을 논하는데　溪猿梧鳳共論情
그 향취가 난초와 같아 값을 따질 수 없네　　　其臭如蘭價滿城
군자는 팔괘를 능하게 아는 것을 부러워하고　　君子羨知能八卦
사문(沙門)은 3평 농사를 지어도 한(恨)이 없네　沙門恨未作三平
천리 길을 나선 이의 눈썹이 눈에 휘날리고　　　程眉粉雪封千里
소슬한 숲, 집에서 들리는 대평소 소리가 9성(九城)에 울리네　屋角蕭林奏九城
믿고 재워주며 저포와 차로 대접하니 그 후의를 잊기 어렵고　信宿蒲茶難忘誼

벼가 익어 가는데 성품의 달이 심정(心情)에 밝게 비친다.   秖將生月照心情

● 서불암(西佛庵)의 저무는 봄날   西佛庵暮春
　 -2수 중 두번째 수-

구십일의 봄빛이 조용히 지나가니   九十韶光靜裡過
세월이 물결 같음을 이제야 알겠네   到今信覺歲如波
곱게 핀 꽃이야 바람 불면 시들지만   花院嬌顔風後減
차밭의 깨끗한 싹이 곡우 전에 많이 나네   茶田漱舌雨前多
외진 곳에서 술 같은 건 모두 잊고   僻地却忘盃上樂
선림에는 축두가(軸頭歌)를 놓지 못하네   禪林未放軸頭歌
무생(無生)의 깊은 맛을 알지 못하여도   雖非呑吐無生味
십종(十種)의 과목을 기꺼이 참구하리.   要喜叨參十種科

● 다오(茶塢) 화상과 더불어 등불 아래에서   與茶塢和尙
　 시문을 지어 주고 받다   燈下酬唱
　 -5수 중 네번째・다섯번째 수-   乙未夏

[4]
천하의 이름난 곳에 자리 잡아서   天下名區一局基
그 가운데 십육국사 도량 열었네   中開二八國師臺
유리빛 시냇물은 십리를 둘렀고   溪光十里琉璃匝
천 년 산색은 푸른 들에 쌓였네   岳色千年碧石堆
백척의 들보에는 학사(學士)가 이름 새겼고   百尺雕樑題學士
삼층 전각에는 여래를 모시었다   三層邯宇御如來
선방에 올라서 한숨 자려는데   纔登禪院因成夢
노스님 웃으시며 한 잔 차를 권하네.   笑說老錐茶一盃

[5]
동서에 절과 암자 가까이 있어   東寺西庵隣近從

형제처럼 달과 차(茶)를 함께 나누네　　　　月兄茶弟意含容
구름 속에 누웠으나 범에게 떳떳하고　　　　臥雲不愧紋身虎
도를 보았으니 발우 속 용을 이기누나　　　　見道亦降藏鉢龍
백 년의 아름다운 뜰에 핀 국화요　　　　　　百歲佳名庭秀菊
세 끼의 향반(香飯)은 골짜기의 소나무라　　　三時香飯谷生松
이곳의 정다운 기약 믿기 힘들고　　　　　　此地情期如未信
옛 사람의 높은 흥취 여봉(廬峰)에 있네.　　　昔人高趣在廬峰

● 은적암의 초당 운을 따서　　　　　　　　　次隱寂庵草堂韻

은적암 서쪽 작은 집 하나　　　　　　　　　隱寂庵西一小家
조종(祖宗)의 깊은 뜻은 끝이 없어라　　　　　祖宗趣旨浩無涯
옥 같은 게송을 공양 전에 외우고　　　　　　數行玉偈齋前誦
밥 먹은 뒤 마시는 차 맑고 그윽해라　　　　半掬淸茶飯後佳
도를 깨친 뜰에는 보리수 자라나고　　　　　覺道庭生菩提樹
마음에 전한 하늘의 도는 우담발화로 피어난다　傳心天雨優曇花
옛 스님의 궤칙(軌則)은 우리가 잘 알듯이　　 先師軌則如相識
소를 때리되 수레는 치지 않는다.　　　　　　卽是打牛不打車

● 겨울비　　　　　　　　　　　　　　　　冬雨

어제는 부슬비가 눈 위에 내리더니　　　　　昨雨濛濛雪上加
처마 끝 풍경소리 우박치듯 노래하네　　　　簷鈴注雹韻如歌
바위 위에 언 빗물 나막신이 미끄럽고　　　　細流氷石易蹉屐
젖어서 언 화로 차 달이기 어렵구나　　　　亂洒凍爐難點茶
서리 내린 들판은 일렁이는 물결 같고　　　　霜野添波掀浪沒
찬 가지에 맺힌 방울 진주를 뿌린 듯　　　　塞枝結滴撒珠多
땅에는 우레쳤으나 하늘 바람 고요하고　　　地雷初動天風靜
만물이 젖고 나니 한 빛으로 가득해.　　　　萬物從沾一色斜

●차를 달이다 　　　　　　　　　　　煎茶

스님네가 찾아와서 조주(趙州) 문을 두드리니　　　有僧來叩趙州局
차 이름[茶松子] 부끄러워하며 뒤뜰로 모시네　　　自愧茶名就後庭
해남의 초의 선사 동다송을 진작 읽고　　　　　　曾觀海外草翁頌
다시 당나라 육우의 다경도 보았었네　　　　　　更考唐中陸子經
정성을 다하여 경뢰소를 우려내어　　　　　　　養精宜點驚雷笑
손님께 따르면 피어나는 자용(紫茸) 향기　　　　待客須傾紫茸馨
질화로 위 동병에서 솔바람 소리 멎고　　　　　土竈銅瓶松雨寂
한 잔의 작설차는 제호(醍醐)의 영(靈)보다 좋구나.　一鍾禽舌勝醍靈

●은적암에 올라　　　　　　　　　　上隱寂庵

흰 구름 사이에 조용한 암자 있어　　　　　　有菴寂寂白雲間
푸른 이끼 미끄러운 숲 사이로 오른다　　　　路滑蒼苔升樹闌
새소리 들으며 숲을 지나 막대 짚고 산 위에 올라　節投上界千林鳥
먼 하늘 만겹 산을 바라보노라　　　　　　　眼掛天涯萬揲山
정갈한 음식 먹고 배불리 차 마시니　　　　　數掬香羞茶半飽
풀피리 소리는 달빛 따라 돌아온다　　　　　一聲草笛月中還
가까운 곳 있으면서 어찌 아직 안 오시나　　　問君尺地來何暮
그대를 기다려 문을 걸지 않았네.　　　　　第待登庭不掩關

●석별　　　　　　　　　　　　　惜別
　-4수 중 세번째 수-

온갖 바위 나무들에 서늘함 깃들었네　　　　千岩萬木一凉生
바람 소리인가 비 오는 소리인가　　　　　不是風聲卽雨聲
다리 가 연기버들 산 그림자 아득한데　　　橋頭烟柳山猶暗
거울처럼 맑은 물엔 모래마저 비치네　　　鏡裏流沙水自明

헤어지고 구름 사이 북쪽길로 돌아서니 惜別人歸雲北路
그대는 책 읽으러 해남으로 향하네 讀書君向海南城
조주 스님 인품을 다시 묻지 말게 趙老品題且莫問
스님 와도 답 못하는 차이름[茶松子]이 부끄럽네. 僧來不答愧茶名

● 느낌을 쓰다 述懷

뜰 아래에는 차 샘이요 뜰 위에는 정자 있어 坮下茶泉坮上亭
집의 문은 넓고 멀어 남쪽 바다 눌렀구나 軒門廣遠鎭南溟
거울 속의 빛과 소리 천 년을 숨어 있고 鏡中聲色千年穩
그림 속의 강산은 점점이 푸르다 畫裡江山數點靑
백척의 난간에 바람이 머무는데 百尺欄干風纔定
한 잔의 뇌소차에 꿈을 깨는구나 一鍾雷笑夢初惺
책상 앞에 앉아서 창랑곡을 떠올리니 隱几遙聞滄浪曲
물 맑으면 갓끈 씻고 물 흐리면 발 씻으리. 淸纓濁足任他經

● 또 쓰다 又
 -4수 중 세번째 수-

한 떨기 서리 국화 피어나는 가을 무렵 一叢霜菊領秋頭
생각나면 가끔씩 적취루(積翠樓)에 오른다 有意時來積翠樓
검은 못에 연기 걷혀 구름과 어울리고 墨池烟淥流雲合
다로(茶爐)에 향기 나니 자용향이 감도네 茶竈香傳紫茸浮
시(詩) 생각과 주흥이 일어나고 情出詩思兼酒興
풍악(楓岳)과 양주에서 벗님네와 어울린다 友餘楓岳又楊州
경계 따라 변해가는 원숭이 닮은 마음 一片心猿隨境轉
산수(山水)가 사라져도 거두기가 어렵구나. 空山殘水卒難收

● 호(昊)・문(文) 두 스님을 보내며
  -금강에서, 2수 중 두번째 수-

送昊文兩上人
金剛

정자에서 7리나 더 올라가서	槐亭七里上
악수하면서 돌아온다고 말하네	握手語歸來
양관곡(陽關曲: 이별노래) 부르는건 그만두고	休唱陽關曲
차를 달여 다시 한 잔 마신다.	點茶更一盃

● 국천(菊泉)을 방문하여

訪菊泉

산집〔山家〕, 이슬 가득 내린 가을날	秋滿山家露滿天
갈옷자락 날리며 시선(詩仙)을 방문한다	輕輕葛袖訪詩仙
차가운 창 아래에서 오랫동안 침울하게 읊으니	沈唫久坐寒窓下
법어와 맑은 차에 홀연히 잠을 깬다.	法語清茶忽罷眠

● 각초상인(覺初上人)에게 화답하다

和覺初上人

우거진 풀숲에 해는 지려하는데	喧艸幽林日欲西
까치가 길함을 고하며 운지 얼마나 되었는가?	門烏告吉幾時啼
그림자 드리우니 집안이 서늘하고	槐影升陰涼入戶
차 향기와 국화 빛을 시내에 드리운다	茶香菊色韻墮溪
혼자 사는 높은 긍지 뜰 꽃처럼 넉넉하고	靜居高矜庭花富
세상을 헤는 가슴 바다같이 깊어라	閱世風情胸海低
봄에 헤어짐을 마음에 두지 말라	春分秋合何心意
가을날 다시 만나 기뻐하리라.	更喜霜天一席齊

● 대지전

大智殿[1]

고요함 속에 시간은 흐르고	靜裡光陰逝

---

1) 대지전(大智殿): 순천 송광사(松廣寺)의 7요사(寮舍) 가운데 하나.

절집의 세월을 재촉하네	家中歲月催
솔 따니 발우에 향기 가득하고	摘松香滿鉢
차를 우려내니 잔 속에 달이 뜨네.	煮茗月生盃
예전에는 삼성(三聖)을 따라갔는데	向從三聖去
오늘은 오봉(五峰)에서 찾아왔네	今自五峰來
한산으로 가는 길을 잘못 알고서	錯認寒山路
잠시 동안 반야대에 올라왔구나.	暫登般若坮

● 광주부 최하사(崔下士)에게 화답하다　　　　和光州府崔下士

십 년을 이 산 속에 머물며	十年自在此山中
앉아서 강호(江湖)를 보니 지팡이 필요 없어라	坐覽江湖不用筇
대인의 기국은 바다에 용이 숨듯	大人氣局龍藏海
작은 석가의 위의는 범과 같고	小釋行威虎踞峯
소매가 닿은 채 하는 이야기는 모두 금옥 같네	聯衿說話無非玉
골짜기에 가득한 소나무 안개와 놀	滿壑烟霞太半松
고기 쌀밥 배불리던 손님이	旣飽梁肉眞羞客
어찌하여 나물밥에 차 한 잔을 바라는가	何願蔬荀茶一鍾

● 느낌이 있어 읊어 쓰다　　　　述懷謾吟

작년 이래 동서를 오락가락하니	昨來西住又東飛
내년에는 어느 곳에 있을지 알 수 없어라	不意明年那處歸
배를 채우는 진귀한 음식은 차와 멥쌀이고	濡腹珍羞茶與糲
몸에 지닌 것은 바리때와 한 벌 옷	隨身道具鉢兼衣
마음 닦고 인욕하니 너와 내가 없고	心行忍辱無人我
묵언하며 계율 지키니 시비가 끊어진다	口掛毘耶絶是非
맑은 새벽잠에서 깨어 한가로이 의자에 앉아	清晨睡起閑凭几
희미한 달빛 아래 가을빛이 완연하네.	滿目秋光月色微

● 승평의 윤주정과 결사하다　　　　　　　　　　　與昇平尹主政結社
　-13수 중 다섯번째 수-

푸른 칡과 등넝쿨이 대 울타리 둘렀는데	蒼葛紫藤繞竹籬
누각 하나 푸른 산의 물가에 솟아 있고	一樓飛出碧山湄
큰스님 끼친 법력 천심이 바르니	高僧遺法天心正
먼 곳 손님과 이웃들이 달 그림자 따르듯	遠客芳隣月影隨
암자 보며 처마 끝의 학을 불러들이고	看菴起喚簷端鶴
차 달이며 병풍 뒤의 아이를 찾는다	煮茗坐招屛後兒
손님에게 올릴 향공(香供) 어째서 늦는가	知賓香供來何晚
원숭이는 나뭇가지 부러뜨리는데 들 위에 불 피우네.	猿破枯柴石上炊

● 섣달 그믐밤에　　　　　　　　　　　　　　　臘日除夜

동명(東明)이 저물려 하니 남붕(南朋)이 오려하네	東明欲喪有南朋
옛 것 가고 새 것 오면서 일들이 뒤엉킨다	送舊迎新事葛藤
하루 내내 오가는 거리가 분주하고	鎭日人奔交遞路
줄에 등불 달아 밤새도록 걸어두네	通宵燈揭半鉤繩
차 끓이는 돌단지에 재앙의 눈이 녹고	茗煎石甌殃雪湯
향 사르는 향로에는 복의 구름 피어난다	壇焚寶鴨福雲騰
저문 한 해 이 밤을 어느 누가 피할 수 있으랴	殘年此夜誰回避
내일의 아침 오는 것도 피할 수 없네.	愧我明朝亦不能

● 경운(擎雲) 화상께 올리다　　　　　　　　　　上擎雲和尙
　-1912년 3월-　　　　　　　　　　　　　　　壬子三月

진흙 속을 헤매다가 스님 방에 올라가서	沒泥芒屨上雲房
큰스님의 살림살이 즐겁게 뒤적이고	喜攬高師雜貸囊
제비는 옛정을 입에 물고 지저귀고	燕含舊誼能成語

꾀꼬리는 낯익다고 젓대소리 굴린다	鶯和無生巧囀簧
세정의 향함은 의심스럽고 종성은 끊어지니	世情疑向鍾聲斷
진실한 인연으로 인정하고 따르나니 물길은 길어라	眞契認從水道長
차 이야기와 향의 인연은 아직 끊이지 않았으니	茶話香緣還說罷
겁(劫) 이전 하나의 선에서 맑은 빛을 발하기 부탁하나이다.	劫前一線付淸狂

【해설】 경운원기 스님은 이 시를 쓴 금명 보정(錦溟寶鼎, 1861~1930) 스님보다 9세 연상이었고 이 시를 쓴 때는 일본이 조선을 무력으로 강제 합병한 지 2년째 되는 해 3월이었다. 일제(日帝)는 1911년 9월 사찰령(寺刹令)을 반포하여 조선불교계를 구조적으로 장악하고 지배하기 시작하였는데 그와 같은 사정을 보정 스님은 위의 시에서 '세정(世情)은 향함이 의심스럽고 종성(鍾聲)은 끊어졌다'고 표현하였다. 여기서 종성이란 조선불교계의 자주적인 존립을 의미한 것인데 그러한 종성이 끊겼다는 것은 한국불교의 자주성이 말살되었음을 의미한다. 이런 상황에서 보정은 경운 스님을 믿고 따르며 조선불교의 '물길은 길다'고 자위한다. 그리고 그는 경운에게 나라를 빼앗기기 전의 그런 맑은 빛을 계속 유지해주길 부탁하고 시를 끝맺는다. 이 시에 특별히 지은 때를 표시한 것은 이러한 당시의 시대적 상황을 감안하고 읽어 달라는 지은이의 깊은 심정이 내포되어 있었던 것으로 여겨진다. 그 어려운 시절, 진실한 얘기는 둘이서만 차를 마시며 나누었는데 그건 언어를 넘어선 그 무엇이었다.

● 산에 살면서 한가로이 읊다   山居漫吟

뜬구름 같은 신세 그림자도 외로운데	身作閑雲影自孤
학의 뒤를 쫓아가며 억지로 불러 보네	故携群鶴强相呼
차를 달이면서 언제나 동다송을 외우고	煎茶常誦東茶頌
인장(印章)을 찰 때에는 남인도를 본받는다	佩印必摹南印圖

만법을 몰라서 있는 것을 묻지 않고   萬法難明休問有
진공을 알지 못해 없음을 볼 수 없네   一眞不達莫觀無
그 동안 배운 것을 어떻게 끝맺고서   如何坐罷蒲團學
자리이타 갖추어 깨달음 맞이할까.   對境應機二利俱

● 방장산(지리산)에서 국은계형(菊隱戒兄)을   與方丈山菊隱
    만나 더불어 청원루에서   戒兄會淸遠樓

둘이서 사람 피해 묵은 근심 떨쳐버리나니   兩待人垂滌舊愁
봄날의 정은 매끄럽기가 흐르는 물 같아라   春情如滑更如流
국은(菊隱) 스님이 이 좋은 시절에 향기를 뿜어내고   菊已吐香斯嘉節
차맛이 덜하지 않은데 어찌 맑게 놀지 않으랴.   茶何減味不淸遊
(하략)

● 오래 된 높은 산   老崙

뾰족뾰족 솟은 산은 몇 년이나 서 있는가   簇立層巒問幾年
멍하니 바라보는데 병든 학이 하늘에서 내려오네   怳然癯鶴下諸天
눈먼 곤새 깜짝 놀라 구름 밖으로 날아가니   驚眊白鵾飛雲外
선정에 드신 스님 달빛 가에 앉았구나   入定胡僧坐月邊
금빛 모습은 남극의 노인성 같고   金像依俙南極老
옥색 얼굴은 적송자(赤松子) 같은 신선이네   玉容彷彿赤松仙
곤륜산과 봉래산이 멀지 않으니   崑山不遠蓬萊近
아침부터 저녁까지 차 끓이는 연기 나네.   應有朝茶暮起烟

● 월곡(月谷) · 국은(菊隱)과 함께 등불   與月谷菊隱燈下口占[2]

---

2) 구점(口占): ① 입 속으로 읊음. ② 즉석에서 시(詩)를 지음. ③ 글이나 말을 문서에 의하지 아니하고 말로써 전달함.

아래에서 즉석에서 시를 짓다
  -5수 중 두번째 수-

늦은 국화 석실에다 두는 것도 무방하니	晚菊無妨石室留
맑은 차를 나누며 함께 즐기네	清茶亂酌肯相遊
백천 가지 세상 일 구름 속에 사라지고	百千世事雲空去
사십 년 세월이 물처럼 흘러갔네	四十年光水自流
붕새는 남해로 옮겨가려 하는데	鵬欲圖南徙海國
기러기는 북쪽 찾아 상주(湘洲)를 왜 지나는가	雁何戀北過湘洲
등불 심지가 맺히는 차가운 창문가에	燈花結穗寒窓下
정든 얘기 굽이치는 밤이 더욱 깊어가네.	瀾說情端夜更悠

● 존경해 석실의 운을 따서　　　　　　敬次石室山居襟咏
　산에 사는 느낌을 읊다(12율령)　　　　十二律令
  -12수 중 첫번째·일곱번째·열두번째 수-

[1]

송광사의 서쪽에 청량한 다실(茶室) 있고	茶室清涼松寺西
샘은 달고 땅은 기름져 조계산이라 부른다네	泉甘土肥號曹溪
비단 띠가 나부끼듯 좌우에는 청룡 백호	羅帶風翻龍左右
이끼 낀 산문 길은 꾸불꾸불 둘러 있네	苔門螺環路高低
뜰가에는 매화버들 화분 속에 심어 두고	庭欣梅柳盆藏土
연못 안에 연꽃마름 진흙 속에 피어나니	潭愛荷菱錙調泥
성품 닦아 진리 찾음 뜻대로야 되리오만	養性尋眞何意思
누른 잎새 건네 주며 우는 아이 달래리라.	將期黃葉止兒啼

[7]

차밭을 일구었더니 대나무도 무성하다	茶田刱闢竹階層
성긴 비, 시원한 바람에 앉고 눕고 하는구나	疎雨涼風坐臥能

오동나무 가을 잎새 떨어지려 하는데　　　　梧欲試秋飛一葉
울타리에 등넝쿨 얽어 도적을 막네　　　　　籬防悔盜繞千藤
달빛 아래 시와 술을 질펀하게 쫓다가　　　　月下浪從詩酒子
산 속에선 저절로 수행승이 되는구나　　　　山中自作盋蘭僧
물든 곳에 있더라도 청정함을 알려거든　　　要知處染常淸淨
연꽃 속에 반쯤 웃는 마름을 바라보라.　　　坐看蓮塘半笑菱

[12]
큰 도는 얽매이지 않는다지만　　　　　　　雖知大道沒規模
화장찰해도3)를 걸어 두었네　　　　　　　　權掛華藏刹海圖
찻잔이 깨질까봐 발우로 차 마시고　　　　　茶嫌椀圻因傾鉢
샘물이 얼까봐 부엌에다 물은 대네　　　　　泉畏氷稜直灌廚
누더기 옷을 입고 도업(道業)을 이루려　　　鶉衲只求成道業
거친 음식 먹어가며 마른 몸을 살려간다　　 犬羹必欲療形枯
평생에 바라는 뜻 어째서 이 같은가　　　　 生平志願何如此
노래와 글을 짓고 향 하나 사르노라.　　　　長頌金文香一爐

● 한여름 수석정 계곡 위에서　　　　　　　仲夏水石亭溪上三
　 세 벗이 대작하며 느낌이 있어 쓰다　　　友對酌述懷雜詠
　 -10수 중 첫번째·아홉번째 수-

[1]
선사의 쓰는 물건 맑고도 가벼우니　　　　　禪家日用甚淸輕
책상에 시집 한 권 차 한 병이네　　　　　　詩墨一床茶一瓶
높고 낮은 폭포 소리 거문고가 쓸데없고　　 絶瀑高低休願瑟

---

3) 화장찰해도(華藏刹海圖) : 연화장세계(蓮華藏世界)를 묘사한 그림. 화장찰해는 화장계 또는 화장세계라고도 함. 석가모니불의 진신인 비로자나불의 정토. 가장 밑은 풍륜(風輪), 풍륜 위에 향수해(香水海)가 있고, 향수해 가운데 연화대가 있으며, 이 연화 안에 무수한 세계가 들어 있다고 한다.

둘러싸인 산들로 병풍이 필요 없다　　　　　　奇岑層疊不須屏
모인 벗이 금과 옥도 끊을 만큼 뜻이 굳고　　　社朋斷意金分玉
학사(學士)들이 정 나누는데 정자에 달이 뜨네　學士交情月上亭
기름진 단비는 우레치고 경계하며　　　　　　甘霈如膏雷又警
세상 인심 저울대가 흔들리듯 하는구나.　　　世心平仄似權衡

[9]
누가 시구를 보고 이 세 스님을 아는가?　　　誰知覓句是三僧
여가 따라 망기(忘機)하니 다섯 가지에 능하네　隨暇忘機效五能
차 이름 지켜가도 차 향기 줄어들고　　　　　茶名守去茶香減
배울 벗이 돌아오니 학비는 늘어난다　　　　　學友歸來學債增
아침해는 주렴 걷은 뒤에야 무덥고　　　　　　早日捲簾然後曝
낮종(午鍾) 치고 재 올리니 오전이 맑네　　　午鍾齋供以前澄
밝은 창에 먹물옷이 즐겁지 않게 되면　　　　明窓緇褥終非樂
시와 술을 들고 와서 올라감만 못하리라.　　不若携詩佩酒登

● 다오(茶塢) 장로가 등불 아래에서 시를　　和茶塢長老燈下口
　읊음에 화답하다(석실의 산거운을 사용해서)　點(用石室山居韻)
　- 12수 중 세번째·열두번째 수 -

[3]
높은 스님의 맑은 운을 서로 즐겨 나눠 쓰니　　高師清韻肯相分
가득 담긴 꿴 구슬이 나를 비춰 향기난다　　　滿斛聯珠映我薰
다실의 오체투지 예법이 원래 없다지만　　　　茶室元無投地禮
설산(雪山)의 어느 누가 귀기울여 듣겠는가　　雪山誰可轉身聞
용이 잠긴 적수(赤水)에 비가 오려 하는데　　龍潛赤水將行雨
옥이 쌓인 남전(藍田)⁴⁾은 구름이 이는구나　　玉蘊藍田自作雲

---

4) 남전(藍田): 절의 밭.

지금이라도 고향 가는 길목을 찾게 된다면　　　　于今若得家鄕路
웃으면서 진흙길을 종일토록 달려가리.　　　　　應笑泥塗鎭日奔

[12]
우리 집 도(道)는 얽매임이 없으니　　　　　　　吾家道本沒規模
창산(蒼山)과 찰해(刹海) 그림 모두 없애버렸네　　抹却蒼山刹海圖
영원(靈源)에서 대통 홈 이어 샘물을 마시고　　　泉是靈源通竹筧
향적(香積) 세계 연기 없이 지은 밥을 먹는다　　　飯從香積忌烟廚
공안(公案)은 어찌하여 천백칙[5]인가　　　　　　公案如何千百則
절밥은 단지 마른 몸을 위해서라네　　　　　　　齋羞只爲一身枯
이슬 내리는 깊은 밤 차 생각 간절해　　　　　　燈深露滴茶腸鬱
다시 구리병 들어 질화로에 걸었네.　　　　　　　更引銅甁掛地鑪

● 석실(石室)의 운자로 인하여 읊다　　　　　　　仍占石室字
　- 12수 중 첫번째 수 -

향기로운 나물밥에 향긋한 차 마시고　　　　　　香蔬飯後鬱香茶
연못가에 그린 듯이 꽃핀 것을 기뻐한다　　　　　且喜臨池墨潑花
보리 익는 단비 오고 바람마저 따뜻한데　　　　　麥雨初甘風亦暖
야승(野僧)이 사는 집에는 시비가 닿지 않네　　　是非不到野僧家

● 인오장실과 더불어 차를 이야기하다　　　　　　與寅旿丈室茶話
　- 3수 중 두번째 수 -

학문하는 서생은 사귀는 것 그윽하여　　　　　　探學書生交契幽
이 날에 어울리며 청유(淸遊)하기 약속하니　　　　連襟此日卜淸遊

---

5) 천백칙(千百則): 선가(禪家)에서 공안이 모두 1,700개라고 하는데 이는《경덕전등록》에 수록된 것의 숫자이다. 이를 천칠백칙 또는 천칠백 공안이라 부른다. 여기에서 '천백칙'이라 한 것은 자수를 시율(詩律)에 맞추기 위해서였을 것이다.

패옥 울릴 우정은 단전에서 맺어지고	玉鳴情自丹田決
금을 끊는 굳은 마음 교해(教海) 따라 흐른다	金斷心從教海流
둘러싸인 산골에는 경쇠소리 울리고	磬響崢嶸青嶂壑
가마 끓듯 매미소리 흰 구름에 퍼져간다	蟬聲鼎沸白雲洲
석양이 깔리어도 정신 더욱 꿋꿋하고	夕陽欲雨神猶健
잘 익은 차 향기에 흥이 더욱 깊어지네.	茶半香初興更悠

● 비 온 뒤 햇차를 따다　　　　　　　　雨後採新茶

마침 아침 비 개어 사립문 밀치고	乍晴朝雨掩柴扉
차밭을 물어 대숲으로 향하네	借問茶田向竹園
찻잎은 놀랍게도 햇살 아래 반짝이고	禽舌驚人啼白日
아이들 벗 부르니 황혼이 짙어가네	童稚喚友點黃昏
깊은 숲 골짜기 가는 줄기 빽빽하고	纖枝應密深林壑
자갈밭 언덕에는 여린 잎 많이 폈네	嫩葉偏多小石邨
격식대로 법제하여 차를 달여내니	煎造如令依法製
동병에 물을 부어 맑은 혼을 마신다.	銅瓶活水飲清魂

● 내가 여름날 긴 숲 냇가에서 노는 걸 즐기면서　我愛夏日長林泉樂
　-2수 중 첫번째 수-

깊은 낮잠, 꿈에서 깨어났을 때	午睡方濃夢覺時
일어나 창 밖을 보니 해 지려면 아직 멀었네	起看窓外日遲遲
시냇돌에 그늘지니 발을 씻기 알맞고	泉石陰移宜濯足
누대에 바람 부니 시를 짓고 싶구나	樓臺風到欲成詩
차 달이는 어린 사미 차맛을 잘도 아니	點茶稚衲能知味
글자 묻는 그 아이를 저버리지 않으리라	問字嬌兒不負期
대 그림자 들쑥날쑥 솔 그림자 고요한데	竹影參差松影靜
어떻게 견디면 산 아래로 석양이 지겠지.	奈堪山下夕陽低

● 여흥으로 즉석에서 읊다   餘興謾唫

평상시처럼 맑게 노니는데   鎭日淸遊地
하늘의 뜨거운 해 지려면 아직 멀었네   炎烏尺九霄
매미 소리 다 하자 청산은 저물고   蟬歇靑山暮
종소리 들으며 불자(拂子)⁶⁾를 흔드네   鍾鳴白拂搖
달 지자 등촉 밝히고   月沒須明燭
차 끓이려 또 땔나무 쪼개네   茶烹更析樵
새들 돌아가자 사람 역시 흩어지고   鳥歸人亦散
만물이 모두 쓸쓸하고 고요하네.   萬物俱寥寥

● 대작(對酌)하면서 즉석에서 읊다   對酌漫唫
 -4수 중 두번째·세번째 수-

[2]
남아 가는 곳 어딘들 문장 없으랴   男兒到處不無文
하물며 범 같고 용 같은 그대야 오죽하랴   況復如龍若虎君
행촌(杏村)에는 깃발 걷었는데 남은 비는 내리고   杏村旗撤秪餘雨
학은 차화덕을 피하고 하늘엔 구름만 감도네   茶竈鶴避空宿雲
병속의 좋은 술도 정을 알기 어려운데   壺乾靑蟻情難契
얼룩진 사발이야 맛을 분별하겠는가   桃點丹砂味可分
많은 선비들 선인(仙人)의 낙을 즐기고   多士于今仙子樂
비평의 말이 조각조각 혀 속에 분분하다.   薄批片片舌中紛

[3]
단 샘물 길어다 혓바닥에 굴리며   謾汲甘泉做舌耕

---

6) 불자(拂子): 불진(拂塵). 삼이나 짐승의 털을 묶어서 자루 한 끝에 매어 놓은 기구. 주로 모기, 파리, 벌레 따위를 쫓는데 쓰는 기구. 우리나라에서는 총채라고도 하며, 요사이는 종정이나 방장의 권위를 나타내는 상징물로도 사용함.

등 걸어 놓고 계속해 석심(石心)을 기울이니	懸燈續晷石心傾
친구와 맺은 약속 천금보다 중하고	高朋社約千金重
병객의 마른 모습은 잎새처럼 가볍구나	病客枯容一葉輕
차나무에 새가 오니 꽃기둥에 학이 되고	茶樹禽還華柱鶴
금명(錦溟)의 곤어(鯤魚)는 구름날개 붕새 되어	錦溟鯤化翼雲鵬
창랑의 몇 곡조에 허랑한 달빛	滄浪數曲虛凉月
홀로 깨어 삼려(三閭)의 웃음을 터뜨리네.	自笑三閭獨自醒

●방장산의 가을 경치에 노닐면서　　　　　　遊方丈秋景
　-7수 중 다섯번째 수-

석문에 가을이 다가 왔는가	石門秋到也
온 산에 잎새들이 소슬한데	萬岳葉蕭蕭
이끼 낀 길에는 원숭이가 소리쳐 울고	苔逕猿聲落
솔가지에 학의 꿈이 고요하다	松端鶴夢寥
누런 국화 핀 뜰을 따라가다가	試從黃菊院
흰 구름다리를 다시 밟는다	更踏白雲橋
저녁이면 저녁마다 차 이야기	茶話夕還夕
아침이면 아침마다 경(經)을 말하네	經談朝復朝

●여러 사람의 책상자를 보고 느낌이 있어　　見諸益負笈有感
　-2수 중 첫번째 수-

가을에 돌아오길 맘속으로 빌었는데	意中諸益待秋還
어느덧 옷깃 여미고 손 비비는 계절일세	不覺聯衿手自攣
북쪽의 기러기는 강을 건너고	塞北霜鴻宜渡漢
강남의 학들은 산을 찾네	江南松鶴幾尋山
약샘에는 달리 단물 흘러 넘치는데	藥泉聳出甘泉溢
다른 친구 다 오거늘 차 친구는 아니 오네	蓮友伴來茶友閑

봄여름에 헤어진 정 다시는 말 안 하리　　　　　春夏離情休更說
장차 시축(詩軸)에 시나 읊으려네.　　　　　　　却將詩軸爛相看

- ●중구절에 국화에 대해 묻다　　　　　　　　重九問菊
  -3수 중 세번째 수 -

노란 국화 빛깔나며 늦서리 개이고　　　　　　黃花呈色晩霜晴
소슬한 하늬바람 베개 아래 일어난다　　　　　蕭瑟西風枕下生
구름 보며 몇 번 웃고 한낮에 잠들면서　　　　幾笑看雲眠白日
달빛 따라 걸으면서 날이 밝도록 읊었다　　　　自堪步月詠晨明
산 속에서 발우 펴되 원래 기술 없었고　　　　溪山旋鉢元無術
흐르는 물 배 띄움에 도리어 정이 드네　　　　萍水行船却有情
초시(楚詩)를 읽다가 잠들지 못하고　　　　　讀罷楚騷還不寐
아이 불러 차 달여 몇 잔을 기울이네　　　　　呼童煎茗數盃傾

- ●취암자의〈가을날 벗을 그리며〉　　　　　次翠庵子秋日憶友詩
  시의 운을 빌려서　　　　　　　　　　　　　時在京城奉恩寺
  -8수 중 두번째 수, 현재 경성 봉은사에 있다-

서리맞은 잎새에 단풍 들고 국화도 피었는데　　霜葉初紅菊亦開
솔 그림자 뜰의 길에 먼지를 쓸고 있네　　　　松陰三逕掃塵堆
청운의 기세도 금전 속에 묻히고　　　　　　　靑雲有勢錢中沒
백발은 가다리지 않아도 거울에 비치네　　　　白髮無期鏡裡來
원숭이는 차 올리며 손님을 맞이하고　　　　　猿煎茶獻迎客榻
새는 과일 물고 와서 가는 사람 보내며　　　　鳥含果設送人臺
뜰앞에는 벌들이 아침마다 가득하니　　　　　庭前蠟屐連朝滿
어린 사미 글 배우러 돌아온 줄 알겠구나.　　　應想稚禪問字回

● 허원응의 다회(茶會)에 나아가서　　　　　　赴許圓應茶會
　〔字는 隱酉, 남암에 산다〕　　　　　　　　字隱酉居南庵
　　-4수 중 첫번째 수-

푸른 산에 비 개이고 하루가 일년 같은데　　　碧山雨霽日如年
해가 버들과 소나무 위로 솟아나니 정오에 가까워졌네　隨柳攀松近午天
바람은 남양(南陽)의 잠든 용을 일으키고　　　風起南陽龍睡穩
꽃 핀 긴 걸상 주위에는 손님 발길 이어진다　花開陳榻客蹤連
차 화덕에 향기나니 석수(石髓)를 기울이고　　茶竈香傳傾石髓
시연(詩筵)의 꿈 깨니 구름 타고 가네　　　　詩筵夢罷駕雲船
부들(풀이름)과 붉은 이슬은 집안에 가득하고　滿堂蒲塞兼紅露
일곱 근 붉은 장삼 푸른 안개에 젖는구나.　　七斤霞衫濕翠烟

● 개당하여 부지런히 공부하길 권하다　　　　開堂勸勉
　　-7수 중 일곱번째 수-

금년 봄 일찍 내 서실을 열고　　　　　　　　今春早闢錦書家
돌솥에 물 길어 차 달였지　　　　　　　　　石鼎汲溟兼煎茶
부처님 말씀과 조사의 글은 일찍이 가치가 높았지만　佛語祖文曾有價
단편과 약간의 서판으로는 역시 끝이 없구나　短篇尺牘亦無涯
밤중에 시축 펼쳐 놓고 달을 읊고　　　　　　中宵展軸同唫月
늦은 계절 산에 올라 다투어 꽃을 꺾었지　　　晚節登山競折花
젊은 날은 흐르는 물이나 화살같이 지나가나니　青年如水還如矢
내일 아침을 기다리지 말라, 해가 지나니.　　莫待明朝白日斜

● 산에 사는 그윽한 멋　　　　　　　　　　　山居幽興

진작 사문(沙門)이 되어 돌아가지 않으리니　　曾入沙門誓不還
세속살이 어찌 청한(淸寒)함과 같으리오　　　鬧中何似做淸寒

사시절 달과 연기 우물 빛에 어리고　　　　　　　　四時烟月光浸水
여덟 폭의 구름 병풍 그림자는 산에 있네　　　　　　八幅雲屛影在山
대숲 길에 잔나비와 쇠북소리 은은하고　　　　　　　猿啼竹逕鍾聲穩
바람 부는 솔 그림자 학의 꿈이 남아 있네　　　　　　風打松陰鶴夢殘
차 마시고 홍진세상 허망한 꿈 깨고나니　　　　　　　茶歇却醒塵世夢
이 몸의 편안함은 삼공(三公)과도 안 바꾸리.　　　　 三公難買此身安

● 또 읊다　　　　　　　　　　　　　　　　　　　　又

바위가 가린 집에서 낮잠에 흠뻑 빠져　　　　　　　　午睡方濃石掩廬
산에 살며 하는 일은 진여(眞如)를 꿈꾸는 일　　　　 山居事業夢眞如
달을 보며 삼구(三句) 화두 참구하고　　　　　　　　 對月小叅三句話
차 달이며 다섯 수레 책을 읽는다　　　　　　　　　　點茶大讀五車書
대를 길러 숲 이루면 봉황춤을 보게 되고　　　　　　　栽竹成陰看舞鳳
연못 파서 물을 대어 물고기를 기르네　　　　　　　　鑿池貯水養生魚
나와 남을 같이 보니 밉고 고움 어디 있나　　　　　　 等視物我何憎愛
눈 먼 거북 절름발이 자라 소홀히 하지 않네.　　　　　跛鼈盲龜亦不踈

● 반딧불　　　　　　　　　　　　　　　　　　　　螢火

연기 없는 불빛을 초여름에 보지만　　　　　　　　　　有火無煙夏始看
차 달이고 음식 찔 때 아무 소용없구나　　　　　　　　煎茶烹飪不相關
제멋대로 아래위로 흩어져 놀다가　　　　　　　　　　任他上下能游散
오르락내리락 마음대로 한가롭다　　　　　　　　　　隨意浮沈自等閑
숲 사이에 날아가면 유성처럼 빛나고　　　　　　　　　光奪流星來樹裡
창문 사이 들어오면 밝은 등불 걸어둔 듯　　　　　　　明同掛燭入窓間
황혼에야 나타나니 정기(精氣)는 아니지만　　　　　　黃昏聚散非精氣
조물주가 흥이 나서 꼭 같이 만들었네.　　　　　　　　造物興生一類顔

● 아픈 가을   傷秋

차 마시는 자리는 송암(松菴)에 가려 있고   茶初隱几掩松菴
골짜기 마다에는 푸른 남기(嵐氣)가 끼었으며   萬竅齊噓散翠嵐
어느 누가 수레 멈춰 물든 단풍 사랑하나?   停車誰愛楓生壑
옛 생각에 못에 비친 달을 바라본다   懷故空觀月印潭
머리 긁고 잎을 보며 시구를 근심하고   搔頭向葉題愁句
구절 찾아 누각 올라 이야기에 취하는데   覓句登樓討醉談
난초 국화 저문 향기 구름 따라 흩어지고   蘭菊晚芳雲欲散
강호에는 질펀하게 대장부가 늙어간다.   江湖汎汎老奇男

● 유연정(悠然亭)의 운을 빌려서   次悠然亭韻
 - 유연정은 순천군 남쪽 밖에 있는   在順天郡南外
   남파 김효찬의 정자이다 -   金南坡孝粲亭

십 년을 경영하여 정자 한 채 지으니   十載經營建一亭
유연한 흥미 있는 자연스런 정자로다   悠然興味自然亭
집은 옥천(玉川)이 둘러 있는데 은빛 모래 희고   玉川環屋銀沙白
창 밖의 죽도(竹島)에 봉산(鳳山)이 푸르구나   竹島臨窓鳳岀靑
들술[野酒] 마시며 시를 노래하는데 차는 반쯤 익어가고   野酒詩歌茶半熟
달 뜬 강 고깃배 소리에 꿈을 깨네   月江漁笛夢初惺
주인을 다시 보니 그 뜻이 청정하고   更看主翁淸淨意
문에 뜬 은하수에 쌍성(雙星)이 비치는구나.   門浮河漢見雙星

● 남파를 꿈에 보고   夢南坡

선생을 꿈에 뵙고 이 정자에 왔더니   夢陪先生到此亭
의관은 헌앙(軒昂)하고 수레 멈춰 내리는데   衣冠軒昂下車停
축(軸)에 가득한 시는 구슬 기운 깨끗하고   滿軸吳詩珠氣白

기울이는 중국차의 찻잎은 푸르구나　　　　　　　傾甌漢茗雀唇青
괴국(槐國)에서 개미 둑을 쌓는 줄 누가 알며　　　槐國誰知蟻垤培
칠원(漆園)의 나비는 꿈 깨는 것 잊었네　　　　　漆園忘却蝶魂惺
형상이 열려도 진경(眞境)은 모르는데　　　　　　未交眞境形開了
의구(依舊)한 은하수는 북두성을 돌고 있네.　　　依舊銀河轉斗星

● 남창을 가다　　　　　　　　　　　　　　　　南倉行

언덕을 지나서 석대(石臺)로 내려가니　　　　　　踏破層陵下石臺
흥은 남았는데 석양이 물들었네　　　　　　　　　興餘閑帶夕陽來
포구의 고깃배는 바닷가에 매어 있고　　　　　　　浦口漁艇依岸繫
나루터 찻집은 사람 오기 기다린다　　　　　　　　津頭茶戶待人開
돌아갈 길 잊은 길손 시구를 찾으니　　　　　　　忘歸客子猶貪句
헤어지기 아쉬워 짐짓 잔을 권하네　　　　　　　　惜別佳人故勸盃
강 마을 바로 지나 산빛을 다시 보고　　　　　　　江市纔過山色又
갈매기와 학을 불러 돌아갈 길 물어본다.　　　　　伴鷗喚鶴問程廻

● 장춘동　　　　　　　　　　　　　　　　　　長春洞

바다에서 또 만나니 아직도 봄이요　　　　　　　海上更逢劫外春
산빛은 변치 않고 그대로 삼신(三神)일세　　　　山光不老卽三神
좋은 경치 꽃이 피니 용의 눈이 열매 맺고　　　　境絶樹開龍眼果
시냇물은 길게 흘러 말머리의 먼지 씻네　　　　　溪長水滌馬頭塵
푸른 잎이 움트는 명협(蓂莢)의 밭두둑에　　　　綠葉偸春蓂萊圃
눈에 씻은 붉은 꽃 옥매화 바다로다　　　　　　　紅花濯雪玉梅濱
유다(油茶)와 목밀(木蜜)나무, 소나무와 잣나무　油茶木蜜松兼栢
울창하게 푸른 그늘 사시절이 새롭구나.　　　　　鬱鬱青陰四節新

● 팔경   八景
   - 8수 중 여섯번째 수 -

이 동네 이름이 무엇인가?   茲洞名何在
사시에 찻잎이 새롭네   四時茶葉新
바람 불어 눈송이를 날리고   風吹翻雪玉
비와 술이 세상 티끌 씻어내리네   雨酒滌霜塵
붉은 꽃받침은 아침해에 눈부시고   紅蕚猜朝日
푸른 가지는 저녁 물가에 비치네   碧條映夕濱
나무마다 소슬함 감도는데   蕭蕭千木落
빽빽한 나무 속에서 홀로 긴 봄을 보낸다.   密密獨長春

● 겨울 무렵 휴학하고 전별연을 베풀다   冬際休學後設餞別宴

섣달 눈이 흩날리는 이별하는 정자에서   臘雪繽紛惜別亭
장춘동의 이 밤에 술잔을 기울이네   長春此夜麯春傾
눈 걷힌 해문(海門) 산 위에 달이 밝고   雲散海門山月白
차 달이는 아궁이엔 연기 사라졌네   茶占廚口竈煙消
매창(梅窓)에 해는 지고 잔나비 우는 골   梅窓日落猿唬壑
경탑(經榻)에는 향 꺼지고 학은 뜰을 지나간다   經榻香殘鶴過庭
만나고 헤어짐은 원래 기약 없으니   離合元非隨處定
이 좋은 모임 기쁜 정을 누려보세.   且須佳會極歡情

● 중앙학림의 학생이 산으로 돌아오다   中林7)學生歸山

길 나서 물 건너고 산 넘기 몇 번인가?   登程渡水越山幾

---

7) 중림(中林): 중앙학림(中央學林)의 준말. 이 학교가 훗날 중앙불교전문학교, 혜화전문학교를 거쳐 오늘날의 동국대학교로 발전되었다. 일제시대에는 31본산에서 몇 명씩 경성의 이 학교로 유학을 보냈다.

이 날에 환영하여 산문을 열었네　　　　　　　　　此日歡迎排石扉
청산에 나그네는 나막신 끌고 오며　　　　　　　　蠟屐靑山幽客到
행화촌(杏花村) 길거리에 주기(酒旗)가 펄럭인다　　酒旗紫陌杏花飛
갯벌 진주 십 년이나 강남으로 실려오고　　　　　　浦珠十載江南至
화학(華鶴)은 천 년을 한북(漢北)으로 돌아갔네　　　華鶴千年漢北歸
자리 펴고서 난정(蘭亭) 모임 베풀고는　　　　　　 扡筵宜設蘭亭會
구리솥에 차 달이며 또 옷을 전당 잡히네.　　　　　 銅鼎煮茶又典衣

● 동짓날　　　　　　　　　　　　　　　　　　　　至日

절후를 듣고 보니 창 밖이 차가운데　　　　　　　　忽聞節候覺窓寒
누가 난간에 기대어 기러기 소리 홀로 듣나　　　　 听雁何人獨倚欄
땅과 물이 푸르더니 송죽(松竹)만이 남았고　　　　 蒼蒼地澤餘松竹
매서운 바람은 산과 바다 뒤흔드네　　　　　　　　烈烈天風動海山
두 언덕에 매화 눈은 가만히 생겨나고　　　　　　　梅眼暗生雙岸裡
음기(陰氣) 사이로 거센 양기(陽氣) 꿈틀댄다　　　　雷陽屈起衆陰間
차 달이고 팥죽 쑤어 부처님께 공양하네　　　　　　烹茶煎豆供聖罷
새 한 마리 울면서 남쪽으로 돌아가네.　　　　　　 一聲幽鳥向南還

● 다송명　　　　　　　　　　　　　　　　　　　　茶松銘

바랑에는 솔잎 한 줌과 차 한 병　　　　　　　　　 一囊松葉一甁茶
온갖 인연 얽매임 없이　　　　　　　　　　　　　　不動諸緣臥此家
옛 사람들 수행하러 결사한 일 우습구나　　　　　　堪笑昔人修結社
새 소리 듣고 꽃을 봄이 무슨 방해가 되랴.　　　　　何妨聽鳥又看花

● 참봉 정일택의 운을 빌려서　　　　　　　　　　　次丁叅奉日宅
　　(호는 석우)　　　　　　　　　　　　　　　　號石愚

조계(曹溪)가 멀지 않아 냇물에 목욕하며	曹溪不遠浴川關
십 년 만에 거울 속의 얼굴을 보았네	十載叨叅鏡裡顔
꼬부랑길 올라서도 정(情)을 잡지 못하고	足躐羊岐情未達
골짜기는 높고 험해 붙잡기도 어렵네	軒高龍峽勢難攀
참선하고 차 나눔은 천 조각 구름이요	枯禪茶話雲千片
도사의 시흥은 천 개의 달이네	道士詩興月一千
창 밖의 붉은 꽃이 피기는 했는가	窓外紅葩開也否
차가운 꽃봉오리 주인공을 기다리고 있네.	寒英應待主人還

| ● 이가 빠진 느낌 | 落齒有感 |
| –무오년(1918) 10월 15일 58세– | 戊午十月十五日年五十八 |

마흔 개의 이가 없는 것이 한 되더니	自恨口無四十齒
하물며 오늘 아침 또 하나가 빠졌구나	今朝況復一根毁
음식 봐도 눈물나고 빠진 이 생각뿐	對飯含淚但嚙牙
차 마시며 혀 놀리니 벌어진 부리로다	喫茶搖舌唯呀觜
머리털이 성성하여 오래 살 줄 뽐냈더니	髮星猶誇遠長生
이 빠지니 늙어가다 죽을 줄을 알겠네	齓缺方知期老死
앞사람 가고 뒷사람 오니 내 얼굴은 수척해지고	去先來後面門䟽
말도 새어나가니 수작하기 부끄럽다.	頗失語言酬酌耻

| ● 차를 달이다 | 煎茶 |

질화로 돌솥 놓고 솔가지로 불피우니	土爐石鼎燃松枝
활수(活水)는 보글보글 끓어오른다	活水澎澎初潑時
촘촘한 학의 혀를 구리병에 우려내니	鶴舌纖纖銅瓶點
한 잔 차에 시심이 절로 솟아나네.	一鍾雷笑鬱金詩

● 다회(茶會)를 하기에 느낌이 있어 짓다　　　　　設茶會感作
  － 석선이 국수를 씻어 가져왔다.　　　　　　　　石禪洗麵來
　　눌(訥) 스님이 화엄경을 사경하는데　　　　　　訥師寫華嚴
　　매일 이를 사용하였다 －　　　　　　　　　　　故每用之

처세는 모래 위에 비 내리듯 무난하게　　　　　處世無難雨聚沙
천석(泉石)이 정 많은 줄 누가 알겠나　　　　　誰知泉石最情多
차와 나물 씻어오니 신선의 양식이요　　　　　茗茱洗來仙子寵
붓꽃이 다투어 피니 청정한 승가로다　　　　　筆華爭發梵僧家
문장의 사업을 그대는 할 수 있나　　　　　　文章事業君能否
도덕의 기관을 내가 어찌 하겠는가　　　　　　道德機關我奈何
여린 버들 반쯤 꺾여 바람 따라 뒤집히고　　　嫩蒲牛折隨風轉
시냇물은 졸졸 흘러 저절로 물결 이네.　　　　澗水潺湲也自波

● 다옥을 만들면서　　　　　　　　　　　　　　修造茶藏有占

네 기둥과 창이 있는 방 하나를 꾸몄지　　　　　四柱倂窓搆一房
벽에 잇달아 6개의 문이 있는 집을 잠깐 사이에 완성했네　六門聯壁纔成藏
오늘 아침 방에서 차 달이며 웃었지　　　　　　可笑今朝煎茗室
이 방이 먼 훗날 법당이 될지 누가 알리오 하면서.　誰知幾劫拈香堂

● 다음 날 별운(別韻)으로 다시 읊다　　　　　　翌日再拈別韻

오정(梧亭)과 찻집[茗屋]이 동서에 있으니　　　梧亭茗屋隔西東
시와 술이 만난 곳에 의기가 같구나　　　　　　詩酒逢場意氣同
삼경의 밝은 달은 옥대(玉帶)를 전하는 듯　　　如傳玉帶三更月
구십일의 여름 바람 금문(金文)을 낭송하네　　　朗誦金文九夏風
붓끝에 먹 뿌리니 용의 허리 검어지고　　　　　管毫潑墨龍腰黑
해가 뜨니 소나무 위 학의 머리 붉어진다　　　　嶺日排松鶴頂紅

고사(高士)들이 의심없이 숲 속에서 즐기니　　　　　高士休疑林下樂
잔나비와 새가 함께 구름 속에 누웠구나.　　　　　　共隨猿鳥臥雲中

● 별운(別韻)으로 유(儒)와 석(釋)이 어울려 읊다　　拈別韻儒釋會和
　-4수 중 세번째 수-

우리들의 청한(淸寒)함을 누가 알리오　　　　　　　吾輩淸寒記者誰
솔의 향기 부엌에서 하루 세 번 옮겨오네　　　　　　松香石竈日三移
차 마시며 읊조리다 이별하려 하는데　　　　　　　　茶初咏罷如相別
학은 날아가고 잔나비는 길을 잃네.　　　　　　　　　只恐鶴飛猿不隨

● 청년 학생들이 다회에서 말을　　　　　　　　　　和靑年學生茶
　청하기에 세 수의 절구로써 화답하다　　　　　　　會求語三絶

날로 새롭고 또 새로워지는 것을 묻노니　　　　　　問否日新又日新
지혜롭게 연마한 칼날로 세상 고통을 없애라　　　　琢磨慧刀去荊塵
그대들을 위하여 다회를 연 뜻은　　　　　　　　　　爲設諸君茶會意
훗날 어지러운 세상의 지도자가 되라 함일세　　　　竟期迷道指南人

맑고 싱싱한 상대들과 짝하여 반나절을 머무르며　　偶得淸緣半日留
시와 그림을 평하는 품이 마치 물 흐르듯 하여라　　評詩花墨語如流
섬돌 위엔 부엌 연기 서리고 마당엔 뙤약볕인데　　　石竈烟沈庭日爆
또 버들과 물 따라 녹음에 노닐어 보세.　　　　　　　且從柳水綠陰遊

마음은 흰물처럼 맑고 언행은 산처럼 무거움이　　　心淸白水語重山
이것이 곧 사내의 처세법일세　　　　　　　　　　　　是卽男兒處世間
어떻게 하늘을 나는 재주를 익혀서　　　　　　　　　如何學得飛空術
온 세계를 다 돌아보고 다시 올 수 있을까　　　　　　踏破塵球往復還

● 모기를 미워하며　　　　　　　　　　　　　　　憎蚊子

들으니 마곡(麻谷: 삼베밭)에 문가(蚊家)가 있다 하니　曾聞麻谷有蚊家
송군(松軍)을 모집하여 옛길을 막고서　　　　　　招募松軍古道遮
처마 끝엔 거미줄로 망을 치고　　　　　　　　　殿角借風珠網映
문앞에는 주렴을 드리웠건만　　　　　　　　　　屋頭掛帳布簾華
예리한 주둥이로 피를 빨아 배채우고　　　　　　利嘴充腸毫末血
졸개들은 늘어져서 한 잔 차를 마시네　　　　　　長平坑卒一杯茶
격문 돌려 모깃불 진을 쳐서　　　　　　　　　　傳檄金宵烟陣合
오늘밤엔 반드시 물리치고 말리라.　　　　　　　將壇笳敲凱城斜

● 가을비가 맑게 개어　　　　　　　　　　　　　秋雨快晴

맑게 개인 가을날 흰 구름 층층이요　　　　　　　快晴秋日白雲層
만리장공(萬里長空)에 새들이 날아간다　　　　　萬里長空鳥自能
붉은 파초에 바람 불면 푸른 부채 흔들고　　　　　紅蕉風過搖靑箑
푸른 섬돌에 햇볕 드니 등넝쿨이 수를 놓네　　　　碧砌陽生繡紫藤
열흘이나 차 달이는 손님 없더니　　　　　　　　周旬不見煎茶客
달포 지나 도를 묻는 스님네가 오는구나　　　　　連月方來問道僧
고인물이 맑아지고 연못도 깨끗해져　　　　　　　潦水漸淸水潭潔
부용꽃 지고 나서 마른 잎 떠있네.　　　　　　　芙蓉花落泛荷菱

● 늦은 봄 친구와 마주하여 함께 짓다　　　　　　晩春與友對作
　-3수 중 두번째 수, 임술년(1922) 3월-　　　　壬戌三月

대지의 뭇 생명이 겨울 끝나 봄이 되니　　　　　　大地群生冬一春
나무와 꽃처럼 마음마저 새롭네　　　　　　　　　心花意樹亦能新
오동나무에 달이 뜨면 차맛이 우러나고　　　　　　茶從桐月方知味
용이 구름 연못 얻은 듯 친구가 잘 짓는구나　　　　龍得雲淵好作隣

도(道)는 태양처럼 번뇌장애 녹이고	道若太陽消煩障
술잔은 키질같이 세상 먼지 쓸어낸다	盃如箕箒掃莉塵
우리들은 끈도 없이 매인 것이 부끄러워	愧吾長繫無繩子
어느 날 청산에서 출세간(出世人)의 사람되랴.	何日靑山出世人

● 구산(龜山) 조아미의 초(樵) 운을 빌려   次龜山趙雅帽樵
    -2수 중 첫번째 수-

대숲 우거진 그윽한 골짜기 있어	竹樹深濃一壑幽
고사(高士)들은 풍류 찾아 기쁘게 만났네	喜逢高士訪風流
구산(龜山)의 들빛은 청운(靑雲)이 짙고	龜山野色靑雲密
안개속의 봉악(鳳岳)에는 벽오동이 늘어섰다	鳳岳烟光碧梧稠
보리 익는 사월에 방초는 우거지고	四月麥黃芳草晚
삼시(三時)에 차 달이는 데 녹음이 유장하네	三時茶熟綠陰悠
세상 영욕이 허망한 꿈이거니	世間榮辱終虛夢
신선약 달이며 이곳에서 늙어간다.	共煮丹砂老此區

● 안금석 · 김강운 등   和安錦石金剛
    7인이 시를 구하기에 화답하다   雲等七員求詩
    - 오지면 사람들이다 -   梧枝面諸生

처음 만난 일곱 분의 어진 이와 함께 하니	敬陪七賢一面新
소매 가득 화기(和氣)는 따뜻한 봄날 같네	滿衿和氣暖如春
우담발화 그림자에 땅 없을까 걱정했는데	曇花影裡疑無地
살구나무 그늘에도 사람들이 있었구나	杏樹陰邊更有人
압역(鴨驛)에선 수레 타고 그냥 지나쳤으나	鴨驛每思傾皂蓋
봉서루에서 친구될 줄 어찌 알았겠는가	鳳樓豈料作芳隣
연꽃이 피기 전에 오동잎이 푸르니	社蓮未發桐雲翠
공연히 맑은 차 들고 웃으며 나누는 진심.	空把淸茶笑說眞

● 단산·우제와 함께 읊으며 화답하다   和丹山愚齋吟
 - 죽곡면 사람들 -   竹谷面生

좌우에는 대와 오동나무 봉황문을 열어 놓고   左桐右竹鳳門初
차와 음식 예사로워 마음대로 기거하네   茶飯尋常任起居
때때로 좋은 손님 찾아와서 도를 묻는데   時有高賓來問道
시냇물빛 솔바람이 그대로 진여(眞如)인 것을.   溪光松籟是眞如

● 오지면의 안금석과 태안사의   答梧枝安錦
 세장로께 답함   石泰寺三翁

기러기가 압록(鴨綠)의 강바람에 날아오니   雪鴻飛渡鴨江風
금석공과 세 장로도 함께 왔네   重帶三翁又錦翁
백련결사는 하지 않았으나 도를 듣고   蓮猶結社應聞道
돌은 절로 무늬되어 힘들이지 않는다   石自成文不用工
솔밑에서 차 따르니 향기 구름 푸르고   茶傾松下香雲碧
오동 그늘에 꽃이 피니 해 그림자 붉구나   花隱桐陰日影紅
모임 갖는 빈 산에 봄빛이 좋으니   修契空山春色好
오지면의 선비들 뜻이 먼저 통하네.   梧枝高士意先同

● 귀일선사가 백양산에서 돌아오는데   次歸一禪師白羊
 느낌이 있어 운을 빌려서 (9월)   山還雜咏(九月)
 - 18수 중 두번째·열네번째 수 -

[2]
기러기가 오는 가을 사람 생각 간절하고   懷人最切雁來秋
생각하면 해마다 흰머리 늘어가네   遙想年年欲白頭
아침 바람 낙엽 지면 난간에 기대서고   霜葉風朝時倚檻

고갯마루 달뜨면 누각에 오른다	嶺雲月夕每登樓
벽 사이 귀뚜라미 계절을 재촉하고	半壁蛩音隨節促
온 산의 노을 기운 하늘 끝에 흐르네	滿山霞氣抵天流
차 달이며 시 짓는 이것으로 넉넉하리	點茶評句於斯足
내 삶을 어찌 헤아리랴, 숙연(宿緣)이 유유하구나.	豈料吾生宿契悠

[14]

백양산의 백학암(白鶴嵓)을 그대는 자랑 마라	羊岳鶴嵓君莫誇
차밭의 소나무 집 우리 집의 가풍이니	茶田松軒是吾家
겹겹의 옛집에는 단풍나무 많이 있고	疊層古院多楓樹
은일(隱逸)한 새 뜨락에는 국화가 만발하다	隱逸新庭滿菊花
공명(功名)이 안 바꾸니 털끝 속에 바다 품고	功名不易毛呑海
조도(祖道)는 어렵잖아 모래 위에 비 내린다	祖道無難雨聚沙
산천의 좋은 경개 서로가 알고 있듯	溪山勝賞如相識
금수풍광(錦繡風光)에 자줏빛 노을이네.	錦繡風光又紫霞

● 죽원사의 능월선백에게 화답하다　　　　　和竹原寺綾月禪伯

세상의 동무됨에 늦고 빠름 무슨 상관이랴	擧世知人無早晚
담담하게 나눈 정에 마음은 깊어지리	淡情只在許心王
절집의 차 향기가 유락(乳酪)보다 뛰어남은	升寺茶香勝乳酪
요임금 뜰 책력풀[蓂莢][8]로 음양(陰陽)을 나눔일세	堯庭蓂草判陰陽
스님의 숨은 자취와 꿋꿋함을 흠모하니	羨師晦迹持綱紀
이름 낚아 겨밥 먹는 내 모습이 부끄러워	愧我釣名啜粗糠
어울리지 않는다고 물리치지 말게	休道無緣非合席
밝은 달이 송명[송광사의 錦溟]을 비추인들 어떠리.	何難天月照松溟

---

8) 책력풀[蓂莢]: 요임금 때 조정의 뜰에 난 상서로운 풀을 명협(蓂莢)이라고 함. 초 하룻날부터 매일 한 잎씩 나서 자라고 열닷새째부터 매일 한 잎씩 져서 그믐에 이른 고로, 이를 보고 달력을 만들었다고 함. 그래서 일명 '책력풀'이라고도 함.

● 초의의 진신(眞身)을 찬탄함　　　　　　　　　草衣眞身贊9)

터를 잡아 집을 짓고　　　　　　　　　　　　相地卜居
띠로 지붕을 이었네　　　　　　　　　　　　把茅盖頭
옷은 풀로 엮은 것이고　　　　　　　　　　　衣乃編艸
마시는 것은 시냇물이네　　　　　　　　　　　飮則枕流
국화를 심는 것은 도연명을 닮았고　　　　　　種菊似陶
연꽃을 사랑함은 주돈이와 비등하네　　　　　　愛蓮侔周
삼의(三衣)10)는 기러기처럼 가지런하고　　　　三衣鴈行
두 그루의 계수나무 빼어 들었네　　　　　　　二株桂抽
깨달음을 성취한 자취 있고　　　　　　　　　了元之跡
뗏목 타고 건넌 사람이지　　　　　　　　　　浮山之儔
명성이 아울러 따르고　　　　　　　　　　　　聲名幷隨
불교와 세속 이치 함께 닦았지　　　　　　　　眞俗雙修
업적은 돌탑에 감추고　　　　　　　　　　　　蹟藏石塔
형체는 찻잔에 비추네　　　　　　　　　　　　形照茶甌
적막한 숲속 동산에는　　　　　　　　　　　　林苑寂寞
남은 향기 배어 있네.　　　　　　　　　　　　餘香凝*

(*편집자 주 - 이 구는 한국불교전서에 한 글자 결락되어 있으나 확인할 수 없음)

● 서불암 벽 위의 운을 빌려서　　　　　　　　次西佛庵壁上
　-3수 중 두번째 수, 계사년(1893) 2월-　　　癸巳二月

조계산 산길에서 이미 길을 잃었고　　　　　　曹溪徑路已蹉過

---

9) 찬(贊): ① 게송(偈頌)으로 행업 공덕 등을 찬탄하는 시(詩)적인 문장.
10) 삼의(三衣): 스님이 입는 세 가지 옷을 가리키는데 이는 일상적인 의복이 아니라 의식이나 행사, 위의를 갖추어야 할 때 입는 '가사'를 가리킨다. 가사는 5조, 7조, 11조에서 25조까지 세 가지가 있는데 이로써 삼의(三衣)라고 지칭한다. 삼의는 원래 더운 인도 지방에서 사는 이들을 위해 만든 법의로 수행자가 이것만을 걸치고 살지만 기후가 추운 중국·한국·일본에서는 이 삼의(가사) 외에도 안에 다른 옷(가사, 내·외의 등)을 입는다.

봉우리에 갈 수 없어 지팡이를 내려놓네　　　難往峯頭杖欲斜
팔베개하고 누우니 고향 생각 날듯 말듯　　　短枕支肱鄕夢斷
바람이 대숲 일렁이니 피리소리 나는구나　　　長風排竹筑聲多
선가(仙家)의 백옥은 골짜기에 감춰두고　　　仙家白玉收藏壑
물에 비친 산 그림자 물결 위에 흩어지네　　　水國靑山散在波
차 마시고 밥 먹는 일상사 무관하니　　　　　日事無關茶飯外
세 끼니 식사는 까마귀나 주렴.　　　　　　　每獲薺食喚啼鴉

● 대운은자를 방문하다　　　　　　　　　　訪大雲隱子

은자가 머무는 곳은 오고가기 어려워라　　　隱子所居難往來
봉우리와 절벽에 가로놓인 길일세　　　　　層峯亂壁路橫開
한 발우의 송향(松香)은 선열(禪悅)의 맛이요　　一鉢松香禪悅味
가득한 한 잔의 뇌소차는 조주의 선일세　　　滿鍾雷笑趙州盃
청산과 함께 하며 바위를 타고 넘어　　　　　曾與靑山凭石塢
흐르는 물을 따라 구름을 벗어나면　　　　　更隨流水出雲坮
장생무멸초(長生無滅草)를 얻게 되리니　　　採得長生無滅草
갈옷 소매에는 석양이 들어오네.　　　　　　飄然葛袖夕陽回

【출전】 ㉠〈다송시고(茶松詩稿)〉;《한국불교전서》제12책,　pp.574～676, 1996, 동국대학교 출판부. ㉡ 금명 편,《백열록》.

【금명 보정의 생애】

　금명 보정(錦溟寶鼎, 1861~1930) 스님의 자(字)는 다송(茶松)이고 금명(錦溟)은 호이며, 또 다른 이름은 첨화(添華)이다. 일반적으로 시문집의 제목은 호를 붙이는 것이 대체적인 경향인데 유독 보정 스님은 그 문집의 제목을《다송시고(茶松詩稿)》,《다송문집(茶松文集)》이라 하였다. 이는 차를 아끼고 사랑한 탓으로 자(字)인 '다송(茶松)'을 책 제목으로 내건 것으로 생각된다.

　보정 스님은 72편 79수의 다시를《다송시고》에 남김으로써 한국불교사에서 가장 많은 다시를 쓴 스님이다. 하지만 지금까지 우리 불교사와 차의 역사[茶史]에 스님에 관해 한번도 온전히 알려진 바 없으므로 여기서는 문집 말미에 수록된〈금명보정행록초(錦溟寶鼎行錄草)〉(《한국불교전서》제12책, pp.771~773, 1996, 동국대)를 바탕으로 하여 소상하게 소개하고자 한다.

　스님은 전남 곡성군(谷城郡) 운룡리(雲龍里) 사람이다. 성은 김(金)씨이고 옛 가락국왕(迦洛國王)의 후예로 조선 인조(仁祖, 1623~1649) 시 공신 학성군(鶴城君) 김완(金完)의 11세 적손(嫡孫)이다. 할아버지는 자헌대부(資憲大夫) 환태(煥泰)이고 아버지는 통정대부(通政大夫) 상종(相宗)이며 어머니는 완산(完山) 이(李)씨이다. 임신할 때 태몽에 오색 구름이 비단같고 계곡이 팽창해 바다를 이루었다. 함풍(咸豊)11) 11년(서기 1861년) 신유(辛酉) 1월 19일 태어났다. 정수리가 높고 코가 똑바르며 나이 5세 때 스스로 이름을 '영준(英俊)'이라 하였는데 인근의 노인들이 그걸 듣고 비상한 일이라고 하였다. 11세에 입학하여 낮에는 농사짓고 밤에는 독서하는 생활을 4년 간 계속하였다. 어머니가 병들자 대소변을 직접 받아내고 눈속에서 영지(靈芝)를 채집하며 뻘에서 조개를 캐 병구완을 하였다. 20개월 간 어머니의 투병생활을 돌보자 병세는 다소 호전되었으나 가세가 탕진되어 네 아들이 각각 흩어지게 되었다. 보정은 아버지의 명으로 출가하게 되어 15세 때인 1875년 12월 20일 부모님께 하직인사를 하고 순천 송광산(松廣山)에 들어가 금련(金蓮) 화상을 은사로 득도하고 경파(景坡) 대사에게 계(戒)를 받았다. 어느 날 문득 마음이 착잡하고 머리카락이 곤두서며 몹시 어머니가 보고 싶어 스승께 고하고 집으로 달려갔다. 어머니의 명이 경각에 달렸는지라 3일간 시탕(侍湯)했으나 1876년 5

---

11) 함풍(咸豊): 청나라의 연호. 1851~1861년.

월 21일 운명하였다.

18세에 계사(戒師)를 모시고 공부하였고 이어 8~9년간 경붕(景鵬) 구련(九蓮) 혼해(混海) 원화(圓華) 원해(圓海) 범해(梵海) 함명(菡溟) 등 여러 대종사(大宗師)에게 참학(參學)하였다. 1888년 1월 부친이 돌아가셔서 영결하였고 또 은사가 병으로 앓으면서 "줄 것이 없으니 다른 스승에게 가라"고 하자 "10년간 기르고 가르쳐 주셨으며 심법(心法)을 전하는 게 우리 가풍인데 물질의 유무에 따라 어찌 도가 있겠습니까" 하고는 끝까지 은사의 병구완을 하였다. 1889년 은사가 입적하자 그 밑으로 건당(建幢)하고 보조실(普照室)에 주석하니 부휴종(浮休宗) 14세 문파(門派)였다. 1891년 봄에 본암(本庵)을 수리하여 서각(西閣)에서 제(祭) 지내는 고충을 혁파하였고 동학혁명(1894)이 일어나자 본사 청진실(淸眞室)에 주석하면서 사찰보호에 진력하였다. 1896년 봄 화엄사의 청으로 그곳에 가서 학인들을 가르쳤고 이듬해 1월 본산(송광사)의 청으로 돌아와 광원실(廣遠室)에 주석하였다.

그해(1897) 12월 문제(門弟) 눌봉(訥峰)에게 첫 전강을 하였다. 그는 전강 후 계림·사불산(四佛山)·속리산·계룡산·금강산을 편력하였다. 1899년 해인사에 가서 대장경 인출 불사에 참여해 교정과 편집 소임을 맡았고, 1900년 1월 군내의 통인(通引)이 일으킨 사찰의 폐해를 시정하는데 앞장서 해결함으로써 모든 대중이 안도하였다. 1901년 해남군 대흥사의 화재 후 본사 증명단에 참석하여 40축의 복장을 장애없이 성취하였다. 상궁 천(千)씨가 해인사에서 대구품승가리회(大九品僧伽梨會)를 열었을 때 참석하였고 하안거 해제 후에는 천씨를 모시고 송광사로 돌아왔다. 동대문 밖 원흥사에 화엄회를 설치하고 13도 고승이 회집했을 때 보정 스님도 참여해 현요(玄要)를 설하였다. 그는 1903년 5월 초 내하금(內下金) 1만 관(貫)을 받아 수레에 실어 본사로 돌아왔다. 같은 해 12월 송광사의 섭리(攝理: 지금의 주지) 소임을 맡아 1904년 가을까지 일하였다. 1905년 3월 회광(晦光) 선사가 전경(轉經) 불사로 회중에 오자

입승(立繩) 및 검경도감(檢經都監)의 소임을 맡았다.

1908년 청진암에 은거하고 있는데 의병이 일어나 일본군에 항거하였다. 이때(1908. 4. 18.) 동암과 보조암이 일시에 충화로 불탔다. 1910년 신학(新學)이 풍미하여 학교가 세워지자 한문 및 불교 담당 교사로 수년간 가르쳤다. 1914년 2월 보제당(普濟堂)에 강원이 설치되자 강석에 부임하여 학인들을 가르쳤다. 지리산 천은사 강원(1915. 3.)에서 좌주로 1년을 보냈고 1916년 1월 15일 해남 대흥사에 가서 머물다 1917년 1월 본산의 요청으로 돌아왔다. 1918년 3월 해은당(海恩堂)에서 두번째 전강을 하였다.

환갑 때인 1921년 1월 19일에는 도제(徒弟)들에게 다회(茶會)를 베풀자 수시(壽詩)가 1권의 책을 이루기도 했다. 그는 본사 주지를 맡으라는 세 번의 청도 고사하고 강원에서 7년간이나 후학을 가르쳤다. 1928년 3월 세번째 전강을 하고 정토업(淨土業)을 닦으며 만년을 보내다가 1930년 송광사에서 세수 70세, 법랍 53년으로 입적했다. 제자로는 용은(龍隱) 완섭(完燮) 등이 있다.

그는 방대한 저술을 남겼는데 《다송시고》 3권, 《다송문고》 2권, 《불조찬영(佛祖贊詠)》 1권, 《정토백영(淨土百詠)》 1권, 그리고 편록(編錄)한 것으로는 《조계고승전(曹溪高僧傳)》 1권, 《저역총보(著譯叢報)》 1권, 《석보약록(釋譜略錄)》 1권, 《삼장법수(三藏法數)》 1권, 《염불요해(念佛要解)》 1권, 《속명수집(續名數集)》 1권, 〈십지경과(十地經科)〉, 〈능엄경과도(楞嚴經科圖)〉, 〈대동영선(大東咏選)〉, 〈질의록(質疑錄)〉, 〈수미산도(須彌山圖)〉 등이 있다. 그의 주요한 저술은 대부분 1996년 동국대에서 펴낸 《한국불교전서》 제12책에 수록되어 있다.

보정 스님의 다연과 다시

스님은 사미승 시절을 보낸 후 8~9년간 여러 스승들을 찾아다니며 공부하였다. 그때 그는 대둔사의 범해 각안(梵海覺岸, 1820~1896)에게도 사사했다. 범해는 27세에 호의 시오(縞衣始悟)의 법을 잇고 개당했는데 선교학에 밝아 22년간 경전을 강론했다. 범해는 초의보다 34세가 적은 나이지만 초의로부터 차와 다도를 익혔고 초의보다 많은 수의 다시(茶詩)를 남긴 다인이었다. 26편의 다시를 쓴 범해에게 배운 보정은 그로부터 차와 다시에 대해서도 많은 영향을 받은 것으로 보인다. 왜냐하면 《범해선사문집》 제2권(한글대장경 제225권, 《초의집 外》. 여기에는 범해선사문집도 수록되어 있다. 1997, 동국역경원) 말미에 수록된 〈범해선사행장〉에는 교종(敎宗)을 전한 사람은 원응계정(圓應戒定)이요, 선종(禪宗)과 교종(敎宗)을 전한 사람은 금명 보정을 포함해 4명을 거론하고 있다. 또 범해선사집 후발을 1917년 '조계산 계생(曹溪山 戒生) 보정(寶鼎)'이 썼다. 이 두 가지 사실만 보더라도 보정 스님은 범해의 각별한 가르침을 입었음을 알 수 있는데 범해의 가르침에는 차와 다시(茶詩)도 포함되었음은 물론이다.

보정의 '행록초(行錄草)'에 의하면 그는 20대에 공부할 때 외에도 1901년 대흥사의 화재 후 불사에 증명법사로 참석하였고, 1916년에는 1년간 대흥사에 머물기도 했다. 이 세 번의 대흥사행 외에도 그가 얼마나 더 대흥사에 갔는지 알 수 없긴 하나 범해 선사와의 관계나 그곳에 머문 기간 등을 고려할 때 보정은 대흥사에서 음다풍(飮茶風)을 익혔고 초의·범해의 다시에도 영향을 받았음이 분명해 보인다. 특히 〈차를 달이다[煎茶]〉라는 제목의 다시에는 '해남의 초의 선사 동다송을 진작 읽고 / 다시 당나라 육우의 다경도 보았었네'란 시구가 있는 걸로 보아 그는 초의의 다풍(茶風)에 대하여 알고 있었음이 확실하다. 또 〈산에 살면서 한가로이 읊다[山居漫吟]〉란 제목의 시에서는 '차를 달이면 언제나 동다송을 외우고'라고 하였다. 이 시구는 보정이 초의의 동다송과 다신전, 다시들을 평소에 알고 있는 정도가 아니라 외우고 있었음을 여실히 보여 주고 있다. 따라서 그는 초의의 다시는 물론 앞에서 보았듯이 범해에게 교(敎)와 선(禪)을 물려 받은 중요한 전수자였고 그 문집의 발문을 쓸 정도의 인연이었음을 볼 때 범해의 다풍과 다시로부터도 많은 영향을 받았던 것이다.

보정의 시 가운데 〈장춘동(長春洞)〉이라는 제목의 시가 있다.

푸른 잎이 움트는 명협(蓂莢)의 밭두둑에	綠葉偸春蓂萊圃
눈에 씻은 붉은 꽃 옥매화 바다로다	紅花濯雪玉梅濱
유다(油茶)와 목밀(木蜜)나무, 소나무와 잣나무	油茶木蜜松兼栢
울창하게 푸른 그늘 사시절이 새롭구나.	鬱鬱靑陰四節新

【해설】장춘동은 대둔사가 있는 곳의 동네 이름이다.

그곳의 봄경치를 위의 시구처럼 자세하게 묘사할 수 있다는 것은 그곳에 가서 살지 않았다면 가능하지 않았을 것이다. 그는 장춘동의 4계를 잘 알고 있었음이 틀림없다. 그렇지 않다면 마지막 구절처럼 '4계절이 새롭다'는 표현을 쓸 수 없었을 것이다. 어쨌든 그는 대둔사에 있으면서 초의와 범해의 다풍을 배웠고 또한 그가 출가한 본사이자 가장 오래 주석했던 송광사 역시 차나무가 자라는 고장이므로 그의 차생활은 생애 내내 지속되었던 것으로 보인다. 그의 다양한 다시들이 이를 웅변해 주고 있는데 여기서 그의 다시를 모두 거론하기는 힘들므로 한 편만 더 음미하고자 한다.

바랑에는 솔잎 한 줌과 차 한 병	一囊松葉一瓶茶
온갖 인연 얽매임 없이	不動諸緣臥此家
옛 사람들 수행하러 결사한 일 우습구나	堪笑昔人修結社
새 소리 듣고 꽃을 봄이 무슨 방해가 되랴.	何妨聽鳥又看花

【해설】〈다송명(茶松銘)〉이란 제목의 시이다. 이 산뜻하고도 간결한 작

품 속에는 그 제목이 말해 주듯이 차를 아끼고 사랑하는 그의 마음과 더불어 수행하는 스님으로서의 맑고 청정한 심정이 극명하게 드러나 있다. '바랑에는 솔잎 한 줌과 차 한 병'이란 첫 구절은 그의 소박하고 가난한 생활의 단면이 스냅 사진처럼 단순 간명하게 표현되어 있다. 진정 도를 추구하는 수행자의 모습을 이보다 더 잘 묘사하기 힘들 지경이다. 둘째 구절은 세속의 인연 따라 끌려다니지 않는 승려의 생활 규범을 말하였고, 셋째 구절에서는 수행의 어려움과 그런 속에서의 결연한 의지를 간접적으로 나타내고 있다. 도를 닦는 자가 산중에서 '새 소리 듣고 꽃을 보는 것이 방해가 되는 것'이 아니라는 점을 강조하면서 결론짓고 있다. 바람 소리, 새 소리, 꽃 피고 달 뜨는 삼라만상이 모두 진여(眞如) 아님이 없다는 그의 경지는 선가(禪家)에서 익히 해오던 표현이다. 그러나 그의 〈다송명〉을 통해서 다시 듣는 차와 수행자의 얘기는 결코 진부하지 않다.

일제시대 전반기를 산 근대의 승려 보정 스님의 이 〈다송명〉은 임진왜란을 겪은 서산 휴정(西山休靜, 1520~1604)의 다음과 같은 다시를 감상하는 기분이 들게 한다.

낮에는 차 한 잔	晝來一椀茶
밤에는 잠 한 숨	夜來一場睡
푸른 산과 흰 구름	靑山與白雲
함께 무생사(無生死)를 말하네.	共說無生死

우리는 일제 36년 간의 혹독한 식민지 생활 속에서도 보정 스님과 같은 다인(茶人)이 있었던 것을 다행으로 생각해야 한다. 그의 다양하고 풍부한 다시(茶詩) 70여 수는 일제 암흑기에도 한국 전통차와 음다풍이 건재했음을 실증적으로 접할 수 있기 때문이다. 일제시대 일부 일본인들이 한국에는 차의 전통이 없어졌다고 말한 것은 그들이 조선을 핍박하

고 얕잡아보려는 단견에 지나지 않았음을 보정 스님의 다시가 건재함으로써 그들의 왜곡된 견해를 반박해 주고 있다. 이런 의미에서 이 납승의 이번 작업으로 보정 스님의 다시를 다시 찾아내 세상에 선보인 것도 그 의의가 작지 않다는 위안을 삼을 수 있다. 하긴 보정 스님에게만 국한되는 것은 아니겠지만.

2. 해담 치익(海曇致益): 1편

● 통도사   題通度寺

취령봉 아래 동네는 깊고	鷲靈峰下洞門深
즐비한 임궁(琳宮: 사찰의 전각)에는 법음(法音)을 송(誦)하네	櫛比琳宮誦法音
거마(車馬)가 남쪽에서 와 아침부터 거사들이 도착하고	車馬南來朝士到
전원에는 가을이 무르익어 가는데 야인(野人)이 찾아드네	田園秋熟野人尋
전각을 품은 산 기운에 구름이 난간에서 일어나고	樓含岳氣雲生檻
숲의 달은 계수나무 향을 내품는구나	桂送天香月在林
보탑에는 금개구리가 왔다가 머문 흔적이 뚜렷하고	寶塔金蛙留往跡
다경(茶經)을 반도 못 읽었는데 벌써 낮종(午鍾)이 울리누나.	茶經未半午鍾臨

【출전】〈증곡집(曾谷集)〉;《한국불교전서》제12책, pp.784~805, 1996, 동국대학교 출판부.

【해담 치익의 생애】

해담 치익(海曇致益, 1862~1942) 스님의 호는 해담(海曇), 성은 서(徐). 19세에 양산 통도사의 춘담(春潭)에게 출가했고, 용문사(龍門寺)의 용호 해주(龍湖海珠)에게 경전을 배웠다. 1894년(고종 31) 고운사(孤雲寺)에서 수월 음관(水月音觀)의 법을 이었다. 수월은 근세의 선지식으로 경허의 법을 받은 큰스님이다. 치익은 통도사 강주가 되어 후학을 지도했고, 1929년 조선불교 선교양종의 7교정(敎正: 지금의 종정)의 한 분으로 추대되었다. 계율을 잘 지켰으며, 보살계법회의 수계사로 활동하기도 했다. 통도사에서 세수 81세, 법랍 62년으로 입적했다. 저술로는 부산 대원사(大願寺)에서 1934년에 간행한 《증곡집》 1권이 현존한다. 《한국불교전서》 제12책에도 수록되어 있다.

3. 용성 진종(龍城震鍾): 다화 2편

용성 스님의 조주차

[용성 스님이] 백련암에 올라가 여름안거를 하고 있을 때다. 하루는 법상에 올라 대중들에게 말했다.
"오늘 우리 대중이 공양을 마치고 차를 마셨으니 그래 그 차가 조주차(趙州茶)와 더불어 같은가 다른가, 일러보라."
대중이 잠자코 앉아 있었다. 용성 선사는 시자를 시켜 차를 끓여 오라 하였다. 시자가 차를 내왔다. 선사가 말했다.
"이 차를 모든 대중에게 한 잔씩 주어라."
시자가 차를 따라 모든 대중에게 돌렸다. 선사가 주장자로 법상을 한 번 치고 말했다.
"조주차니라."
"……."
문득 자리에서 내려와 방장으로 갔다.[12]

【해설】이 선문답은 용성 스님이 43세 때인 1906년의 여름안거 때 있었

---

12) 《평상심이 도라 이르지 말라》, p.41, 1993, 불광출판부.

던 일이다. 이 선화(禪話)를 이해하려면 '조주차(趙州茶)'에 관해서 먼저 알아야 한다. 선가(禪家)는 물론 일반 지식인들에게도 널리 알려져 있는 조주(趙州, 778~891) 선사는 선종사(禪宗史)의 우뚝한 거봉이다. 그의 법명은 종심(從諗)이나 조주지방 관음원(觀音院)에 오래 살았으므로 조주로 더 알려져 있다.

어느 날 두 스님이 조주 선사를 방문했다. 조주가 한 스님에게 물었다. "일찍이 여기에 왔던 일이 있는가?" 그 스님이 대답했다. "왔었습니다." 조주 선사가 말하기를 "차나 마시고 가보게[喫茶去]" 또 다른 스님에게 물었다. "일찍이 여기에 왔던 일이 있는가?" 그 스님의 대답은 "왔던 적이 없습니다." 조주 선사 말하기를 "차나 마시고 가게." 이에 옆에 있던 원주(院主)가 물었다. "어찌하여 일찍이 왔던 이도 차를 마시고 가라고 하고, 온 적이 없는 이도 차를 마시고 가라고 하십니까?" 조주 선사는 "원주야!" 하고 불러 원주가 대답하자 "차나 마시고 가라."고 했다.

이 선화가 조주차에 얽힌 〈끽다거(喫茶去)〉 화두로 선가(禪家)에 널리 유포되어 곧잘 상당법어나 수시법문 혹은 법거량의 주요한 소재로 등장하곤 한다. '차나 마시고 가라[喫茶去]'는 말의 속뜻은 상대의 질문이나 답변이 핵심을 제대로 찌르지 못했을 때 행하는 꾸중의 의미가 농후하다.

백련암의 대중들은 용성 선사가 '오늘 마신 차가 조주차와 같은가 다른가?'를 질문했을 때 아무도 대꾸를 못하였다. 그러자 선사는 시자를 시켜 다시 차를 끓여 마시게 하고는 친절히 다시 일러 주었다. 그는 법상을 주장자로 내려치고는 "조주차니라" 하고 말이다. 사실 다르마(Dharma: 法, 즉 진리)의 실상을 궁구하는데 옛날과 지금이 무엇이 다르랴. 안거 수행해 법을 체득했다면 조주의 차와 당시의 차가 무슨 차별이 있겠는가. 진리의 차는 시공(時空)을 초월하는 것이다.

쌍계의 죽로차13)

 동국선원에서 겨울안거를 맞으며 용성 선사가 법당에 올랐다. 법상에 오른 선사는 대중을 한 바퀴 휘 둘러보고 말했다.
 "세상 사람들이 이 달을 시월이라 하고 오늘을 보름이라고 하는데, 알겠는가?"
 선사가 송으로 대신하였다.

겨울을 맞으니
떨어지는 물방울도 얼고
겨울이 풀리니
가는 풀도 향기 새롭다.

인삼은 맛은 달지만
진액이 나고
깽깽이풀은 맛은 쓰지만
벌레를 죽인다.

가장 좋은 것은
쌍계의 죽로차로써
옛날의 조주 늙은이를 비웃는구나.

 주장자를 세 번 치고 문득 하좌하다.

 【해설】 이 법문에서도 차와 관련하여 조주 선사가 또 등장하는데 앞에서 '조주차' 또는 '끽다거'에 대한 설명을 하였으므로 여기서는 생략한다. 이 상당법문의 요지는 음력 시월보름을 맞아 겨울안거 결제에 들어가면

---

13) 쌍계의 죽로차: 쌍계사 부근에서 생산되는 차 이름. 원래 이 상당법문의 제목은 '3. 동안거 법문'인데 필자가 임의로 '쌍계의 죽로차'로 바꾸어 붙였다.

서 선의 진수 또는 진리의 실상을 아는가? 하는 것이 용성 스님 법문의 핵심이다. 그러나 대중이 묵묵부답하자 대신 송(頌)으로 법의 실체를 은유적으로 읊었다. 선사가 송에서 말했듯이 지금 당장 '가장 좋은 것'은 내가 마실 수 있는 '쌍계의 죽로차'이지 옛날 중국땅에서 조주가 마시던 차가 아닌 것이다. 동안거 결제를 하면서 조주차의 화두를 타파한다면 안거에 들어갈 필요도 없을 것이다.

【출전】 동산 찬집, 동산 풀이, 용성 큰스님어록《평상심이 도라 이르지 말라》, 1993, 불광출판부.

【용성 진종의 생애】

용성 진종(龍城震鍾, 1864~1940) 스님은 3·1독립운동 때 민족대표 33인 중 한 분이었다. 호는 용성(龍城), 법명은 진종(震鍾), 호적명은 백상규(白相奎), 본관은 수원으로 전북 장수군 번암면 죽림리에서 1864년(고종 1) 5월 8일 태어났다. 아버지는 백남현(白南賢), 어머니는 손(孫)씨이다. 어려서부터 시를 잘 지었으며, 14세에 출가하기 위해 남원의 교룡산(蛟龍山) 덕굴(德窟)에 갔으나 부모가 집으로 데려갔다. 1879년 16세에 해인사 극락전에서 화월(華月)을 은사로 득도했다. 1884년 통도사에서 선곡(禪谷)에게 비구계와 보살계를 받았으며 칠불암 대은(大隱)의 계맥을 이었다.

그후 송광사 삼일암에서 여름안거 중《전등록》을 읽다가 크게 깨닫고 멀리 환성 지안(喚惺志安)의 법을 이었다. 1910년 하산하여 이듬해 4월 서울 종로구 봉익동에 대각사를 창건하였다. 3·1운동 때 민족대표로 체포되어 1년 6개월의 체형을 받았다. 1921년 3월 출옥하여 대각교(大覺敎)를 창립하고 삼장역회(三藏譯會)를 조직해 역경사업에 진력하였다. 이때 대각사에서《화엄경》을 비롯해 30여 경을 번역했으며 또 불교합창반을 조직해 직접 오르간을 치며 자작한〈권세가〉등 찬불가를 보급했고 한 달에 한 번씩 방생을 실시해 불교계 방생법회의 효시가 되었다. 그는 《무아(無我)》와 《불일(佛日)》이란 잡지도 발행했다. 1929년 승려의 대처(帶妻)와 육식을 금지해 달라는 탄원서를 총독부에 제출하기도 했다. 1916년 금광을 경영하고 1922년 만주 길림성 용정현에서 직접 농사를 지었으며 1927년 함양 백운산에 화과원(華果院)을 설립하여 선농병행을 실천하였다. 참선만일결사를 조직하기도 하였고 생시에 사리가 나왔으며 1940년 2월 24일 세수 77세, 법랍 61년으로 입적했다. 《귀원정종(歸源正宗)》 등 많은 저서와 동산·고암 등의 많은 제자가 있었다.

4. 회명 일승(晦明日昇): 1편

● 범어사 의상대에 올라서 　　　　　　　　登梵魚寺義湘坮

차를 마시고 천천히 걸어 옛 대에 오르니　　茶罷徐行上古坮
청량한 기운이 가슴에 들어와 마음을 씻어주네　清涼入肺洗心開
종횡으로 끝없이 하늘이 열려　　　　　　　　縱橫無際天端闢
눈에 가득 풍광이 다 이곳으로 돌아오네.　　滿目風光盡此廻

【출전】《회명문집(晦明文集)》, 1991, 도서출판 여래.

【회명 일승의 생애】

　회명 일승(晦明日昇, 1866~1951) 스님은 경기도 양주군 시둔면 직동리에서 이관석(李寬錫)의 독자로 출생. 아명은 우경(牛庚). 11세에 양주군 노해면 학림암에서 보하(寶河) 스님께 출가. 1883년 금강산 건봉사에서 비구계 받음. 1895년 건봉사 설교사로 피임. 1910년 경성 각황사 총무. 1914년 평양 영명사 주지. 1925년 제주포교당 건립. 1931년 만행하다가 금강산에 주석. 정양사·표훈사·유점사·보덕굴·철원 도피안사 등의 사적 집필. 1935년 금강산 불지암(佛地庵)에서 만일염불회 조직. 1939년 만주 목단강성(牧丹江城) 대흥사 호국선원 창건. 1941년 함북 주을에 포교당 창건. 1951년 세수 86세로 전북 임실군 대원암에서 입적했다.

5. 한영 정호(漢永鼎鎬): 13편 14수, 다른 1편

● 만일암에서 회고하다　　　　　　　　　　　　　挽日庵懷古

가섭의 연꽃은 옛 암자에서 푸르른데　　　　　　迦蓮森翠古庵懸
제주에서 돋는 해는 만리 밖 하늘에서 창창하게 빛나네.　瀛日蒼蒼萬里天
정다산이 남긴 묵향 백 년을 이어 오고　　　　　冽叟香殘百年墨
관음보살 탑 아래에는 육조(六朝)의 연기 서려 있네.　觀師塔縕六朝烟
나무 꺾인 바람에 백학이 서성대고　　　　　　　木顚風雨難巢鶴
괴석에 씻긴 창상(滄桑) 신선은 볼 수 없네.　　　石老滄桑不見仙
찻잔을 손에 들고 멍하니 생각하니　　　　　　　袖拂山茶惆悵久
초가을에 돌아갈 길 스산하구나.　　　　　　　　新秋歸夢且蕭然

【해설】 박한영 스님이 제주도 여행 때 만일암에서 읊은 시이다. 바다 건너 먼 섬나라 작은 암자에서 산다(山茶)를 마시며 생각에 잠긴 가을 나그네의 심사가 스산하다.

● 석양에 비로봉에 오르다　　　　　　　　　　　晚登毘盧峰

푸른 바다, 첩첩이 산과 같은데　　　　　　　　溟蒼疊似嶂
봉우리는 도리어 물결처럼 잔잔하다　　　　　　峰轉平吹瀾
구름이 스쳐가도 옷 젖는 줄 모르고　　　　　　着雲寧認濕

저무는 날 추위가 몰려온다	捧日卻生寒
바윗돌 나무 위엔 학마저 움추리고	嵒杉鶴脛短
차 끓이는 처마 위엔 제비집이 넓직하다	茗屋燕巢寬
북녘 능선 바라보니 옛 숲은 변함 없고	北顧陵林古
여태껏 마의태자 잊을 수 없네.	能忘太子丹

【해설】 이 시는 한영 스님이 금강산에 갔을 때 늦게 비로봉에 올라간 감회를 쓴 작품이다.

● 옛날, 비 오는 날 가다　　　　　　　　　　　古雨行
　- 7언 48구 중 서문과 1~16구 -

　내 나이 젊은 시절, 봄에 우연히 낙산(駱山)을 지나면서 한 누각을 보았다. 산을 헤치고 가서 읽으니 '금강유기(金剛遊記)'였다. 마하연에 이르러 빗속에서 교남(嶠南: 지금의 영남)의 승려 주연(周演)을 만나게 되었다. 함께 내전(內典: 불경) 수 편을 열람하였다. 주연이 비록 나이가 적으나 얼굴이 총명하고 가히 존경하고 사랑할 만하다고 운운(云云)하였다. 미상불 눈시울이 붉어짐은 눈물이 고이기 때문이다. 무릇 주연이라는 자는 나의 외우(畏友) 유운(乳雲)의 승명(僧名)이었다. 유운이 젊은 시절 나와 1년간 살았다. 그는 선행(禪行)과 더불어 문장에 있어 거의 나의 스승이었다. 고로 나는 친구지만 그를 존경하였다. 어느 해 4월에 문득 그가 나보다 먼저 입적해 어느덧 10여 년이 지나갔다. 문풍지에 눈 쌓이는 때에 홀연히 유운공의 그림자가 나타나 보였다. 움직일 수 없는 혼백(魂魄)이 깊이 감응하여 일어난 일인가. 이에 인(因)하여 〈고우행(古雨行)〉을 지어 나의 감회를 위로하고자 한다.

　是年小春　偶過駱山之一覽閣　披讀許舫山金剛遊記　及至摩訶衍　雨中得逢嶠南僧周演　共閱內典數篇　演雖年少　頗聰明可敬可愛云云　未嘗不眼欲紅而涕汪然矣　夫謂周演者　是吾畏友乳雲之僧名也　雲公少吾一年　禪行與文識　殆吾之師　故吾嘗敬畏而不敢友焉　年未四旬　奄然先我而西化　已經十餘年所　而忽子雪際紙堆間　猶

見雲公之影響 可無動魄而深感. 因作古雨行 以慰藉余懷.

산에서 가을비 만났는데 고찰에선 종소리 울리누나	蓬山秋雨古寺鍾
한 조각 회색구름[乳雲] 없어지지 않아도 맑아지네	一片乳雲澹不滅
봉신(丰神)이 역력해 곱게 보는 가운데	丰神歷歷阿睹中
앉은 곳에서 누런 책을 집어 차례로 살피니	坐處黃卷取次列
진세 이야기지만 약간의 그윽함을 엿볼 수 있었다	得逢玄度揮塵譚
웅대함은 흐르는 물 같고 격할 때는 할(喝)을 하기도 하였다	應對如流激成喝
보는 것만으로는 안 되어 내가 그를 건드려 보고 싶었다	我欲叩之不可見
유유함은 푸른 하늘 같으나 다만 쓸쓸함이 배어나올 뿐이었지	悠悠空碧只寥沉
이것이 백학봉 앞에서 그를 만난 시작이었다	白鶴峰前始逢君
작은 봉(鳳)의 문채(文采)는 그 무리 가운데서 뛰어났고	么鳳文采出其群
운문사(雲門寺)의 봄등[春燈], 쌍계사(雙溪寺)의 차[茗]	雲門春燈雙溪茗
느낌이 다 하도록 그와 더불어 문장을 자세히 논하였네	儘覺與君細論文
그는 요하(遼河)를 건넜고 나는 네모난 병이었다	君渡遼河我方壺
찐득하고 어지러운 음성에 나는 듣기가 힘들었지	渺然聲耗我難聞
홀연히 설산(雪山)의 내원(內院)에 가을이 왔다	忽於雪山內院秋
눈 푸른 자는 다시 머물고 고인(故人)은 구름이 되었네.	靑眼更着故人雲
(하략)	(下略)

●내장산의 눈을 감상하는 30운을 학명(鶴鳴)14) 선사에게 기증하다	內藏賞雪三十韻 寄贈鶴鳴禪師

---

14) 학명(鶴鳴): 계종(啓宗, 1867~1929)의 호. 성은 백(白). 전남 광양 사람. 모필 행상으로 부모와 형제를 돌보다가 1886년 20세에 부모가 죽자 무상을 느끼고 명산 유람의 길을 나섰다. 어느 날 전북 순창 구암사에서 당대의 강백인 설두 유형(雪竇有炯)이 40여 명의 학인들에게 강경하는 모습을 보고 큰 충격을 받아 불갑사의 금화(錦華)에게 출가했다. 구암사·선암사 등지에서 경학을 공부한 후 1900년 34세에 구암사에서 강의를 시작한 이래 여러 절에서 후학 양성에 힘썼다. 그러나 불교의 궁극적 목표가 생사해탈에 있음을 깨닫고 학인들을 해산시킨 다음 밤낮을 가

- 전 58구 중 1~31구 -

내장산이 울어 단풍이 들었구나	藏山鳴以楓
가을날이 이미 빠르게 흘러	秋日已流邁
내 행로가 한겨울에 접어들었네	吾行及仲冬
기왕의 절승(絶勝)을 왜 다시 말하랴	復値絶勝槪
눈이 개이니 일천 봉우리가 수려한데	雪晴千崑秀
한 줌 흙도 없이 깨끗하구나	淨無寸土載
깎아지른 계곡은 절벽을 휘돌고	斷磎回截壁
폭염 쬐인 곳은 거북이 등처럼 역력하구나	歷歷曝龜背
옥룡(玉龍)이 3백만인데	玉龍三百萬
만약 싸움이 일어나도 서로 참지 않네	若鬪不相耐
지혜가 궁하면 붕괴되고	智窮乃崩壞
허공에 가득한 비늘 갑옷도 패하며	滿空鱗甲敗
백전노장이라야 개선해 돌아오네	凱還百戰將
머리카락은 희고 얼굴은 흉터가 있으며	皚髮面帶癩
줄지어 앉아 겁박하며 이야기하네	列坐說往劫
물소리들은 잔들어 풍폐(豊沛)를 노래하고	泛杯歌豊沛
여러 천녀(天女)들은 꽃처럼 흩어져 내리네	散花諸天女
영산회[15]는 교교(皎皎)한데	皎皎靈山會
조용히 사리불(舍利弗)[16]과 마주하네	靜對舍利弗

리지 않고 정진하여 크게 깨달음을 얻었다. 그후 내소사와 월명사 등지에서 선풍을 일으켰다. 만년에 내장사 주지에 취임하여 선실을 세우고 황무지를 개간하여 벼 40석을 수확하는 농토를 확보했다. 1929년 5월 6일 내장사에서 세수 63세, 법랍 43년으로 입적했다(《조선불교통사》《한국불교인명사전》).
15) 영산회(靈山會): 석존이 영축산에 있으면서 설법하던 때의 모임을 말함. 주로 《법화경》을 설하던 모임. 이 시에서는 내장사의 법회 또는 절을 가리키고 있다.
16) 사리불(舍利弗): 부처님 10대 제자 가운데 지혜제일. 마갈타국 왕사성 북쪽 나라(那羅)촌에서 나다. 이웃의 목건련과 함께 외도 사연(沙然)을 스승으로 섬기다가 뒤에 마승비구로 인하여 석존께 귀의하여 자기의 수행과 함께 남을 교화하기에 노력, 석가 교단 가운데 주요한 지위의 인물이 되었다. 석가보다 먼저 입적하였다.

흡사 부처님의 계(誡)를 들음과 같은데　　　　　似聽金仙誡
늙은 나무들은 괴이쩍게 여기네　　　　　　　　怪爾老樹子
의의함이 다하면 크게 조치해　　　　　　　　　依依窮措大
어찌 한강곡(寒江曲)을 노래하지 않으랴　　　　以何寒江曲
번잡하게 내리는 우둔한 비도 무언가를 뚫나니　垂綸穿褲襪
쉬라는 말에도 아랑곳하지 않고 염소처럼 계곡을 깎음이　休言剡溪羔
용문보다 배나 더 하네　　　　　　　　　　　凌過龍門倍
산 중심에 푸른 연꽃 절이 있고　　　　　　　　山心碧蓮寺
희고 깨끗한 보물[즉 눈]이 벼리[근본]를 덮으니　白淨寶綱蓋
소림사를 다시 개척한 것 같구나　　　　　　　少林重開拓
대나무 숲은 크게 푸르고　　　　　　　　　　竹樹青介介
차 연기[茗烟]는 반 전자(篆字)처럼 서렸구나.　茗烟凝半篆
(하략)　　　　　　　　　　　　　　　　　　(下略)

● 구암산에서 여름을 보내던 중　　　　　　　龜山消夏中高
　고춘곡(高春谷)이 내방하여 함께 읊다　　　春谷來訪共吟
　- 7언율 2수 중 첫번째 수 -

좋은 습관은 닦기가 어려운데 자신을 별처럼 빛내누나　綺習難磨鬢己星
서쪽 창에 밤비 내리는데 뜻은 성성(惺惺)하도다　　　西牕夜雨意惺惺
차샘[茗泉]이 쉽게 풀리니 강남이 더위를 먹고　　　　茗泉易解江南喝
한북정(漢北亭)에는 아직 시의 꿈이 많다네　　　　　詩夢猶多漢北亭
필경은 돌아가 남은 바둑을 몇 번이나 보았던가?　　 幾看殘棋竟輪局
막걸리가 질펀하니 함께 망형(忘形)하네　　　　　　漫將濁醪共忘形
무수한 흰 구름이 봉우리와 골짜기에 잠기는데　　　 白雲無數藏峰壑
단지 바위 가운데 솔이 홀로 푸름을 사랑하네.　　　 只愛岩松獨放靑

● 진(秦) 회하(淮河)의 다루(茶樓)에서　　　　　秦淮河茶樓

진(秦)의 회하(淮河) 가에 여린 가을바람 불고　　秦淮河畔少秋風
구부러져 들어가니 꽃기운 속에 술냄새 풍기네　　枉入酒香花氣中
향기로운 전각에 춘심 깊은데 차가 가득 끓고　　芳閣春深茶沸海
푸른 구름 속 그림 다리에 객은 기러기 신세네　　畫橋雲碧客猶鴻
누가 가련한 숙보(叔寶)의 궁사(宮詞)를 노래하는데　誰唱宮詞憐叔寶
높은 버드나무에 매여 있는 푸른 말을 보지 않았는가?　不見高柳繫青驄
고슴도치가 모인 것 같은 인생 꿈이 시끄럽구나　蝟集人生紛在夢
가련하게 내 한갓 꿈속에 봉해지는 것을 하지 말아야지.　嗟吾莫是南柯封

【해설】이 시는 한영 스님이 중국을 여행하면서 회하(淮河) 가에 있는 다루(茶樓)에서 지은 기행시이다.

● 운교장을 방문하여 노송옥 및　　　　歷訪雲橋莊與盧松
　송계·곤제와 더불어 함께 읊은 부(賦)　玉及松溪昆弟共賦
　- 7언율 2수 중 첫번째 수, 6월 14일 -　六月十四日

열호(洌湖)에서 20년 아까운 세월 보내면서　　洌湖廿載惜分飛
서로 방문해 더러 머리 엉켜가며 여름을 보냈지　破夏相尋鬢髮稀
문의 버드나무가 무성하여 늘어졌고 푸르름이 가득한데　門柳葳蕤藏研碧
차 연기[茗烟] 아득하게 엉켜 돌아오는 구름 물들이네　茗烟黯澹染雲歸
물가 농막 생각하며 모여서 독서할 때　　結廬時讀思汾墅
물속 자갈에 속 끓이며 낚시 마치고 낮게 읊었지　罷釣沉吟認渭磯
아가위나무 무성한 못에 이르러　　　華華臨池唐棣樹
연꽃 옷 비치는 데서 머리 맞대고 시를 읊었지.　交頭吐萼映荷衣

● 성북동 용화묘 시회　　　　　城北洞龍華廟詩會
　- 5월 16일 -　　　　　　　五月十六日

삼청동을 답파하고 북문을 지났지　　　　　　　踏破三淸過北門
숲 울창한 작은 묘(廟)는 낮에도 어두웠다　　　　森蒼小廟晝猶昏
비 기운 남았는데 돌 사이 물은 비폭(飛瀑)을 이루고　磵添飛瀑雨殘氣
원(園)에는 꽃진 흔적 아래 푸른 복숭아 달렸네　　園結碧桃花沒痕
성곽의 소나무는 어두운데 나뭇꾼의 피리는 감흥을 일으키고　樵笛感生松暗堞
지껄이며 떠 있는 방칫돌 건너니 석명촌(石明村)이네　漂砧誼渡石明村
차샘에서 향그러운 식사하니 풍류가 맑구나　　　茗泉香飯風流澹
이 밖에 인간이 어찌 족함을 논하리.　　　　　此外人門豈足論

- 이난곡(李蘭谷)이 내방하여　　　　　　　　李蘭谷來訪大
  대원산방(大圓山房)17)에서 함께 읊다　　　　圓山房共賦
  -8월 21일-　　　　　　　　　　　　　　八月二十一日

맑은 가을날 만산(萬山)을 답파하고 쉬나니　　　萬山踏破憩秋晴
옛성을 나서니 지팡이와 신발이 어찌 수고롭지 않으랴　杖屨何勞出古城
주흥을 사도 빌어온 탑전에 부끄러움이 없는데　借榻慚無沽酒興
경전 끈을 풀고 함께 기뻐하며 종소리 듣네　　　繙經喜共聽鍾聲
돌을 쓸고 향 피워 푸른 전서(篆書) 쓰나니　　　拂石添香成篆碧
샘물 길어 솥 끓여 맑은 차 마시네　　　　　汲泉烹鼎試茶淸
저무는 날 소나무 바람 소리 들으며 오래 망형(忘形)하나니　松風斜日忘形久
세 번 웃는 정이 계곡의 다리에서 믿으며 시작되네.　始信溪橋三笑情

- 순창의 운교(雲橋)와 더불어　　　　　　　　淳昌雲橋與松玉
  송옥(松玉) 송계(松溪) 형제와 함께 읊다　　　松溪伯仲共賦

내가 해마다 6월의 맑음을 맞으니　　　　　　我到年年六月晴

---
17) 대원산방(大圓山房): 서울 동대문구 안암동에 있는 개운사(開運寺) 안에 있던 대원암(大圓庵)을 가리킨다. 한영 스님은 이곳에서 불교전문 강원의 강백으로 많은 후학들을 지도 육성하였다.

솔과 대나무 푸름을 더하며 물은 맑음이 넘치네　　　　松筠添綠水逾淸
성긴 숲속의 찻집[茗屋]은 매미 소리 차갑고　　　　　林疎茗屋蟬吟冷
가는 구름 무늬 연지(硯池)에는 거위가 밝게 서 있네　雲細硯池鵝立明
대자리에 올라 문장과 술을 길게 얘기하면서　　　　　登簟欲長文酒話
난간에 의지해 해산까지의 거리를 추계(追計)하네　　 凭欄追計海山程
천석(泉石)이 가까와 푸름이 늦음은 혹 그러하고　　　晚綠儻許隣泉石
밤에 서로 방문하니 북두칠성이 기울었네.　　　　　　卜夜相尋抵斗傾

- 오대산 상준상인귀(尙埈上人餽)에게　　　五臺山尙埈上人
　나의 진실한 소(眞蔬) 한 수레의 글로써　餽我眞蔬一車賦
　장구(長句)를 드린다　　　　　　　　　　以長句而贈之
　-갑술년(1934) 3월-　　　　　　　　　　 甲戌 三月

오대산 북쪽에 진실한 소(眞蔬)를 내놓으니　　　　　五臺之北出眞蔬
이미 많은 시간 천하에서 들었으리　　　　　　　　　聞於天下已多時
설산의 약초는 익기를 견디며　　　　　　　　　　　　雪山藥草孰堪嘗
강 왼쪽 순나물 국은 쉬는 것이 도(道)이다　　　　　江左蓴羹休道之
꽃 지는 3월 비가 처음 개이고　　　　　　　　　　　落花三月雨初霽
난초 닮은 줄기를 뽑아 애청의 푸름을 없애네　　　　抽莖似蘭紺靑披
옥판을 세로로 세우고 좋은 설법하나니　　　　　　　縱輪玉版善說法
그 말과 시는 향그럽고 깨끗하며 따뜻하고 돈독하다　香潔溫敦可言詩
채색한 가득찬 대광주리는 골짜기 입구를 나가고　　 采之盈筐出谷口
무수히 많은 흰 구름 아득하게 따르네　　　　　　　　無數白雲漫欲隨
돌솥을 끓이니 물소리는 푸른빛을 띄고　　　　　　　煎來石鼎泛綠光
향풍(香風)이 진진하니 누구와 더불어 함께 하랴　　 香風陣陣付與誰
반 병의 차가 익으니 솔바람[松潮] 일어나고　　　　 半瓶茶熟起松潮
또 범종소리 있어 영기(靈機)를 두드리네　　　　　　又有鍾梵敲靈機
야인(野人)의 좋은 미나리는 필경 세속으로 돌아가고　野人美芹竟歸俗

진미(眞味)를 가히 더불어함은 군자(君子)이어라.　　　　　眞味可與君子持
(하략)　　　　　　　　　　　　　　　　　　　　　　　　(下略)

● 구암산 봄비에 대한 감흥　　　　　　　　　　　　　　　龜山春雨雜感
　- 7수 중 다섯번째 수, 을해년(1935) 3월 13일 -　　　　　乙亥三月十三日

푸른 수염, 붉은 얼굴, 묻노니 몇 년이나 되었는가　　　綠鬢朱顔問幾年
기억 속의 스승 찾으니 서쪽에서 종 울리네　　　　　　尋師憶上鍾西邊
이제 흰머리로 와서 진실한 감회 이루고　　　　　　　　今來皓首眞成感
온 허공에는 원숭이와 학인데 차 연기가 맑구나.　　　　猿鶴全空澹茗烟

● 난곡거사만　　　　　　　　　　　　　　　　　　　　蘭谷居士輓
　- 10수 중 다섯번째 · 아홉번째 수 -

[5]

소슬한 절로 돌아오니 이미 가을 바람 부는구나　　　　歸來蕭寺已秋風
숲 끝에 단풍 드니 계곡을 거닐며 감흥에 잠기네　　　　乘興過溪林杪紅
엎드린 돌은 막걸리의 흥취를 알지 못하리라　　　　　　顚石不知沽酒趣
다만 마른 차를 달이니 그대의 말이 허공에 맴도네.　　但烹枯茗話空空

[9]

다천(茶川)은 획획 난간을 돌며 울어대고　　　　　　　茶川瀝瀝繞欄鳴
이 북망산에 내리던 영우(靈雨)가 갬을 아는가?　　　　知是北山靈雨晴
잠시 뜨거움 식히며 쉬는데 괴목나무의 그림자 고요하다　暫息熱炎槐影靜
초지(初地)에 오른 모습 망정(忘情)에 얽매이지 않는구나　容登初地倘忘情

　[다동 거사는 만년에 성문 밖 계류 있는 곳에 살았다.(茶洞居士晩暮所居門外有
溪流)]

【출전】《석전시초(石顚詩鈔)》, 1940, 동명사.

옥보대(玉寶臺) 아래 다풍(茶風)이 크게 무너지다

《다경(茶經)》에 말하기를 차는 남쪽에서 나는 아름다운 나무이다. 나무는 과로(瓜蘆)와 같고, 잎은 치자(梔子, 梔子) 나무와 같고, 꽃은 흰장미(白薔薇)와 같고 꽃술은 황금(黃金)과 같다. 가을철에 꽃이 피며 청향이 은연(隱然)하다. 열매는 병려(栟櫚)와 같고 줄기는 정향(丁香)과 같고 뿌리는 호도(胡桃)와 같다. 당나라 책《은일전(隱逸傳)》에 이르기를 숙종(肅宗) 상원(上元) 연간에 육우(陸羽)가 있어 자(字)는 홍점(鴻漸)이라 하며 학문이 깊고 차를 즐기어 《다경(茶經)》 3편을 저술했다. 말하기를 차(茶)의 근원, 제법, 기구 등을 모두 갖추어 천하 사람들에게 이로운 차 마시기를 알게 하였다.

《다경》에 이르기를 차에는 구난(九難)이 있으니 첫째는 차를 만드는 법이고(造), 둘째는 차를 감별하는 것이고(別), 셋째는 차 끓이는 그릇이고(器), 넷째는 불을 다루는 것이고(火), 다섯째는 물이고(水), 여섯째는 차를 말리는 것이고(炙), 일곱째는 가루차를 만드는 일이고(末), 여덟째는 차를 끓이는 일이고(煮), 아홉째는 마시는 일이다(飮).

흐린 날 차를 따고 밤에 볶는 것은 차 만드는 법이 아니고, 냄새를 맡거나 입맛을 보아 감별하는 것은 감별이 아니며, 비린내나는 찻잔이나 노린내 나는 솥은 그릇이 아니며, 진이 나는 나무나 덜탄 숯은 불이 아니다. 물살이 빠르게 흐르는 여울물과 고여 있는 물은 물(찻물)이 아니며, 겉만 익고 속은 생 것으로 되면 구운 것이 아니며, 푸른 가루나 티끌이 바람에 날리는 것은 가루내는 것이 아니며, 서투르게 마구 다루거나 휘젓는 것은 달이는 것이 아니며 여름에는 마시고 겨울에 폐하는 것은 마시는 것이 아니다.

《만보전서(萬寶全書)》에 이르기를 차에는 진향(眞香)이 있고, 난향(蘭香)이 있고, 청향(淸香)이 있고, 순향(純香)이 있다. 겉과 속이 똑같은 것을 순향이라 하고, 익지도 않고 타지도 않은 것을 청향이라 하고, 불 기운이 균일한 것을 난향이라 하고, 비 오기 전의 신령스러움을 간직한 것을 진향이라 하는데 이를 4향(四香)이라 한다. 초의 선사의 동다송(東茶頌)에 이르기를 구난사향(九難四香)이 있는데 현묘하게 다루어야 한다. 어떻게 가르치리요.

옥보대 아래에서 좌선하는 무리들이 자주(自註)에 이르기를, 지리산 화개동(花開洞)의 사오십리에 모두 차가 나는데 자갈밭이다. 화개동 위에 옥보대가 있고, 대 아래에 칠불선원(七佛禪院)이 있는데, 좌선하는 스님들이 항상 늦게 늙은 차잎을 따서 햇볕에 말리고 솥에 달이기를 마치 나물국 끓이듯 하니 매우 탁하고 색이 붉다. 맛은 심히 쓰고 떫으므로 내가 항상 말하기를 천하에 좋은 차를 속된 솜씨로 버려 놓았다고 했다. 동다송에 그 개요를 말하였는데, 지리산은 차의 산지인데 오직 화개동만 산의 서남쪽으로 수백리 땅에 차가 나지 않는 곳이 없다. 악양면(岳陽面) 화개면(花開面) 와룡면(臥龍面) 등이 비록 거친 농촌이지만 차를 끓여 아침저녁으로 식사 후에 늘 마시지 않는 집이 없다. 이곳 사람들은 탕약(湯藥)으로 알고 겨울에 감기에 걸렸을 때 땀을 내는 약으로 사용한다. 소위 다풍(茶風)이 크게 무너진 것이다. 어찌 다법(茶法)을 논하리요. 석생(石生: 石顚漢永 스님)이 스님(초의)의 말이 있음을 알고 있는데, 차가 많이 나지만 방초(芳草)와 다르지 않다고 들었다. 무릇 수선화(水仙花)는 꽃 중에는 신품(神品)이다. 서울의 운율을 아는 사람들은 이를 보배롭게 중히 여겼다.

 그런데 저 영주도(瀛洲島: 제주도)의 산중 밭이나 물가 언덕에는 수선화가 많이 자생한다. 그러므로 돌아올 때는 새벽같이 침입하여 호미로 매는 폐단이 있다고 완당(阮堂) 김정희가 수선화부(水仙花賦)에서 말했다.

 또 산창수죽(山窓脩竹)을 애호하지 않는 이가 없다. 그러나 지금은 대나무가 없어 사람으로 하여금 속되게 한다. 소장공(蘇長公)을 보면 문호주(文湖州) 시(詩)에 이르기를, "한천(漢川)의 긴 대나무는 쑥대같이 흔해도 일찍이 큰 도끼 맞는 죽순만은 면했네. 헤아려 청빈한 태수직(太守職)을 얻었고, 재상의 천이랑 밭은 가슴 속에 있네(漢川脩竹賤如蓬 斤斧何曾赦籜龍 料得清貧饞太守 渭濱千畝在胸中)."라고 하여 호주(湖州)로 하여금 크게 웃게 하였으니 책장에 가득한 죽순을 꾸짖었다. 그곳 대나무는 많아서 귀하게 여기지 않는다.《형초세시기(荊楚歲時記)》에 이르기를 형산(荊山)의 사람들은 옥(玉)을 까치에게 던진다 하였다. 공자가 이르기를 기린은 성인을 위해서 난다고 하였는데, 노애공(魯哀公)께서 서쪽을 순행하실 때 기린을 잡았는데 공자가 춘추를 집필하다가 획린(獲麟)에 이르러 붓을 놓았다. 급기야 창려(昌黎)가 획

린해도(獲麟解道)를 찬했는데 기린은 신령스럽고 소소(昭昭)하여 성인과 같다. 반드시 알리라. 기린의 과보가 상서롭지 아니하다는 것이 아님. 그러나 지금은 아비주(阿非洲)의 사슴 중에는 기린을 닮은 것이 매우 많아서 곰과 돼지, 개와 양이 서로 다르지 않아 진짜와 같다. 누가 능히 판단하리요. 다풍(茶風)이 크게 무너진 후에 덧붙여 논하니 매우 유감스런 일이다.

玉寶臺下茶風大壞

茶經云 茶南方嘉木 樹如瓜蘆 葉如梔子 花如白薔薇 心黃如金 當秋開花 淸香隱然 實如栟櫚 蔕如丁香 根如胡桃 唐書隱逸傳云 肅宗上元間 有陸羽 字鴻漸 有文學 嗜茶 著茶經三篇 言茶之原之法之具 充備 天下益知飮茶矣 經云 茶有九難 一曰造 二曰別 三曰器 四曰火 五曰水 六曰炙 七曰末 八曰煮 九曰飮 陰採夜焙 非造也 嚼味嗅香 非別也 羶鼎腥甌 非器也 膏薪庖炭 非火也 飛湍壅潦 非水也 外熟內生 非炙也 碧粉飄塵 非末也 操艱攪外 非煮也 夏興冬廢 非飮也 萬寶全書云 茶有眞香 有蘭香 有淸香 有純香 表裡如一 曰純香 不生不熟 曰淸香 火候均停 曰蘭香 雨前神具 曰眞香 是謂四香也 草衣禪師東茶頌 有曰 又有九難四香玄妙用 何以敎得 玉寶臺下坐禪衆 自註云 智異山花開洞四五十里 皆是茶生之石田 洞之上 有玉寶臺 臺下 有七佛禪院 坐禪者 常晚採老葉 曬乾煎鼎 如烹菜羹濃濁色赤 味甚苦澁 故余常云 天下好茶 爲俗所壞 東茶頌 惟其槪言之耳 智異山 茶生之地 不唯花開洞 山之西南數百里之地 無非產茶 而若其岳陽花開臥龍等面 雖蜑戶農村 以煎茶湯 不唯朝暮飯后之飮 認爲湯藥 雪候感冒 用作發汗之劑 所謂茶風大壞者 何論茶法 石生 抑有說言產茶之多 與佗芳草 無別故耳 夫爲水仙花者 花之神品也 京洛韻人之案 護若重寶 然于彼瀛洲島 山田水涯 都是水仙花 故還爲侵晨荷鋤者 所病焉 阮堂賦嘗言之矣 且山窓脩竹 非不愛好 而至吟無竹令人俗之句 及見蘇長公 贈文湖州詩云 漢川脩竹賤如蓬 斤斧何曾赦籜龍 料得淸貧饞太守 渭濱千畝在胸中 令湖州 絶倒 噴筍滿案 以其竹多 故不貴者爾 荊楚歲時記 有云 荊山之人 以玉抵鵲 仲尼之所稱麒麟者 爲聖人而生者 故魯哀公 西狩得麒麟云 絶春秋筆於獲麟 及若昌黎 撰獲麟解道 麟之爲靈也 昭昭 乃至成人者 必知麒麟之果不

爲不祥也 然至于今 阿非洲內鹿群中 似麒麟者 甚衆 與熊豕犬羊無異云 眞似 誰能辨之 附論茶風大壞後 而重有感焉.

【출전】 석전 영호(石顚映湖),《석전문초(石顚文鈔)》, pp.25〜27, 1962, 법보원.

【한영 정호의 생애】

한영 정호(漢永鼎鎬, 1870〜1948) 스님의 법명은 정호(鼎鎬)이고 한국 근대 불교교육의 선구자이자 후학 양성에 지대한 공헌을 한 분이다. 호는 영호(映湖)·석전(石顚)·한영(漢永). 성은 박(朴). 전북 완주(전주)에서 1870년(고종 7) 8월 18일 태어났다. 아버지는 박성용(朴聖鏞), 어머니는 강(姜)씨이다. 어려서 유학을 공부하다가 17세에 어머니가 전주 위봉사의 금산(錦山) 스님으로부터 생사에 관한 법문을 듣고 와서는 이를 그에게 전하자 출가의 뜻을 품었다. 19세에 전주 태조암(太祖庵)에서 금산에게 득도했다. 1890년 장성 백양사 운문암에서 환응 탄영(幻應坦泳)에게 사교를, 1892년 선암사 경운(擎雲)에게 대교를 수학했다. 순창 구암사에서 설유 처명(雪乳處明)의 법을 전해받았다. 1896년부터 구암사·대흥사·법주사·화엄사·범어사 등지에서 불법을 강의했다. 1910년 회광(晦光)이 일본 조동종에 한국불교를 예속시키려 하자 한용운 등과 함께 반대 운동을 하였다. 1913년《해동불교》지를 창간하였다. 1914년 고등불교강숙의 교육에 참여한 이래 중앙학림, 서울 개운사 대원암의 불교강원에서 후학양성에 힘썼다. 그뒤 조선불교월보사 사장, 불교전문학교 교장 등을 역임하고 1929년 조선불교 선교양종 교정(敎正) 일곱 분 중 한 분으로 추대되었고, 광복이 되자 첫 교정에 다시 추대되었다. 1948년 2월 정읍 내장사에서 세수 79세, 법랍 60년으로 입적했다. 저술로 4백여 수의 시를 수록한《석전시초》가 있고 그 외《석림수필》《정선치문집화》《정선염송설화》《계학약전(戒學約詮)》《염송신편》 등이 있다.

한영 스님의 다시(茶詩)

　스님의 시집《석전시초》에 의하면 그는 제주도와 금강산 여행 때 쓴 기행시 2편에서도 차에 관해 읊고 있다. 〈만일암에서 회고하다〉라는 제목의 시에서는 제주도 만일암에서 섬불교의 자취를 묘사한 후 "찻잔을 손에 들고 멍하니 생각하니 초가을에 돌아갈 길 스산하구나" 하면서 당시의 험한 뱃길 여행을 걱정하기도 하였다. 금강산에서는 〈석양에 비로봉에 오르다〉라는 제하의 시에서는 비로봉의 풍광을 서경한 후 "차 끓이는 처마 위엔 제비집이 넓직하다"라고 읊었다. 학명(鶴鳴) 선사에게 내장산의 눈[雪]을 감상하는 30운의 긴 시를 주면서 "차 연기[茶烟]는 반 전자(篆字)처럼 서렸구나" 하였다. 그는 중국을 기행하면서 회하(淮河)의 다루(茶樓)에서 차 끓이는 모습을 읊기도 하였고 노송옥(盧松玉) 등의 벗과 운교장(雲橋莊)에 노닐면서 "차 연기[茗烟] 아득하게 엉켜 돌아오는 구름 물들이네" 하고 노래하기도 하였다.
　그의 다시 가운데 차를 보다 자세하게 묘사한 것은 〈이난곡(李蘭谷)이 내방하여 대원산방(大圓山房)에서 함께 읊다〉라는 시이다. 그는 그 시에서 "샘물 길어 솥 끓여 맑은 차 마시네"라고 하여 물을 길어 솥에 끓여 마시는 것까지 비교적 상세하게 차 마시는 이야기를 시 속에 표현하였다. 난곡과는 우의가 절친했던 모양이다. 훗날 난곡이 먼저 죽자 한영 스님은 10수의 만사(輓詞)를 쓰면서 그 중 2수에 차 이야기를 언급하고 있다. 한영 스님은 다시에서 '차 다(茶)' 자보다 '명연(茗烟)·명옥(茗屋)' 등과 같은 '차싹 명(茗)'자를 더 많이 사용하였다. 어쨌든 그는 일제시대의 몇 분 되지 않는 중요한 다인(茶人)이었다.

6. 만공 월면(滿空月面): 茶話 2편

끽다헌다 - 고봉선화

어느 날 [만공]스님이 차를 마시다가 고봉 선화(古峰禪和)18)가 들어오는 것을 보고 이르되, "여보게! 나 차 마시네." 하니 고봉이 말없이 앞에 나아가 차를 한 잔 따라 올리고 합장한 뒤 물러났다. [만공]스님은 아무 말 없이 문득 쉬시다.

喫茶獻茶 - 古峰禪和

古峰禪和 有時 便入室 師適喫茶 顧云 善來古峰 吾今喫茶 峰卽進獻椀茶 而合掌拜退 師 便休去.

【해설】이 일화는 다화(茶話)라기보다는 선가(禪家)의 법거량(法擧揚)이

---

18) 고봉 선화(古峰禪和): 고봉(1901~1969) 스님의 본관은 진주, 이름은 강욱재(姜旭在) 또는 강진수(姜秦秀), 아버지는 강영곤(姜永坤)이다. 황해도 장연군 도습리에서 태어나 한학을 배웠고 13세에 5세 위의 부인과 혼인했으나 17세에 부인이 죽었다. 그 뒤 방랑길에 올랐다가 개성에 정착하여 포목상을 경영했으나, 인생의 근본 문제를 풀고자 1925년 25세에 친구 금초(錦草)를 따라 서울 대각사의 용성 진종(龍城震鍾)에게 출가했다. 도봉산 망월사에서 용성의 만일결사도량(萬日結社道場)에 참여·정진했고 양산 내원사로 옮겨 4년 정진했다. 1930년부터 유점사·마하연·석왕사 등지의 선원에서 수행했으며, 특히 석왕사에서 큰 깨달음을 얻었다. 그 뒤 해인사에서 대장경을 열람하고 통도사 강원에서 공부했다. 1943년 해인사 강사로 취임했고, 이어 은해사 강사로 초빙받아 그곳에서 만공 선사와 선문답을 나누고, 술과 여자까지도 물리치지 않는 이행(異行)을 보였다. 그러나 술을 마시면서도 취하는 법이 없었고 여자를 택하면서도 집착하지 않았으며, 일체의 형식을 초월해서 살았다. 사람들은 그를 '주고봉(酒古峰)'이라 불렀으나, 언제나 새벽 세 시에 일어나 경을 연구하고 선정에 들었으며, 학인들을 가르칠 때에는 그 엄격함이 대단했다. 1969년 세수 70세, 법랍 45년으로 입적했다. 제자로는 우룡(雨龍) 고산(杲山) 등이 있다.(《한국불교인명사전》)

라고 해야 옳을 것이다. 《만공법어》에도 '거량(擧揚)'편에 들어 있다. 부제(副題)가 '고봉 선화(古峰禪話)'로 되어 있듯이 이 차 이야기는 불교 선승들간의 선문답(禪問答)에 속한다. '고봉선화'란 직역하면 '선승 고봉 스님의 선(禪)에 얽힌 일화'라고 할 수 있다. 세속에서 선문답을 납득할 수 없는 요령부득의 대화라는 의미로 많이 사용하나 여기서는 선종(禪宗) 본연의 법거량이다. 따라서 내용에 대한 설명은 생략하겠다. 원래 법거량은 선화(禪話)를 주고받은 두 사람만 이심전심으로 아는 일이고 그러한 법거량에 후학인 내가 어줍잖은 해설을 덧붙여 보았자 '입을 열면 이미 틀렸다[開口卽錯]'는 핀잔을 받을 것이 확실한데 무엇하러 쓸데없이 뱀의 다리[蛇足]를 그려넣는 괜한 짓을 하겠는가.

차 한 잔 마시다 - 시자와 함께 즐기다

어느 날 스님이 한가로이 앉았을 때 진성시자(眞惺侍者)19)가 차를 달여 가지고 왔다. [만공]스님이 이르되, "아무 일도 않는 사람에게 왜 이렇게 차를 대접하는고?" 하매, 시자가 한 걸음 다가서며, "노스님, 한 잔 더 잡수십시오." 하였다. [만공]스님이 "허허……" 하고 웃었다.

喫茶一杯 - 侍者同樂

一日 和尙閑坐 眞惺侍者 煎茶而獻供 師云 我今不勞而閑坐 如是供茶 何所以 侍者進云 願大老師 復一杯 和尙噓噓大笑.

---

19) 진성시자(眞惺侍者): 현재 예산 수덕사 덕숭총림의 방장(方丈)인 원담(圓潭) 스님의 사미승 때의 법명이 진성(眞惺)이었다. 그리고 시자(侍者)란 노스님이나 은사 스님 등의 시중을 들며 잔일을 하는 어린 스님을 일컫는 말이다.

【해설】《만공법어》에는 이 다화(茶話)에 대하여 '일을 아니하는 일이 더욱 크도다'라는 평(評)이 붙어 있다. 불교는, 특히 선종에서 '유위법(有爲法)'보다 '무위법(無爲法)'을 더욱 존숭한다. 따라서 오도(悟道)한 선승은 '하는 것 없이 하는 것'을 그 본령으로 삼음으로 만공과 진성사미의 다화(茶話)도 그런 무위(無爲)의 경계에 속한다고 볼 수 있다. 이런 견지에서 '평(評)'을 덧붙인 이도 그와 같은 류의 사고로 평 아닌 평을 부기(附記)했을 것이다.

【출전】 만공문도회,《만공법어》, 1986, 덕숭산 수덕사 덕숭총림.

【만공 월면의 생애】

　만공 월면(滿空月面, 1871~1946) 스님의 법명은 월면(月面)이고 만공(滿空)은 호이다. 이름은 송도암(宋道岩). 본관은 여산, 아버지는 송신통(宋神通), 어머니는 김씨. 전북 태인의 상일리에서 1871년 3월 7일 출생. 14세에 서산 천장사(天藏寺)에서 태허성원(泰虛性圓)을 은사, 경허선사를 계사로 사미계를 받고 득도했다. 10여 년 간 경허에게 선을 배웠고 1893년 온양 봉곡사(鳳谷寺)로 옮겼고 그후 마곡사 인근 토굴에서 3년간 수행, 경허선사가 와서 무(無)자 화두를 권하였다. 1898년 7월 서산 도비산 부석사의 경허 곁에서 선리참구, 범어사를 거쳐 통도사 백운암에서 새벽 종소리를 듣고 깨달았다. 1904년 경허의 법을 이어받았으며 덕숭산을 중심으로 선풍을 떨쳤다. 1946년 입적했다. 수덕사에 사리탑이 있다.

　　　7. 한암 중원(漢巖重遠): 1편

●월곡선자에게 주다　　　　　　　　　　　　　　贈月谷禪子
　-月谷禪子가 求偈於余어늘 以此塗糊하노라 -

푸른 솔밭 깊은 골에 말없이 앉았으니	碧松深谷坐無言
어젯밤 삼경 달빛 하늘에 가득하네	昨夜三更月滿天
백천삼매를 어디에 쓰랴	百千三昧何須要
목마르면 차 마시고 곤하면 눈 붙이네.	渴則煎茶困則眠

【출전】한암대종사법어집《한암일발록》, 1995, 오대산 월정사.

【한암 중원의 생애】

　한암 중원(漢巖重遠, 1876~1951)은 1876년 강원도 화천 출생으로 속성은 방(方)씨고 본관은 온양(溫陽)이다. 부친은 기순(箕淳), 모친은 선산 길(善山 吉)씨. 금강산 장안사에서 행름 스님을 은사로 출가. 34세에 평북 맹산군 우두암(牛頭庵)에서 오도. 1925년 오대산 상원사에 입산 후 1951년 입적 때까지 하산하지 않음. 1929년 조선불교의 7인 교정(종정)의 한 분으로 추대됨. 1941년 조선불교 조계종 종정으로 추대됨. 1948년 6월 해방 후 제2대 종정으로 추대됨. 1951년 세수 76세, 법랍 54년으로 입적했다.

8. 만해 한용운(萬海 韓龍雲): 4편

● 본 대로 느낀 대로　　　　　　　　　　　　即事

먹구름 걷히는 곳 둥두렸한 달	烏雲散盡孤月橫
찬 그 빛 먼 나무 곱게 적시고	遠樹寒光歷歷生
학도 날아가고 고요한 산엔	空山鶴去今無夢
누군가 잔설(殘雪) 밟고 가는 발소리	殘雪人歸夜有聲
홍매(紅梅) 꽃이 핀 곳에 스님은 선정(禪定)에 들고	紅梅開處禪初合
소낙비 지나가매 차(茶)도 한결 맛이 맑아……	白雨過時茶半淸

호계(虎溪)20)까지 전송하고 크게 웃다니!   虛設虎溪亦自笑
잠시 도연명(陶淵明)21)의 인품 그리어 보네.   停思還憶陶淵明

【해설】《월간다담(月刊茶談)》지에 만해의 이 다시를 비롯해 그간 게재한 다시들과 그림을 모아 《차와 시와 그림》(1989, 다보)이라는 제목의 단행본을 엮으면서 석성우 스님은 위에서 소개한 만해의 다시 아래에 다음과 같은 느낌을 적어 놓았다.
"만해 한용운님의 정신이 더욱 새롭습니다. 늘푸른 기상, 영원히 사라지지 않는 법신(法身)의 그 향기, 색(色), 향(香), 미(味)가 그윽한 한 잔의 차 속에서도 님의 체취 물씬 풍깁니다."

● 오세암   五歲庵

구름과 물이 있으니 이웃할 만하고	有雲有水足相隣
보리(菩提)도 잊었거니 하물며 인(仁)일 것인가	○○○○況復仁22)
저자 멀매 송차(松茶)로 약을 대신하고	市遠松茶堪煎藥
산이 깊어 고기와 새 어쩌다 가야 사람을 구경해…	山窮魚鳥忽逢人
아무 일도 없음이 참다운 고요 아니오	絶無一事還非靜
첫 뜻을 어기지 않는 것 진정한 새로움이거니	莫負初盟是爲新
비 와도 끄덕없는 파초와만 같다면	倘若芭蕉雨後立
난들 티끌 속 달려가기 꺼릴 것이 있겠는가.	此身何厭走黃塵

---

20) 호계(虎溪): 진(晋)의 혜원법사(慧遠法師)는 여산(廬山)의 동림사(東林寺)에 있었는데, 누구를 전송하든 호계를 넘어선 일이 없었다. 한번은 도연명이 찾아와 전송하면서 담소(談笑)에 취해 그만 호계를 넘고 말아, 그것을 알고 함께 웃었다고 한다.
21) 도연명(陶淵明): 진(晋)의 유명한 시인.
22) ○○○○況復仁: 네 결자(缺字)가 있었는데 《한용운전집》을 편찬 번역하는 사람이 앞뒤의 문맥으로 보아 '忘却菩提'를 보충하여 번역하였다.(《한용운전집》 1, p.173).

【해설】 오세암은 설악산 깊은 골짜기에 있는 절이다. 백담사의 산내 암자인데 예전에 다섯 살 난 어린이가 깨달음을 얻었다 하여 오세암이라 이름지었다. 일제하 어두운 시대에 만해는 "아무 일 없음이 참다운 고요가 아니오 첫 뜻을 어기지 않는 것이 진정한 새로움"이라고 설파하고 있다. 불교가 비록 고요함을 숭상하나 시끄러움의 반대 개념으로서 고요나 산중에 은둔함으로써 갖는 적막을 일컫는 것이 아닐 것이다. 그보다는 진정한 고요함이란 모든 것에서 절연된 것이 아니라 일을 해 나가면서도 그것에 얽매이지 않는 경지를 가리키는 것이다. 그리고 새로움이란 무엇인가? 자꾸 일을 바꾸는 것이 아니라 처음에 세운 뜻을 성실히 실천하여 날로 향상해 가는 일일 것이다. 고요와 새로움에 대한 만해의 견해는 그의 면모를 여실히 드러낸 것이라고 아니할 수 없다.

● 조동종대학교23) 별원24)에서　　　　　曹洞宗大學校別院
　- 2수 중 첫번째 수 -　　　　　　　　二首

절은 고요하기 태고(太古) 같아서	一堂似太古
세상과는 인연이 닿지 않는 곳	與世不相干
종소리 끊긴 뒤 나무들 그윽하고	幽樹鍾聲後
차 향기 높은 사이 한가한 햇빛.	閑光茶藹間
선심(禪心)은 맑아서 백옥인 양한데	禪心如白玉
꿈만 같이 이 청산 이르른 것을	奇夢到青山
다시 별다른 곳 찾아 나섰다가	更尋別處去
우연히 새로운 시 얻어서 돌아왔네.	偶得新詩還

---

23) 조동종대학교(曹洞宗大學校): 일본에 있는 지금의 구택(駒澤)대학교의 전신. 이 대학은 일본불교 조동종에서 설립한 종립(宗立)대학. 조동종은 선종의 일파. 화두(話頭)를 배격하고 지관타좌(只管打坐)를 주장함.
24) 별원(別院): 본사(本寺)에서 나뉜 절. 여기서는 구택대학교의 부속 사원.

【해설】한용운은 1908년 도쿄(東京)에 있는 유학생들과 구국운동을 벌이고자 일본에 가서 신문명을 시찰하였다. 그는 이때의 여행중 〈마관(馬關)의 배 안에서〉〈궁도(宮島)의 배 안에서〉〈천전(淺田) 교수에게 화답하다〉등 10여 수의 한시(漢詩)를 썼는데 위에서 소개한 〈조동종대학교 별원에서〉도 그 가운데 하나이다. 그는 일본 시찰 중 일본불교 조동종에서 설립한 조동종대학교의 부설 사찰에 묵으면서 위의 시를 썼던 것으로 보인다. 나라를 빼앗은 적국 일본의 한 사찰에서 태고인 양 고요한 적막 속에서 차 향기를 마시며 한가한 햇빛도 놓치지 않는 시심이 해맑다. 만해 스님의 감성이 돋보이는 작품이다.

● 증상사 　　　　　　　　　　　　　　　　　增上寺

경쇠가 울려서야 단에서 내려 　　　　　　淸磬一聲初下壇
차를 따라 들고 난간에 기대며 　　　　　　更添新茗依欄干
비는 겨우 개고 서늘한 바람 일어 　　　　舊雨纔晴輕凉動
발로 스미는 기운 수정(水晶) 같구나. 　　空簾晝氣水晶寒

【해설】이 시 역시 일본 기행시로 일본 사찰 증상사(增上寺)에 갔을 때 쓴 시이다. 그곳에서 차를 따라 들고 난간에 기대서 읊은 그의 서정은 일상의 고매함을 업신여기지 않고 있다.

【출전】《한용운전집》1, 1973, 신구문화사.

【만해 한용운의 생애】

한용운(韓龍雲, 1879~1944) 스님에 대해서는 3·1독립운동의 주역 중 한 분으로 한국 사람이라면 모르는 사람이 없다. 그는 승려이자 시인·소설가요, 독립운동가였다. 그의 호는 용운(龍雲), 별호는 만해(萬海, 卍

海), 자는 정옥(貞玉), 이름은 한유천(韓裕天), 법명은 봉완(奉玩)이다. 1879년 8월 29일 충남 홍성군 결성면 성곡리에서 태어났다. 어려서 서당에서 한학을 배웠고, 1896년 설악산 오세암에 입산하였고, 1905년(광무 9) 27세에 백담사의 연곡(蓮谷)에게 득도하고 영제(泳濟)에게 계를 받았다.

학암(鶴岩)에게 《기신론》《능가경》《원각경》을 배우고 유점사의 월화인학(月華仁學)에게 《화엄경》을 배웠다. 또한 선수행도 하였다. 그 뒤 원산을 거쳐 시베리아 등지를 방랑하고 1908년 일본을 둘러보기도 했다. 1909년 〈조선불교유신론〉을 발표하고 회광 사선(晦光師璿)이 원종을 일본 조동종에 복속시키려 하자 그 저지운동을 폈고 1918년 서울에서 잡지 《유심》을 발간했다.

1919년 3·1운동시 불교계를 대표해 주도적으로 참여해 일경에 체포돼 3년형을 받았다. 그는 옥중에서 〈조선독립의 서〉를 집필했으며, 출옥 후에는 불교청년운동과 신간회(新幹會)에 주요 인사로 참가하였다. 1925년 시집 《님의침묵》을 발간하고 1930년 《불교》지를 인수 발간하였다. 또 청년 승려들의 독립투쟁 비밀결사 단체인 만당(卍黨)의 영수로 추대되었다. 1937년부터 여러 신문에 소설 등을 연재하였다. 1944년 6월 29일 서울 성북동 심우장(尋牛莊)에서 세수 66세로 입적했다. 후일 그는 정부로부터 건국훈장 대한민국장(제1등급)을 추서받았다.(《한국불교인명사전》)

9. 우당(藕堂): 4편

● 해인사에 유숙하면서 잇달아 쓰다   海印寺留連
 - 11수 중 열번째 수 -

사는 곳은 그윽하고 한가로와 도시와 마을과는 멀리 떨어진 곳   棲息幽閒遠市村
등나무와 덩굴로 깊이 폐쇄되어 낮에도 옅은 황혼 같네   藤蘿深鎖晝微昏

우아한 정조의 시를 완성하니 저절로 흥이 일고 　麗藻成篇宜逸興
향기로운 차 한 잔 영혼이 맑아진다 　　　　　　香茶一椀可淸魂
어린 고추잠자리 해를 희롱하며 채전 밭을 날아다니고 　穉25)蜓戲日齊飛圃
새가 구름을 박차고 곧장 문안으로 날아드네 　　　遊鳥蹴雲直入門
어제 밤 계곡 비가 티끌을 씻어 내리고 　　　　　前宵溪雨塵埃洗
완고한 돌, 거룩한 나무는 이슬 흔적에 젖어 있네. 　頑石猷梢露漲痕

● 다시 해인사에 노닐면서 　　　　　　　　　　　復遊海印寺
　- 4수 중 두번째 수 -

숲의 구름이 열리니 경계는 스스로 그윽하고 　　　樹擁雲開境自幽
백리 밖 동쪽에서 와 봄을 반려삼아 머무네 　　　東來百里伴春留
옛 친구를 만나 뛸듯이 기뻐하나 　　　　　　　相逢故舊偏生喜
돌이켜 고향 생각하니 어두운 근심 일어나네 　　回憶鄕關暗起愁
영자당(影子堂)은 한가하여 속된 일이 없고 　　　影子堂閒無俗事
꽃 피고 따뜻한 날 다시 맑게 노니네 　　　　　花辰日暖復淸遊
화분의 매화를 사랑스럽게 보며 겸하여 차맛을 보나니 　盆梅看愛茶兼味
남을 따를 필요 없이 크게 자유롭게 떠돈다. 　　　不必從他大白浮

● 단오 　　　　　　　　　　　　　　　　　　端午

5월 5일 좋은 날, 옷깃을 가지런히 하고 　　　　五五佳辰濟濟衿
반 신선되어 노는 곳에 상서로운 구름이 깔렸네 　伴仙戲處霱雲沈
엿의 단맛을 즐기며 서로 이야기를 나누고 　　　飴將甘味徒交舌
빠알간 앵두를 돌리며 마음을 합치네 　　　　　櫻轉丹珠可合心
밭둑 위에서 누가 부지런히 향긋한 쑥을 뜯는가 　壟上誰勤芳艾採
사람의 병근이 깊은 걸 뽑아낼 때 쓰려는 게지 　人間用拔病根深

---

25) 치(穉): 이 글자는 稚와 같은 글자. 훈과 음은 어린벼 치, 늦을 치, 어릴 치.

차 대신 창포물을 마셔도 좋고	茗茶可代菖蒲飮
허비하지 않고 상머리에 아무렇게나 쌓아 놓아도 금이 되네.	不費床頭素積金

● 화로   火爐

박산(博山)의 진품으로 최고의 청동화로인데	博山眞品最靑銅
불의 붉은 기운을 잘 갈무리하며	火種藏來氣像紅
눈이 내림은 어쩔 수 없으나 질은 우량하고	點雪無能持浪質
필경 연단(鍊丹)에 힘입어 영통(靈通)하리라	鍊丹畢竟賴靈通
새 것을 받으니 옛 것은 물러가고 불[火]피리를 불면	受新去舊彤吹籥
술을 데우고 차를 달이며 무엇이든 할 수 있다네	溫酒煎茶爇取叢
몸은 굳세고 심(心)은 비었으니 마땅히 도(道)를 알았고	體確心空應體道
수시로 움직이고 조용하니 사람과 더불어 같다네.	隨時動靜與人同

【해설】 우당(藕堂) 스님의 다시는 4편이다. 두 편은 해인사에 머물면서 쓴 것이고, 두 편은 단오와 화로에 대해 읊은 것이다. 우당은 한말에서 일제시대 초에 살았던 스님인데 당시만 해도 해인사는 산중 깊숙한 곳에 있어 번잡한 도시와 마을에서는 멀리 떨어진 궁벽한 곳이었다. 교통도 불편하고 숲이 울창하니 저절로 그윽하고 한가로운 풍광에 잠겨 있었을 것이다. 우당은 그러한 해인사의 풍정을 묘사하면서 향기로운 차를 곁들이니 영혼조차 맑아진다고 노래하였다. 다시 해인사에 갔을 때는 옛 친구를 만나 기쁘긴 하나 돌이켜 고향을 생각하니 어두운 수심이 쌓일 수밖에 없었다. 한말의 어지러운 세태에 우당의 고향인들 조용할 리 없었고 또 그곳에 사는 생가의 가족과 친인척의 곤궁한 삶을 들으면 필시 근심이 일 수밖에 없지 않았으랴. 허나 세속을 떠난 테두리 밖의 인물이 된 방외자(方外者)인 출세간(出世間)의 승려인 그가 그런 세사(世事)에만 연연할 리 없다. 곧 그는 화창한 봄날 매화를 보며 차맛을 음미한다. 그리곤 그는 말한다. "남을 따를 필요도 없이 크게 자유롭게 떠돈다"고.

그는 차를 즐겨 달여 마신 듯 새 화로를 구하자 그것을 찬찬히 살펴보고 극찬을 아끼지 않는다. 뿐만 아니라 화로의 몸통이 굳세고 복판이 빈 것과 마음대로 옮길 수 있는 것을 사람에 비유하여 묘사하고 있다. 〈화로〉에서는 그의 섬세한 관찰력과 시적 은유 능력이 유감 없이 발휘된다.

【출전】〈우당시고(藕堂詩稿)〉26); 《한국불교전서》 제12책, pp.817~829, 1996, 동국대학교 출판부.

【우당에 대하여】

시 128편과 수륙천도재연문(水陸薦導齋緣文)이란 제목의 산문 1편이 실린 〈우당시고(藕堂詩稿)〉를 남긴 우당(藕堂)은 이 '시고(詩稿)'에 실린 시를 보고 그 행적의 일단을 짐작할 수 있을 뿐 생몰 연대와 자세한 경력에 대해서는 알 수 없다. 즉 그의 〈우당시고〉에는 〈근갱조사은사양화상통판동릉이공보인동유운(謹賡祖師恩師兩和尙通判洞陵李公輔仁同遊韻)〉이란 제목의 시가 있고 이 시 다음에는 〈원조사극암화상(原祖師克庵和尙)〉〈원은사혼원화상(原恩師混元和尙)〉이란 제목의 시가 덧붙여 있다. (《한국불교전서》 제12책, p.826) 따라서 우당의 은사는 혼원 세환(混元世煥, 1853~1889)이고 혼원의 은사는 극암 사성(克庵師誠, 1836~1910)이다. 극암 사성은 앞에서 다시 1편이 있어 이미 소개했으므로 혼원 세환에 대해서만 살펴보고자 한다.

세환 스님의 호는 혼원(混元), 자는 정규(正圭), 성은 두(杜)씨. 경북 청도 사람이다. 어려서 부모를 여의었으며 1868년(고종 5) 16세에 팔공산의 극암 사성(克庵師誠)에게 출가했다. 학문을 좋아하여 경은 물론 제자백가에도 두루 통했다. 1883년(고종 20) 예천 용문사(龍門寺)로 가서 용

---

26) 우당시고(藕堂詩稿): 저본(底本)은 〈사고우당(私稿藕堂)〉으로 되어 있는 것을 《한국불교전서》 제12책 편자(編者)가 제명(題名)을 개칭한 것임. 저본은 연세대학교 소장 필사본임.

호 해주(龍湖海珠)에게서 경교(經敎)를 배웠다. 1887년(고종 24) 김천 청암사(靑岩寺)의 초청을 받아 강석을 열어 크게 명성을 얻었다. 그 뒤 팔공산으로 옮겨 후학들을 지도하다가, 1889년(고종 26) 가을 병이 나서 나이 37세, 법랍 21년으로 입적했다. 천재적 재능을 지닌 강사로 평가받았다. 저술로는 문집인 《혼원집》이 있다.

이상이 이정(李政)이 편찬한 《한국불교인명사전》(1993, 불교시대사)에 실린 우당의 은사 혼원 세환 스님에 관한 약력이다. 이와 아울러 앞에서 소개된 우당의 절집 조부에 해당하는 극암 사성의 약력 등을 참조해 볼 때 우당도 극암이 살았던 팔공산의 사찰로 출가했을 것으로 추정된다. 은사 혼원은 천재적 강사이긴 했으나 요절하였고 극암은 한일병합되던 1910년에 입적하였다. 이런 제반 전후 사정을 보면 우당은 혼원이 김천 청암사 강사직을 역임하던 1880년대에 혼원의 제자가 된 것으로 짐작된다. 그리고 우당은 은사는 물론이고 조부인 극암보다는 오래 살았을 것이므로 일제강점기에 승려생활을 했을 것으로 여겨진다. 어쨌든 우당은 1850년대 이후 어느 땐가 출생하여 일제시대를 살았던 스님이었던 것은 분명하나 그 자세한 행적은 훗날 다른 자료가 발굴되면 불교사가들이 밝혀 내야 할 것이다.

그건 그렇고 우당의 법계에서는 조부 극암의 《극암집》, 은사 세환의 《혼원집》, 우당의 《우당시고》로 3대가 문집을 잇달아 남겼다. 그 중 극암에게 다시 1편이 있고 손자인 우당이 4편의 다시를 썼으니 이들은 조손(祖孫)간에 다시를 쓴 다인(茶人)의 기풍도 후세에 남긴 셈이다.

제6장 현대의 茶詩

1. 경봉 정석(鏡峰靖錫): 29편, 차 日記 36편

(1) 茶詩: 2편

● 한 잔의 차맛[1]

푸른 물 찬 솔	碧水寒松
달은 높고 바람은 맑아	月高風淸
향기 소리 깊은 곳에	香聲深處
차 한 잔 들게	相分山茶
차 마시고	遇茶喫茶
밥 먹는 게	遇飯喫茶
인생의 일상	人生日常
삼매 소식이니	三昧之消息
이 소식을 알겠는가. 차	會得麽 茶
차. 차.	茶 茶
이 한 잔 차 맛에는	這箇茶一味
우주 만상의 진리가 담겼으니	宇宙萬像之眞理在此
이 맛은 어떻다고 보이기도 어려우며	難可示
말하기도 어렵구나	難可說

---

[1] 한 잔의 차맛: 이는 엮은이가 임의로 붙인 제목이다. 명정 스님의 《차이야기 선이 야기》에는 단지 '경봉노사의 다시'라고만 소개되어 있다.

아— 하하하 　　　　　　　　　　　　阿剌剌呵呵笑
송하여 이르기를　　　　　　　　　　　　　頌曰
온 산의 단풍 경치　　　　　　　　　　滿山楓葉景
2월의 꽃보다 곱구나　　　　　　　　　勝如二月花
미소　　　　　　　　　　　　　　　　　　　哂

● 다비식 게송

하늘에 가득한 비바람 허공에 흩어지니　　滿天風雨散虛空
달은 일천 강의 물 위에 떠 있고　　　　　月在千江水面中
산악은 높고 낮아 허공에 꽂혔는데　　　　山岳高低挿空連
차 달이고 향 사르는 곳에 옛 길을 통했네.　茶煎香爇古途通

【해설】이 게송은 경봉 선사가 불교식 화장법인 다비식 때 천도법문(薦度法門)의 말미에 읊은 것이다. 명정 스님의 〈시자야, 염다래(拈茶來) 하라〉는 글(《茶이야기 禪이야기》, pp.172~175)에 의하면 다비식 때 시자가 차를 달여 올리면[拈茶] 조실인 경봉 스님이 다비의식 가운데 제일 중요한 법문을 한다고 하였다. 위의 게송은 그 법문 끝에 선사가 읊은 것인데 또한 차와 무관하지 않았다고 한다. 명정 스님은 〈시자야, 염다래 하라〉는 글의 후미에서 이렇게 말하였다.

　차를 달여서 영혼의 길을 통해 줄 수 있는, 뜻이 통하고 말귀를 알아 듣는 눈밝은 납승(衲僧, 禪客)이 찾아오면, 노스님(경봉)은 이르신다.
　"시자야, 염다래(拈茶來: 차 달여 와라) 하라."
　실로 동도동격(同道同格)의 눈 열린 이에게 최상의 대접은 일완청다(一椀淸茶)인가 보다.
　그래서 차의 품위와 격조는 선가(禪家)에 돌림이 마땅하다. 더 이상 무슨 말을 보태랴. 명정 스님의 견해에 소승도 전적으로 동감할 뿐이다.

【출전】 석명정(釋明正), 《차이야기 선이야기》, p.174, 1994, 대원정사.

(2) 일기 속의 茶詩: 27편

※경봉선사의 일기인 《삼소굴일지》에는 많은 한시가 수록되어 있는데 그 중 다시(茶詩)를 간추려 소개하고자 한다. 그런데 이 책에 실린 시들에는 제목이 없다. 여기에 소개하는 다시들 역시 그러하므로 시가 쓰여진 연월일과 내용(간단한 경우에만)을 제목 삼아 기록하고자 한다.

1927년 12월 22일 목요일 맑음
● 설법 정진하다

하늘을 울리는 사자후로 옥루(玉樓)에 오르니	動天獅子玉樓登
바다 물은 차요 달은 등불	滄海爲茶月作燈
바람 잔잔한 은하수에 용이 편히 잠들고	風靜銀河龍穩睡
연꽃이 벌건 화로에 피니 학이 날아 오르네.	蓮生紅爐鶴飛騰

1927년 12월 23일 금요일 맑음
● 설법 정진하다

계수나무 짙은 향내 달빛에 어리는데	桂熟香飄月色昇
흰 구름 물가에 어리숙히 앉아 있네	白雲流水坐愚僧
천봉만학 무인경에	千峰萬壑無人處
객을 맞아 차를 권하며 맑은 바다 가리키네.	逢客勸茶指海澄

1928년 4월 13일 금요일 맑음
극락암에서 낮차를 마시고 오다

● 나와 주인공 문답 시(詩)

문 : 쯧쯧 무정한 나의 주인공아. 지금에야 만났으니 어이 그리 늦었노.
　　咄咄無情我主公　至今逢着豈多遲
답 : 하하 우습다. 내가 그대의 집 속에 있었건만 네 눈이 밝지 못해 이렇게 늦었을 뿐이네.
　　呵呵我在君家裡　汝眼未晴如此遲

1929년 9월 6일 금요일 맑음
● 이혜운(李慧雲)이 가던 날 이별시

도인들 마음에 어찌 섭섭한 게 있겠소만	道心何有恨爲量
손잡고 헤어지려는 아침에 말이 많아지오	握手今朝語轉長
함께 좌선할 땐 바다와 달처럼 통했는데	禪榻對時通海月
이별하는 정자에선 옷깃 떨치고 가는구려	離亭歸路拂衣香
물빛은 언제나 변치 않고 맑건만	水光不改淸如舊
사람들은 쓸데없이 다닐 궁리만 하네	人事無端討已行
이렇게 송별함은 천고의 웃음거리 같네만	送別翻成千古笑
누가 양관(陽關)2)에서 차라도 권하겠소.	陽關誰解更陳觴

1941년 8월 21일 목요일 가랑비 오다
토역 2인이 공사를 착수했으나 내일부터는 3일 후에나 다시 오겠단다. 일본 교토 유종묵(柳宗默) 스님으로부터 편지가 왔는데 편지 속에 시를 보내다.

● 〔유종묵 스님의 시에 대한〕화답(和答)

차 마신 뒤 글 받아 읽어 보니	茶後承書看讀破
반달이 나월(蘿月) 사이로 차갑게 걸려 있소	半輪蘿月掛天寒

---

2) 양관(陽關): 중국의 땅 이름. 지금의 감숙성(甘肅省) 돈황현(燉煌縣)의 서남에 있음. 서역(西域)과의 교통의 요로(要路).

한산(寒山)이 고준하여 오르기 어려우나   寒山高峻雖難到
바람결에 때때로 옛 절 종소리 보낸다오.   風送時時古寺鍾

1943년 5월 29일 토요일 맑음
최청봉을 전송하고 자장암 동천(洞天)에서 서청계회를 하므로 가서 참례하여 시 2수를 짓다.

(전략)   (前略)
무심히 옛 누각에 올라 보니   無心上古樓
붉은 해는 푸른 하늘에 떴네   紅日碧天浮
벗을 불러 차를 마실제   喚友分茶處
산은 높푸르고 물은 흐르네.   山高水流長

1944년 6월 25일 화요일 맑음
내일이 구하 형주(1872~1965) 생일이라 작설차 한 통을 시와 함께 보내다.

달빛에 걸으며 형 생각 잠기네   步月思兄默自噓
오로지 호법(護法)으로 칠순을 보냈네   丹心護法七旬餘
운수(雲水)에게 발우와 물병 외에 좋은 게 없어   雲藏甁鉢無鮮物
다만 산차와 글 한 수 보내네.   只獻山茶又一書

● 구하 형주가 답을 보내왔다.

73세에도 건강하니 하늘을 우러러보네   稀三益壯仰天噓
정신을 함양하니 여유가 생겨   養得精神自有餘
법석(法錫)은 동남으로 분산됐는데   法錫東南分散在
현제(賢弟)가 나를 위해 차와 글을 보내왔네.   弟賢慰我惠茶書

1946년 7월 27일 토요일 맑음
● 해제운   解制韻

법계가 원래 고향이라   法界元來是故鄕
눈이 열리니 온갖 것이 향기롭네   眼開看處萬般香
사람이 오면 산다(山茶)를 달이고   接人院裡山茶熟
손님 접대 상 위에는 달떡이 맛있네   待客床邊月餠涼
물은 험한 길을 돌아 바다로 가고   水盡險途歸海碧
벼는 가을을 맞아 누렇게 익었소   稻經多日得秋黃
이 암자엔 예전부터 남는 물건 따로 없고   此庵從古無餘物
소나무 대나무가 하늘 위로 언제나 푸르다오.   松竹連天一色長

1947년 7월 30일 수요일 가랑비 오다
● 해제운   解制韻

총림문은 비스듬히 열렸는데   叢林禪榻半開門
콸콸 물소리 근원 찾아 흐르네   活水聲聲得自源
원컨대 중생과 고락을 같이하리   願與衆生同苦樂
마음이 공하니 모든 법 말할 게 없네   心空諸法絶談論
바람이 화창하니 구름 그림자 뜰에 깃들고   風和雲影歸香苑
가을 달빛은 옛집에 가득하네   月帶秋光滿古軒
우습다. 석 달 동안 무슨 일 으뜸인가   可笑九旬何事最
목마르면 차 마시고 곤하면 잠자며 묵묵한 것일세.   渴茶困睡默次言

1947년 12월 7일 일요일 비 오다
병술 10월 21일은 만공(滿空) 선사 입적일(入寂日)이니 금년이 소상인 고로 만공 대종사 열반소상 편화(片話)를 짓다.

2×5는 본래 10이며   二五本自十
3×7은 원래 21이네   三七元來二十一
오늘밤 어찌 묵묵히 보내겠나   今霄夜豈可默然
구름 산 바다의 달 같은 정으로 고하노니   雲山海月之情告之

덕숭산이여, 잎은 나부끼고 물은 차도다   崇山兮 葉飄飄 水冷冷
긴 허공이여, 바람은 소슬하고 구름은 편편히 나네   長空兮 風肅肅 雲片片
누구에게 말할고 누구에게 말할고   向誰說 向誰說
용음(龍吟)에 구름 날고 고봉(古峰)3)에 비 개었네   雲騰龍吟 雨晴古峰
하늘에 가득한 구름과 비가 허공에 흩어지니   滿天雲雨散虛空
달은 천강의 수면에 떠 있네   月在千江水面中
일만 산악이 높고 낮아 의구히 푸른데   萬岳高低依舊碧
차 달이고 향 사르는 곳에 옛 길이 통해졌네.   茶煎香爇古途道

1949년 2월 6일 일요일 맑음

  화장사(華藏寺)에 신근수(申根秀) 모친과 신경해(辛鏡海) 스님의 형수와 누이가 회갑연을 차리므로 밤에는 등단 설교하다.

  ● 신경해 화상 회수운왈   辛鏡海和尙回壽韻曰

어려서 출가하여 뜻을 세워서   韶齔辭家立志先
일편단심 수도하여 하늘까지 감동했소   丹心修道白雲天
옛날 초가집에서 처음 통도사에 왔는데   舊時蓬戶來初度
오늘은 절에서 대현(大賢)들이 운집했네   此日紺園集大賢
곳곳에서 가르침 베풀어 성업을 남기고   教授城村留聖業
난과 죽(竹)을 잘 가꾸어 은혜를 끼쳤네   誠培蘭竹遺恩田
비록 백세라지만 회갑연은 드문데   生雖百歲稀斯宴
시와 맑은 차로 수년(壽年)을 축하하오.   詩與淸茶賀壽年

1949년 2월 15일 화요일 맑음
  ● 동안거 해제운   冬安居 解制韻

잠 깨어 차 마시니 눈 번쩍 열려   罷睡喫茶眼忽開

---
3) 용음 · 고봉(龍吟 古峰): 만공 선사의 수법제자(受法弟子)들이다.

새떼들은 동산 물 흐르는 곳에 우짖네   鳥啼東嶺水流坮
찬바람은 비를 거두어 하늘 멀리 가고   寒風收雨遼天去
둥근 달은 때 맞추어 저다지도 밝구나   圓月知時此夜來
모든 법의 성품 공하니 진리가 나타나고   諸法性空眞理現
만산에 봄 오니 온통 푸른빛일세   萬山春到碧光回
이 가운데 소식 말하기 어려운데   箇中消息難爲說
오직 뜰 앞에 설중매(雪中梅)가 향기롭네.   惟有庭前笑雪梅

1951년 8월 30일 맑음
● 해제운(7월 해제)   解制韻(七月解制)

차와 떡을 먹고 높은 누각에 오르니   茶餠喫罷上高樓
탁 트인 건곤의 풍광 끝이 없네   眼豁乾坤景未收
선창(禪窓)에 달 비치니 보름인 줄 알겠고   月入禪窓知望日
오동잎에 바람 차니 초가을 맞이구나   風寒梧葉玩初秋
흰 구름 그림자 속에 인적 드물고   白雲影裡人踪遠
추적추적 내리는 빗속에 새들 노래 흐르네   疎雨聲邊鳥語流
넓은 들녘 상쾌한 하늘 산 또한 고요한데   野濶天明山又寂
강성에 기러기떼 날아와 물가에 내리네.   江城歸鴈下長洲

1957년 9월 17일 화요일 맑음
김해읍 포교당 임해봉(林海峰) 석정(石鼎) 서첩(書帖)에 시구를 기재한다.
(영축산에서 만났을 때 가을이었다)

가을 물 긴 하늘에   秋水長天
상하가 원융하고   上下圓融
한 빛 갈대꽃에   一色蘆花
명월이 왕래하니   明月往來
시절과 풍경이여   是兮景兮

이 밖에 어떤 것이 기이한가 　　　　　　　是外何奇
만고의 참된 소식은 　　　　　　　　　　　萬古眞消息
돌솥에 끓인 한 주발 차일세 악! 　　　　　石鼎一椀茶

1957년 10월 13일 일요일 맑음

김해읍 중앙포교당 연화사에 법화경과 유마경 산림설법차로 가다.
(음력 21일 시작하여 27일 회향하다)

● 해봉석정(海峰石鼎) 선자에게 주다 　　　　　贈海峰石鼎禪子

모든 물과 강은 바다로 흘러가고 　　　　　萬水千江盡入海
온갖 산들 전부 수미봉에 부속되네 　　　　群山總付須彌峰
바다는 법해요 봉우리는 도봉이니 　　　　海是法海峰是道峰
바다여 봉우리여 　　　　　　　　　　　　海兮峰兮
이것이 바다냐 봉우리냐 　　　　　　　　是者海耶是者峰耶
뭣고 뭣고 　　　　　　　　　　　　　　者麼者麼
돌솥에 하늘과 땅의 물로 　　　　　　　　石鼎乾坤水
한 잔의 차를 달이니 　　　　　　　　　　盡成一椀茶
차를 마시게. 차를 마시게. 　　　　　　　喫茶喫茶

1962년 9월 13일 목요일 비 오다

● 우연히 읊다

우주의 맑은 광명 봉우리마다 감돌고 　　　　宇宙淸光繞萬峰
한가위 둥근 달 어여쁜 얼굴 모습 　　　　　中秋圓月似佳容
산차를 달여 명절을 지내니 　　　　　　　　山茶已熟時名節
향연은 구름 밖에 피어오르고 종소리 울리네. 　雲外香煙又警鐘

1966년 8월 30일 화요일 맑음

이 날은 극락선원 해제날이다. 상당설법하고 신도 10명에게 5계를 설하였다.

● 해제송

정법에 어찌 정해진 문이 있겠는가	正法元來豈有門
인연 따라 미오(迷悟)와 범성(凡聖)이 나뉘었네	緣隨迷悟聖凡存
중생의 괴로움은 삿된 마음 때문인데	衆生受苦邪心動
만사에 공을 이룸은 본성에 돌아감일세	萬事成功本性源
용이 여의주를 얻음은 첫 조화의 경지요	龍得如珠初化境
사람이 도를 앎은 대승 근기 시작일세	人知是道大乘根
안거의 소식 말하기 어렵지만	安居消息難爲說
떡 먹고 차 마시며 맛 좋다 말하네.	餐餠喫茶好味言

1966년 10월 19일 수요일 맑음

부산역에서 오전 8시에 통일호 기차를 타고 오후 2시 20분 서울역에 도착하여 조계사로 가서 효봉선사 조문(弔問)을 하고 선학원에 유숙하다.(종정 효봉선사가 밀양 표충사에서 그해 10월 15일 입적하여 종단장을 치르고자 유해가 조계사로 옮겨져 있었다.)

● 만장에 쓰다　　　　　　　　　　　　　輓書曰

새벽해 허공에 솟아 구름이 봉우리에 흩어져도	曉日昇空雲散峰
하늘과 땅 변함없이 옛 모습 그대로세	乾坤不變舊時容
종사의 입적 보이심 지금 이러하니	宗師示寂今如此
향 사르고 차 달이며 송(頌) 한 수를 짓네.	香爇茶煎又一頌

1968년 1월 15일
● 해제운

도처마다 총림인데 이웃이 어디 있나	到處叢林何處隣
산 높고 물 맑아 본래 천진일세	山高水碧本天眞
무심에는 다시 삼현(三玄)도 다하고	無心復却三玄盡

봄이 오니 만상이 새로워					和節回來萬像新
눈을 깜박하는 비밀스런 말 측량키 어려워			瞬目秘談難測道
세상 일 점두만 하는 한가로운 사람일세			點頭塵事等閑人
찻잔 잡고 미소하며 멀리 바라보니				拈茶微笑遙望看
물질과 빛과 소리 겁 밖의 봄일세.				物與色聲劫外春

1968년 7월 15일(음)
● 해제운

수행자는 태평을 구하지 말라					行者莫求是太平
한 주먹에 철위성을 쳐부셔라					一拳擊碎鐵圍城
일은 고통을 겪어야 공이 더욱 크고				事經有苦功尤大
도는 무심경계조차 넘어버리니 지혜가 새롭네			道越無心智復生
흐르는 시냇물 공적(空寂)의 경지요				水轉千溪空寂境
우짖는 새소리 오묘한 선열경(禪悅境)				鳥歌萬樹妙玄聲
차 마시며 미소짓는 이 참소식에					喫茶微笑眞消息
법계와 온누리 어디든지 밝구나.					法界乾坤處處明

1969년 1월 15일(음)
● 해제송

두렸이 통한 옛길 경사가 없어					圓通古路正無斜
하늘과 땅을 삼키고 토하는데 어찌 집을 말하랴		吞吐乾坤豈說家
온갖 인연 집착하면 지혜가 밝지 못하고			人着萬緣明智小
한생각 비워야 도에 점두함이 많네				道空一念點頭多
눈으로는 달뜨는 산마루에 쌍으로 나는 학을 보고		眼看月嶺雙飛鶴
손으로는 봄 매화 웃음 짓는 것 가리키네			手指春梅半笑花
오늘 대중이 재식을 마쳤으니					此日參衆齋食畢
산차와 향기로운 떡맛 어떻던가.					山茶香餠味如何

1973년 4월 28일

서울시 성북구 천축사(天竺寺) 무문관(無門關) 6년 수선결사(修禪結社) 제1회 회향식을 한다고 주지 문현구로부터 초청이 왔다.

나의 회답

봄물은 긴 하늘가에 닿고 상하가 원융한데 한빛 건곤에 밝은 달이 왕래하니 이 밖에 다시 무슨 말을 하리오. 금번에 수선(修禪) 회향법회식에 초청해 주니 기쁜 마음 헤아릴 수 없소. 근래에 이렇게 장기간으로 용맹정진을 한 것은 희유한 일이라 산첩첩 물첩첩이라 법석에 참석하지 못하는 대신 글로써 위로하오. (게송으로 이르기를)

도봉산 위에 물소리는	道峰山上水
만고에 거문고와 비파소리일세	萬古作琴琶
수선(修禪)하느라고 노곤할테니	修禪惱筋骨
밥 먹고 나서 차 한 잔 들게. 아.	飯後勸一茶阿

1975년 4월 4일

● 아침에 읊다   朝吟

사람 같으면서 사람이 아니요	如人非人
물건 같은데 물건이 아니네	似物非物
해가 푸른산에 비치고	日照青山
밤이 오니 흐르는 물소리가 들리네	夜來流水
천 번 변해도 변치 않고	千變不變
만 번 변해도 이와 같다	萬化如是
강남이 지척이나 삼천리이니	江南咫尺三千里
다시 쉬고 쉬며 차 한 잔 들게.	更喫休休一椀茶
미소	哂

● 한용운 스님에게

목부가 일이 많다 하니	牧夫多役事
차 한 잔 드시구려.	司賞一杯茶
저것을	響

【해설】 이 다게(茶偈)를 포함하여 이하에 소개하는 다시는 모두 근세한 국고승서간집인 《삼소굴소식》(석명정 역주, 1997, 극락선원)에 수록되어 있는 작품들이다. 출전의 제목이 말해 주고 있듯이 이 책에 실려 있는 시들은 전부 편지 속에 쓰여져 있는 다시(茶詩)들이다.

경봉이 만해에게 보낸 위의 시구는 다게라기보다는 선승들의 법거량에 속한다. 경봉은 일제시대에 경성부 성북정 222번지에 초가집 심우장에 살고 있는 만해에게 편지를 보냈다. 서간의 내용은 목부(牧夫)라는 호를 쓰고 있는 만해에게 목부와 소의 의미를 묻는 것이다. 이는 선가(禪家)에서 흔히 있는 법거량의 일종이었다. 편지를 받은 만해가 "털과 뿔이 나지도 않았는데 / 어찌 얻고 잃음이 있겠소 / 목부가 일이 많아서 / 부질없이 심우장을 지었네"(5언한시, 원문생략)라는 시로 답을 대신하였다. 그러자 경봉선사가 위에서 소개한 시구로 화답하였던 것이다. 익히 알려져 있듯이 '차 한 잔 마시라'는 구절은 중국 선승 조주(趙州)의 '차 이야기' 이래 선가(禪家)에 널리 유포되어 있는 선화(禪話)의 하나이다. 경봉은 일기에도 종종 차 마신 일을 기록하였고 학인이나 불자들에게 주는 게송에서도 곧잘 '차'를 매개로 하여 선적인 뜻을 나타내기도 하였다.

● 근조(謹弔)[4]

선사(先師)께서 입적하심은 저 무상한 도리를 보이심이니 누군들 무상한

---

[4] 근조(謹弔): 이 조사(弔辭)는 향곡 스님의 은사 스님인 성월(性月) 스님의 입적시 경봉이 향곡에게 보낸 것임.

소식을 느끼지 않겠습니까? 스승과 제자의 사이는 평소에 효심으로 봉공함이 다른 사람과 비할 수 없이 크니 이러한 시절에 이르러 그 추모의 효심이 스스로 억제하기 어렵겠습니다.(원문 생략)

산이여 산이여 나뭇잎이 하늘거리고	山兮山兮 樹葉飄飄
물이여 물이여 시냇물이 냉랭하다	水兮水兮 溪水冷冷
성품 하늘 비구름 허공에 흩어지니	性天雲雨散虛空
달은 천강 물 위에 비추네	月在千江水面中
일만 묏부리 높고 낮아 의구히 푸르른데	萬岳高低依舊碧
차 달이고 향 사르어 옛길을 통하네.	茶煎香熱古途通

● 우치(又痴) 거사5)에게

밥 먹은 뒤에 차를 석 잔 마시고	飯後三巡茶
밤에 구산을 바라보거라.	夜半看駒山

【해설】우치 거사가 경봉 스님에게 두 번 서신을 보냈다. 첫 편지는 '일치(一痴)는 위음왕불(威音王佛)도 나기 전에 구산(駒山)에 태어나 창 밖에 나와 앉아서 달마상을 그리더니 이치(二痴)는 주루(酒樓)에 높이 누워 구멍 없는 피리를 불고 있는 중입니다'였고, 두번째 편지에서는 '[경봉]화상도 위음왕불을 친히 보셨습니까? 친히 보셨다면 이 우치자를 위하여 일단의 향상일구(向上一句)를 일러 주십시오'라는 질문이었다. 이에 경봉 스님이 앞에서 소개한 5언 2구의 시구로 응대한 것이다. 역시 법거량의 하나이다.

---

5) 우치(又痴) 거사: 생몰 연대 미상. 김성민(金性珉) 거사의 호. 시·서·화에 능했고 불교에 대한 신심도 깊었던 경봉 스님의 제자.

(3) 경봉 선사의 차 日記: 36편

경봉 스님의 일기를 모아 엮은 《삼소굴일지》(명정 엮음, 1992, 극락선원)에는 1927년(36세)에서 1976년(85세)까지의 일기가 수록되어 있다. 스님이 1982년에 입적하였으니 돌아가시기 6년 전까지의 일기가 실려 있는 셈이다. 이 책에 의하면 경봉 스님은 매일이다시피 자주 차를 마신 일을 일기에 남기고 있다. 세간에선 '차' 하면 절과 스님들을 연상할 만큼 차와 불교의 인연은 뗄래야 뗄 수 없는 사이이다. 그러나 스님들의 차생활을 문헌 속에서 구체적으로 목격할 수 있는 것은 희유한 일이므로 경봉 스님의 '차 일기'를 발췌하여 소개하고자 한다.

1928년 4월 13일 금요일 맑음
극락암에서 낮차를 먹고 오다6)

1930년 2월 6일 목요일 맑음
아침 차를 먹은 뒤 박금운(朴錦雲)을 만나러 백련암(白蓮庵)에 가니……7)

1930년 2월 13일 목요일 맑음
오늘은 보광선원(普光禪院) 해제날이기에 저녁 차를 먹은 뒤에 법상에 올라가 설법하다.8)

1930년 4월 22일 화요일 맑음
아침 차를 먹고 극락암에 가서 칠성각 장등계원(長燈稧員)을 조직 신설하니……9)

---

6) 경봉대선사 일기 《삼소굴일지》, 명정 역주, p.36, 1992, 극락선원.
7) 위의 책, p.65.
8) 위의 책, p.69.

1931년 4월 14일 화요일 맑음
이규명의 집에서 아침 차를 마시고 도(道)의 이야기를 오래 하다.10)

1931년 7월 27일 월요일
보광전에서 점심 차를 마시고 서해담(徐海曇) 화상을 방문하여 이야기하고 돌아오다.11)

1931년 10월 4일 일요일 맑음
오전에 극락암에 가서 저녁 차를 마신 뒤 방한암(方漢岩) 형이 비로암에 왔기에 함께 자다.12)

1931년 11월 22일 일요일 맑음
신평서 아침 차를 마시고 절에 와서 하루 종일 도담(道談)하고 보광전 조실(祖室)에서 정금성과 함께 자다.13)

1931년 11월 29일 일요일 맑음
아침 차를 먹고 난 뒤에 정금성이 도착하여 보광전 종주(宗主)로 안접(安接)케 하고 돌아오다.14)

1932년 1월 28일 목요일 맑음
오전에 아침 차를 마신 뒤 보광선원에서 나를 선원 화주(化主)로 추천하여 권고하므로 승락하다.15)

---

9) 위의 책, p.76.
10) 위의 책, p.91.
11) 위의 책, p.101.
12) 위의 책, p.102.
13) 위의 책, p.106.
14) 위의 책, p.107.

1932년 3월 30일 수요일 맑음

저녁 차를 마신 뒤에 강원 학인들에게 시(詩) 사렴법(詞簾法)을 설명하여 주고 별기사가 없었다.16)

1932년 4월 6일 수요일 맑음

오전에 만일회(萬日會)에 다녀와서 저녁 차를 마신 뒤 강원의 학인들 강연에 참석하여 고정(考正)하여 주다.17)

1932년 10월 8일 토요일 맑음

개산조(開山祖) 자장율사(慈藏律師) 기제(忌祭)를 10시에 봉행하고 저녁 차를 마신 뒤 학인들과 경축하다.18)

1937년 12월 23일 목요일 맑음

저녁 차를 마시고 화엄(華嚴) 법문을 설하다.19)

1938년 1월 13일 목요일 맑음

울산교당에서 머물고 있는데 저녁 차를 마시고 나니 본산(本山)에서 전화가 오기를 통영(統營) 지방법원 판사와 검사가 오관수(吳官守)20)의 증인심문 하겠다고 본사에 왔다 해서 자동차를 대절해서 절에 도착하니 오후 9시였다.21)

---

15) 위의 책, p.109.
16) 위의 책, p.114.
17) 위와 같음.
18) 위의 책, p.119.
19) 위의 책, p.144.
20) 오관수(吳官守): 옥천사 재적 승려로 일본대학 사회학과 종교과(1926~1931) 유학. 재일불교청년회 간사. 1934년 옥천사 주지.
21) 위의 책, p.149.

1938년 4월 13일 수요일 맑음

수반지(首班地: 首末寺) 주지들이 회집(會集)치 못하므로 저녁 차를 마신 뒤 회의를 열고 금 1만원을 경성 총본산(태고사: 지금의 조계사) 건실비조로 분기(分記)하다.22)

1938년 8월 4일 목요일 맑음

오전 11시에 백련암(통도사 산내 암자)에 가서 조실 정운봉(鄭運峰) 스님께 좀더 오래 살라고 만류하다.23) 차담을 준비해서 대중과 함께 공양하다.24)

1941년 4월 11일 금요일

[경봉은 1941년 3월 30일부터 5월 4일까지 일본을 시찰하고 있었다. 그는 이날 이상순(李尙純, 서웅 스님. 조계종 종정 역임)과 경도시 일등원(一燈園)의 西田天香을 방문하여 담화하고 일등원을 관람하였다.]

돌아오는 길에 남선사를 관람하고 저녁 차를 마시고 都をドリ를 구경하다.25)

1941년 4월 24일 목요일 맑음

(전략) 저녁 차를 마신 뒤 동경서 판교구 하석신정 정정목 1331번 미토대관(美土代館)에 유숙하다.26)(하략)

---

22) 위와 같음.
23) 엮은이(명정 스님)의 원주: 1935년 9월 19일 대본산 통도사 주지에 취임하신 뒤 (1938년 10월 16일 사임) 산내 백련암 선원에 운봉(雲峰: 香谷 선사의 스승) 스님을 조실로 추대하고 매년 쌀 200가마를 공급하셨다고 한다.(운봉 스님의 상족(上足)이신 향곡 스님과 경봉 노사(老師)님께 필자(명정)가 직접 들은 말.) 1935년 2월 25일자부터 1936년 12월 말일까지 일지가 누락되어서 그 부분에 대하여 기록이 없어 상고(上考)해 볼 수가 없다.
24) 앞의 책, p.152.
25) 앞의 책, pp.173~174.
26) 앞의 책, p.177.

1941년 4월 27일 일요일 맑음

오전에는 아침 차를 마신 뒤 장경조와 우동만의 안내로 풍도원(豊島園) 공원을 관람하고 미토대관에 돌아와서 본말사 유학생 11인과 공부에 대하여 부지런히 힘쓰라고 훈유하다.[27]

1941년 4월 30일 수요일 맑음

오전에 아침 차를 마신 뒤 장경조 신경해와 상야공원, 박물관, 미술관을 관람하고 호국사(진언종 弘法大師系) 유치원, 양재여학원, 일요학교 서도강습회를 관람하다.[28]

1941년 5월 2일 금요일 맑음

동경비행장에 가서 구경하고 저녁 차를 마신 뒤 신호(神戶)로 출발하다. 아침 차는 명천원(明天院) 최우존에게서 먹다.[29]

1941년 5월 3일 토요일 비가 오다

……대화옥 여관에 들어가 저녁 차를 먹고 오후 9시 10분에 기차를 타고 하관으로 가는데 기차안에서 밤을 보내다.[30]

1941년 5월 4일 일요일 흐림

오전 6시에 하관에 도착하여 하관역전에서 아침 차를 마시고 오전 10시 30분에 홍안환(興安丸) 연락선을 타고 오후 6시에 부산에 도착하여 영주정 영남여관에서 저녁 차를 먹고 자다.[31]

---

27) 앞의 책, p.177.
28) 앞의 책, p.178.
29) 앞의 책, p.178.
30) 앞의 책, p.179.
31) 위와 같음.

1941년 10월 14일 화요일 맑음

(전략) 저녁 차를 마신 뒤 박금담(朴金曇)32)은 법인(法印)이라고 호를 지어 주고 득도식을 하여 주고……33)

1941년 11월 24일 금요일 맑음

오전에 박법인(朴法印)과 큰 절 직원 인사차 가다. 신평에 가서 저녁 차를 마시고 돌아오다.34)

1941년 12월 3일 수요일 맑음

오후 3시에 극락암에서 결제불공을 거행하고 저녁 차를 마신 뒤 법좌에 올라가 설교하다. 몽산(蒙山) 고담(古潭) 양조어록(兩祖語錄)35)

1942년 3월 22일 일요일 맑음

아침 먹고 신경해(辛鏡海)와 성북정(城北町) 심우장(尋牛莊)의 만해(卍海) 선사를 방문하고 낮에 차를 마시고 돌아오다.36)

1942년 8월 9일 일요일 비

아침 차를 마시고 연못에 연화가 피었다 지는 것을 보고 읊다.

비바람 속에 꽃이 피었다가	花開風雨日
비바람 속에 떨어지누나	還落雨風時
피고 짐은 자연스런 섭리라	開落天然理
이에서 결실을 보도다.	此看結實時37)

---

32) 박금담(1901~): 통도사에 주석하고 있는 종단 원로 스님. 종회의장, 동국대 이사장 역임. 경봉 스님의 수제자.
33) 앞의 책, p.181.
34) 앞의 책, p.182.
35) 앞의 책, p.182.
36) 앞의 책, p.186.
37) 앞의 책, p.197.

1943년 2월 19일 금요일 맑음

극락선원 오후 3시에 해제불공하고 저녁 차를 마신 뒤 대중들이 차례로 등단설법(登壇說法)하다.[38]

1943년 6월 29일 화요일 흐림

(전략) 금강산 월곡(月谷) 선사 서신 중에 길을 잃고 헤매는 자에게 바른 길을 지시하여 달라는 내용이 있었다. (내가 답하기를)

차 마시고 낮잠 자던 여가에 한 장의 서신이 눈앞에 날아와서 펴 읽어보니 달은 깊은 골짜기에 비추고 향기는 꽃숲에 가득 넘치는 듯한 글월이며 소림가풍의 이야기들이라 감격한 기쁨 헤아릴 길이 없구려. 그러나 글 가운데 이르기를 금강산 복장에 와보니 나의 복장과 흡사하더라 하였으니 만약 이렇다면 머리와 발은 어디에 있는가. 또 길을 잃고 방황하는 자에게 바른 길을 지시하여 달라고 하였는데 어디로 다녔기에 길을 잃었는가. 허허 路路.

금강산 빛이 의구히 푸르니
맑은 바람 언제나 솔솔 불어오네 악![39]

1943년 7월 8일 목요일 맑음

직지사 선원에서 머무르다. 저녁 차를 마신 뒤 천불전(千佛殿)에서 등단 설법하다. (운봉(雲峰) 및 사의(私儀) 2인)[40]

1943년 8월 21일 토요일 단비가 내리다

장설봉(張雪峰)[41] 스님 전 회답

---

38) 앞의 책, p.208.
39) 앞의 책, pp.213~214.
40) 앞의 책, p.215.
41) 장설봉(張雪峰, 1890~1969): 법명 학몽(鶴夢). 안변에서 출생. 25세에 석왕사 성과

요즈음 일기가 청량하니 이 밖에 다시 무슨 말을 하겠습니까? 어찌 되었나 궁금하던 차에 혜한(惠翰)을 받으니 감사한 마음 이루 헤아릴 수가 없구료. 그러나 화상의 밝은 눈이 아니면 세상에 처신함에 있어서 이와 같이 잘 분별해서 할 수가 있었겠습니까. 과연 얻은 바가 있고 지식이 있음이니 누군들 칭찬하길 마지않겠습니까. 비록 맛이 없는 차지만 일완(一椀)의 대접이 어찌 없겠습니까. 뒷날 또 예를 갖추기로 하고 이만 회답을 드립니다. 밤길에는 흰 것을 밟지 마소. 물이 아니면 돌이니까.

1945년 11월 8일 목요일 맑음
큰절에서 아침 차를 마신 뒤 김법린(金法麟) 원장을 전송하다.42)

1948년 4월 7일 수요일 맑음
관음사 교당 정운봉(鄭雲峰) 선사 대상일(大祥日)이라 저녁 차를 마신 뒤에 등단 설교하다.43)

1966년 2월 23일 수요일
부산시 동래구 장안면 월내리 묘관음사(妙觀音寺) 향곡(香谷) 선사 완(宛) 회답

관성(冠省) 전날 서신의 답은 비록 좋기는 하나 아양(峨洋)의 곡조를 모르니 옛 양주(楊州)를 헛되이 지나는구나. 쯧!

다시 전날 노상의 차안에서 서로 이야기한 옛날 암두(岩頭) 선사와 노파의 화제(話題)는 고인(古人)네들이 이미 점검하였을 뿐아니라 암두 자신도 역시 뇨(撓)대로 친 것을 후회하고 강물 건네 주는 사공 노릇을 포기하고 운산(雲山)에 다시 들어가 수련하였으니 고조사(古祖師)의 송(頌)을 재삼 다시 살피기를 바라오.

(性坡) 화상에게 득도. 뒤에 성파 화상을 법사(法師)로 입실하다. 범어사 선원과 제방 선원에서 조실로 추대되어 종풍을 선양하다. 세수 89, 법랍 55.
42) 앞의 책, p.237.
43) 앞의 책, p.268.

지해(智海) 철(喆)의 게송　　　　　　　　　　智海喆 頌曰

친자식을 버렸는데 자식만큼 친한 것이 없어　　親兒棄了更無親
손 뿌리치고 집에 온 뒤엔 나루를 물을 게 없다　撒手歸家罷問津
노를 들고 춤추는 파도 속의 나그네여　　　　　呈橈擧棹波中客
강변에서 강 건넬 사람 찾으려 말아라.　　　　　休向江邊覓渡人

삽계 익의 게송 끝 구절　　　　　　　　　　　雪溪益 頌 末句

누가 제 자식을 버리려 하랴　　　　　　　　　何人拌得親生子
강물 속에 던지고는 다시 찾지 않았네.　　　　抛向江心更不收

무착 도인의 게송 끝 구절　　　　　　　　　無着道人 頌 末句

구름 산 바다 달을 모두 버리니　　　　　　　雲山海月俱抛棄
장주(莊周)의 나비 꿈 길어졌네　　　　　　　　贏得莊周蝶夢長

낭야 각(瑯琊 覺)이 이르기를　　　　　　　　　瑯琊覺 云

적을 속이는 자는 망한다 하니　　　　　　　　欺敵者亡
적은 누구인가?　　　　　　　　　　　　　　敵是阿誰耶

　이 게송들의 의지(義旨)를 만약 모르면 노파가 말한 "내가 일곱 아이를 낳아 여섯은 지음(知音)을 만나지 못했는데 이 한 아이도 해득(解得)을 못하였구나." 한 의지를 전연 알지 못한 것이다. 고인(古人)이 이와 같이 분명하게 점검한 일이다. 하하
　간장은 소금으로 담그고 차는 불로 달인다.

　대구시 중구 삼덕3동 116 임화산(林華山) 앞(宛) 회답

[글로 물어 오기를] 보검은 빼기도 전에 사람이 죽습니다. 산 사람이 듣기 전의 소식은 어떠합니까?

[내(경봉)가 답하기를] 전날 나의 답의 뜻을 아직도 이해하지 못하니 다시 이렇게 물으니 괴롭구나.
답 : 판대기를 짊어지고 다니는 놈이 되지 말아라. 객이 오면 맛있는 차를 대접하고 모기는 모닥불 연기로 쫓는다. 악!44)

【해설】지금까지 꽤나 장황하게 늘어놓았다. 왜 이처럼 길게 인용했는가? 이는 선승들의 음다(飮茶) 풍속을 구체적으로 볼 수 있는 예가 희유하기 때문이다. 승려들의 다시(茶詩)나 단편적인 비문 기록 혹은 법어집과 문집 등에서 부분적인 스님들의 차 이야기를 접할 수 있지만 경봉선사의 경우와 같이 일기장에 수록된 승려들의 차생활을 직접 목격할 수 있는 사례는 거의 없다.
스님이 일기를 쓰는 예가 드물고 더구나 일지(日誌)에 차 마신 일을 기록하는 일은 더욱 희귀하다. 이런 여러 가지 사정으로 여기서는 경봉선사의 일기장인 《삼소굴일지》에서 차를 마셨다는 기록은 빼놓지 않고 발췌 수록하였다. 앞에서 보았듯이 경봉 스님은 극락암, 백련암, 보광선원 등 머물거나 가는 곳, 심지어 일본시찰 중에도 곧잘 '차를 마셨다'는 기록을 남겼다. 설법하기 전에도 마시고 어디를 가는 경우에도 차를 마시고 떠났으며, 죽은 사람을 위한 다비법문을 할 때도 시자가 올리는 차를 마시고 영가천도 법문을 설하였다.
다비(茶毘)란 사람이 죽으면 불교의식으로 치르는 장례행사를 말한다. 영혼으로 하여금 모든 속박에서 벗어나 영원한 해탈과 자유를 얻게 하는 것이 천도식(薦度式)이다. 통도사 극락선원에 주석하고 있는 명정(明正) 스님은 젊은 시절 경봉 선사의 시자(侍者)로서 엄격한 선수행을 지

---

44) 앞의 책, pp.374~377.

도받았다. 그 시자 시절, 명정 스님은 천도식 때 차를 달여 스승에게 올렸다. 이에 관해 명정 스님은 《차이야기 선이야기》란 책에서 '우리 스님 경봉 스님'이란 장에서 이렇게 회상하였다.

목탁 소리, 요령 소리, 향 연기, 또 대밭 위를 나는 무수한 갈까마귀떼들. 다북쑥 내음 같은 향화(香火)의 정심(情深)이 취하도록 어리는 선실(禪室), 시자가 염다(拈茶)하여 법좌(法座) 위에 앉으신 조실(祖室) 스님께 올리면 다비의식 가운데 제일 중요한 법문(法門)이 시작된다.

이 글의 제목은 〈시자야, 염다래(拈茶來) 하라〉이다. '염다래'란 '차를 끓여 가져오다'라는 의미인데 시자 시절 명정 스님의 소임 중 중요한 일상사의 하나로 차를 달여 경봉 선사께 올리는 일이었을 것이다.

그럼 경봉 스님이 즐겨 마신 차는 무엇일까? 스님의 많은 다시(茶詩)와 《삼소굴일지》에 '산다(山茶)'란 어휘가 더러 등장하는 것으로 보아 우리의 야생차, 즉 지리산 이남에서 자생하는 우리나라의 산야에 자라고 있는 차나무에서 채취한 찻잎으로 만든 전통 녹차를 자주 마신 것으로 보인다. 필자가 경봉 선사를 친견하지 못하였고 명정 스님 또한 상면한 일이 없어 선사가 어떤 차를 주로 마셨는지 확인하지 못했다. 시절 인연이 익으면 만날 날도 있겠지만 경봉 선사가 마신 차의 종류가 중요한 것은 아니다. 경봉 선사의 일지와 서간문을 통해 불교 다시(茶詩)와 음다(飮茶)생활을 가까이 접하고 확인할 수 있다는 사실이 매우 중요하다. 물론 이러한 청복(淸福)을 누릴 수 있는 것도 선사의 효행 제자 명정 스님의 노고가 없었다면 불가능했을 것이다. 앞의 출전에서도 밝혔듯이 경봉 선사의 방대한 일기와 서간집을 제자 명정 스님이 꼼꼼히 역주(譯註)·번역해 출간하지 않았다면 어찌 그 진귀한 보물을 사람들이 볼 수 있었으랴. 경봉 선사의 다연(茶緣)은 일기속의 음다 모습에만 치중하고 다시에 관해서는 전혀 설명하지 않았는데 이에 관해서는 다른 기회로 미루고 미흡하고 엉성하나 선사의 차이야기는 이쯤에서 그치고자 한다.

【출전】 고원 명정(古園明正) 편찬, 경봉대선사일기(鏡峰大禪師日記)《삼소굴일지》, 1992, 극락선원.

【경봉 정석의 생애】

　경봉 정석(鏡峰靖錫, 1892~1982) 스님의 호는 경봉(鏡峰), 시호(詩號)는 원광(圓光), 속명은 김용국(金鏞國). 1892년(고종 29) 4월 9일 경남 밀양군 부내면 계수동에서 태어났다. 아버지는 김영규(金榮奎), 어머니는 안동 권(權)씨이다. 7세에 밀양읍의 한문사숙에서 한학을 배웠으며, 어머니가 돌아가시자 세상의 무상함을 느껴 16세인 1907년(융희 1) 6월 통도사 성해(聖海)에게 출가했다. 이듬해 통도사 명신학교에 입학하고, 그해 9월 청호 학밀(晴湖學密)에게 사미계를 받았다. 1912년 4월 해담 치익(海曇致益)에게 구족계를 받았다. 강원에서 경학을 공부하고 순회 포교사로 전국을 편력했다. 1925년 통도사 만일염불회 회장이 되어 30여 년 간 이끌어 왔고, 당대의 선지식을 참방하였으며, 극락암에서 3개월간 눕지 않고 참선에 몰두했다. 36세 때인 1927년 11월 20일 새벽 큰 깨달음을 얻었다. 이후 통도사 강원 원장(1932), 1935년 통도사 주지, 1941년 선학원 이사장, 1949년 다시 통도사 주지, 1953년 극락호국선원 조실로 추대되었다. 한시와 시조, 묵필에도 뛰어나 많은 작품을 남겼다. 1982년 7월 17일 세수 91세, 법랍 75년으로 입적했다. 저술은《법해》《속법해》《원광한화》, 그리고 18세부터 85세까지 65년간 기록한 일지를 남겼다. 그리고 당대 큰스님들과의 서신과 선문답 등도 많이 남겼는데 제자 명정(明正) 스님이 근세한국고승서간집《삼소굴소식》이라는 책으로 1997년 발간했다.

2. 해안 봉수(海眼鳳秀): 1편 2수

● 다심(茶心) 거사에게 주는 법어　　　　　　示茶心居士

차마음은 맑고도 한가하여　　　　　　　　茶心淸又閒
일체 마음에 물들지 않네　　　　　　　　　不染一切心
한가한 가운데 한가도 모르니　　　　　　　閒中不知閒
이 마음이 부처마음인가 하네.　　　　　　是心如佛心

또　　　　　　　　　　　　　　　　　　　又

다심이 담백하고 또 한가하여　　　　　　　茶心淡又閒
세상의 맛과 같지 않네　　　　　　　　　　不如世間味
찬샘에 한 줄기가 좋으니　　　　　　　　　寒泉一胍好
강물의 많음을 묻지 마소.　　　　　　　　不問江水多

【출전】《해안집(海眼集)》, 1981, 불교전등회.

【해안 봉수의 생애】
　해안 봉수(海眼鳳秀, 1901~1974) 스님의 이름은 김성봉(金成鳳), 해안은 호. 전북 부안군 산내면 격포리에서 1901년 3월 7일 태어났다. 14세에 내소사의 만허 경화(滿虛慶華)에게 출가. 백양사 지방학림 입학. 1918년 용맹정진하여 죽비소리에 오도. 1920년 불교중앙학림 입학. 1922년 중국 편력. 북경대학에서 2년간 불교학 연수. 내소사 주지. 금산사 주지. 서래선림(西來禪林)을 개설해 참선지도. 1969년 제자들이 불교전등회 결성. 1974년 4월 1일 세수 74세, 법랍 57년으로 입적. 저서로《해안강의 금강경》, 시집《시심시불》《해안집》이 있다.

작자별 찾아보기

경봉 정석(鏡峰靖錫) 395
경암 응윤(鏡巖應允) 236
경허 성우(鏡虛惺牛) 317
괄허 취여(括虛取如) 228
극암 사성(克庵師誠) 315
금명 보정(錦溟寶鼎) 323

나옹 혜근(懶翁惠勤) 77

대각 의천(大覺義天) 45
대원 무외(大圓無外) 222
동명 선지(東溟善知) 319

만공 월면(滿空月面) 382
만해 한용운(萬海 韓龍雲) 385
몽암 기영(蒙庵箕穎) 234
무경 자수(無竟子秀) 208
묵암 최눌(默庵最訥) 224

백곡 처능(白谷處能) 191
백암 성총(栢庵性聰) 195
백운 경한(白雲景閑) 72
범해 각안(梵海覺岸) 283
벽송 지엄(碧松智嚴) 143
보제 심여(普濟心如) 302
부휴 선수(浮休善修) 173

사명 유정(四溟惟政) 177
상월 새봉(霜月璽篈) 214
설담 자우(雪潭自優) 242
설암 추붕(雪巖秋鵬) 202
설잠 김시습(雪岑 金時習) 89
설총(薛聰) 39
소요 태능(逍遙太能) 183
송계 나식(松桂懶湜) 212

아암 혜장(兒庵惠藏) 244
야운 시성(野雲時聖) 218
역산 선영(櫟山善影) 281
연담 유일(蓮潭有一) 230
오암 의민(鰲巖毅旻) 219
요일(寥一) 57
용담 조관(龍潭慥冠) 217
용성 진종(龍城震鍾) 363
용악 혜견(龍岳慧堅) 305
우당(藕堂) 389
운곡 충휘(雲谷冲徽) 165
원감 충지(圓鑑冲止) 62
월저 도안(月渚道安) 198
의룡(義龍) 320
인악 의첨(仁嶽義沾) 238

정관 일선(靜觀一禪) 163
정명 천인(靜明天因) 58

제월 경헌(霽月敬軒) 171
죽간 굉연(竹磵宏演) 82
중관 해안(中觀海眼) 185
지장 교각(地藏喬覺) 37
진각 혜심(眞覺慧諶) 48
진정 천책(眞靜天頙) 60
진허 팔관(振虛捌關) 239
징월 정훈(澄月正訓) 240

철선 혜즙(鐵船惠楫) 279
청매 인오(靑梅印悟) 181
청허 휴정(淸虛休靜) 158
초의 의순(艸衣意恂) 252
추파 홍유(秋波泓宥) 226
충담(忠談) 42
취미 수초(翠微守初) 187

태고 보우(太古普愚) 73

편양 언기(鞭羊彦機) 186
풍계 명찰(楓溪明察) 200

한계 현일(寒溪玄一) 193
한암 중원(漢巖重遠) 384
한영 정호(漢永鼎鎬) 368
함월 해원(涵月海源) 215
함허 기화(涵虛己和) 85
해담 치익(海曇致益) 362
해안 봉수(海眼鳳秀) 421
허백 명조(虛白明照) 189
허응 보우(虛應普雨) 146
허정 법종(虛靜法宗) 211
혜일(慧日) 146
화담 법린(華曇法璘) 316
환성 지안(喚惺志安) 210
회명 일승(晦明日昇) 367

원제原題별 찾아보기

【ㄱ】

佳城寺羅漢堂與僧話 / 雪岑 金時習 127
看雪 / 雪岑 金時習 130
開堂勸勉 / 錦溟寶鼎 341
客隱跡 / 梵海覺岸 296
客中望中秋月 / 雪岑 金時習 126
居山 / 白雲景閑 72
建除體 / 梵海覺岸 293
乞退 / 寥一 57
揭內院壁上 / 櫟山善影 281
憩絶澗中盤石 / 雪岑 金時習 104
見山茶花 / 虛應普雨 156
見巖寺 / 雪岑 金時習 129
見諸益負笈有感 / 錦溟寶鼎 339
遣興 / 虛應普雨 151
敬次西山大師贈雪梅長老韻 / 雲谷沖徽 168
敬次石室山居襟咏 / 錦溟寶鼎 333
敬次松雲金判書韻 / 雲谷沖徽 165
高堂落照 / 義龍 320
古寺 / 靜觀一禪 164
高陽道上聞提壺鳥有作 / 圓鑑冲止 64
古雨行 / 漢永鼎鎬 369
孤雲寺 / 楓溪明察 201
古風 / 雪岑 金時習 89
過洪上舍草亭 / 松桂懶湜 212
龜山消夏中高春谷來訪共吟 / 漢永鼎鎬 372
龜山春雨雜感 / 漢永鼎鎬 376

九千洞白蓮社敬次東岳李明府韻 / 雲谷沖徽 168
歸兜率山 / 靜觀一禪 164
謹次權判書嚴遊內延山韻 / 鰲巖毅旻 220
謹次金剛山歇惺樓韻 / 龍岳慧堅 308
謹次萬瀑洞韻 / 龍岳慧堅 312
謹次石屋和尙居雜詩 / 普濟心如 302
謹次花峯長老寄示 / 秋波泓宥 226
金剛石上與彥禪子和王右丞終南別業之作 / 艸衣意恂 255
錦城山葆光寺翠微樓上樑文 / 中觀海眼 186
琴湖留別山泉道人 / 艸衣意恂 264
寄金藏大禪師 / 眞靜天頙 60
寄明雄二友 / 虛應普雨 148
起山以謝茶長句見贈次韻奉和兼呈雙修道人 / 艸衣意恂 265
寄上萬休任參議 / 栢庵性聰 197
寄上睡齋洪相公詩 / 圓鑑冲止 66
寄上昇平安使君后泰 / 栢庵性聰 197
寄松雲 / 浮休善修 174
寄沃洲誓上人 / 靜明天因 58
寄千雅士 / 梵海覺岸 289
寄醉仙 / 虛應普雨 152
起寢 / 鰲巖毅旻 220
寄海印師 / 涵月海源 215
金道邨寄一律次韻却寄 / 艸衣意恂 254

喫茶一杯 / 滿空月面 383
喫茶獻茶 / 滿空月面 382

【ㄴ】

洛山寺贈禪上人 / 雪岑 金時習 100
落葉二十韻 / 雪岑 金時習 111
落齒有感 / 錦溟寶鼎 347
蘭谷居士輓 / 漢永鼎鎬 376
南山訪七休 / 雪岑 金時習 112
南炎浮洲志 / 雪岑 金時習 139
南倉行 / 錦溟寶鼎 344
臘日除夜 / 錦溟寶鼎 330
來蘇寺 / 雪岑 金時習 128
內藏賞雪三十韻寄贈鶴鳴禪師 / 漢永鼎鎬 370
老崑 / 錦溟寶鼎 332
隴西學士以憶臨川寺詩見贈因□韻和酬 / 大覺義天 45
雷劍泉 / 雪岑 金時習 119

【ㄷ】

茶歌 / 梵海覺岸 291
茶具銘 / 梵海覺岸 298
茶松銘 / 錦溟寶鼎 346
多宿贊佐別堂 / 龍岳慧堅 307
茶藥說 / 梵海覺岸 298
茶泉 / 眞覺慧諶 53
端午 / 藕堂 390
湛靈上人求六箴 / 眞覺慧諶 48
答 / 懶翁惠勤 78
畣分歲話 / 中觀海眼 185
答梧枝安錦石泰寺三翁 / 錦溟寶鼎 352
答吳學士呼字 / 錦溟寶鼎 323

對酌漫唫 / 錦溟寶鼎 338
大智殿 / 錦溟寶鼎 328
大昏上人因焉茶求詩 / 眞覺慧諶 51
到白雲庵請示衆 / 眞覺慧諶 48
道雲禪子 / 淸虛休靜 159
道邨見過草菴 / 艸衣意恂 256
獨坐逢人啜茶賦詩 / 雪岑 金時習 91
洞仙驛 / 雪岑 金時習 120
冬安居解制韻 / 鏡峰靖錫 401
冬雨 / 錦溟寶鼎 325
東莊奉別東老金承旨在元覃齋金承旨敬淵黃山金承旨迺根秋史金待敎正喜 / 艸衣意恂 253
冬際休學後設餞別宴 / 錦溟寶鼎 345
冬至 / 雪岑 金時習 134
頭流山內隱寂庵 / 淸虛休靜 160
得瓜興感 / 梵海覺岸 290
登甘露菴 / 龍岳慧堅 313
登高 / 雪潭自優 242
登梵魚寺義湘坮 / 晦明日昇 367
登隱寂菴 / 龍岳慧堅 313
燈下 / 雪岑 金時習 117
燈下 / 雪岑 金時習 91

【ㅁ】

晚登毘盧峰 / 漢永鼎鎬 368
輓書曰 / 鏡峰靖錫 404
謾成 / 雪岑 金時習 92
挽安山林 / 梵海覺岸 285
挽李松坡 / 梵海覺岸 287
挽日庵 / 梵海覺岸 294
挽日庵懷古 / 漢永鼎鎬 368
晚春與友對作 / 錦溟寶鼎 350

挽楓嶽 / 涵月海源 216
蔓香閣與酉山共賦 / 艸衣意恂 252
夢南坡 / 錦溟寶鼎 343
妙高臺上作 / 眞覺慧諶 52
撫釖歎吟 / 龍岳慧堅 309
戊子三月初五夜夢 / 默庵最訥 225
默言作法之中詩筆太不可而雖然敍懷 /
　龍岳慧堅 307
彌勒庵 / 無竟子秀 208

【ㅂ】

薄暮 / 雪岑 金時習 93
盤餐 / 雪岑 金時習 107
訪菊泉 / 錦溟寶鼎 328
訪大雲隱子 / 錦溟寶鼎 355
訪北庵 / 梵海覺岸 289
放言 / 雪岑 金時習 90
拜石室塔 / 涵虛己和 87
陪先師丈室煮雪茶筵 / 眞覺慧諶 53
百衲歌 / 懶翁惠勤 79
白蓮庵贈淸眼上人 / 雪巖秋鵬 205
白洋山 / 涵月海源 216
白雲子 / 淸虛休靜 161
別玘師 / 鏡巖應允 236
別應河 / 梵海覺岸 297
病劇不能赴程還山 / 雪岑 金時習 113
病中獨坐書懷 / 圓鑑冲止 67
病中言志 / 圓鑑冲止 64
迸川庵 / 慧日 146
普德窟 / 振虛捌關 239
寶林寺 / 括虛取如 229
普禪者求頌 / 懶翁惠勤 79
復用前韻寄李居士 / 虛應普雨 150

復遊海印寺 / 藕堂 390
奉簡黃庭李公台升 / 兒庵惠藏 245
逢故友 / 括虛取如 228
奉答耘逋茶詩 / 艸衣意恂 272
奉答酉山茶詩 / 艸衣意恂 270
奉默長老 / 逍遙太能 184
奉別回答使 / 四溟惟政 177
逢人勸茶 / 青梅印悟 181
奉和龜山冊室沈公能守 / 澄月正訓 241
奉和東泉坤卦六爻韻 / 兒庵惠藏 246
奉和山泉道人謝茶之作 / 艸衣意恂 273
奉和酉山 / 艸衣意恂 258
附原韻 / 艸衣意恂 275
復次圭峯印公贈月軒康博士詩韻 / 圓鑑
　冲止 64
赴許圓應茶會 / 錦溟寶鼎 341
佛頂老巖 / 東溟善知 319

【ㅅ】

謝金藏大禪師惠新茶 / 圓鑑冲止 66
謝眼法師見訪 / 雪巖秋鵬 203
謝人送胡椒茶具 / 雪岑 金時習 136
謝崔怡送茶香韻 / 圓鑑冲止 70
山居 / 圓鑑冲止 66
山居漫吟 / 錦溟寶鼎 331
山居幽興 / 錦溟寶鼎 341
山居雜詠 / 浮休善修 175
山居雜興 / 兒庵惠藏 244
山居集句 / 雪岑 金時習 114
山房偶吟 / 雪巖秋鵬 204
山中看月 / 雪岑 金時習 116
山中樂 / 圓鑑冲止 69
山中味 / 涵虛己和 85

원제(原題)별 찾아보기　427

山中辭 / 淸虛休靜　160
山中書懷示張秀才 / 栢庵性聰　196
上擎雲和尙 / 錦溟寶鼎　330
上須彌庵 / 虛應普雨　146
上隱寂庵 / 錦溟寶鼎　326
傷秋 / 錦溟寶鼎　343
上海居道人書 / 艸衣意恂　277
西佛庵暮春 / 錦溟寶鼎　324
惜別 / 錦溟寶鼎　326
惜別故人 / 錦溟寶鼎　323
石床 / 靑梅印悟　182
夕陽登雙溪樓會友吟 / 華曇法璘　316
石泉煎茶 / 艸衣意恂　260
禪餘述懷奉鄭使華棗溪閤下 / 虛應普雨　149
設茶會感作 / 錦溟寶鼎　348
雪霽口占數聯 / 雪岑 金時習　102
城北洞龍華廟詩會 / 漢永鼎鎬　373
聖壽山中臺寺法堂落成齋疏 / 中觀海眼　185
歲暮登碧松土崛時偶吟動筆 / 龍岳慧堅　305
洗心亭上望見性蘭若遂賦詩以示俊水鍾 / 虛應普雨　156
送餓友人 / 鏡巖應允　236
送金構庵 / 梵海覺岸　286
送德順上人 / 龍岳慧堅　314
送童子下山 / 地藏喬覺　37
送尋隱上人歸故山詩卷 / 雪岑 金時習　99
送友人之枕江亭 / 雪岑 金時習　113
松亭 / 雪岑 金時習　105
送珍島金龍殷 / 梵海覺岸　295
送春 / 栢庵性聰　195
送昊文兩上人 / 錦溟寶鼎　328
修造茶藏有占 / 錦溟寶鼎　348
水鍾寺次石屋和尙韻 / 艸衣意恂　258
淳昌雲橋與松玉松溪伯仲共賦 / 漢永鼎鎬　374
述懷 / 錦溟寶鼎　327
述懷 / 龍潭慥冠　217
述懷謾吟 / 錦溟寶鼎　329
習之山居 / 雪岑 金時習　101
示敎宗判事來訪 / 虛應普雨　151
示茶心居士 / 海眼鳳秀　421
示徒 / 霽月敬軒　171
示問禪僧 / 翠微守初　188
示小師輩 / 虛應普雨　154
試新筆次信手書一偈贈侍者 / 圓鑑冲止　64
示行珠禪子 / 淸虛休靜　161
辛鏡海和尙回壽韻曰 / 鏡峰靖錫　401
申處士卽余方外友也今行自南而至和杜律十韻以示其意可掬忘拙奉酬排律 / 大圓無外　222
十月十三日見雪有作 / 虛應普雨　147
雙溪寺 / 雲谷冲徽　169

【ㅇ】

我愛夏日長林泉樂 / 錦溟寶鼎　337
夜聞童子洗鐺聲有省 / 虛應普雨　152
夜雪 / 雪岑 金時習　103
養茶 / 雪岑 金時習　130
與根師話 / 雪岑 金時習　122
與茶痞和尙燈下酬唱 / 錦溟寶鼎　324
與方丈山菊隱戒兄會淸遠樓 / 錦溟寶鼎　332
與善行鬪挎蒲戲題 / 雪岑 金時習　135
與僧夜坐 / 雪岑 金時習　132
與昇平尹主政結社 / 錦溟寶鼎　330
與月谷菊隱燈下口占 / 錦溟寶鼎　332
與寅旿丈室茶話 / 錦溟寶鼎　336

與日東僧俊長老話 / 雪岑 金時習 131
餘興謾唫 / 錦溪寶鼎 338
歷訪雲橋莊與盧松玉及松溪昆弟共賦 /
　漢永鼎鎬 373
洌水泛舟 / 艸衣意恂 261
拈別韻儒釋會和 / 錦溪寶鼎 349
咏山中草木 / 雪岑 金時習 123
映山花 / 梵海覺岸 288
詠趙州茶 / 逍遙太能 183
靈珠歌 / 懶翁惠勤 80
咏檜梅 / 蓮潭有一 233
五臺山 / 雪岑 金時習 104
五臺山 / 楓溪明察 200
五臺山尙埈上人餽我眞蔬一車賦以長句
　而贈之 / 漢永鼎鎬 375
吳大山昌烈謁酉堂於古湖和石屋閑居韻
　見寄次韻奉呈 / 艸衣意恂 262
五歲庵 / 萬海 韓龍雲 386
吾以無心中執毫吟詩 / 龍岳慧堅 305
玉寶臺下茶風大壞 / 漢永鼎鎬 379
阮堂金公祭文 / 艸衣意恂 277
龍宮赴宴錄 / 雪岑 金時習 140
用前韻書庵中樂 / 圓鑑冲止 69
龍泉寺 / 雪岑 金時習 101
又 / 錦溪寶鼎 327
又 / 錦溪寶鼎 342
又 / 逍遙太能 183
又 / 蓮潭有一 230
又 / 海眼鳳秀 421
寓居轉物庵 / 眞覺慧諶 49
牛頭寺 / 虛應普雨 157
寓普賢寺書懷贈人 / 雪岑 金時習 124
偶用雪堂韻示印默二禪人 / 圓鑑冲止 68
偶吟 / 鏡虛惺牛 317

偶吟 / 龍岳慧堅 308
偶吟 / 澄月正訓 240
偶吟 / 淸虛休靜 158
又贈艸衣和尙 / 鐵船惠楫 280
又次八韻 / 月渚道安 198
又催廻來才盃 / 義龍 320
雨後 / 雪岑 金時習 102
雨後採新茶 / 錦溪寶鼎 337
元監司遣醫問病 / 雪岑 金時習 128
圓炤塔院秋日雨中作 / 圓鑑冲止 67
園中瓜五詠 / 雪岑 金時習 105
月夜聞子規 / 虛應普雨 152
月精寺 / 寒溪玄一 194
爲珍山和尙獻香獻茶垂語 / 涵虛己和 87
幽居 / 雪嚴秋鵬 202
幽居 / 喚惺志安 210
幽居雜咏 / 栢庵性聰 195
幽居雜興 / 白谷處能 191
遊方丈秋景 / 錦溪寶鼎 339
有一禪者答云 / 圓鑑冲止 65
有一儒士到寺排佛甚勤慢僧如土凡諸執
　勞供億之輩心皆解弛不欲敬奉以偈示
　之 / 虛應普雨 149
遊香峯 / 淸虛休靜 160
輪船還本寺來時逢日本僧有味茶餕喫我
　解渴感祝之心切切吟一首詩 / 龍岳慧
　堅 310
尹參判廟前辭別 / 虛白明照 189
李蘭谷來訪大圓山房共賦 / 漢永鼎鎬 374
以禪語走筆 / 龍岳慧堅 306
翌日再拈別韻 / 錦溪寶鼎 348
隣月臺 / 眞覺慧諶 53
一字韻至十字韻 / 龍岳慧堅 311
入寂之辰 / 懶翁惠勤 77

仍占石室字 / 錦溟寶鼎 336

【ㅈ】

煮茶 / 雪岑 金時習 110
雀舌 / 雪岑 金時習 107
雜咏 / 虛應普雨 156
雜興 / 龍岳慧堅 313
長安寺 / 雪岑 金時習 125
長春洞 / 錦溟寶鼎 344
長春洞雜詩 / 兒庵惠藏 244
再用前韻 / 龍岳慧堅 307
再入寶運閣 / 梵海覺岸 295
摘茶 / 懶翁惠勤 78
煎茶 / 錦溟寶鼎 326
煎茶 / 錦溟寶鼎 347
前東閣舍人于公亦次韻寄示用其韻答之 / 圓鑑冲止 63
餞別鄭郎中 / 眞覺慧諶 51
定光庵 / 楓溪明察 201
晶陽和余淸涼寺雅集韻見寄復和答之 / 艸衣意恂 263
丁丑三月十三日遊眞覺寺 / 圓鑑冲止 63
丁丑初冬偶入蓮社與掣鯨和尙三日留宿 / 鐵船惠楫 279
題大芚寺 / 靜觀一禪 163
題劉仙巖 / 竹磵宏演 82
題百興社 / 澄月正訓 240
題山水圖八帖 / 艸衣意恂 254
題上野守竹林院壁上 / 四溟惟政 180
題釋王內院庵懸板讚栗菴師 / 櫟山善影 282
題昇曦道人詩卷 / 雪岑 金時習 98
除夜 / 默庵最訥 224
題快年閣 / 梵海覺岸 288

題通度寺 / 海曇致益 362
題黃嶺蘭若 / 栢庵性聰 196
曹溪山方丈東牆之下有山茶一株戊子春久無花至四月五月之交方始盛開怪未曾有作句以記之 / 圓鑑冲止 67
曹洞宗大學校別院 / 萬海 韓龍雲 387
朝吟 / 鏡峰靖錫 406
坐熙川頭疊寺 / 鏡虛惺牛 317
竹筧 / 雪岑 金時習 104
重九問菊 / 錦溟寶鼎 340
中林學生歸山 / 錦溟寶鼎 345
仲夏水石亭溪上三友對酌述懷雜詠 / 錦溟寶鼎 334
卽事 / 萬海 韓龍雲 385
贈故人 / 無竟子秀 208
贈奇雲上人 / 梵海覺岸 287
贈道圭頭陀 / 無竟子秀 209
贈朗惠上人 / 雪巖秋鵬 206
憎蚊子 / 錦溟寶鼎 350
贈敏上人 / 雪岑 金時習 97
贈寶上人 / 松桂懶湜 212
增上寺 / 萬海 韓龍雲 388
贈信安師 / 雲谷冲徽 166
贈嚴禪伯 / 浮休善修 173
贈月谷禪子 / 漢巖重遠 384
贈一禪禪和子 / 碧松智嚴 143
贈岾上人 / 雪岑 金時習 94
贈智湖禪伯 / 四溟惟政 177
贈靑巖慧衍大師 / 霜月璽篈 214
贈海峰石鼎禪子 / 鏡峰靖錫 403
贈惠亮 / 雪巖秋鵬 203
贈惠天師 / 雲谷冲徽 166
地爐 / 雪岑 金時習 106
至日 / 錦溟寶鼎 346

眞佛菴 / 雪岑 金時習 126
秦淮河茶樓 / 漢永鼎鎬 373

【ㅊ】

次姜梅塢韻 / 梵海覺岸 296
次高秀才 / 浮休善修 173
次龜山趙雅峒樵 / 錦溟寶鼎 351
次歸一禪師白羊山還雜咏 / 錦溟寶鼎 352
次圭峯印公贈月軒康博士詩韻 / 圓鑑冲止 63
次金剛山正陽寺板上韻 / 櫟山善影 282
次寄鄭秀才 / 白谷處能 191
次金上舍韻送別 / 虛應普雨 148
次答木犀齊 / 鏡巖應允 237
次蓮社韻呈梁秀才 / 鐵船惠楫 279
次妙瓊 / 楓溪明察 200
茶無爲寺恭長老 / 眞覺慧諶 56
次文化衙客尹仲晦韻 / 虛靜法宗 211
次法輪摠攝韻 / 鞭羊彦機 186
次北山牧官韻 / 艸衣意恂 263
借分一株又疊 / 艸衣意恂 267
次西佛庵壁上 / 錦溟寶鼎 354
次徐注書韻 / 仁嶽義沾 238
次石屋和尙山居時 / 梵海覺岸 283
次仙巢韻 / 四溟惟政 178
次雪松長老韻送頓修大師 / 野雲時聖 218
次松雲集韻 / 鰲巖毅旻 220
次順天衙客 / 鏡巖應允 237
次嵩師韻 / 虛應普雨 148
次承兌韻 / 四溟惟政 179
此詩別有念味故把筆更寫 / 龍岳慧堅 306
次永和堂惟仁軺中韻 / 澄月正訓 240
次吳季繪 / 雪巖秋鵬 205

次韻答蘭松禪師印公 / 圓鑑冲止 62
次雲广道人韻 / 艸衣意恂 268
次韻雲上人病中作 / 靜明天因 59
次韻贈玄載上人 / 翠微守初 187
次雲圃李詞伯韻 / 梵海覺岸 287
次元佶韻 / 四溟惟政 178
次悠然亭韻 / 錦溟寶鼎 343
次尹方伯韻 / 淸虛休靜 159
次尹翰林除夜韻 / 蓮潭有一 231
次旹法師韻 / 虛應普雨 147
次隱寂庵草堂韻 / 錦溟寶鼎 325
次李院長韻 / 鰲巖毅旻 219
次鄭同知韻 / 虛白明照 189
次丁叅奉日宅 / 錦溟寶鼎 346
次贈大方沙彌 / 雪巖秋鵬 204
次贈道覺上人 / 大圓無外 222
次贈貞仁大師 / 涵月海源 215
次澄光寺韻 / 默庵最訥 225
次翠庵子秋日憶友詩 / 錦溟寶鼎 340
次翠律師韻 / 雪巖秋鵬 203
次七星庵韻 / 梵海覺岸 286
次泰演 / 梵海覺岸 285
唱和水相圭泰南庵拈韻 / 梵海覺岸 297
天玉禪子 / 淸虛休靜 159
川原驛樓 / 雪岑 金時習 128
千字儷句 / 雪岑 金時習 137
天藏庵 / 寒溪玄一 193
天眞臺寄上大提學谿谷張相公 / 雲谷冲徽 170
疊前韻 / 秋波泓宥 227
淸平雜咏 / 虛應普雨 155
滯雨敬呈白軒相國 / 白谷處能 191
草衣茶 / 梵海覺岸 295
草衣眞身贊 / 錦溟寶鼎 354

秋夜對客拈心字 / 克庵師誠 315
秋雨快晴 / 錦溪寶鼎 350
秋興 / 雪巖秋鵬 206
春晚遊安心寺 / 雲谷沖徽 165
春山卽事 / 虛應普雨 155
春雪戲題 / 雪岑 金時習 103
春日 / 青梅印悟 182
春日寄林師 / 白谷處能 192
出長慶門外煮茗 / 雪岑 金時習 121
醉次四佳韻贈山上人 / 雪岑 金時習 99

【ㅌ】
歎身勢願生淨土 / 龍岳慧堅 314
耽睡 / 雪岑 金時習 92
太古庵歌 / 太古普愚 74

【ㅍ】
八景 / 錦溪寶鼎 345
廢寺 / 雲谷沖徽 167
瀑流 / 松桂懶湜 212
表訓寺 / 寒溪玄一 194
風雨交作俄而開霽 / 雪岑 金時習 102

【ㅎ】
夏日西園與諸公雅集 / 艸衣意恂 261
韓侍郎聞予嗣席曹溪以詩寄賀次韻答之 /
　圓鑑冲止 68
閑意 / 雪岑 金時習 125
閑中偶書 / 圓鑑冲止 67
閑中偶書 / 圓鑑冲止 70
海印寺留連 / 藕堂 389
解制韻 / 鏡峰靖錫 399
縣齋拈韻同賦 / 艸衣意恂 269

螢火 / 錦溪寶鼎 342
鴻師隨余自頭流至黃山其情不泛遂次諸
　師韻賦一偈一律以勵其意侑其行 / 蒙
　庵箕穎 235
和覺初上人 / 錦溪寶鼎 328
和光州府崔下士 / 錦溪寶鼎 329
和金錦史 / 梵海覺岸 285
和金碩士韻 / 蒙庵箕穎 234
和茶瘖長老燈下口點 / 錦溪寶鼎 335
和丹山愚齋吟 / 錦溪寶鼎 352
和陶 / 雪岑 金時習 117
火爐 / 藕堂 391
和石屋和尙山中四威儀 / 蓮潭有一 232
和安錦石金剛雲等七員求詩 / 錦溪寶鼎 351
華嚴不思議妙用頌 / 虛應普雨 154
和怨詩楚調 / 雪岑 金時習 119
和人謝茶 / 大覺義天 46
和人以茶贈僧 / 大覺義天 46
和林字韻庚午八月與海南金許諸儒吟 /
　普濟心如 303
和趙杏綻尹白隱月夜韻 / 梵海覺岸 289
和鍾陵山居詩 / 雪岑 金時習 132
和竹原寺綾月禪伯 / 錦溪寶鼎 353
和中峰樂隱詞 / 兒庵惠藏 247
和中峯樂隱詞 / 蓮潭有一 231
和靑年學生茶會求語三絶 / 錦溪寶鼎 349
懷舊隱 / 虛應普雨 150
回詩 / 龍岳慧堅 311
曉色 / 雪岑 金時習 94
曉意 / 雪岑 金時習 93
效回文體 / 白谷處能 192
戲爲五絶 / 雪岑 金時習 135
喜晴 / 雪岑 金時習 93